Olivier Entraygues

L'École de guerre

La formation des Chefs
dans l'Armée de terre, 1870-1914

Éditions Le Polémarque
29, RUE DES JARDINIERS — 54000 NANCY
2018

Du même auteur

Lorsque les tacticiens devinrent imaginatifs, La plume avant l'épée, 2008, 260 pages

Olivier Entraygues (dir.), *Afghanistan, 1979-2009, une approche militaire de l'Afghanistan*, La plume avant l'épée, 2009, 485 pages

Olivier Entraygues (dir.), *Afghanistan, 2010*, La plume avant l'épée, 2009, 245 pages

Le Stratège oublié, J-F-C Fuller 1913-1933, Brèches Editions, 2012, 381 pages

Les fondations de la science de la guerre, JFC Fuller, Economica, 2014, 385 pages,

Formes de guerre, stratégies et déclin de l'Occident, préface de Jean-Pierre Chevènement, Economica, 2014, 195 pages

La troisième voie, écrits politiques du général Fuller, Le Polémarque, 2015, 285 pages

La préparation du soldat à la guerre, J-F-C Fuller, Le Polémarque, 2016, 220 pages

Olivier Entraygues (dir.), Polémoscopie 1, L'Esprit de défense au XXIe siècle, Le Polémarque, 2016, 195 pages

Olivier Entraygues (dir.), Polémoscopie 2, *L'Age du drone*, Le Polémarque, 2016, 195 pages

Olivier Entraygues (dir.), *La rupture stratégique*, Etude IRSEM, 2017, 251 pages

L'Art du Général, J-F-C Fuller, Le Polémarque, 2017, 235 pages

Etudier la guerre, UPPR Editions, juin, 2018, 185 pages

Olivier Entraygues (dir.), *Sommes-nous en guerre ?*, juillet 2018, UPPR Editions, 2018, 235 pages

Couverture et mise en pages : iørem ipsum (www.zolg.fr)

L'École de guerre

La formation des Chefs
dans l'Armée de terre, 1870-1914

Au général de corps d'armée Antoine Lecerf

Préface du général d'armée Jean-Pierre Bosser, Chef d'état-major de l'armée de Terre

Le haut enseignement militaire apparait en France avec la création par Choiseul au 18e siècle du premier cours supérieur de guerre et des officiers d'état-major. Cependant, il faut attendre 1876, et l'aiguillon de la défaite de 1870, pour que soit instituée l'École supérieure de guerre, formant des officiers brevetés d'état-major, admis par concours à un cycle d'études de très haut niveau. Cet ouvrage étudie en détail la genèse de la création de l'Ecole de guerre, le cadre socio-politique dans lequel elle est intervenue ainsi que la manière dont a été organisé l'enseignement jusqu'à la fermeture provisoire de l'École de guerre en août 1914.

Le travail d'Olivier Entraygues, lui-même breveté de l'École de guerre, est monumental et impressionne non seulement par son érudition, mais également par sa profondeur d'analyse. Son ouvrage n'est pas seulement une plongée dans un héritage riche et prestigieux, celui d'une École de guerre qui a donné à la France nombre des grands chefs victorieux de 1918, dont beaucoup avaient d'ailleurs été d'éminents professeurs de l'École avant la guerre. C'est également une réflexion passionnante sur la façon dont les facteurs socio-culturels et moraux d'une époque donnée façonnent la formation des militaires. C'est enfin une interrogation fondamentale sur la formation des chefs militaires et sur l'importance de la pensée militaire. L'auteur, dans ce travail sans concession, ne fait preuve d'aucune complaisance. Si l'École de guerre a certainement joué un rôle dans la préparation des grands chefs militaires français de la Grande Guerre, on ne saurait ignorer que les premiers mois du conflit ont pu remettre en cause la pertinence de l'enseignement qui avait été dispensé aux officiers brevetés d'état-major.

Est-il possible d'enseigner la guerre ? Et si cet enseignement est possible, sur quoi doit-il porter ? Comment enseigner de façon théorique un art où, selon les mots mêmes du maréchal Foch, « le fait a le pas sur l'idée, l'action sur la parole, l'exécution sur la théorie » ? Les questions fondamentales qui se posaient à l'École de guerre au début du 20e siècle conservent aujourd'hui toute leur pertinence. Le paysage stratégique a beaucoup évolué, et les opérations modernes sont à bien des égards très différents des grands conflits interétatiques du passé. Mais si les formes de la guerre évoluent, sa nature profonde est immuable. Pour vaincre aujourd'hui et demain, l'armée de Terre a plus que jamais besoin de chefs de très haut niveau, ouverts sur leur environnement, dotés d'une forte puissance d'analyse et de synthèse, et capables de commander avec succès des opérations complexes aux côtés de leurs partenaires.

Alors que l'armée de Terre recrée une École de guerre Terre avec pour objectif de réinvestir le champ de la stratégie et de la pensée militaire, c'est donc bien l'esprit insufflé par Foch au début du 20e siècle qui doit prévaloir. Parce que la guerre est un art de création plus que d'application, il ne faut pas enseigner aux officiers des recettes toutes faites ou des règles fixes, mais bien plutôt leur apprendre à penser, à raisonner, et à décider.

Avant-propos

Ce qu'il faut de temps, de papier et d'encre pour qu'une idée juste s'impose est incalculable !

Un officier d'état-major, 1877

Après l'ultime relecture, celle qui sanctionne le 'bon à tirer' pour les Éditions Le Polémarque, j'ai jugé utile d'ajouter cet avant-propos. Il a pour objet d'établir un premier lien avec le lecteur. Celui-ci s'apprête à découvrir un livre qui établit une relation dialectique singulière, celle d'un auteur – officier et historien – avec un objet d'étude – L'École de guerre, dont il a été stagiaire puis professeur.

Ce travail représente l'aboutissement de plus d'une décennie consacrée à de recherches universitaires en marges de mes activités professionnelles. Il a été finalisé au cours de mon affectation au sein de l'Institut de Recherche Stratégique de l'École Militaire. Il sanctionne encore le grade de Docteur Habilité à diriger des Recherches en histoire contemporaine obtenu au mois de juin 2017. Cependant, le point de départ remonte à l'année 2003. Je dois à cet instant avoir une pensée pour le général de corps d'armée Antoine Lecerf. En effet lorsque j'ai commencé ma préparation au concours d'entrée à l'École de guerre, j'ai pris le risque de ne pas suivre la voie 'militaire', *La Revue d'études*, conseillée depuis des décennies à tous les candidats pour réussir. J'ai alors opté pour une option toute différente, c'est-à-dire celle de l'Université et de Clio. Le général Lecerf a soutenu et encouragé cette démarche quelque peu iconoclaste : suivre une License d'histoire à l'université de Limoges.

Depuis cette période où j'ai été « limogé », deux métiers, officier et historien, se sont interpénétrés. La coexistence de ces deux personnages, l'officier qui petit à petit comprenait la guerre, ou en tout cas tentait de l'expliquer et l'historien qui continuait à examiner les événements, les choses et les gens avec une optique souvent très différente, ne s'est pas poursuivie sans quelques heurts. Elle a fait de moi, aussi un témoin moins partial ou moins porté à l'être, dès lors que mes impressions et jugements étaient en partie doubles. J'espère être devenu avec le temps plus sincère et plus juste. En ce sens, entre l'année 2003 et l'année 2011 j'ai réussi à achever un parcours L-M-D, License-Master-Doctorat, tout en ayant participé à trois conflits majeurs dans lesquels la France était engagée : Kosovo, République de Côte d'Ivoire et Afghanistan. Aujourd'hui je sers dans un état-major de l'OTAN stationné à Izmir en Turquie, aux portes d'une guerre qui dure depuis déjà six ans.

Ici, l'expérience opérationnelle façonne le cœur de la réflexion de l'auteur et *de facto* a orienté ses recherches académiques. C'est vraisemblablement grâce au général Antoine Lecerf que j'ai pu d'une part comprendre la relation fondamentale qui sous-tend l'exercice du commandement « Général – aide-du-commandement ». Et, d'autre part, j'ai pu accéder à une dimension difficilement accessible. Cette dimension s'apparente à ce que l'on doit appeler « l'intellectualité militaire ». L'officier devient alors auxiliaire immédiat du général avec qui il vit dans une nécessaire intimité intellectuelle. Or ces deux éléments – « Aide-du-commandement » et « intellectualité militaire » représentent, historiquement, le code génétique de l'École de guerre. En France, l'École demeure le « centre intellectuel » qui forme les officiers brevetés d'état-major (B.E.M) de l'Armée de terre depuis 1876.

Elle est surtout le cœur de la pensée militaire terre dans la mesure où elle demeure le laboratoire temporel qui conceptualise le passage de la pensée à l'action.

Le lecteur comprend maintenant que mes recherches reposent sur une polarité. Étudier la guerre pour l'enseigner. Voilà donc l'objet de ce livre qui en est l'émanation. À travers l'École de guerre, mon hypothèse de travail se préoccupe de cette relation difficile, parfois conflictuelle, souvent mal comprise, entre l'action (celle du combat) et la réflexion (celle de la pensée). Parce que le spectre de la défaite, de l'échec cuisant, de la préparation de la « guerre précédente » guette toujours l'officier, cette double relation « Étudier la guerre pour l'enseigner » ou « Réflaction » doit être scrutée : les disciplines académiques ne recouvrant pas les enseignements militaires ni les besoins des Chefs sur le terrain, comment le militaire peut-il savoir quelque chose de la guerre ? Est-il condamné au doute permanent ?

Pourtant, il doit pouvoir décider, et pour cela disposer de concepts clairement formulés. C'est là tout l'enjeu de l'École de guerre : l'officier doit pouvoir étudier la guerre, afin de pouvoir l'enseigner, la préparer, la conduire, et surtout, la comprendre. En ce sens, dans son acceptation historique, le lecteur devra toujours conserver à l'esprit que l'École supérieure de guerre est née de la défaite du 1er septembre 1870 sur le champ de bataille de Sedan. Elle solde la défaillance intellectuelle du corps des officiers français, le Corps impérial d'État-major qui n'a pas su penser la guerre qui vient. L'École de guerre devient l'École née d'une défaite. Dans ce contexte, la guerre n'est pas simplement une lutte entre deux armées, deux généraux en chef, deux groupes sociaux ou encore une lutte matérielle ou une lutte de volonté. Tout conflit doit aussi être analysé à l'aune d'une lutte d'idées, des idées qui s'apprêtent à vivre, et d'autres, devenues séniles ou dégénérées, qui vont disparaître. Or à l'École de guerre, on enseigne des idées, car dans le domaine de la guerre c'est d'abord les idées qui comptent. Et lorsqu'elles sont fausses le premier coup de canon les rend criminelles.

Acceptons alors que l'École de guerre soit l'École ou l'on enseigne la défaite, car l'officier se construit par l'échec. Collectivement, aussi, depuis le licenciement de la Grande Armée après la bataille de Waterloo, l'Armée de terre s'est construite par l'échec. Toutefois, l'obsession des traditions militaires, l'horizon régimentaire, la morale chrétienne comme la nature humaine de l'officier cristallisent sa réticence à ne pas se prononcer sur ses échecs. En effet, peut-on dire du mal des camarades blessés ou morts au combat ? Et, pourtant, l'échec a une valeur pédagogique. C'est aussi une vertu lorsqu'il est traversé et surmonté. L'échec conduit l'officier à être créatif. Le Colonel Jules Lewal et le Lieutenant-colonel Ferdinand Foch représentent les deux meilleurs exemples d'officiers qui se sont nourris de la défaite et de l'échec pour se reconstruire, s'élever et imposer le changement. Le premier est le chef de file du renouveau de la pensée militaire post-1871, qui par ses idées novatrices et son volontarisme devient le véritable Père fondateur de l'École supérieure de guerre. Quant au second, mal noté et stagnant dans le grade de Lieutenant-colonel, son éviction de l'École supérieure de guerre par son directeur alors qu'il est titulaire de la Chaire d'histoire militaire de stratégie et de tactique générale le pousse à réagir. En purgatoire à Laon il prend le temps de rassembler ses conférences afin de les publier – *Des Principes de la guerre* et *De la conduite de guerre*. Ces deux livres qu'il offre à Clemenceau lui permettent de se voir octroyer le prestigieux poste de Directeur de l'École supérieure de guerre contre l'avis du ministre de la Guerre et de son cabinet.

C'est ainsi qu'après des années de recherches et de réflexions personnelles je pense avoir compris cette École de guerre que je vous livre à présent : *L'École de guerre, la formation des Chefs dans l'Armée de terre, 1871-1914*. Une École capable de développer la capacité à douter et l'émancipation critique de ses officiers stagiaires et de ses cadres-professeurs. Une École qui rend les officiers intellectuellement et moralement résilients, c'est-à-dire forts dans la défaite mais aussi humble dans la victoire… *Gloria Victis !*

INTRODUCTION

« L'état-major est une dépendance, un accessoire intime, une ombre, un reflet du commandement ; mais il ne peut avoir de vie propre, d'indépendance ou d'initiative. Cependant, le service d'état-major est la véritable école du commandement. »

Études de guerre – *1873, Colonel Jules Lewal*

Vers une école militaire supérieure

L'idée d'une École de guerre

Le 28 mars 1878, lors de sa conférence inaugurale, le général Jules Lewal, déclare à ses cadres-professeurs : « *Les officiers, en général très peu instruits, s'étaient plus ou moins formés par la pratique ; par suite on était arrivé à en conclure que la véritable école de guerre, c'était la guerre ; que les officiers ne se formaient qu'en campagne, et l'on affirmait alors, comme quelques-uns le répètent encore aujourd'hui, que l'instruction des officiers demande du sang.* » Dans ce contexte lié à la reconstruction d'un corps des officiers meurtri par l'humiliante défaite de 1870, le constat du premier directeur de l'École supérieure de guerre pose une question fondamentale : **quelle doit être la formation des chefs dans l'Armée de terre ?**

Voilà pour tout officier une problématique atemporelle puisqu'elle sous-tend tout un pan de la pensée militaire occidentale depuis la guerre du Péloponnèse. Il y a vingt-cinq siècles, avec les *Mémorables ou Apologie de Socrate,* Xénophon, un des premiers historiens de la guerre, formule déjà les exigences de la formation du chef militaire dans la démocratie athénienne. C'est dans cette filiation intellectuelle et philologique que Jules Lewal inscrit sa réflexion et son action. Ainsi au sein d'un courant résolument moderniste et positiviste cet officier républicain emploie son immense talent d'écrivain militaire comme ses énergies à rompre avec une idée démodée. Et cette idée indélébile affirmerait que seule la guerre serait l'École de la guerre ! Puisque la complexité de la guerre exige désormais de l'officier de plus grandes compétences tant au point de vue du commandement, que de la technique ou de l'administration, le centre de la question introductive repose pour Jules Lewal sur la qualité d'une formation spécifique. Cette dernière qu'il se plaît aussi à appeler « enseignement militaire supérieur » forme le creuset du Commandement de l'Armée de terre depuis la naissance de la Troisième République. Chez Lewal l'École de guerre doit engerber la volonté d'acquérir un savoir qui procède d'une obligation. En ce sens, chez le cadre-professeur comme pour l'officier stagiaire elle doit être dépositaire « *d'une règle morale, d'un impératif catégorique de la conscience personnelle et collective*[1] ». Le lecteur a ainsi compris que le savoir sur la guerre demeure la pierre angulaire de l'ensemble de tout système militaire efficient. Ainsi en 1876, pour la première fois dans l'Armée de terre, apparaît cette École qui incarne le devoir de savoir la guerre pour pouvoir la conduire ou encore d'apprendre comment la faire et comment s'y adapter pour devenir capable de mieux faire. Avec le colonel Jules Lewal la guerre se pare soudain de ses dimensions épistémologiques, méthodologiques et pédagogiques. Après « *L'année terrible* » – Sedan, Metz et La Commune – voici postulé l'invariant de ne plus se hasarder dans la guerre grâce à un processus d'apprentissage qui doit aider le praticien à préparer et à anticiper l'action future. C'est pourquoi dès 1878, la formation des chefs de l'*Armée nouvelle* doit être comprise comme un itinéraire intellectuel. Et, la création de cette « École » nouvelle incarne alors le lieu et le moment d'un savoir, celui de l'intelligibilité de la guerre chère à Jules Lewal.

C'est donc l'idée d'une École de guerre qui a attiré toute l'attention de l'officier-historien, praticien et théoricien, au cours de ces nouvelles recherches universitaires. Mais en définitive, cette idée d'une École de guerre s'est construite et a évolué dans un

1. Lucien Poirier, *Les Voix de la Stratégie*, Paris, Fayard, 1978, p. 411.

intervalle de temps caractérisé par l'antagonisme militaire franco-prussien. Bien que l'animosité qui oppose Gaulois et Teutons à travers les siècles ait vu la France envahir au moins quatorze fois son voisin d'outre-Rhin entre 1675 et 1813, la naissance de l'idée d'une École de guerre est concomitante, en Prusse, du Siècle des Lumières dont le but est de dépasser l'obscurantisme et de promouvoir la connaissance.

Generalstab versus *État-major*

En effet, historiquement, l'Académie de Berlin est la plus ancienne des institutions militaires européennes. Lorsqu'elle ouvre ses portes le 1er mars 1765, l'Académie des nobles se compose de quinze cadets. Elle est l'œuvre de Frédéric de Prusse. Si cette école est dispersée par l'ouragan Napoléon en 1806, elle renaît de ses cendres le 3 mai 1810[2]. Avec Scharnhorst, Gneisenau, Massenbach et Muffling, elle sera le creuset du futur *Generalstab*. Les raisons qui conduisent Frédéric à créer l'Académie militaire sont à rechercher dans la Guerre de Sept Ans[3]. Les pertes effroyables concomitantes à cette guerre[4] ont considérablement abaissé le niveau d'instruction de l'ensemble du corps des officiers. Dans son *Histoire de la Guerre de Sept Ans*, le fils du Roi sergent écrit :

> « *L'armée a montré sa valeur au cours de nombreuses campagnes, mais, au Q.G., l'absence d'un bon état-major du quartier-maître général s'est souvent fait sentir. Le Roi désirait vivement créer un corps d'officiers de cette catégorie. Il choisit douze officiers qui montraient des aptitudes particulières. On les instruisit sur la topographie, sur le tracé des camps, sur la mise des villages en état de défense, sur la construction des*

2. *L'Académie de guerre de Berlin*, Paris, Decaux, 1877, p. 13.

3. La Guerre de Sept Ans (1756-1763) met aux prises la France et l'Autriche d'un côté et la Prusse et l'Angleterre de l'autre.

4. Christopher Duffy, *The Army of Frederick the Great*, Newton Abbot : David & Charles, 1974, 272 p. (*Appendix 1, Battle Statistics* pp. 234-235)

ponts de campagne. Ils apprirent à reconnaître les marais et les rivières, de manière à ne pas, par erreur ou négligence, appuyer le flanc d'une armée à un cours d'eau guéable ou à un passage franchissable à travers une contrée marécageuse. Des fautes de ce genre ont eu les plus graves conséquences[5]. »

Une lecture critique de ce passage montre d'emblée que le souci majeur de Frédéric est d'instruire des officiers d'état-major. En créant la première université militaire, l'action du Prussien représente un repère capital dans l'évolution des idées et de la pensée militaire, puisque désormais l'instruction de l'élite militaire d'une nation est formalisée[6]. Cependant, c'est véritablement avec le professorat de Moltke[7] que l'Académie de Berlin atteint la perfection. Pour le « *général sur rail*[8] », les quatre piliers de l'enseignement militaire supérieur sont : le domaine de la prévision et de la préparation, une doctrine évolutive, la préparation du commandement et une pédagogie. Le premier repose sur l'esprit de prévoyance et le goût de la préparation préalable à toutes opérations militaires. Le deuxième permet de rejeter toute théorie positive et tout dogmatisme. Le troisième a pour objectif de créer au sein du grand état-major une élite rompue à la même méthode de travail et capable d'exécuter la mission donnée de façon très décentralisée. Enfin, une pédagogie qui s'appuie sur la connaissance de l'histoire où l'officier recherche le « pourquoi » et le « comment » des événements tout en refusant d'en déduire des théories figées ou des systèmes *a priori*. Le professorat du Comte de Moltke

5. Frédéric de Prusse, *Œuvres posthumes*, sixième édition, 1805, tome III, *Histoire de la Guerre de Sept Ans, et des événements depuis 1746 jusqu'à la paix de Hubertsbourg en 1763.*

6. Le général-major von Buddenbrock est nommé directeur. Cinq gouverneurs, cinq professeurs et un maître de langue française en compose le personnel. *Ibid.*, p. 14.

7. Moltke reste à la tête du Grand État-major 31 ans ; il est nommé à ce poste en 1857 et il est remplacé en 1889 par Schlieffen.

8. Expression donnée par le général Fuller à Moltke dans l'ouvrage *Les batailles décisives du monde occidental*, tome 3.

peut être alors codifié par quelques éléments fondamentaux. Aujourd'hui ils seraient qualifiés de grands axes de l'ingénierie de l'enseignement opérationnel : étude de l'histoire, cours théoriques, directives, rédactions des ordres, *Kriegsspiel*, manœuvres sur cartes et voyages d'état-major[9]. De tels ingrédients, cœur du fonctionnement de l'Académie militaire de Berlin, permettent une préparation très professionnelle de la guerre. En somme, la méthode Moltke, héritage, continuation et perfectionnement de la mise en pratique des écrits de Frédéric comme de Scharnhorst, Gneisenau et Clausewitz, se décline en trois guerres victorieuses à objectifs limités, imposés par Bismarck.

Regards croisés sur deux situations militaires, 1815-1866 et 1760-1815

Ce fait historique rappelle que l'idée et la mise en place d'une École de guerre est née en Prusse. Elle survit au désastre provoqué par la défaite d'Iéna-Auerstedt en 1806. Puis, 50 années s'écoulent jusqu'à la nomination de Moltke à la tête du *Genaralstab* en 1857. Ainsi, dans le cadre de ces recherches, l'analyse comparée des périodes 1815-1866 en Prusse et en France constitue la matrice intellectuelle de la problématique générale de ce mémoire inédit. L'analyse des écrits militaires permet d'affirmer que cet intervalle est synonyme d'étude théorique de la science de la guerre pour les officiers *im Generalstab* (*iG*), alors que pour leurs homologues d'outre-Rhin, il s'agit d'un demi-siècle passé à guerroyer. Algérie, Crimée, Chine, Mexique, Italie. Il faut attendre la défaite de la monarchie danubienne à Sadowa, pour que l'état-major français commence lentement à prendre conscience du retard accumulé dans les domaines de l'organisation, de la formation, de la préparation et de la conduite de la guerre à l'échelle du théâtre

9. Commandant Colin, *Cours de l'École de guerre*, Moltke, année 1910, tome 2 du mémoire inédit, Sources, bibliographie et annexes.

européen[10]. En ce sens, le retentissement de la victoire prussienne au mois de juillet 1866 en Bohême doit être vu comme un coup de tonnerre pour Napoléon III[11] et le maréchal Niel, les seuls qui ont véritablement compris le changement de situation militaire[12]. L'armée française n'a pas encore pris la mesure des conséquences et de l'impact du début de la révolution industrielle dans les affaires militaires. Le livre que publie le général Trochu au lendemain de Sadowa, *L'Armée française en 1867*[13], comme l'ultime tentative de réforme que prône le maréchal Niel, dresse un constat alarmant mais réaliste de la situation comparativement à un adversaire potentiel[14]. Cette armée, constituée par des jeunes recrues âgées de moins de vingt ans, vient de battre en quelques semaines la vieille armée autrichienne. Or, les soldats de métier aguerris par des décennies de campagnes africaines avaient déjà eu du mal à s'en défaire lors de la guerre d'Italie en 1859 ! Niel meurt avec sa réforme, probablement parce que les parlementaires du Second Empire préféraient maintenir un système d'obligation militaire dans lequel seuls les pauvres gens et jeunes hommes volontaires constituaient le socle de cette armée de métier[15]. Le péril est là. La défaite de Sedan, qui voit la moitié de l'armée française être prisonnière en quelques heures, sonne le glas d'une armée « *considérée comme la meilleure d'Europe, par là la meilleure du monde*[16]. » Ce revers permet alors à l'historien des idées militaires d'écrire que durant la guerre franco-prussienne l'armée du Second Empire ne put rattraper l'ankylose intellectuelle engendrée

10. Jean Casevitz, *Une loi manquée, la loi Niel (1866-1868), l'Armée française à la veille de la guerre de 1870*, Rennes, Imprimerie Oberthur, p. 9.

11. *Œuvres de Napoléon III*, Paris, Plon, 1856-1869, 5 volumes.

12. *Ibid.*, p. 133.

13. *L'armée française en 1867*, Paris, Amyot, 290 p.

14. Jean Casevitz, *Une loi manquée, la loi Neil (1866-1868), l'Armée française à la veille de la guerre de 1870*, Imprimerie Oberthur, pp. 15-21.

15. *Ibid.*, p. 8.

16. Henri Ortholan, *L'armée du Second Empire*, Paris, Éditions Soteca, 2009, p. 9.

par un demi-siècle d'aventure militaire. *De facto,* sur le champ de bataille de Sedan, Moltke renvoie l'ensemble des officiers français à l'étude d'une guerre qu'ils n'avaient pas eu le temps de penser. Si le général Fuller a défini « *Moltke comme un général « sur rails » car son système militaire était à la fois direct et rigide*[17] » son professorat aurait mérité d'être étudié. Cette carence incombe-t-elle alors à l'absence d'une véritable académie militaire en France depuis les guerres de la Révolution et de l'Empire ?

Cette première comparaison conduit l'historien à en établir une seconde, celle avec la période 1770-1815. Dans la seconde partie du XVIIIe siècle, Frédéric n'est pas le seul à avoir l'idée de mettre en place un système de formation capable de structurer un état-major à partir d'une élite militaire issue d'un corps social homogène, l'aristocratie prussienne. En France, Guibert, Bourcet voire Berthier ont également pressenti la nécessité d'avoir des officiers aptes à gérer les rouages complexes de la guerre moderne. En fin de compte c'est avec l'avènement du principe divisionnaire et son corollaire – la difficulté de conduire l'engagement de troupes de plus en plus nombreuses dotées de moyens feux de plus en plus puissants que le besoin pour un pays de se doter d'une académie militaire devient incontournable. Cette idée d'un enseignement militaire supérieur préoccupe alors certains penseurs militaires. Puisque Guibert est un fervent admirateur de Frédéric, il est alors intéressant d'enrichir notre *stratégothèque* en exhumant un mémoire découvert dans les papiers de la succession du Comte de Guibert[18]. Il s'agit d'un mémoire anonyme qui retient toute l'attention de l'auteur de l'*Essai général de tactique* puisque ce dernier a choisi de le conserver en l'archivant dans les papiers de

17. J.F.C. Fuller, *Les batailles décisives du monde occidental,* Paris, Berger-Levrault, tome 3, 1983, p. 56.

18. Service historique de la Défense (SHD) – Guibert-Référence : 4 YD 1777 – Carton 1720 – *Mémoire relatif à l'établissement d'une école de guerre et à quelques parties de la constitution de l'armée prussienne*. Document intégralement retranscris dans le tome 2 du mémoire inédit : Annexe 2.

sa succession. S'il est difficile de dater avec précision cette étude, probablement postérieure aux batailles de Rossbach, Minden et de Bergen au cours desquelles il a accompagné son père sur le champ de bataille, le contexte historique de cette réflexion est celui du début de la décennie de 1770 ; il coïncide aussi avec ses écrits de jeunesse et son voyage en Allemagne où il est reçu par Frédéric[19]. À lui seul, le titre de ce mémoire anonyme renvoie la curiosité de l'historien de la guerre aux théoriciens du XVIIIe siècle : *Mémoire à l'établissement d'une école de guerre.* Le siècle des Lumières permet aux penseurs militaires d'être en phase avec l'essor des sciences afin de chercher à établir les fondements de la science militaire. Puisque l'art militaire a la prétention de devenir une science, il lui faut donc une école, celle de la guerre. C'est l'essor de la physique, de l'astronomie ou encore de sciences annexes utiles à l'art militaire : la balistique et la topographie. Il n'est alors pas étonnant de voir écrit dès le premier paragraphe du mémoire : « *L'art de la guerre pourrait être également appelé la science des combinaisons propres à obtenir la victoire dans quelques relations d'infériorité ou de supériorité qu'on puisse se trouver à l'égard de l'ennemi.* »

Au cœur de cette décennie, c'est le rôle et les écrits de l'officier du génie Pierre Bourcet qui concourent à étoffer la réalisation de cette idée en France. Depuis la Guerre de Sept Ans, une véritable méthode d'état-major est instaurée sans pour autant jouir d'une école permanente. Dès 1762, lieutenant-général auprès de Choiseul, il rédige un *Mémoire sur la nécessité de former les officiers à la connaissance du pays*[20]. Néanmoins, c'est dans le sillage des réformes initiées par le duc de Choiseul qu'un cours supérieur

19. L'historien pourrait même émettre comme hypothèse que Guibert l'a dicté à un de ses assistants. Il est alors intéressant de remarquer que dans l'*Essai général de tactique,* publié en 1772, l'auteur déplore qu'il n'existe pas encore de lieu pour enseigner la science de la guerre « *sur les cours publics* » (Partie II, Chapitre XV). De plus à cette date le cours éphémère mis en place par Bourcet a déjà refermé ses portes.

20. *Historique de l'École militaire*, Paris, Atelier d'impression de l'armée, 1972, p. 22.

de guerre et des officiers d'état-major est instauré entre 1766 et 1771. Ce premier enseignement militaire éphémère est dispensé à Grenoble par le lieutenant-général Pierre de Bourcet qui est alors gouverneur du Dauphiné[21]. Cette expérience inédite en France permet à son directeur de capitaliser cet enseignement qui s'étale sur trois années et qui inclut les domaines de la tactique, de la fortification, de la correspondance militaire ou encore de la conservation des archives en campagne comme la guerre en montagne ou les reconnaissances. Choiseul précise les objectifs de la formation des élèves lorsqu'il écrit : « *une pépinière non seulement propre au remplacement des officiers de l'état-major, mais encore à procurer des colonels instruits aux régiments qui en manqueront*[22]. » Ce premier curriculum devient quelques années plus tard une méthode. Il s'agit de la « méthode Bourcet. » Elle repose avant l'engagement des armées sur la rédaction d'un mémorandum. Celui-ci se décompose en trois paragraphes principaux (analyse de la situation, choix argumenté des solutions et évaluation de la situation.) La « méthode Bourcet » est formalisée dès 1775 dans le livre VI des *Principes de la guerre de montagnes*[23]. On retrouve par ailleurs sa filiation dès 1796 dans le document rédigé par Pierre Alexandre Berthier, chef d'état-major de Bonaparte en Italie. Il a pour titre *Document sur le service d'état-major de l'armée des Alpes*[24]. Ce pensum est le premier manuel expliquant le fonctionnement d'une grande unité. Le système décrit par Berthier est plus tard étendu

21. François Dossus, *L'École d'état-major et sa filiation*, Saint-Cyr l'École, Établissement d'impression de l'armée de Terre, 1995, p. 3.

22. *Mémoire du duc de Choiseul – ancien Ministre de la marine, de la guerre et des affaires étrangères – écrits par lui-même et imprimé sous ses yeux dans son cabinet à Chanteloup*. Consulté à la bibliothèque patrimoniale de l'École militaire : Côte D III 645 –Résa. 1081.

23. Lieutenant-général Pierre de Bourcet, *Principes de la guerre de montagnes*, Grenoble, Imprimerie nationale, 1888, 322 p. Cyrille Becker, *Relire les Principes de la guerre de montagnes*, Paris, Economica, 2010, 220 p.

24. Jérôme Zieseniss, *Berthier, Frère d'armes de Napoléon*, Paris, Belfond, 1985, 305 p.

à l'ensemble des états-majors de la Grande Armée[25]. Cette année 1796 est importante pour la compréhension de la construction du dytique aide du commandement-commandement et son corollaire, un enseignement militaire supérieur dédié. En effet, un jeune officier nouvellement affecté à la division Masséna comme adjoint à l'adjudant-général chef d'état-major de cette division, est envoyé à Milan pour porter un message au commandant en chef. Bonaparte reçoit alors cet aide de camp qui est incapable de répondre à la série de questions qu'il lui pose. Thiébault tire alors profit de cette situation où il comprit le mécontentement du chef de l'Armée d'Italie. En effet il écrit dans ses mémoires : « *La leçon me fut profitable. Je me fis immédiatement un calepin où se trouvait la solution de la totalité des questions qu'il m'avait faite et de beaucoup d'autres encore*[26]. » Grâce à la somme de connaissances consignées dans son calepin entre 1796 et 1800, Thiébault, adjudant-général aux armées de la République publie son *Manuel des Adjudants-généraux et des adjoints employés dans les états-majors divisionnaires des Armées*[27]. Ce livre, traduit en russe, en espagnol, en anglais et en allemand devient la référence européenne pour tous les penseurs militaires. Le lieutenant-colonel Hittle écrit : « *Pour la première fois à l'époque moderne, un écrivain qui fait autorité condense en un manuel la théorie et la technique de base des états-majors, implantant un fondement solide, détaillé, sur lequel il sera possible de construire un système équilibré*[28]. »

25. J.D. Hittle, *The Military Staff, its history and development*, Harrisburg, The Stackpole Company, 1961, p. 96.

26. Thiébault, *Mémoires du général Bon Thiébault publié sous les auspices de sa fille Mlle Claire de Thiébault*, Paris, Plon, 1893, volume 1795-1799, pp. 26-28.

27. Thiébault, *Manuel des adjudants-généraux et des adjoints employés dans les états-majors divisionnaires des Armées*, Paris, Magimel, An VIII, 160. Il sera complété en 1813 par *le Manuel du service d'état-major*. Thiébault, *Le Manuel du service d'état-major*, Paris, Magimel, 1813, 592 p. Pour être exhaustif, il faudrait également citer : Général Grimoard, *Service d'état-major*, Paris, Magimel, 1808, 372 p.

28. *Ibid.*, p. 98.

Analyse comparée des deux situations militaires

Cette description initiale autorise l'analyse comparée qui sous-tend l'idée de la création d'une université militaire en France et qui induit toutes ses grandes problématiques. En prenant la pensée militaire de Frédéric et la Guerre de Sept Ans comme point focal, l'historien des idées militaires observe que les commandements prussien et français évoluent « en miroir » l'un de l'autre. Il y a une influence réciproque puisque les deux parties sont toujours antagonistes sur les différents champs de bataille. Au cours de la période des guerres de la Révolution et de l'Empire, si les armées françaises ne sont pas encore dotées d'une véritable école d'état-major, c'est la pratique d'une guerre nouvelle entre 1799 à 1813 qui permet de bâtir un système d'état-major *ad hoc*. Un tel système repose sur la personnalité écrasante d'un chef qui inhibe le fonctionnement de l'état-major en le réduisant à un grand secrétariat. En effet c'est le Premier Consul, général omnipotent et omniscient, qui assure seul les tâches les plus importantes, celle de la direction des opérations et celle de la synthèse du renseignement[29]. Le système créé par Napoléon fonctionne relativement bien jusqu'en 1806, date qui pourrait être vue comme l'apogée de son système de guerre[30]. Durant ces vingt-trois années de guerre caractérisées par une période où les batailles s'enchaînent, les lieutenants de Bonaparte puis de Napoléon sont tour à tour aides de camp, adjudants-généraux, adjudants-commandants, commandants de division et de corps d'armée. Dans un système très centralisé ils alternent donc les situations « d'aide-au-commandement » et de commandement de la troupe. François Bossus écrit : « *Il n'est d'ailleurs pas innocent*

29. Jomini a écrit : « *L'Empereur était lui-même le vrai chef de son état-major.* »

30. Pierron, *Comment s'est forgé le génie de Napoléon*, Paris, Dumaine, 1889, 220 p. ; Colin, *Les transformations de la guerre*, Paris, Flammarion, 1911, 298 p. ; Camon, *Le système de guerre de Napoléon*, Paris, Berger-Levrault, 1923, 144 p. et Camon, *Quand et comment Napoléon a conçu son système de bataille*, Paris, Berger-Levrault, 1931, 313 p.

de souligner que pratiquement tous [les généraux de Bonaparte] *ont servi initialement comme aide de camp ou comme adjudant-général et qu'ils ont bénéficié ainsi d'une solide expérience de terrain dans une ambiance, entre 1792 et 1800, de féroce sélection naturelle*[31]. » On peut donc constater que les victoires des armées françaises sont alors acquises sans qu'il y ait donc besoin d'une école d'état-major particulière pour enseigner aux officiers le pourquoi et le comment des rouages du commandement de ces opérations. À défaut d'école d'état-major qui aurait été une véritable École de guerre, les officiers français de cette période ont la guerre comme École.

Ainsi, en 1806 à Iéna-Auerstedt comme en 1870 à Sedan, la victoire est dans le camp de l'armée qui dispose du meilleur état-major. Pour les Français, il s'est forgé de manière empirique au gré des combats. Fruit de dix années d'expérience d'un chef de guerre hors normes, elle ne doit cependant pas rejeter voire faire oublier la filiation des Guibert, Bourcet, Broglie, Saint-Germain, Choiseul, Gribeauval, Berthier et Thiébault. L'École française repose alors sur la pratique et l'orthopraxie[32]. *A contrario*, le *Generalstab*, l'état-major général prussien a patiné lentement les rouages du fonctionnement et de l'articulation de ses vingt-cinq corps d'armée grâce à la formation méthodique de ses officiers durant près d'un demi-siècle passé à étudier la guerre et son histoire. La théorie et l'orthodoxie sont probablement les deux maîtres mots d'une École prussienne, où la *Kriegsakademie* devient le cerveau du système militaire. La comparaison de ces deux victoires scelle d'abord la valeur collective d'un état-major et la formation individuelle des officiers qui le composent. La constitution d'un corps d'état-major compétent devient, au fur et à mesure que la taille des armées post-Révolution française augmente et que l'armement se perfectionne, la clef de voûte de toute victoire. Ensuite elle conduit à la thématique centrale de ce mémoire d'his-

31. *Ibid.*, p. 43.

32. Olivier Entraygues, *Afghanistan 2010*, Caen, La Plume avant l'épée, 2010, p. 22.

toire inédit : la finalité et la pertinence de l'enseignement militaire supérieur en France. La défaite prussienne d'Iéna-Auerstedt voit Scharnhorst réorganiser l'armée et l'Académie militaire. Cette réorganisation radicale engerbe les fruits des victoires militaires contre le Danemark, l'Autriche puis la France.

Interrogations initiales

Mais à quoi conduit la défaite des armées françaises en 1870 et son corollaire, la création de l'École supérieure de guerre ? Comment apprécier le bilan de l'enseignement opérationnel dispensé durant cet autre entre-deux-guerres à nos fiers « brevetés » ? Peut-on seulement s'enorgueillir de constater qu'au soir de la victoire, éclatante et douloureuse, notre Académie militaire a donné à la coalition le commandant en chef des forces alliées, Foch, le commandant en chef des troupes françaises, Pétain, ou encore onze commandants de groupe d'armées et d'armée (Langle de Cary, Maistre, Debeney, Fayolle, Ruffey, Lanrezac, Guillaumat, Maunoury, Dubois, de Maud'huy et Buat) ? La plupart de ces officiers ont d'ailleurs été les éminents professeurs de l'École entre 1896 et 1914[33]. Doit-on encore avec naïveté acquiescer aux paroles du maréchal Joffre lors de son discours de réception à l'Académie française le 19 décembre 1918, lorsqu'il affirme que notre force au début de la guerre a reposé sur notre Corps d'état-major, c'est-à-dire sur les officiers « brevetés » ? Il ajoute ensuite « *qu'il* [le Corps d'état-major] *est demeuré malgré les pertes cruelles qui ont éclairci ses rangs. Je tiens à rendre ici un hommage solennel à ses mérites, à sa probité, à sa conscience, à son savoir. Au cours des premières semaines de la guerre, jamais nous n'aurions pu faire ce que nous avons fait si les grands États-Majors d'armée n'étaient demeurés comme des rocs dans la tempête, répandant autour d'eux la clarté et le sang-froid. Ils entouraient leurs chefs, sur qui pesaient les*

33. Tome 2, annexe 10 : Tableau des cadres professeur de l'École supérieure de guerre de 1878 à 1913.

responsabilités les plus lourdes, d'une atmosphère de confiance saine et jeune qui les soutenait et les aidait. Ils gardaient, dans le labeur le plus épuisant, au cours d'une épreuve morale terrible, une lucidité de jugement, une facilité d'adaptation, une habileté d'exécution d'où devait sortir la victoire[34]. »

L'officier est généralement un mauvais témoin et un médiocre narrateur de l'histoire de la guerre, car lorsqu'il est porté par les lauriers de la victoire, il a du mal à distinguer ce qu'il a fait de ce qu'il rêvait de faire. Cependant pour que l'officier, homme d'action, puisse devenir à son tour un véritable historien, il doit prendre le temps de réfléchir et de comparer en écartant tout désir de briller vis-à-vis de ses pairs ou de plaire à ses chefs. Il s'agit ici pour l'auteur, officier « breveté » et historien, de dégager une réalité objective et critique de l'aboutissement de trente-huit années de fonctionnement du temps de paix d'une institution créée « *pour reprendre les hautes connaissances militaires dans l'armée et pour assurer le recrutement des officiers d'état-major*[35]. » Ne devient-elle pas l'École de la défaite si son enseignement théorique de la guerre porte les stigmates des hécatombes du mois d'août 1914 ? Le 2 août 1914, lorsque la guerre éclate, 1750 officiers dits « brevetés » sont alors en service. 350 tomberont au champ d'honneur, dont 21 généraux, 108 colonels et 115 commandants. Or à l'automne 1915, lors des offensives de l'Artois, le général de division Ferdinand Foch s'adresse en ces termes aux officiers « brevetés » qui composent son état-major : « *Messieurs, il vous reste à oublier ce que vous avez appris et à faire le contraire de ce que l'on vous a enseigné*[36]. » Au-delà de ces paroles rapportées par le lieutenant-colonel Émile Mayer, Foch, adjoint de Bonnal puis responsable de la chaire d'histoire militaire, de tactique générale

34. Maréchal Joffre, *Discours de réception à l'Académie française*, site Internet de l'Académie française.

35. Tome 2, Annexe 6, décret portant création d'une École militaire supérieure.

36. Émile Mayer est un camarade de promotion de Ferdinand Foch. *La théorie de la guerre et l'étude de l'art militaire*, Paris, Félix Lacan, 1923, p. 14.

et stratégie de 1896 à 1900, et enfin commandant de l'École supérieure de guerre de 1908 à 1911, pose la question de la pertinence de cet enseignement de la guerre et du mode de sélection d'officiers sélectionnés parmi leurs pairs. Il faut alors quatre années d'âpres combats pour recouvrir le terrain perdu au cours des quatre premières semaines de la Grande Guerre. La victoire de 1918 ne repose-t-elle pas alors sur l'expérience acquise par les officiers « brevetés », voire leurs camarades, et bien d'autres facteurs, puisque l'École de guerre a fermé ses portes depuis le 30 juin 1914 ? À l'instar de la période révolutionnaire et impériale, 1914-1918, n'est-elle pas celle de l' « *académie de la boue*[37] » ?

Du mémoire inédit retrouvé dans les archives de Guibert et qui porte l'idée d'une École de guerre en France à la création de l'École supérieure de guerre, un siècle s'est écoulé. La sédimentation des idées s'inscrit inexorablement dans le temps long, qui caractérise aussi l'analyse critique et constructive de l'historien de la guerre. Entre la première fermeture au début de l'été 1914 de cette École dont l'auteur est issu et le début de ces nouvelles recherches historiques, un autre siècle s'est écoulé. Il forme probablement cet intervalle de temps nécessaire pour conduire une étude dépassionnée et rigoureuse de l'École supérieure de guerre et de son enseignement opérationnel de 1876 à 1914. L'intérêt, l'originalité et la pertinence de cette nouvelle étude est finalement d'illustrer le concept de « zone grise[38] ». En effet l'idée et la réalisation d'une École de guerre en France s'ancrent dans une temporalité composite et hybride. Elle oblige l'étudiant de la guerre et le penseur militaire à décliner toute problématique à l'aune de trois questions sur lesquelles reposent les trois temps et les trois bureaux dédiés à la conduite de la guerre dans un état-major (B7, B3 et

37. Michel Goya, Thèse de doctorat sous la direction du Professeur Georges-Henri Soutou, Université de Paris IV, 2008, p. 223.

38. Le concept de « zone grise » a été développé par l'auteur dans son essai d'ego-histoire, *Un officier et l'Université, Étudier la guerre*.

B5[39]) C'est la guerre et son enseignement historicisé. Hier, d'où vient-on ? Quels enseignements doit-on tirer de la guerre qui vient de se passer ? Aujourd'hui, où en est-on ? C'est la période que l'on étudie qui nous permet de comprendre la conduite de la guerre au temps présent. Demain, où va-t-on ? Quelle guerre devra-t-on mener ? Ramener à notre étude – L'École de guerre, 1876 à 1914, représente cette « zone crise » qui irrigue toute la pensée militaire. Elle peut maintenant se réduire à une seule question : comment, entre 1876 et 1914, l'École supérieure de guerre a préparé ses officiers « brevetés » à entrer en guerre ? Et ce questionnement ne permet-il pas finalement d'appréhender d'autres analyses polémologiques fondamentales : comment hier l'École de guerre a préparé la guerre d'aujourd'hui ou encore comment aujourd'hui l'École de guerre prépare les guerres que l'on devra livrer demain ? L'analyse de l'École supérieure de guerre et son enseignement opérationnel de 1876 à 1914 ne constitue-t-elle pas une matrice et un cheminement d'idées qu'il est nécessaire d'étudier pour ne pas qu'elle soit imitée ? Face à l'objet que l'on se doit d'enseigner dans la durée, « *La guerre* », la principale difficulté de l'enseignement militaire supérieur n'est-elle pas d'admettre que l'instant momentané ne peut pas être considéré comme un état permanent et figé ?

Présentation des recherches et de l'ouvrage

Le cœur de ces recherches s'inscrit maintenant dans le prolongement et la sédimentation de l'idée d'une École de guerre en France entre le mois d'août 1870 et celui de 1914. Ces deux bornes chronologiques soldent la fin de l'étape de deux mobilisations distinctes d'une Armée française qui affronte toujours le même adversaire. Il change seulement de nom – prussien en 1870 et allemand en 1914 – mais son identité stratégique évolue

39. Dans un état-major otanien le B7 a pour mission d'analyser les enseignements tirés des opérations passées, le B3 a en charge la conduite des opérations ; quant au B5, il planifie les opérations.

peu. Il faut donc un peu plus d'un siècle pour voir s'imposer cette idée d'une École de guerre en France. Elle jaillit d'une période négative symbolisée par l'Armée du Second Empire, figée sur elle-même, dont la bataille Sedan et le siège de Metz scellent la disparition. La réalisation de cette idée commence dès l'instant où les officiers en captivité outre-Rhin débutent une période de réflexion inégalée à ce jour. L'aiguillon de la défaite ouvre alors une période constructive. L'idée d'une École de guerre devient maintenant duale et non sécable. C'est en fin de compte une double idée qui associe le contenant et le contenu. Le premier est synonyme de cadre normatif, c'est l'École en tant que structure fixe. Le second représente l'enseignement théorique de la guerre, une institution qui doit être créée. En effet, puisqu'en 1870, le corps des officiers a été dans son ensemble incapable de résoudre les problèmes de la guerre auxquels il vient d'être confronté, le corollaire de cette situation voit lentement se dessiner deux questions qui structurent ses recherches.

Définition du sujet

Le lieutenant-colonel Ferdinand Foch, titulaire de la chaire d'histoire militaire, de stratégie et de tactique générale, arrive maintenant au secours de l'historien lorsqu'il écrit dans l'introduction de son cours : « *Ces deux mots peuvent-ils être associés : École et Guerre ?* » Et il poursuit : « *Comment concevoir la préparation à cette activité qui s'exerce sur les champs de bataille, au milieu de l'imprévu, du danger ; qui exploite la surprise et toutes les propriétés de la force, la violence, la brutalité pour créer la terreur, par cette autre activité, l'étude, qui ne vit que de calme, de réflexion, de raisonnement, de raison.* » En fin de compte le Béarnais aide à poser la définition des relations entre la Guerre et l'École. À partir de ces mots qui associent deux idées, il élargit ce questionnement en posant deux questions : « *La guerre peut-elle être enseignée* ? » et, dans la mesure où cet enseignement serait possible, « *sur quoi porte-il*[40] *?* » Cette manière de délimiter le sujet permet aussi de reformuler les questions : « *comment enseigner la guerre ?* » et « *qu'enseigner de la guerre ?* » Le bouillonnement intellectuel qui anime les débats des officiers prisonniers dans des hôtels en Prusse et se prolonge avec l'avènement de Thiers devient cette réaction consécutive à la défaite. Elle définit le thème de ses recherches : L'École supérieure de guerre et son enseignement opérationnel.

À partir de ce thème, l'historien peut désormais préciser les contours de l'objet étudié. Il a pour cadre institutionnel la lente maturation, puis la création et enfin l'évolution de l'École supérieure de guerre. La dernière-née des académies militaires européennes est la filleule de l'École d'application du Corps impérial d'état-major. Mais elle est aussi la « réplique » de l'Académie militaire de Berlin, agent des victoires de 1866 et 1870. L'École supérieure de guerre est en ce sens la structure au sein de laquelle les deux questions – « *comment enseigner la guerre ?* » et « *qu'enseigner de la guerre ?* » – vont constamment interagir au grès des évolutions sociales, politiques, diplomatiques, scientifiques et techniques qui caractérisent cet autre entre-deux-guerres. En fin de compte l'objet d'étude est sous-tendu par ce double questionnement qui s'enchevêtre en permanence dans la mesure où l'École, foyer du réveil de l'intellectualisme militaire français, a la responsabilité durant la paix retrouvée de préparer les officiers « brevetés » à la guerre. Le sujet ainsi circonscrit n'est-il pas *L'École supérieure de guerre et son enseignement opérationnel* ? Ce terme, qui n'existe pas dans le vocabulaire militaire de la période étudiée, doit être défini comme l'enseignement théorique de la guerre. Il s'agit pour une élite enseignante de faire appréhender, en temps de paix, à la future pépinière du haut-commandement, la conduite de la guerre la plus probable et la plus plausible. Cet enseignement opérationnel doit être compris comme la culture professionnelle de l'officier « breveté, » c'est-à-dire la somme des connaissances

40. Lieutenant-colonel Ferdinand Foch, *1re à 19e conférences*, introduction, p. 1.

théoriques de la guerre dispensées par des professeurs pétris de certitudes et prisonniers de leurs méthodes.

Derrière cette responsabilité *in petto* de former le haut-commandement et les aides au commandement pour tendre vers la « Revanche » apparaissent des maîtres d'école titulaires de la chaire d'histoire militaire, de stratégie et de tactique générale et leurs adjoints. Au travers de leurs enseignements et des méthodes employées, un canon ou des philosophies de guerre se dessinent. Finalement, puisque les deux questions initiales sont difficilement dissociables, la lente percolation de cette idée neuve d'une École de guerre en France doit recentrer l'historien sur l'étude de « *l'École supérieure de guerre et son enseignement opérationnel entre 1870 et 1914.* » Néanmoins, une volonté de concision et de style conduit l'historien à proposer comme titre de cet ouvrage : *L'École de guerre, La formation des chefs dans l'Armée de terre, 1870-1914.*

Historiographie du sujet

Pour aborder la question centrale de cet ouvrage, l'auteur a préalablement établi l'historiographie de l'objet d'étude. Cette étape est fondamentale pour l'épistémologie et la compréhension du sujet. En effet, ce travail heuristique aide à définir une orientation historiographique afin d'insérer l'École de guerre dans les différents champs de l'historiographie existants. Ainsi, en utilisant tour à tour ces champs, l'historien les incorpore dans son étude en accomplissant leur synthèse. Il s'agit ici de présenter les trois principaux champs historiographiques : les dimensions politiques et sociales, la culture professionnelle des officiers « brevetés » et l'histoire de l'historiographie.

L'Armée et la République : Politique et société

La première famille historiographique qui doit être analysée est portée par le thème de l'Armée et la République. Daté du début des années 1930, l'ouvrage d'André Bellessort, *Les intellectuels et l'avènement de la Troisième République*, et celui de Daniel Halévy, *Pour l'étude de la Troisième République*, constituent les deux premiers éléments de ce thème. Ensuite, *La Revanche* d'Henri Contamine et *Deux relèvements français* de Louis Madelin apportent un renouveau à cette thématique dès le début des années 1950. Cette décennie voit aussi la publication par Raoul Girardet de *La société militaire dans la France contemporaine*. Il faut ensuite y insérer la remarquable étude de François Bédarida parue en 1964 : *L'Armée et la République, les opinions politiques des officiers français*. Cet élément a conduit l'historien à utiliser les fiches de Gambetta traitant de l'École supérieure de guerre et de ses professeurs, fiches qui n'ont pas été étudiées par Bédarida. En 1972, *L'Affaire Dreyfus* de Lombarès apporte une vision renouvelée de cet événement. Cela représente un point capital à ces recherches dans la mesure où il développe les liens entre les officiers « breveté » et la Nation. Au cours de la décennie 1980, le premier ouvrage sur lequel viennent s'appuyer ses recherches est écrit par Willian Serman : *Les origines des officiers dans la nation 1848-1914*. Ensuite deux thèses ont retenu notre attention : Il s'agit d'abord de la thèse de 3e cycle de droit soutenue par Jean-François Grivaux en 1984, *L'Armée et l'instauration de la Troisième République : une coexistence ambiguë*. C'est aussi *Les officiers français dans la nation* écrit par William Servat. Puis vient le professeur Jean-Charles Jauffret, qui en 1987 présente dans le cadre d'une thèse d'état son magistral *Parlement, gouvernement, commandement : L'armée de métier sous la Troisième république, 1871-1914*. Les actes du colloque *Militaires en République, 1870-1962* et l'ouvrage du général André Bach, *L'Armée de Dreyfus, une histoire politique de l'Armée française de Charles X à « l'Affaire »*, ont particulièrement été étudiés. Les travaux d'habilitation à diriger des recherches du professeur Jean-François Chanet, *Enraciner la nation en France, XIXe et XXe siècles*, publiés en 2006 sous le titre *Vers l'armée nouvelle : République conservatrice et réforme militaire*, constituent un autre élément essentiel pour bâtir ces recherches.

Enfin, le livre tiré du mémoire de l'Habilitation à diriger des recherches de Xavier Boniface, *L'Armée, l'Église et la République, 1879-1914*, clôture ce premier champ historiographique.

La culture professionnelle : Histoire et pensée militaire

Le deuxième champ historiographique aborde la culture professionnelle de l'officier « breveté. » Ce terme doit être ici compris comme l'ensemble des connaissances liées à la guerre au cours de la période étudiée. Il s'agit en fin de compte de la pensée militaire française. Cette dimension se trouve principalement chez les écrits des historiens militaires dont le professeur André Martel et le général Jean Delmas doivent être considérés comme les chefs de file d'une « école française. » Dans l'esprit du « *renouveau* » de cette branche de l'histoire prônée par André Martel depuis la création du centre d'histoire militaire et de défense de l'université de Montpellier en 1970, le courant historiographique lié à la pensée militaire connaît une dynamique continue depuis la décennie 1980. Dans ce domaine, la thèse d'état soutenue en 1987 par le professeur Georges Gugliota, *Un officier du corps d'état-major – Le général de Cissey, réorganisateur de l'armée française,* constitue un élément de référence pour apprécier la période 1870-1876. De même, la thèse de 3e cycle d'Henri Ortholan, *Le général Séré de Rivière, Le Vauban de la Revanche*, apporte quelques éléments complémentaires pour mieux apprécier cette période. Ensuite, en 1997, les tomes 2 et 3 – de 1715 à 1871 et de 1871 à 1940 – de l'opus dirigé par André Corvisier, *L'histoire militaire de la France*, constituent une référence inégalée pour camper le cadre de cette étude. C'est encore le volumineux *Traité de stratégie* publié en 1999 par Hervé Coutau-Bégarie à l'attention des stagiaires du Collège interarmées de Défense. Puis avec *Officier et historien* le général Jean Delmas propose en 2001 un pensum qui rassemble l'ensemble de ses publications, conférences et cours. Cette somme permet de faire le point sur trente années d'historiographie militaire française. Avec *La géographie militaire française,*

1871-1939, les recherches du professeur Philippe Boulanger aident à mieux comprendre l'importance de la géographie dans la pensée militaire après l'*Année terrible*. Ensuite, les travaux de thèse d'Olivier Cosson, 2006, *Horizon d'attente et expériences d'observation au début du XXe siècle. Les militaires français face aux conflits périphériques (Afrique du sud, Mandchourie, Balkans)* sont nécessaires pour appréhender les changements qui interviennent dans la conduite de la guerre à partir de la guerre sud-africaine. En publiant en 2009 *La réception de la pensée de Clausewitz en France, 1808-2008,* Benoît Durieux se focalise sur un seul aspect de l'influence de la pensée militaire allemande. La thèse de Michel Goya soutenue en 2008, *Le processus d'évolution tactique de l'armée française de 1817 à 1918,* apporte un aperçu relatif sur le rôle de l'École supérieure de guerre dans l'élaboration de la doctrine de l'armée française. Enfin, l'ouvrage du professeur André Martel, *Relire Foch au XXIe siècle*, renouvelle le lien et l'intérêt des écrits théoriques avec la conduite de la guerre.

L'histoire de l'historiographie

La troisième famille historiographique s'inscrit dans l'histoire de l'histoire. Elle s'ouvre par deux textes écrits par March Bloch au mois d'octobre 1940 : Il s'agit de *Comment et pourquoi travaille un historien* et d'*Apologie pour l'histoire ou Métier d'historien.* Ensuite, la somme écrite par Louis Vié en 1949, *Renan, La guerre de 70 et la « Réforme » de la France*, permet de situer l'analyse au début de la période étudiée. Avec *De la connaissance historique*, Henri-Irénée Marou ajoute de nouveaux éléments théoriques. Ces éléments sont ensuite approfondis et développés dans l'ouvrage *L'Histoire et ses méthodes,* dirigé par Charles Samaran en 1961. Avec Claude Digeon, *La Crise allemande de la pensée française 1870-1914* devient un ouvrage incontournable pour établir une comparaison entre la même problématique vue de la société civile et ensuite de la société militaire. Cependant, c'est surtout l'étude de la thèse de Charles-Olivier Carbonell, *Histoire et historiens,*

Une mutation idéologique des historiens français, qui occupe une place centrale dans cette thématique. Elle permet par exemple de comprendre pourquoi le pluriel « d'histoire » et d'historien est un pluriel exigeant. L'histoire de l'historiographie a encore orienté le chercheur vers la théorisation de l'histoire. C'est le cas avec François Hertog et ses *Régimes d'historicité*. On retrouve cet effort de conceptualisation de l'histoire dans l'ouvrage collectif *Historiographies, Concepts et débat.* L'analyse des chapitres consacrés à l'*Enseignement de l'histoire en France* et à l'*Historiographie méthodique* a été d'une grande utilité pour ses recherches. Enfin, *Sur la « crise » de l'histoire* de Gérard Noriel offre une mise en perspective générale dans la mesure où il oriente vers une double réflexion critique qui fait écho à l'objet d'étude. La première incite à l'urgence d'une réflexion épistémologique sur le métier d'historien, la seconde sur le sens et la nature des recherches historiques. L'énoncé de cette dernière famille historiographique constitue un point théorique et méthodique central de ce mémoire inédit car d'une part, la période étudiée correspond *lato sensu* au moment fondateur de l'histoire en tant que discipline en France et, d'autre part, parce que l'utilisation d'une méthode caractérise les différents types d'enseignement de la guerre.

Déductions de l'analyse de l'historiographie du sujet

L'analyse de l'historiographie permet d'attirer l'attention de l'historien sur les quatre remarques suivantes : la première est centrée sur l'année 1870 ; il s'agit d'un fait, le fait fondamental de la défaite mis en lumière par Claude Digeon. Cependant ce dernier ne décline pas sa signification et ses conséquences pour le milieu militaire français. Que signifie la notion de défaite pour notre étude ? Se réduit-elle simplement à la question des théories militaires allemandes dans le développement de l'École supérieure de guerre et de son enseignement de 1871 à 1914 ? La deuxième remarque historiographique s'inscrit dans le domaine de l'histoire des idées en général et des idées militaires en particulier, dont la signification pratique devient l'enseignement opérationnel. Dans cet univers de la pensée militaire, il est alors impossible de séparer les hommes qui les expriment puis les répandent d'abord au travers de leur enseignement à l'École supérieure de guerre, et ensuite sous la forme de leurs publications. Or, les idées exposées simultanément par les professeurs du cours d'histoire militaire, de tactique générale et stratégie n'ont pas le même âge. En effet au cours de la même année, l'enseignement opérationnel peut conduire les stagiaires à étudier la conduite de la guerre en 1792, 1870 et en 1900. Ces trois formes de guerre, respectivement celle de la Première République, celle du Second Empire et celle des *Victoria's Little Wars* représentent trois époques totalement différentes. Temporellement elles peuvent être qualifiées d'avant-hier, d'hier et d'aujourd'hui. Ces trois temporalités ont donc des significations très différentes.

Ainsi, l'analyse historiographique montre que l'étude de l'École supérieure de guerre et de son enseignement s'appuie sur deux perspectives chronologiques distinctes : La première doit se représenter de manière horizontale ; il s'agit de l'ordre historique. La seconde s'appuie sur la genèse de l'étude des guerres et des idées qu'elles génèrent ; elle s'inscrit dans un repère horizontal. La troisième remarque historiographique aborde l'histoire en tant que discipline, support didactique de l'enseignement opérationnel. Les professeurs de l'École, officiers-historiens, peuvent être « assimilés » à des historiens de l'histoire de la guerre. Et pourtant l'histoire de l'historiographie les a complètement négligés. Charles-Olivier Charbonnel le premier, dans son ouvrage fondamental *Histoire et Historiens, une mutation idéologique des historiens français, 1865-1885*, les oublie. Et c'est pourtant la même finalité qui motive ces recherches comme celle de Charbonnel lorsqu'il écrit : « *Quand on a pour curiosité principale la connaissance des historiens de jadis et la compréhension de leurs œuvres*[41]. » Il s'agit de l'enseignement d'un type singulier d'histoire

41. Charles-Olivier Charbonnel, *Histoire et Historiens, une mutation idéologique des historiens français, 1865-1885*, Toulouse, Privat, 1976, p. 7.

– l'histoire de la guerre – et des officiers qui s'essayent à l'enseigner alors que cette discipline semble presque absente du champ historiographique. Pourtant l'histoire, au cours de la période étudiée, est dans sa phase d'évanescence et d'autonomisation au sein de l'université française. La quatrième remarque est liée à la production historique générée par l'enseignement opérationnel. Dans l'ensemble de notre historiographie, lorsque les auteurs font référence aux cours d'histoire militaire, de tactique générale et de stratégie, ils citent pour la plupart les publications de professeurs et non leurs cours. Ces publications surviennent cinq à dix années après lesdits cours professés. La référence du cours du lieutenant-colonel Maillard n'est pas le livre *Éléments de la guerre* publié en 1891 mais une série de conférences archivées à la bibliothèque patrimoniale de l'École militaire et dispensées dès 1884. De même, le lieutenant-colonel Foch a dispensé sa première année de cours sous le titre *1re à 19e conférences* en 1898, ce qui n'est pas le même matériau historique que le livre publié chez Berger-Levrault sous le titre *Des principes de la guerre* en 1903[42]. Cette remarque, qui s'applique à la majorité des professeurs, n'est pas anodine puisqu'en définitive il n'existe pas à ce jour d'inventaire des cours de l'École supérieure de guerre entre 1876 et 1914.

Présentation des sources

Dès le début de ces nouvelles recherches, l'étape liminaire a conduit à établir un inventaire exhaustif des cours dispensés à l'École supérieure de guerre entre 1876 et 1914. En effet, depuis l'année 1920, tous les écrivains militaires et les universitaires qui cherchent à analyser l'enseignement de l'École supérieure de guerre durant cette période ont l'outrecuidance de disserter sur l'ensemble des cours sans avoir la rigueur de les étudier préalablement dans leur globalité et dans leur dynamique d'évolution.

42. Généralement les auteurs citent la cinquième édition, celle de 1918 et de la victoire qui s'accompagne d'une cinquième préface.

Cette lacune générale de l'historiographie du sujet, qui peut en particulier être adressée à Jean Guitton comme à Raymond Aron lors de leurs différentes communications au cours du colloque sur le centenaire de l'École supérieure de guerre en 1976, est également patente chez Eugène Carrias ou Dimitry Queloz. Confronté à un tel vide de la connaissance historique liée au sujet, il a été entrepris une tâche d'archiviste chronophage et fastidieuse afin de pallier ce manque. Accompli en partie au sein de la bibliothèque patrimoniale de l'École militaire, ce travail de Pénélope constitue l'étape heuristique et scientifique initiale de ce projet. Il a permis la réalisation du premier *Catalogue des cours autographiés de l'École supérieure de guerre de 1876 à 1913*[43].

Il devient à ce stade incontournable de présenter ce corpus de sources principalement archivé au sein de la bibliothèque patrimoniale de l'École militaire. Ces cours ou séries de conférences sont dits autographiés. Ce procédé de production et de publication de l'enseignement est préféré à celui de la typographie car d'une part il est plus rapide et d'autre part il demande une main d'œuvre moins qualifiée[44]. Chaque professeur titulaire d'une chaire dispose de deux années pour remettre l'ensemble manuscrit des conférences qu'il a dispensé à ses officiers stagiaires au cours d'une année d'enseignement. Le service de l'autographie de l'École supérieure de guerre qui est sous la subordination du directeur des études a alors pour mission de réaliser le cours autographié puis d'en assurer sa distribution. Un cours autographié se caractérise alors par cinq éléments : le nom du professeur, la matière enseignée, le nombre de conférences, l'année d'enseignement et le nombre de

43. Ce catalogue est désormais disponible à la bibliothèque patrimoniale de l'École militaire.

44. En 1904, le service de l'autographie et de la presse a essayé de substituer l'autographie à la typographie, mais cette tentative s'est soldée par un échec par manque de personnel qualifié. Si la typographie permet une meilleure qualité des cours et une économie de papier, l'École ne dispose pas alors des moyens financiers suffisant pour recruter deux personnels civils afin d'assurer les fonctions de chef imprimeur et chef compositeur. Référence : Lieutenant-colonel Desfontaines, *op. cit.*, p. 66.

tirages. En étudiant les cours on constate d'abord que le nombre de tirages est en constante augmentation entre 1884 et 1900 (voir tableau *infra*). Ensuite, que certains cours peuvent être classifiés « Confidentiel défense. » C'est par exemple le cas de la partie technique du cours artillerie entre 1890 et 1895. Le cours autographié qui a été distribué au capitaine Alfred Dreyfus, stagiaire de la 11e promotion, sert de pièce à charge lors de son procès[45]. De même les cours consacrés à la présentation des armées russe, allemande, japonaise et italienne en 1910 et 1911 sont des cours classifiés[46]. Ensuite, lorsqu'un professeur enseigne sur une période relativement longue, l'autographie sert alors à établir l'évolution de son cours. Les cours autographiés du commandant puis lieutenant-colonel Maillard sont en ce sens un cas exemplaire. Ce professeur enseigne entre 1884 et 1891. Il produit cinq cours autographiés différents où l'étude descriptive de la bataille de Saint-Privat devient l'élément central de l'enseignement. De même, la longévité du capitaine Bonneau, qui enseigne à la même période que Maillard, s'analyse à travers les différents cours qui s'enrichissent et se diversifient. L'inventaire des cours autographiés permet encore de suivre l'évolution des matières enseignées au sein de l'École. Si les matières dispensées au sein des Cours militaires spéciaux sont au nombre de onze (Art militaire, Artillerie, Fortification, Administration, Géographie, Topographie, Droit et économie politique, Histoire et littérature, Organisation et mobilisation, Instruction des troupes et Allemand), leur enseignement ne peut être appréhendé qu'à travers l'année 1876 car pour l'année 1877 quatre cours seulement ont été exhumés. En revanche, l'arrivée du général Jules Lewal et concomitamment la mise en place du service d'autographie dans l'enceinte de l'École militaire permet dès 1880 d'archiver à la bibliothèque l'ensemble des cours promotion après

45. Général André, *Cinq ans de ministère*, Paris, Éditions Louis Michaud, 1907, p. 243.

46. De manière anecdotique nous avons pu constater que ces quatre cours ont été déclassifiés au cours de l'année 2011.

promotion. La réalisation de l'inventaire montre qu'à partir de 1884 les chaires s'articulent principalement autour des matières suivantes : histoire militaire, tactique générale et stratégie ; infanterie ; cavalerie ; artillerie ; fortification ; état-major ; géographie ; topographie ; administration ; équitation ; allemand.

Années	**Cours**	**Nombres**
1876 à 1879	Tous	150 exemplaires
1880 à 1884	Tous	200 exemplaires
1885 à 1894	Tous	350 exemplaires
1895	Tous	450 exemplaires
1900	Tous	450 puis deux tirages supplémentaires de 800 et 1000 exemplaires
À partir de 1904	Tous	Les tirages varient de 200 à 1200 exemplaires

Nombre d'exemplaires de cours publiés par le service de l'autographie

Au-delà de cette description générale, le *Catalogue des cours autographiés de l'École supérieure de guerre de 1876 à 1913* devient une « prosopographie » singulière et élargie. En effet, celle-ci s'attache indirectement à étudier des personnalités, ici des officiers qui enseignent à l'École supérieure de guerre, à travers leurs conférences. C'est pourquoi on peut qualifier le corpus de « prosopographie de l'enseignement de la guerre sous la Troisième République. » Sous cet angle prosopographique, toute première page d'une source laisse d'abord apparaître le nom d'un officier et ensuite le titre du cours. Dans son intégralité, il s'agit de l'inventaire et du classement d'un ensemble de cours construits peu ou prou sur le même modèle, c'est-à-dire un nom puis une matière et une année. Néanmoins, puisque cette « prosopographie » à dominante philologique s'écarte d'une étude de référence comme celle du professeur Dominique Barjot, *Les patrons sous le Second Empire*[47], elle doit être requalifiée. Si l'historien fait maintenant

47. Dominique Barjot (sous la direction de), *Les patrons du Second Empire. Anjou, Normandie, Maine*, tome 1, Paris, Éditions Cenomane, 1991, 256 p.

le choix de placer l'analyse du cours avant celle du professeur qui la dispense, la série complète composée de 504 sources constitue en fin de compte une « épistémographie » de l'enseignement de la guerre entre 1876 et 1913. Une telle série permet statistiquement à l'historien de formuler une analyse quantitative. Deux variables chiffrées caractérisent cette enquête monographique.

Répartition des cours par année

Année	Nombre	Année	Nombre
1876	12	1895	14
1877	4	1896	19
1878	8	1897	10
1879	13	1898	14
1880	23	1899	9
1881	13	1900	13
1882	17	1901	6
1883	13	1902	12
1884	13	1903	19
1885	15	1904	12
1886	9	1905	12
1887	12	1906	16
1888	8	1907	10
1889	13	1908	10
1890	13	1909	10
1891	12	1910	33
1892	15	1911	13
1893	25	1912	12
1894	16	1913	6
Total			**504**

La première, l'année ou le numéro d'une promotion de l'École supérieure de guerre, respectivement de 1876 à 1913 ou de 1 à 39, offre une première analyse statistique qui représente la répartition des cours par année. Cette analyse statistique est représentée par le diagramme en bâtons suivant :

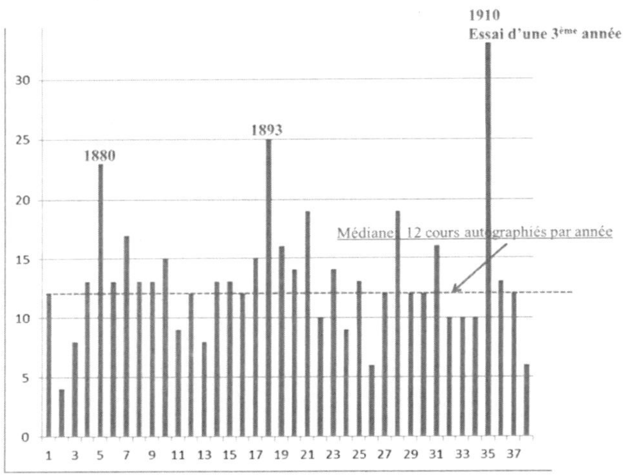

La série statistique permet de déterminer la médiane qui est de douze. Ce chiffre de douze cours autographiés correspondant aux douze matières principalement d'enseignement, c'est-à-dire histoire militaire, tactique générale et stratégie, infanterie, cavalerie, artillerie, fortification, état-major, géographie, administration, allemand, topographie, travaux d'études. Les trois pics, respectivement, 1880-1893-1910, mettent en lumière trois discontinuités. En 1880, ce pic s'explique, d'une part, par la mise en place du service de l'autographie et, d'autre part, par les directives d'enseignement du général Jules Lewal, premier directeur de l'École supérieure de guerre. En 1893, le lieutenant-colonel Henri Bonnal vient de prendre ses fonctions à la tête du cours d'histoire militaire, de tactique générale et de stratégie. C'est un écrivain prolifique. De plus un personnel enseignant supplémentaire a été affecté à ce cours. Enfin en 1910, le général Foch met en place un essai de troisième année, ce qui génère une augmentation très significative de la production du nombre de cours autographiés.

Répartition des cours par année

Une deuxième approche peut qualifier cette « épistémographie » ; Il s'agit de la répartition des cours par année. En effet, chaque année permet de quantifier le nombre de cours autographiés par matière enseignée. La deuxième base statistique apparaît dans le tableau ci-dessous :

Matière	**Nombre**
Hippologie	3
Droit	3
Littérature militaire	3
Voyages d'étude	3
Guerre coloniale	5
Économie politique	7
Télégraphie	8
Tactique marine	8
Topographie	12
Travaux d'étude	20
Géographie et géologie	22
Administration	26
Infanterie	29
Cavalerie	37
Allemand (écrivains militaires)	42
Service d'état-major	50
Fortification	53
Artillerie	68
HM, tac. géné et stratégie	105
Total	**504**

Cette deuxième série peut être également représentée par un autre diagramme en bâtons :

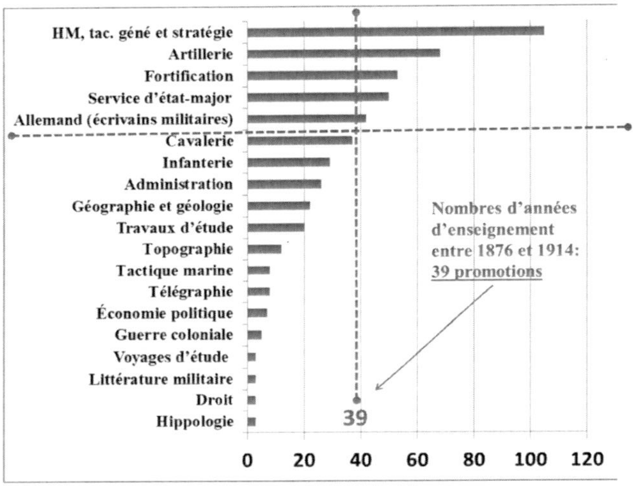

Or, en considérant que la répartition par matière enseignée doit être rapportée au chiffre de 39, qui correspond à 39 années d'enseignement, l'historien constate que seuls cinq cours ont fait l'effort de publier un cours autographié par année au cours de la période étudiée. Ainsi, l'analyse globale de cet inventaire établit une vision complète de l'enseignement de l'École supérieure de guerre entre 1876 et 1913. Ce prisme macroscopique est nécessaire pour comprendre le contexte propre à l'enseignement militaire supérieur. Cependant bien que cette « épistémographie » englobe l'analyse des 504 sources primaires, ces recherches se concentrent plus particulièrement sur l'étude de 105 d'entre elles. Il s'agit des cours d'histoire militaire, de tactique générale et de stratégie autographiés au cours. Ce volume conséquent de publications représente le cœur de l'enseignement théorique de la guerre en France au cours de la période étudiée. Afin d'approfondir leur analyse et dans une démarche didactique, nous avons fait le choix de rassembler une anthologie de ces cours autographiés dans un tome *ad hoc*. Ainsi le troisième tome de ces recherches présente les textes fondateurs des officiers de l'École supérieure de guerre qui ont participé à bâtir et à faire évoluer cet enseignement. Cette anthologie regroupe chronologiquement les conférences de Lewal, Pierron, Ruyneau de Saint Georges, Derrécagaix, Maillard, Cardot, Bonneau, Thiroux, Bonnal, Foch, Mordacq et Colin. Ces choix seront présentés en introduction du dernier tome de ce mémoire inédit. Il doit à terme constituer une base de données qui sera incrémentée dans celle du Centre de documentation de l'École militaire. À partir d'un tableau qui présente les matières d'enseignement et les cadres professeurs entre 1876 et 1913, sa finalité est de proposer des liens entre chaque professeur d'histoire militaire, de tactique générale et de stratégie et l'ensemble de ses publications. L'inventaire complet des sources permet en définitive de lier un professeur de la chaire, d'une part, à ses publications à usage interne à l'École (les cours autographiés) et, d'autre part, à usage externe (les éventuelles publications chez les éditeurs militaires comme Lavauzelle, Dumaine…) tout en proposant la lecture de ses textes référents.

En parallèle à la construction de cette « épistémographie », il a également fallu rassembler et utiliser d'autres sources plus variées. Cette démarche a conduit l'historien à travailler au département Guerre du Service historique de la Défense, où une quarantaine de dossiers personnels ou de papiers privés ont été consultés. De même, les Archives nationales ont fourni des informations complémentaires en étudiant les fonds Foch et Pétain, et le centre d'archive du Quai d'Orsay et celui de l'Assemblée nationale ont permis d'enquêter sur l'état des débats liés à la promulgation des grandes lois organiques de 1873 et de 1875 qui fondent l'*Armée nouvelle*. Enfin la presse, les sources imprimées, Mémoires, livres et brochures, contextualisent grandement le champ de cette « épistémographie ».

Méthodologie

D'un point de vue méthodologique, la singularité et l'originalité de l'objet étudié, *L'École supérieure de guerre et l'enseignement théorique de la guerre*, repose finalement sur la construction itérative du catalogue des cours autographiés et de leurs analyses, contextualisées d'une part par les principaux événements qui rythment la vie des hommes en sociétés, et d'autre part les idées dominantes qui structurent les raisonnements. Dans le cadre de ces recherches, la méthode employée doit s'appliquer à l'histoire des idées. En effet le sujet doit être aussi entendu comme l'histoire de l'idée d'une École de guerre en France de 1870 à 1914. Cette idée s'insère dans la pensée militaire française. Elle représente son cadre qui est celui que la pensée militaire est intrinsèquement une activité humaine, celles d'une poignée d'officiers qui enseignent « doctement » la guerre. Or la catégorie socioprofessionnelle formée par les professeurs qui appartiennent à la chaire d'histoire militaire, de tactique générale et de stratégie, comme aux autres cours dispensés à l'École, semblent être triplement oubliée du champ de l'historiographie. En effet en se référant à la thèse d'Olivier Carbonnell si la catégorie « Officiers historiens » a été identifiée il n'est jamais fait mention d'officiers qui seraient en situation d'enseigner l'histoire comme la catégorie des universitaires historiens.

De plus, les domaines proposés de l'histoire ne laissent pas de place à la thématique liée à la guerre. Enfin, au cœur des querelles des différentes écoles historiques, l'École supérieure de guerre devient orpheline car elle semble être totalement coupée du milieu universitaire et ses « maîtres d'école » du courant des historiens de l'époque. Face à cette triple lacune, il est capital d'y opposer un champ historiographique spécifique. C'est donc en lisant et en relisant les écrits d'un des Pères de l'historiographie en France qu'une méthode s'est progressivement esquissée. Elle fait écho aux deux idées-forces qu'Olivier Carbonnell a mises en œuvre dans sa thèse. Premièrement, c'est l'exigence de toujours replacer le discours de l'historien dans un contexte. Pour cette étude, le contexte se caractérise par les événements politiques nationaux et internationaux, la transformation radicale de l'armée française et les évolutions des armées étrangères, les différents courants d'idées, les publications et les traductions d'ouvrages militaires, les découvertes scientifiques, l'apparition des nouveaux armements… Deuxièmement, il s'agit de privilégier la production de l'historien au détriment de sa réputation. La production a été définie par l'inventaire des cours autographiés de l'École supérieure de guerre. Ces écrits doivent être mis en relation avec les professeurs, « maîtres d'école », qui sont des êtres, mais aussi avec la matière dispensée, la guerre, qui est une chose. L'enseignement opérationnel évolue au cours de la période étudiée. En fin de compte c'est bien l'étude de cet inventaire qui permet d'apprécier ce qui est invariable et ce qui change. Appliquée à notre étude, le cheminement méthodologique suit la dialectique « exploration » et « contextualisation. » Elle fait jaillir la problématique sur laquelle vient se ramifier la rédaction de ce mémoire inédit.

Le premier temps de cette dialectique repose sur la réalisation puis l'analyse de l'ensemble des cours autographiés de l'École supérieure de guerre. Cette tâche fondamentale utilise une méthode itérative qui incrémente les sources primaires trouvées en utilisant les bases de données de trois principaux centres d'archives. Il s'agit premièrement de la bibliothèque patrimoniale de l'École militaire. Elle dispose de deux bases de données. C'est d'abord le logiciel *flora*, moteur de recherche interne du CDEM. Néanmoins les recherches doivent également être effectuées en utilisant les fichiers papier (auteurs et matières) archivés à la bibliothèque patrimoniale car ils constituent la base de données originelle de la bibliothèque de l'École supérieure de guerre avant la création du CDEM. Troisièmement, le Service historique de la Défense, SHD, à Vincennes, fournit une base de données complémentaire. Quatrièmement, la Bibliothèque nationale de France permet de disposer d'un dernier vivier possible de sources. Or, puisqu'une source représente un cours autographié de l'École supérieure de guerre, elle peut être discriminée à partir de différents mots clé : École supérieure de guerre, nom d'un professeur titulaire ou adjoint de l'École, nom d'un conférencier vacataire non affecté à l'École, type de la matière enseignée, nom d'un penseur militaire étudié à l'École, titre d'un ouvrage de pensée militaire. Ainsi, à partir de ces quatre bases de données distinctes – CDEM, bibliothèque patrimoniale, SHD et BNF – la recherche itérative par mots-clés permet de dresser une première liste des cours autographiés de l'École supérieure de guerre entre 1876 et 1913. Cependant, cette liste initiale montre malheureusement que les années d'enseignement qui couvrent la période 1876-1884 sont particulièrement incomplètes. Le chercheur a donc procédé à une étape de recherche parallèle qu'il qualifie de « miscellanées » afin de retrouver les principaux cours autographiés manquante de cette période de balbutiement de l'École supérieure de guerre. En recherchant librement sur le site *ebay* (France, Canada, Royaume-Uni et États-Unis), les deux principaux sites français de bibliophiles (*AbeBooks* et *chapitre.com*) et chez les offices notariés spécialisés dans la vente de vieux livres, il a été retrouvé des sources capitales. Il s'agit de l'ensemble des cours autographiés de la 6e promotion, entrée le 1er novembre 1880 et sortie le 10 novembre 1882, de l'année 1884-1885 et de trois cours du capitaine Bonneau. L'étape « miscellanées » se solde finalement par une « trouvaille » de vingt-quatre sources supplémentaires dont douze fondamentales pour ces recherches[48], ce qui représente 5 % du nombre total des sources.

Le second temps dialectique s'inscrit dans la contextualisation historique de l'objet d'étude. La matrice du cheminement de l'idée d'une École de guerre nécessite l'étude de la société militaire en France entre 1815 et 1869. L'analyse de ces cinquante années, doublée de l'étude de la guerre franco-prussienne et de l'épisode

48. Les cours autographiés de la 6e promotion.

de la Commune, constitue le socle identitaire du questionnement de ces recherches. Il doit être prolongé par l'approfondissement des connaissances liées au deuxième relèvement de l'armée française, celui qui conduit à la réalisation de l'*Armée nouvelle*. Puis c'est sous l'angle militaro-centré que « l'autre entre-deux-guerres » doit être mis en miroir de l'enseignement de la guerre dispensé aux officiers « brevetés. » Cependant le contexte militaire ne constitue que le premier élément de ce paysage historique. La situation sociopolitique qui caractérise la vie de la Troisième République devient le deuxième tamis de cette contextualisation. Ensuite c'est la dimension diplomatique, c'est-à-dire l'évolution des rapports des États et de leurs alliances dans le concert des nations européennes, qui induit des changements dans la nature de l'enseignement théorique de la guerre, dans la mesure où elle désigne le visage de l'armée ennemie et les zones d'intérêt vital pour la France. C'est encore l'évolution de l'industrie et de la technique des armements qui modèle les volumes des armées, leurs possibilités tactiques et leur mobilité stratégique. Cet aspect technique définit l'embryon du complexe militaro-industriel français et allemand. Il place l'artillerie lourde au cœur de la course aux armements et au centre de « l'Affaire » qui scellent la véritable bascule de l'*Armée nouvelle* dans la modernité républicaine. Enfin cette histoire intellectuelle de l'idée d'une École de guerre impose de comprendre les méthodes d'étude de la guerre employées par les maîtres d'école. L'historien doit alors se plonger dans la connaissance de l'histoire des idées. Il s'agit d'apprécier l'utilisation du comtisme par les écrivains militaires, de suivre les répercussions de la naissance de la discipline « histoire » en France à partir de 1876 sur l'École de guerre, d'identifier la réception de l'œuvre de Bergson comme celle de Gustave Lebon après 1895.

Problématique de l'étude

D'un point de vue militaire, l'*Année terrible* solde un demi-siècle de déclin de la pensée militaire française. Cette période négative où paradoxalement les activités guerrières de notre armée ont été des plus soutenues. Cette ambivalence qui conduit à l'échec militaire de la guerre franco-prussienne est alors trop rapidement créditée au commandement français et à l'école de formation de ses auxiliaires, le Corps d'état-major et l'École d'état-major. Ce « verdict » fait naître au bout de sept années de débats internes l'École supérieure de guerre, qui doit être considérée comme l'aboutissement de la dernière étape de la fondation de l'*Armée nouvelle*, l'armée de la Troisième République naissante. Les deux dates qui respectivement ouvrent et ferment la période étudiée, 1871-1914, sont synonymes de défaite. Étymologiquement, le mot défaite est le substantif du verbe défaire. Dès 1871, les officiers français mettent toute leur énergie pour chercher à défaire le système *ante* dont ils sont pour la plupart issus. Il s'agit de rompre avec le déclin et la paresse intellectuelle amorcée après la chute de Napoléon III. Cependant, sur fond de prussomanie endémique puis de prussophobie, les officiers « brevetés » subissent, quarante-quatre années après la réédition de Sedan, une nouvelle défaite. La défaite d'une philosophie de guerre, l'offensive « à outrance ». En ce sens, la bataille des frontières du mois d'août 1914 pourrait être analysée comme le reflet de la mise en application de la théorie, l'enseignement opérationnel de l'École supérieure de guerre, à la pratique, la conduite de la guerre à partir du Plan XVI.

Au cours de cet « Autre entre-deux-guerres », comment le cours d'histoire militaire, de tactique générale et de stratégie de l'École supérieure de guerre a-t-il réussi à créer un état d'esprit singulier, c'est-à-dire une communauté de pensées et d'idées propres à l'ensemble des officiers « brevetés », sans avoir réussi à établir une véritable doctrine d'emploi des forces de l'armée française ? Pour étayer cette problématique, cinq familles de questions concourent à nourrir la réflexion de ces recherches :

Comment l'organisation du haut-commandement militaire évolue-t-elle et exerce-t-elle une influence sur l'enseignement militaire supérieur ?

En quoi les relations politico-militaires et les événements extérieurs interagissent sur le programme d'enseignement de l'École ? Y a-t-il une défaillance de l'enseignement de l'École supérieure de guerre ? Quels types de facteurs conduisent à faire évoluer l'enseignement ?

Dans sa dynamique interne, l'École supérieure de guerre et son enseignement opérationnel ne définissent-ils pas un processus d'évolution qui se caractérise par une autre autonomisation vis-à-vis de l'armée, voire de la nation ?

Le besoin écrasant et commode de regarder sans cesse outre-Vosges ne conduit-il pas à construire une matrice intellectuelle qui n'arrive jamais à s'émanciper de l'École prussienne ? Y a-t-il réellement une œuvre de valeur dans le corpus des cours d'histoire militaire de tactique générale et de stratégie ? Y trouve-t-on un nom comparable à Guibert ou à Clausewitz ? Et plus précisément, à l'instar de l'école allemande (Moltke et Schlieffen), existe-t-il une école française durant cette « autre entre-deux-guerres » ?

Enfin et surtout, l' « histoire » utilisée au sein de l'École supérieure de guerre ne devient-elle pas un fardeau pour intégrer les événements et les changements qui interviennent sur la conduite de la guerre future sans que les professeurs n'en saisissent la portée dans leur intégralité ? De quelle « histoire » parle-t-on alors ? Comment qualifier ses « historiens » ? Ne sont-ils pas les ambassadeurs d'une « histoire immédiate » ?

Limites

Néanmoins cet ensemble de familles de questions qui assure la cohérence méthodologique des deux questionnements initiaux – « *Comment enseigner la guerre ?* » et « *qu'enseigner de la guerre ?* » – s'inscrit dans un cadre restrictif. Il s'agit des limites de ces recherches. Deux principales limites peuvent à ce stade être développées.

Le corpus des sources

La première limite porte sur le corpus des sources. L'historien doit préalablement faire remarquer que le catalogue des cours autographiés de l'École supérieure de guerre est incomplet. En effet, en considérant les cours autographiés manquants des années 1877, 1878, 1879, 1883 et 1884, l'extrapolation linéaire – année d'enseignement et nombre de matières enseignées – permet à l'historien d'affirmer qu'une trentaine de cours sont absents du catalogue réalisé pour le besoin de ces recherches. Cette estimation permet d'affirmer que 94 % des cours autographiés ont été inventoriés puis étudiés dans le cadre de ces recherches.

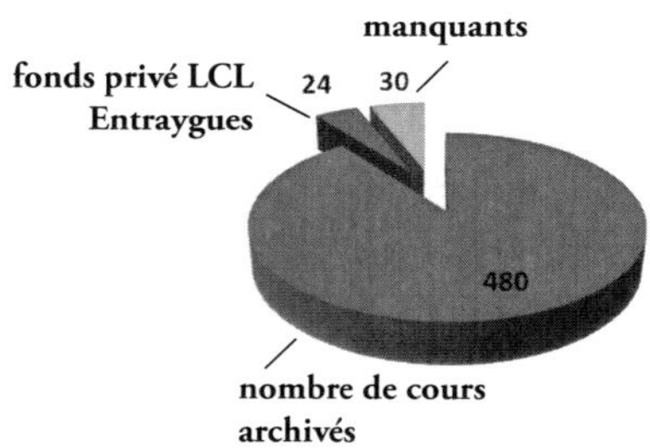

Ensuite, bien que les canons méthodologiques exhortent l'historien à ne pas être prisonnier de ses sources, ces recherches ont montré des lacunes archivistiques au sein du Service historique de la Défense. En effet il n'y a, à ce jour, aucun carton d'archives qui classe des inventaires liés à trois sujets connexes : l'École supérieure de guerre, le comité de perfectionnement d'état-major et l'enseignement militaire supérieur daté de la période 1870-1914. L'absence de ces sources a été préjudiciable à ces travaux dans la mesure où il n'a pas été possible d'établir le lien entre les directives données par le ministre de la Guerre au comité de perfectionnement de l'École supérieure de guerre. De telles sources permettraient, d'une part, d'apprécier la part d'autonomie de l'École pour définir son enseignement et, d'autre part, de comprendre ses responsabilités dans l'élaboration des doctrines.

L'historiographie

L'analyse de l'historiographie du sujet représente la deuxième limite de cette étude. En effet, en ne se reportant volontairement qu'aux études publiées dans la langue française, l'auteur a *de facto* réduit le champ de son analyse. Cependant cette décision n'entrave pas fondamentalement la pertinence de ces recherches car les études anglophones sont principalement centrées sur la réception de la pensée de Clausewitz dans le développement de la pensée militaire en général et de la pensée militaire française en particulier. Cette limite historiographique doit cependant veiller à prendre en compte les ouvrages d'Edward Mead Earle[49], d'Azar Gat et de Douglas Porch dans les conclusions partielles des différentes parties de ces recherches. De même l'ouvrage de Jean Jaurès, *L'organisation socialiste de la France, L'Armée nouvelle*[50], n'a pas été intégré dans le champ historiographique. Bien que l'auteur soit véritablement un des rares hommes politiques avant 1914 qui questionne la pertinence de la stratégie portée par les errements des disciples français du maître prussien, la pertinence de ce débat politico-stratégique n'entre pas dans notre analyse. Le chapitre IX, *Les officiers et les organisations ouvrières – Les officiers et l'université*[51], constitue une analyse qui présente l'histoire militaire de la France en insistant sur « *l'admirable tradition intellectuelle*[52] » de ces officiers et sur la nécessité qu'ils soient formés au sein des

49. Le chapitre 9 du tome 1, *Du Picq et Foch, l'école française*, co-écrit par Stefan Possony et Etienne Montoux, réduit la pensée militaire de 1870 à 1914 à ces deux officiers.

50. Jean Jaurès, *L'organisation socialiste de la France, L'Armée nouvelle*, Paris, Publications Jules Rouff et Cie, 1911, 685 p.

51. *Ibid.*, pp. 382-423.

52. *Ibid.*, p. 383.

universités afin qu'ils puissent, d'une part, s'ouvrir à la science et d'autre part, qu'ils côtoient leurs camarades « civils. » Ces deux exigences ont pour finalité d'élever le niveau de la culture militaire et « *de répandre dans l'armée l'esprit de démocratie*[53]. » Cependant tout au long de ce chapitre l'auteur ne fait explicitement référence qu'à l'École supérieure de guerre et à son enseignement opérationnel. Il s'agit d'une réflexion dédiée à la formation des officiers français de manière générale, dans laquelle une seule allusion pourrait être vue comme une critique à l'encontre des « brevetés. » Il écrit ainsi dans la conclusion du chapitre : « *Ainsi la France pourra donner à des milliers d'officiers la culture militaire la plus haute et en un sens la plus spéciale sans que cette élite devienne une oligarchie*[54]*...* »

Présentation du plan

Fort de ces limites, l'auteur peut désormais clore la partie introductive en présentant un corps de texte qui s'articule autour de trois parties. Chaque partie se structure en quatre chapitres dont une introduction et une conclusion. Ces trois parties correspondent aux trois étapes par lesquelles passe l'évolution de l'École supérieure de guerre et l'enseignement théorique de la guerre entre 1870 et 1914.

La première partie, *À l'École allemande, 1870-1877*, s'inscrit dans une logique de complémentarité et d'approfondissement des travaux réalisés par les professeurs Georges Gugliotta et Jean-François Chanet, respectivement, *Un officier du Corps d'état-major, le général Courtot de Cissey* et *Vers l'Armée nouvelle, République conservatrice et réforme militaire, 1871-1879*. Le chapitre, *Avant l'École de guerre*, campe la situation de l'armée française en 1870. Il cherche à analyser pourquoi l'idée d'une École de guerre en France n'a toujours pas pu voir sa réalisation. Cette partie décrit

53. *Ibid.*, p. 423.

54. *Ibid.*, p. 423.

comment, à partir de la défaite militaire et des événements politiques des années Thiers et Mac-Mahon, l'apport intellectuel de certains officiers permet de supprimer l'École d'état-major après une longue période de débats internes. Grâce à l'énergie du général de Cissey et à l'œuvre théorique du général Jules Lewal, cette phase de réorganisation de l'Armée de terre française conduit à la mise en place d'un nouveau type d'enseignement militaire supérieur, les Cours militaires spéciaux puis l'École supérieure de guerre. Ce cheminement devient le cœur du chapitre consacré à *La genèse de l'École supérieure de guerre*.

La deuxième partie, *L'École, foyer d'un intellectualisme militaire, 1878-1894*, montre comment se forme l'unité d'enseignement autour de l'étude de la guerre. Le chapitre consacré à *La montée en puissance de l'École supérieure* souligne comment, à partir des infrastructures déjà existantes de l'École d'état-major, l'École se structure autour d'un corps professoral et d'un enseignement rénové. Fort de l'héritage et des enseignements tirés des deux années transitoires des Cours militaires spéciaux, un cycle d'enseignement se dessine progressivement. Les fondements intellectuels de l'École sont alors caractérisés par les différentes matières enseignées dans une période où la politique de défense de la France évolue. La posture stratégique défensive cède intellectuellement la place aux prémices de l'offensive. Au cours de ces années de construction d'un enseignement théorique de la guerre, l'impact de la guerre franco-prussienne occupe une place centrale dans le curriculum de l'École. L'histoire devient finalement la discipline qui sous-tend et irrigue le « comment enseigner la guerre ? » Cette situation permet à la chaire d'histoire militaire de tactique générale, de stratégie de devenir le pôle dominant de l'École supérieure de guerre.

La troisième partie, *Un centre intellectuel à l'épreuve d'une rupture, 1895-1914*, confronte l'enseignement opérationnel à l'aune d'une période de doutes sociaux, politiques, militaires et intellectuels. L'École, à travers les certitudes de son enseignement, semble être à son apogée grâce à l'œuvre théorique de Bonnal. C'est l'âge d'or de l'Académie militaire française, celui de *L'École de la doctrine*. Néanmoins, alors que l'ennemi revêt momentanément le visage d'Albion, l'École doit intégrer les enseignements divergents de deux nouveaux conflits : la guerre sud-africaine et la guerre russo-japonaise. Face à *L'avènement d'une guerre nouvelle,* les fondations théoriques de l'enseignement de la guerre semblent perturbées. Cette situation de flou pédagogique et doctrinal est exacerbée par les contradictions et les controverses. Elle engendre une crise de la pensée militaire française. Désormais, si la stratégie s'invite dans le cadre d'une troisième année d'enseignement dispensée en 1909 à l'École supérieure de guerre, seule l'adhésion a une nouvelle philosophie de guerre : l'offensive « à outrance », permet de juguler les dissonances liées aux analyses contradictoires que la guerre qui vient soulève.

Enfin la conclusion de l'ouvrage établit une analyse rétrospective et prospective de l'École supérieure de guerre et de son enseignement théorique de la guerre. Avec la mise en perspective des défaites de septembre 1870, d'août 1914 et de mai 1940 ces recherches permettent-elle de dresser un bilan, didactique, méthodologique et historique ? L'existence de l'École d'état-major puis sa filleule, l'École supérieure de guerre, à travers leurs évolutions, les revers et les succès militaires, ne décrivent-elle pas des cycles de la connaissance de l'histoire de la guerre forts de ses invariants et de ses variables ?

À L'ÉCOLE ALLEMANDE (1870-1877)

« Entre 1876 et 1878, on passa de l'ancienne École d'État-major (…) à l'École de guerre.
Imitation de cette Kriegs-Akademie dont Clausewitz avait été le premier directeur… »

Henri CONTAMINE, *La Revanche, 1871-1914*

Introduction : de la guerre à l'École

« L'histoire de France est un tout si bien lié dans ses parties qu'on ne peut comprendre un seul de nos deuils contemporains sans en rechercher la cause dans le passé. »

Ernest RENAN, *La Réforme intellectuelle et morale*

1er septembre 1870, 11 heures 35. L'horloge de l'auberge Bourgerie[1] de Bazeilles s'arrête brusquement. L'impact d'une balle vient d'endommager son mécanisme. L'infanterie bavaroise submerge la division bleue. On se bat dans les localités. La bataille de Sedan entre dans sa seconde phase. Repoussée de toutes parts, la moitié de l'armée française d'active, commandée par le maréchal Patrice de Mac-Mahon, est encerclée dans une cuvette. L'artillerie prussienne campe sur les hauteurs qui dominent la ville. L'armée de Guillaume présente un rapport de forces, troupes et équipements, deux fois supérieur à son adversaire du jour. Ce duel inégal qui a des allures de « boucherie » voit les régiments français entrer en désordre dans la place forte : 100 000 soldats viennent s'agglutiner dans une ville qui compte à peine 18 000 habitants. Dans les rues noires de poudre, sabres, fusils, pistolets, casques, lances et drapeaux brisés ou brûlés s'amoncèlent. Ce ne sont que plaintes et gémissements des blessés, les souffrances, la

1. Il s'agit aujourd'hui du Musée de la Dernière cartouche.

colère et le désespoir des populations civiles. La Croix-Rouge fait pour la première fois son apparition sur un champ de bataille. Des paysans armés de fusils, c'est-à-dire des civils non régis par le statut légal des francs-tireurs de 1860, qui avaient déjà pris part aux combats de la matinée, sont fusillés et leurs maisons brûlées par un ordre daté du 24 août et signé von Moltke. Voilà un décor de mort et de désolation. Il s'agit d'une représentation schématique d'une expérience de guerre, la première guerre moderne sur le sol européen. Un tel tableau s'analyse à l'aide d'une focale dédiée, celle de « l'histoire boutons », « l'histoire batailles » et « l'histoire drapeau. » Ce prisme est certes nécessaire mais il en faut un autre pour voir les choses de plus haut, celles dévolues au chef qui a initié cette guerre.

« S » comme Sedan et Stratégie

L'Empereur Napoléon III, chef des armées, campe impassible sur son cheval au milieu de la mitraille. Ne cherche-t-il pas à se faire tuer pour sauver son image ? Il devient alors « le » spectateur passif d'une bataille décisive qui annonce sa chute. C'est un carnage. Il se réfugie à son tour derrière les murs de l'enceinte fortifiée. Cet homme fatigué et vieilli par l'exil, les geôles et le règne, miné par la maladie mais surtout inapte à commander ses armées, se ressaisit momentanément. Il donne enfin un ordre : « Hissez le drapeau blanc ! » Il est environ 16 heures 30. Peut-on blâmer un acte d'humanité qui évite à des milliers de vaillants soldats français un sort funeste ? À 18 heures 30, l'Empereur envoie son épée au roi Guillaume. Le général Reille, émissaire du futur prisonnier de *Wilhelmshöhe,* remet également un billet au futur *Kaiser* sur lequel on peut lire : « *Monsieur mon frère, n'ayant pas pu mourir au milieu de mes troupes, il ne me reste qu'à remettre mon épée entre les mains de Votre Majesté. Je suis de Votre Majesté le bon frère. "Napoléon"*[2]. »

2. Paul Rodier, *Les causes de la guerre de 1870-1871, le Prisonnier de Wilhemshöhe*, Épinal, Imprimerie Fricotel, 1911, 302 p.

2 septembre 1870, jour de capitulation d'une armée française en rase campagne. Fait particulièrement rare dans l'histoire militaire de la France. *Sedantag,* Sedan, toponyme d'un lieu qui scelle un double déterminisme historique. Celui qui augure deux autres défaites militaires françaises, la bataille des frontières d'août 1914 et encore le franchissement de la Meuse par le XIXe Corps blindé du *Panzergeneral* Heinz Guderian le 15 mai 1940. Géographiquement, la ville de Sedan n'est-elle pas un point déterminant situé sur l'axe Sambre-Meuse ? Celui qui préfigure aussi la chute de deux régimes politiques, le Seconde Empire ou bien la Troisième République.

Sedan solde donc une première défaite militaire, la défaite d'une armée de métier « archi-prête. » Puis vient la Révolution du 4 septembre 1870, annonçant le gouvernement des trois « Jules » – Trochu-Fabre-Simon – dont la tendance modérée est rapidement supplantée par celle jacobine de Léon Gambetta qui rejette la paix. Une deuxième guerre commence alors ; elle durera cinq mois. Conduite par le Gouvernement de la Défense nationale qui ne possède aucune assise électorale, l'avocat de Cahors, aidé par Freycinet, arrive en quelques semaines à lever et à équiper plus de 600 000 jeunes français dotés d'une artillerie composée essentiellement de 1400 canons[3]. Cette nouvelle organisation militaire a un coût : un emprunt de 200 millions de francs-or est contracté auprès d'une banque anglaise. Oublions la seconde moitié de l'armée impériale, commandée par Bazaine et encerclée dans Metz qui tombe le 19 octobre. Retenons que la nouvelle armée improvisée avec des troupes novices et un commandement inexercé réussit plus d'une fois à mettre les armées allemandes, jusque-là victorieuses, en fâcheuse posture. Cette deuxième guerre, celle d'une Troisième République balbutiante contre les troupes prussiennes, a pour point focal le premier siège de Paris qui dure du 20 septembre 1870 au 28 janvier 1871. Paris est assiégé. Paris est rationné. Paris est bombardé. Et Paris finalement,

3. Il s'agit des modèles Hitte de 4 et 12 pouces de 1858.

privé des secours de l'Armée de la Loire comme celles de l'Est ou du Nord, capitule au cœur d'un des hivers les plus rigoureux du XIXe siècle.

28 Janvier 1871, la convention d'armistice est synonyme d'une deuxième défaite militaire française, non plus de l'Empire mais de la République, celle d'une armée de conscription instruite dans l'urgence. Cependant, si conformément à une des clauses de l'armistice l'Assemblée nationale est élue le 8 février au suffrage universel, Thiers, désigné comme chef du pouvoir exécutif à Bordeaux, doit dès le mois de mars faire face à un troisième et dernier conflit : le second siège de Paris ou le conflit entre Paris et l'Assemblée de Bordeaux. À la guerre étrangère sur notre sol succède une guerre civile en présence de l'ennemi. Deux logiques politico-militaires semblent alors s'opposer. La première enjoint la préservation de la souveraineté nationale qui exhorte de poursuivre le combat contre les Prussiens. Une telle logique ne correspond-t-elle pas historiquement à un des biais déjà avéré de l'emploi de la Garde nationale au mois de juillet 1789 et 1790 comme de mars à mai 1848 ? Or, au début de l'année 1871 la France est toujours occupée par les troupes allemandes et le reste jusqu'au 13 septembre 1873[4]. La seconde logique représente celle de l'obéissance au gouvernement légitime de Thiers qui cherche à imposer une paix sociale intérieure afin de mieux négocier le départ des Prussiens du sol français mais aussi d'asseoir un nouveau régime politique. Au-delà de ces deux logiques, la seule question sous-jacente n'est-elle pas : quelle doit être la nature du régime politique pour succéder au Second Empire ? Celui de la Commune marqué par les idées d'un mouvement socialiste évanescent et appuyé par les ouvriers des grandes villes françaises ? Ou alors celui des députés nouvellement élus (républicains, royalistes et bonapartistes) soutenus par une France rurale et conservatrice ?

4. À cette date la France a terminé de payer les indemnités de guerre ; la garnison allemande de Verdun, dernier point occupé, est évacuée pour se replier sur celle de Metz.

Dans cette lutte d'idées qui incarne aussi un bras de fer « social », Thiers obtient de Bismarck le retour accéléré des troupes prisonnières outre-Rhin. Il peut ainsi reconstituer une armée de 130 000 hommes près de Versailles. Dans le camp opposé, la Commune symbolise la résistance d'hommes, de femmes et d'enfants[5] qui se sentent trahis par cette capitulation honteuse, mais pas encore battus. Son symbole militaire est celui de la Garde nationale[6]. Or, après l'échec de sa reprise en main par la force le 18 mars, Thiers installe le gouvernement à Versailles et concomitamment la Garde se radicalise car ses éléments bourgeois quittent la capitale. La Garde nationale, force citoyenne, garante de l'ordre public, crée alors le désordre car elle engerbe une dimension révolutionnaire. Au cours de la semaine du 21 au 28 mai 1871, le maréchal vaincu à Sedan, qui sera porté à la présidence de la République deux années plus tard, vient facilement à bout d'une insurrection armée composée de troupes oisives, de débris de la Garde nationale et de révolutionnaires. Cette « folie sanguinaire » a pour bilan 6500 morts[7] chez les Communeux.

L'humiliation de la défaite

La France historique, dans ses dimensions telluriques et humaines, vient d'être militairement humiliée trois fois en l'espace de neuf mois : deux fois par l'armée prussienne et une troisième fois par sa propre armée, que l'on pourrait alors qualifier « d'auxiliaire de l'étranger » contre le cœur de la Nation, Versaillais contre

5. En 1870 certains enfants âgés de plus de huit ans travaillent plus de douze heures par jour.

6. La finalité première de la Garde nationale est d'assurer l'ordre public sur l'ensemble du territoire, en complément des forces civiles de sécurité. Cependant l'histoire mouvementée de la Garde permet de constater que cet objectif n'a pas toujours été réalisé. En effet, elle est autant une force insurrectionnelle animée par la volonté de défendre la souveraineté nationale qu'une force de stabilisation garante de l'ordre constitutionnel (1789-1791, Monarchie de Juillet et Seconde République).

7. Chiffre moyen donné par l'historien Robert Tombs, *Paris, bivouac des révolutions, la commune de 1871*, Paris, Libertalia, 2014, pp. 357-361.

Communeux. Sociologiquement, l'épisode de La Commune constitue un déchirement profond de la France entendue comme une entité politique et sociale cohérente. En effet, comme l'a écrit Georges Gugliotta, cette tragédie nationale est l'occasion pour la majeure partie des officiers d'origine noble de l'armée de Versailles d'un règlement de compte avec Paris, épicentre des contentieux de 1830 et 1848[8]. En laissant Thiers reconstituer en moins d'un mois l'ancienne armée de métier, Bismarck ne laisse-t-il pas insidieusement des officiers vaincus, monarchistes et bonapartistes, prendre une revanche salvatrice et immédiate sur une tradition révolutionnaire encore vivace à Paris ?

Aux yeux de ces officiers généraux et ces colonels dont les origines aristocratiques portent encore les stigmates de la Révolution, la Commune semble être la fille naturelle de la Terreur de 1793. Il s'agit donc de régler une anachronique vengeance. À cette série d'humiliations militaires, d'autres humiliations surgissent. Humiliation politique : Le 19 janvier 1871 dans le palais des Glaces de Versailles, Bismarck reconstitue l'Empire allemand au profit de la Prusse et des Hohenzollern. Les troupes allemandes paradent le 2 mars dans Paris, l'équilibre politique européen est rompu.

Humiliation économique : cinq milliards d'indemnités à payer en cinq ans. L'Allemagne s'autorise aussi pendant vingt ans un tarif douanier préférentiel. Le Traité de Francfort ne devient-il pas ainsi un « Sedan financier et industriel » ?

Humiliation de souveraineté enfin, avec la perte de l'Alsace-Lorraine, environ 1 600 000 âmes, due également à une occupation territoriale, réduite à deux ans grâce au versement anticipé des indemnités de guerres. Mais toujours et surtout une humiliation morale et intellectuelle.

Une France s'écroule. Moralement, la nation ressemble au bûcher encore fumant du Second Empire. Flaubert écrit en

8. Georges Gugliotta, *L'Armée de Versailles*, à paraître.

1871 : « *La France vivait depuis quelques années dans un mental extraordinaire ; on avait perdu toute notion du bien et du mal, du beau et du laid, tout était faux ! Faux réalisme, fausse armée, faux crédit et même fausse courtisane.*[9] » Mais déjà le soubresaut de la défaite agit. Dès la fin de l'hiver 1870-1871, Ernest Renan pose la question : « *Que va faire la France ? Va-t-elle se remettre sur la pente d'affaiblissement national et de matérialisme politique où elle s'était engagée avant la guerre de 1870, ou bien va-t-elle réagir énergiquement contre la conquête étrangère, répondre à l'aiguillon qui l'a piqué à vif, et, comme l'Allemagne de 1807, prendre dans sa défaite le point de départ d'une rénovation*[10] *?* »

À l'instar du prisonnier de *Wilhelmshöhe*[11], des centaines d'officiers français retenus en captivité dans des hôtels en Allemagne se mettent brusquement à écrire. L'armée française n'a jamais autant produit ! Il faut dresser les causes de nos malheurs, c'est-à-dire être capable de méditer sur la défaite, sur la France et sur son armée. *Étrange défaite* que cette curieuse guerre de 1870 puisque le livre précédemment cité de Renan, tout comme celui de Bloch, appartiennent à un genre difficile et inédit car contraire à la vanité et au tempérament français : l'autocritique face à l'échec.

Chez Renan, la méditation du mal[12] le conduit à définir un diagnostic : la défaite de la France est une défaite intellectuelle : son armée est sclérosée parce que coupée de la nation et notre pays, divisée sur la question du régime, elle a été incapable de conduire une guerre. La candidature Hohenzollern au trône d'Espagne comme l'isolement diplomatique de la France semblent

---

9. Gustave Flaubert, *Lettres à Geoges Sand*, Paris, G. Charpentier, 1886, Lettres LXVII de 1871 pp. 141-142.

10. Ernest Renan, *La Réforme intellectuelle et morale*, Paris, Les Mémorables Perrin, 2011, p. 73.

11. À partir de la chute de Metz Napoléon III commence à rédiger des petites études qui analysent les causes de notre défaite. Elles sont publiées sous la forme de petites brochures.

12. La première partie de *La réforme intellectuelle et morale de la France* a pour titre « Le mal ».

de faux prétextes. Avec Renan comme avec tous les officiers qui écrivent dans ces instants humiliants se développe la prise de conscience d'une nécessaire réflexion sur la situation dans laquelle se trouvent la France et son armée. À la fin de l'hiver 1870-1871, dans *Journal d'un officier de l'Armée du Rhin,* le lieutenant-colonel Charles Fay écrit dès le premier paragraphe de son introduction :

> « *En faisant cette publication, je me propose un double but : Redresser bien des erreurs sur l'armée, qui a souffert à Metz ; Montrer l'urgence d'une organisation militaire, qui nous mettent à l'abri de catastrophe nouvelles*[13]. »

L'avènement difficile de la Troisième République dans le concert européen

Dans ce contexte, la guerre est le révélateur des défaillances globales de la France. Au-delà des causes de nos désastres, l'heure est à la reconstruction du pays et de son armée.

La période 1870-1880 se caractérise d'abord par l'affermissement des institutions du nouveau régime politique français : la politique intérieure de la France permet à Thiers et à une chambre monarchiste de gouverner le pays jusqu'au mois de mai 1873. Mac-Mahon devient ensuite président de la République pour sept ans. Symbole d'une République conservatrice, « l'ordre moral » se rapporte aux différentes lois constitutionnelles relatives à la nouvelle organisation militaire, à la liberté donnée à l'enseignement supérieur (les facultés catholiques) et à la loi permettant la construction de la Basilique du Vœu national à Montmartre.

Cependant, les lois constitutionnelles de 1875 et la crise politique du 16 mai 1877 conduisent progressivement à l'émergence d'une majorité républicaine à l'Assemblée nationale puis au Sénat. Au début de l'année 1879, Jules Grévy succède au triste vainqueur

13. Lieutenant-colonel Fay, *Journal d'un officier de l'Armée du Rhin*, Paris, Dumaine, 1871, p. 5.

de la Commune. Le contexte lié à notre politique intérieure doit être compris à l'aune d'un antagonisme franco-allemand toujours prégnant. Des milliers d'Alsaciens refusent de prendre la nationalité allemande et quittent leur terre natale pour l'Algérie ou le midi de la France.

Bismarck cherche dans une paix retrouvée à consolider son œuvre. Il faut donc pour cela éviter que la France ne se reconstruise trop vite et ne puisse chercher sa revanche. Le chancelier allemand réussit à isoler le pays grâce à l'entente des trois Empereurs (Allemagne, Autriche et Russie) de 1873[14]. Mais en 1875, lorsque la France promulgue sa loi relative à la constitution des cadres et des effectifs, Bismarck y voit des indices d'une intention revancharde. La presse allemande se déchaîne, un journal berlinois titre : « *Ist Krieg in Sicht ?* » – « *Une guerre est-elle en vue ?* »

L'appui diplomatique anglais et russe permet de minimiser l'incident, au moment même où se rouvre la question d'Orient. La révolte des Chrétiens dans les Balkans conduit à l'intervention diplomatique des grandes puissances. Cette crise orientale se solde par la guerre russo-turque (avril 1877-mars 1878.) Bien qu'elle ne soit pas brillamment menée par les Russes, cette première guerre lointaine attire l'attention de nos penseurs militaires car le siège de Plevna (juillet à septembre 1877) est riche d'enseignements.

Le traité de San Stephano de mars 1878 et le congrès de Berlin (13 juin-13 juillet 1878) ont pour conséquence l'assise essentielle de l'alliance austro-allemande d'octobre 1879. Parallèlement en 1877, grâce à l'impulsion de son premier ministre Disraeli, la reine d'Angleterre Victoria est proclamée nouvelle Impératrice des Indes. Si l'Allemagne de Bismarck ne nourrit pas encore d'ambition maritime et coloniale, elle ne demeure pas moins la principale rivale d'Albion. Les deux polarités des alliances sont désormais en place. Dans cet environnement

14. Elle regroupe la convention militaire germano-russe et la convention politique austro-russe.

international où la France, encore isolée, dispose d'une armée toujours « convalescente », sa politique de défense se concrétise par une stratégie défensive.

Néanmoins, sur fond de mouvements intellectuels, scientifiques, techniques et artistiques, « *la République s'impose à la France par la force des choses*[15]. » Le pays et son armée se régénèrent lentement. Face à un double défi qui est de construire une « *République nécessaire* » tout en se protégeant d'une hypothétique nouvelle agression allemande, l'armée devient aux yeux de la nation la meilleure garantie de sa sûreté.

Vers l'armée nouvelle, tel est le ferment du redressement national. Mais comment accomplir un tel changement alors que cette armée qui, par le poids de ses traditions et de son conformisme, est intrinsèquement hostile au changement ? Cette armée, dont les chefs vaincus et humiliés à Sedan le 29 juin 1871, retrouve soudainement sa fierté lors de la revue organisée sur l'hippodrome de Longchamp.

Aux dires de Thiers, la voilà en quelque sorte dans « *la joie d'une heureuse convalescence par un jour de beau temps*[16]. » En suivant étymologiquement l'image véhiculée par l'auteur de *L'histoire du Consulat et de l'Empire*, l'historien peut alors affirmer que l'armée française se relève d'une grave maladie, maladie contractée au cours de la période 1815-1870. Dans sa deuxième lettre à l'Armée, le colonel Jules Lewal écrit : « *Elle fut atteinte de consomption, cette maladie terrible, qui ne se révèle par aucun signe, mais qui tue à la longue*[17]. »

15. Émile de Marcène, *La République et les conservateurs*, Paris, Larchaud, 1871, p. 5.

16. Thiers, *Notes et souvenirs, 1870-1873*, Paris, Calmann-Lévy, 1903, pp. 174-175.

17. *Lettres à l'Armée sur sa réorganisation* (sous le pseudonyme de U. Sudens), Paris, Dumaine, 1872, 2 volumes (cote de la bibliothèque patrimoniale A VIII 36) ; *Général Lewal, Lettres à l'Armée, 1872-1873*, édition présentée et annotée par le colonel A. Bernède, Paris, Bernard Giovanangeli Éditeur, 1998, 198 p.

De manière plus globale, l'historien Hippolyte Taine voit dans la défaite de 1870 le symbole de la dégénérescence française, dont l'origine du mal a pour point de départ la Révolution française[18]. Est-ce à dire que l'armée française et ses officiers représentent en 1870 le stade ultime d'une forme d'altération militaire ? Une armée qui a progressivement involué, alors que durant la même période son futur adversaire a évolué. L'Allemagne a professé sa leçon d'organisation militaire sur le champ de bataille de Sedan. Cette âpre leçon nécessite la refondation complète de notre armée. Elle se produit au cours de la période 1871-1877 sur fond de « prussomanie. »

L'année 1880 scelle la dernière étape de cette transformation militaire. Le 18 mars, l'École supérieure de guerre est créée. Le 6 juillet, la loi d'amnistie permet aux derniers condamnés de la Commune d'obtenir la grâce « républicaine. » C'est donc sur ce fond d'apaisement social que la France adopte le 14 juillet comme fête nationale. Sur l'hippodrome de Longchamp, l'armée reçoit de la nation ses nouveaux emblèmes : drapeaux et étendards portent désormais l'inscription « République française. » Mais ce cérémonial républicain, immortalisé par le peintre Jean-Baptiste Detaille, est-il suffisant pour faire oublier le traumatisme ? Les souvenirs des aigles des drapeaux de laines brûlés ou capturés à Sedan comme ceux cachés dans les environs de Metz peuvent-ils être occultés en « *ce jour de délire tricolore*[19] » ?

Le deuxième redressement de l'armée française : 1870-1880

Au lendemain de ces humiliations, les officiers français – monarchistes, bonapartistes ou républicains – vont justifier cette « loi de l'histoire » qui voit dans toute défaite militaire le ferment

18. Jacques Leblois, Thèse de doctorat, *La fortune de Taine* et Taine, *Les Origines de la France Contemporaine*.

19. Henri Contamine, *La revanche, 1871-1914*, Paris, Berger-Levrault, 1957, p. 34.

d'un redressement intellectuel, moral et matériel. Cette idée est développée par Lewal dans la lettre précédemment citée, lorsqu'il écrit : « *Vous subissez la loi générale de toutes les sociétés et de toutes les corporations. La lutte les fortifie et les épure ; le malheur, la vie difficile les forcent à la vertu. La prospérité et le repos les amollissent et les énervent.* »

Il faut donc maintenant chercher à comprendre les ressorts de cette refondation, qui conduit à cette *Armée nouvelle*. Les causes de notre revers de 1870 sont multiples : infériorité numérique de nos effectifs d'active et de réserve, faiblesses de notre artillerie, de nos réseaux de chemins de fer, de notre système de mobilisation, d'organisation, de notre cartographie[20]... Cependant une cause les domine toutes : la défaillance du commandement.

Or, puisque ce sont essentiellement les têtes pensantes, c'est à dire les chefs, qui préparent les plans de guerre puis qui commandent la conduite des opérations, on paraphrasera March Bloch en affirmant que la défaite de 1870 est d'abord et surtout « *une défaite intellectuelle.* » Mais est-ce pour autant la défaite de généraux qui auraient oublié les leçons de la stratégie napoléonienne ? Un parallèle avec une autre défaite, celle de mai 1940, voit March Bloch reprocher aux généraux de 1940 d'avoir été prisonniers de l'expérience acquise au cours de la Grande Guerre ! En 1870, comme en 1940, « l'élite » de l'armée française n'est-elle pas seulement dans l'incapacité de penser la guerre à l'avance ? S'agit-il alors de pressentir les nouveautés techniques, l'évolution de la société comme des idées militaires, l'incidence des conflits en cours dans lesquels le pays ne serait pas impliqué, et de s'y adapter en restant une émanation de la nation ?

Afin d'analyser le cheminent de la transformation structurelle et de l'évolution des mentalités de l'armée française au cours de

20. Lewal écrit encore dans la deuxième lettre : « *On a parlé de ministre incapable, de chefs insuffisants, d'administrateurs insuffisants, d'artillerie insuffisante, d'officiers peu instruits, de discipline relâchée, etc. Tout cela est plus ou moins vrai, je ne le conteste pas. Ce sont des motifs sans doute, mais des motifs secondaires assurément.* »

ces onze années, l'auteur s'attache d'abord à décrire la situation de l'institution en 1870.

D'où part-on ? Il est en effet nécessaire de commencer cette première partie en dressant un état des lieux. Il s'agit de montrer dans le premier chapitre – *Avant l'École de guerre* – que la création de l'École supérieure de guerre hérite d'une situation antérieure. La compréhension des institutions et de l'esprit militaire qui couvre la période 1815-1869 est fondamentale, car c'est sur ces bases et cet héritage que doit s'appuyer la reconstruction.

Il faut ensuite décrire comment, à cette période, se forme le haut-commandement de notre armée, à travers le corps d'état-major et de son école dédiée. N'est-il pas le principal responsable de ces revers ? La guerre franco-prussienne doit être abordée puisqu'elle sert de base à l'enseignement opérationnel à partir de 1876. Enfin, c'est au travers de l'œuvre du général de Cissey, « *premier commis de Thiers* », que l'ensemble des étapes de la refondation est décrit.

Le deuxième chapitre, *La genèse de l'École de guerre*, a pour but de suivre pas à pas la phase fondatrice de création de l'École supérieure de guerre. Dans ce cadre, les Cours militaires spéciaux deviennent l'institution provisoire qui établit la filiation et la transition avec l'École d'état-major, dans la mesure où elles partagent initialement les mêmes locaux en coexistant deux années. Au cours de ces années, l'œuvre du général Jules Lewal doit être acceptée comme l'élément fondateur qui établit le fonctionnement et les méthodes de travail au sein de l'École supérieure de guerre jusqu'à au moins l'année 1914. Mais les directives comme les premiers écrits de l'auteur de *La réforme de l'armée* doivent aussi être resitués dans le contexte de la création de la *Revue historique* et du positivisme.

Avant l'École de guerre

« Voilà mes lecteurs bien avertis que je ne me suis pas proposé le thème commode, toujours populaire et dont on a trop abusé dans notre pays, d'exalter l'armée française dans ses incontournables qualités, de taire ses défauts.
Je suis fermement convaincu que la modestie, par où nous ne brillons guère, est une force pour les officiers d'une armée.

Anonyme (Général Jules TROCHU), *L'Armée française en 1867*

D'où part-on ? Dans sa troisième lettre à l'armée Lewal écrit : « *Nous sommes à une époque de crise et de ruines. Jamais moment ne fut plus favorable pour réédifier. Faut-il répéter le riche édifice écroulé ou en construire un nouveau ? C'est la question à résoudre, sans faiblesse et sans parti pris.* » Puis il fait remarquer que d'autres circonstances analogues se sont déjà présentées au cours de notre histoire. C'est Guibert, secrétaire du Conseil de la guerre, et son règlement de 1788 publié en 1790 dans *De la force Publique*. Mais il est ici intéressant de remonter moins loin, c'est-à-dire au début de la Restauration et à la dernière crise qu'a subie cette armée. En effet, en identifiant l'enchaînement d'une crise concomitante à une défaite et suivie immédiatement d'une refonte de nos institutions militaires, la période 1815-1870 devient la matrice de cette étude historique. En 1815 un quart de siècle de guerre s'est écoulé depuis l'irruption de la nation en armes sur le champ de bataille. Les armées françaises ont parcouru le continent européen dans tous les sens en y semant les idées de liberté et de nation. Raoul Girardet affirme que « *l'ère des grands bouleversements guerriers semble close. Ces soldats licenciés qui, par petits groupes, quelques semaines après Waterloo, regagnent leurs villages, ce sont semble-t-il, les derniers représentants d'un monde qui s'écroule. Un nouvel ordre politique et moral se définit et s'installe*[1]. »

Waterloo, toponyme et date, constitue une référence capitale pour l'évolution de la pensée militaire. Le premier cycle d'existence de l'armée permanente en France fondée peu ou prou vers 1670 par Louvois se referme. 1815 correspond à la double liquidation d'un système militaire, la Grande Armée, et d'un système politique, l'Empire. Ce repère temporel doit être compris comme la première véritable refondation de l'armée française. Avec l'action et la détermination du maréchal Gouvion-Saint-Cyr, la mise sur pied d'un nouveau type d'armée et la création de l'École d'état-major scellent cette phase de profonde remise en question pour l'institution. Cette première restructuration marque alors l'élément constructif qui conduit malencontreusement aux défaites de 1870 et 1871. Sa nouvelle organisation, les campagnes et les guerres qu'elle conduit, les méthodes employées – tactique et stratégie – comme l'évolution des idées militaires caractérisent un cycle relativement homogène. Au cours de cet intervalle la France change quatre fois de régime politique[2], synonyme de querelles sociales, religieuses et politiques. La cohésion du pays est émiettée. La Charte, fondement du régime politique de Louis XVIII, annonce un retour vers le passé dans la mesure où les conquêtes de la République comme de l'Empire sont abandonnées. Dans ce contexte de politique intérieure, l'armée semble néanmoins bénéficier d'une grande stabilité. La longue période de paix qui s'écoule après Waterloo devient une période de régression au cours de laquelle notre armée oublie voire désapprend la conduite de la

1. Raoul Girardet, *La société militaire de 1815 à nos jours*, Paris, Perrin, 1996, p. 13.

2. Restauration, Monarchie de Juillet, Deuxième République et Second Empire.

guerre de l'Empereur. Parallèlement et paradoxalement l'armée prussienne perfectionne les méthodes napoléoniennes.

La matrice de l'armée française au matin de Sedan : l'héritage de la période 1815-1869

Cette période de cinquante et une années qui sépare la chute de Napoléon au « *coup de tonnerre de Sadowa* » est celle d'un paradoxe déjà souligné mais pas encore qualifié. L'auteur souhaite le nommer « paradoxe de l'armée dite de métier », une armée d'emploi et de suremploi. En effet alors que Louis XVIII supprime la conscription, impopulaire aux yeux des Français, à partir de 1830, l'armée de métier[3] est engagée dans une série d'activités guerrières soutenues et parallèlement sa pensée militaire se sclérose et décline. Un tel paradoxe contextualisé par l'évolution militaire entre la Restauration et la chute du Second Empire ne conduit-il pas à réfléchir au nécessaire équilibre entre l'action et la réflexion des études sur la guerre ?

L'organisation de l'armée française

L'armée impériale est licenciée après la bataille de Waterloo. Dès la Restauration la loi Gouvion-Saint-Cyr permet de créer une armée professionnelle apte à maintenir l'ordre international dans le cadre de la Sainte-Alliance mais cependant inadaptée à l'esprit des guerres nationales qui s'abattrait à nouveau en Europe. Si l'armée de l'Empire n'a été assujettie qu'à un seul pouvoir, la réorganisation la voit désormais être d'une part régie par le pouvoir législatif qui fixe ses institutions et son budget et, d'autre part, par le pouvoir exécutif qui assure sa gestion administrative comme la nomination de ses chefs. Quant à son engagement, outil de la politique extérieure de la France, il est le fruit d'une entente entre les deux pouvoirs. L'état d'esprit d'une armée qui se fonc-

3. Rigoureusement, à partir de 1830, cette armée ne devrait pas être qualifiée d'armée de métier car c'est plus précisément une armée de conscrits service long.

tionnarise[4] est ancré dans notre littérature grâce au témoignage d'Alfred de Vigny qui a servi treize années « *dans cette atmosphère de malaise, de désenchantement, de gêne et morne ennui*[5]. » Pour l'auteur de *Servitude et grandeur militaires*, « *l'ennui et le mécontentement sont les traits généraux de tout visage militaire...* » Dans de telles conditions, l'armée se replie sur elle-même ; ses quartiers deviennent des milieux bornés où l'horizon se rétrécit. La parade, le défilé, la revue de détails développe le formalisme d'un métier qui se vide de son contenu. La vie de garnison est synonyme d'obéissance passive, d'application des textes réglementaires que l'on connaît par cœur. Ce point est d'ailleurs souligné par un officier de cavalerie lorsqu'il écrit : « *le mot à mot... était la science des médiocrités qui trouvaient toujours plus commode de faire travailler leur mémoire que leur jugement*[6]. »

Au cours de cette période quatre lois marquent l'évolution de l'organisation de l'armée. Il s'agit d'abord de la loi élaborée par le maréchal Gouvion Saint-Cyr, ministre de la Guerre, en 1818. En maintenant les engagements volontaires pour la Garde royale et les corps spéciaux, cette loi met en place un service militaire à long terme[7]. Bien qu'elle permette la mise en place d'une armée relativement solide, son principal défaut en temps de paix est de n'intéresser qu'un nombre très limité d'hommes, 240 000 hommes en temps de guerre, et de ne fournir aucune réserve. Pour pallier ce défaut il est décidé qu'après leur libération du service actif les soldats soient encore inscrits six années sur le registre des vétérans. Cette mesure impopulaire s'avère peu sûre lorsqu'en 1823, à l'occasion de la guerre d'Espagne, deux classes de vétérans sont rappelées. La loi Suchet édictée en 1824 supprime la vétérance et

4. Raoul Girardet, *op. cit.*, pp. 43-64.

5. *Ibid.*, p. 54.

6. Général de cavalerie F. de Brack, *Avant-postes de cavalerie légère*, Paris, Dumaine, 1831, p. 27.

7. Un appel de 40 000 hommes par an, fait par voie de tirage au sort et dont on déduit le nombre des engagés volontaires qui complètent les effectifs.

porte le contingent annuel à 60 000 hommes. Sous la Monarchie de Juillet, les lois Soult[8], recrutement (1832) et encadrement (1831, 1832 et 1834), portent le contingent à 80 000 hommes en allongeant la durée du service à sept ans. Avec le Second Empire, la loi de 1855, appelée loi de Dotation de l'Armée, substitue le remplacement par l'exonération. En versant une somme d'argent qui alimente la caisse de Dotation de l'Armée, l'appelé qui souhaite se faire remplacer n'est plus tenu à fournir lui-même son remplaçant[9]. En favorisant les engagements et les réengagements, la loi aboutit à la création de cette petite armée de métier qui caractérise le Second Empire.

Les campagnes et les guerres

Ainsi, les sommes versées à la Caisse de Dotation de l'Armée servent à financer en particulier les nombreuses expéditions de Napoléon III. Cependant c'est la conquête de l'Algérie qui ouvre cette longue série d'activités guerrières. Le débarquement à Sidi-Ferruch en 1830 puis la prise d'Alger nécessitent une préparation minutieuse et mettent l'accent sur les carences de nos ravitaillements. Il faut attendre la soumission d'Abd-el-Kader en 1847 et les quinze années de commandement d'un général Bugeaud qui reprend du service en 1830 pour voir le territoire conquis à la botte de l'Empire. La guerre d'Algérie est donc pour l'armée française une école de guerre dans laquelle notre corps expéditionnaire passe de 30 000 hommes en 1830 à 100 000 avec le « Retraité de Waterloo. » Avec l'avènement de Napoléon III, défenseur du droit des peuples et ambassadeurs des nationalités, la politique extérieure rompt avec la prudence diplomatique des

8. Maréchal Soult, *Mémoire du Maréchal Soult duc de Dalmatie*, cote Bib. Pat. D III 742.

9. Les sommes recueillies doivent être employées pour maintenir les effectifs au niveau demandé. Cependant dans la réalité il n'en est pas ainsi puisque les effectifs militaires diminuent années après année sous le Second Empire. Parallèlement, la Garde nationale est supprimée.

régimes précédents. L'armée française rompue à la guerre africaine doit maintenant compter avec la guerre à l'échelle européenne. Le nouveau gouvernement a-t-il anticipé seulement ce changement de posture afin de porter son armée au niveau de telles ambitions ?

La guerre de Crimée[10] (1854-1855) souligne toutes les caractéristiques d'une armée française patinée par quinze années d'expérience africaine. Dans des conditions climatiques hivernales très difficiles et face à des défenseurs russes opiniâtres, la troupe se montre rustique, brave et aguerrie. Si les chefs français ont toujours des attitudes exemplaires vis-à-vis de leurs soldats, l'échelon de commandement montre des lacunes dans l'organisation et la conception des opérations. De plus cette campagne souligne un vice structurel du Second Empire dans la conduite des opérations. L'Empereur, par tradition familiale, s'est improvisé chef des armées. A-t-il cependant la formation militaire, la valeur intellectuelle et le caractère de son oncle ? Concomitamment à l'apparition du télégraphe de campagne, le pouvoir politique s'ingère dans le commandement militaire. En effet, Napoléon III relié par le fil télégraphique à l'armée d'Orient formule de Paris des directives inopérantes qui provoquent du désordre et qui mettent le maréchal Canrobert en fâcheuse situation. Son successeur, le général Pélissier passe outre cette ingérence et assure la victoire. L'intervalle qui sépare la prise de Sébastopol le 8 septembre 1855 et le début des hostilités en Italie le 26 avril 1859 est trop court pour prendre en compte les enseignements tirés de la dernière guerre. Un autre facteur renforce cet aspect temporel. Puisque la guerre de Crimée est une campagne victorieuse, pourquoi serait-il nécessaire de modifier les méthodes et les mentalités ? À ces deux guerres à l'échelle européenne quatre campagnes – Chine[11],

10. Fay, *Souvenirs de la guerre de Crimée, 1854-1856* et Rousset, *Histoire de la guerre de Crimée.*

11. Janvier 1858 à octobre 1860.

Syrie[12], Mexique[13], et Rome[14] – ne doivent pas être oubliées. L'armée de métier n'est alors opposée qu'a des adversaires largement inférieurs à elle. Il s'agit ici de petits corps expéditionnaires[15] qui interviennent loin du territoire européen. Dans ses Mémoires, le maréchal de Castellane fait part du compte rendu adressé par le général Félix Douay au maréchal Bazaine, commandant du corps expéditionnaire qui d'Oriziba au Mexique conclut en écrivant que « *notre salut dépendait beaucoup plus de l'incapacité de nos ennemis que de notre bonne organisation*[16]. » Ces quatre interventions, modèles de coopération Armée de terre-marine peuvent-elles alors servir de références pour anticiper une guerre à une autre échelle où l'échelon du corps d'armée devient l'élément structurant ?

Les méthodes employées pour conduire la guerre

Au cours de cette période, un règlement unique doit régir l'emploi des troupes à la guerre. La lenteur qu'il met pour être publié dénote du peu d'intérêt que le commandement accorde à fixer le règlement officiel de la « doctrine d'emploi des forces » qui devrait être suivi lors d'une campagne[17]. Il s'agit du Règlement sur le service en campagne de 1832, dont l'auteur est le lieutenant général vicomte de Préval. L'application de ces directives conduit à une discipline passive. En effet, il stipule que c'est le commandement qui indique à tous les échelons de leurs différents subordonnés quelles sont les actions à entreprendre ou à ne pas entreprendre. En définitive c'est la guerre d'Algérie qui devient le véritable règlement officiel pratique de l'armée française. D'abord parce que la longue durée de l'engagement (1830 à 1847) a pour

12. Août 1860 à juin 1861.

13. 1862 à 1866.

14. Octobre à novembre 1867.

15. 6000 à 30 000 hommes.

16. Maréchal de Castellane, *Campagnes d'Afrique, de Crimée, d'Italie, du Mexique*, Paris, Dumaine, 1898, p. 381.

17. Eugène Carrias, *La pensée militaire française*, Paris, PUF, 1957, p. 246.

conséquence que la plupart de nos régiments s'y forment. Notre armée ne devient-elle pas alors exclusivement l'armée d'Afrique ? Une génération complète d'officiers en porte la marque ; *Les Africains*[18]. Ensuite, il s'agit d'une guerre spécifique où la collaboration interarmes – infanterie, cavalerie, artillerie – n'a aucun intérêt. La totalité de l'armée française a été influencée par cette guerre atypique. Ainsi comme l'écrit le maréchal de Castellane dans son journal, si les canons de la guerre théorisés pour une guerre en Europe ne peuvent être appliqués en Algérie, la réciproque est vraie. En fin de compte l'école de la guerre algérienne et sa tactique spécialisée ont contribué à faire oublier à nos officiers les fondamentaux de la conduite de la guerre sur le théâtre européen[19]. Dans ce cadre très fermé, l'armée française est coupée de l'évolution de la guerre. La guerre et les campagnes font donc office de phases d'instruction et d'entraînement car la pratique des grandes manœuvres ou des exercices de cadres de type *Kriegsspiel* est totalement inconnue. Ce sont les enseignements de la guerre de Crimée qui contribuent à la création du camp de Châlons. Cependant, dès l'inauguration du camp le 30 août 1857, les manœuvres présidées par Napoléon III se limitent à l'exécution de scénarios réglés par avance où tout est sacrifié à l'effort spectaculaire[20].

Au-delà des aventures lointaines, la guerre se pense également en deçà des frontières du pays. La double invasion de 1814 et 1815 modifie les idées qui concernent la défense du territoire. Si en 1814 la campagne de Napoléon a échoué, c'est principalement parce que Paris n'étant pas suffisamment fortifiée n'a pu offrir

18. Dans *Mes souvenirs*, tome 1, 1830-1851, le général du Barail les définit à la page 161.

19. La sûreté éloignée, l'emploi *ad hoc* de la cavalerie, la conservation du contact, l'emploi tactique de l'artillerie, l'utilisation du cantonnement pour stationner, le combat en tirailleurs…

20. Napoléon III, *Journal du camp de Châlons-sur-Marne, 1857*, Paris, Imprimerie impériale, 1858, 93 p. Cote Bib. Pat. : A XI 56.

une réelle résistance à l'ennemi. La manœuvre sur les arrières des Coalisés tentée par l'Empereur est donc un échec. L'analyse de la campagne de 1814 montre que la prise militaire de Paris se solde par la fin d'un régime politique, l'Empire. Si une Commission de défense du royaume a été créée par Louis-Philippe en 1836, c'est sous l'impulsion de Thiers que dès 1840 des crédits importants sont votés afin de réaliser le projet de fortification de la capitale[21]. Ainsi, pour les hommes politiques comme pour ses les militaires, la « vision » stratégique de la France se réduit aux situations *ante*, celles de la dernière campagne de l'Empire et celle des Cent-Jours. C'est une doctrine défensive du territoire national. Elle est développée par le maréchal Marmont dans son ouvrage *De l'esprit des institutions militaires*[22]. À partir des événements subis en 1814, Marmont définit un plan de conduite de la guerre. Grâce à la fortification de la capitale, centre décisionnel du pays, en cas de défaite de nos armées en rase campagne, il devient possible en moins d'un mois de reconstituer une armée de secours. L'armée assiégeant Paris est alors obligée de se diviser pour assurer son ravitaillement, ce qui permet à la nouvelle armée, « une armée de 300 000 hommes bien pourvue et retrempée dans son moral », de porter la guerre en province et d'être victorieuse. Cette doctrine défensive de la France, qui est en quelque sorte une parade stratégique à la situation de 1814, n'est-elle pas tout simplement le plan que Gambetta cherche à mettre en œuvre dès l'instant où il s'envole de Paris en ballon ? D'ailleurs peut-on évoquer le mot « stratégie » pour caractériser cette période ? Peut-elle s'accorder avec une possible réfutation voire un rejet de Napoléon dès la défaite de Waterloo ? C'est la lecture du livre du général Rogniat, *Considérations sur l'art de la guerre*, qui permet d'énoncer cette hypothèse. L'auteur propose déjà une méthode de conduite de

21. Bertout de Solières, *Les fortifications de Paris à travers les âges*, Rouen, Imprimerie Gérieu, 1906, p. 26 ;

22. Maréchal Marmont, *De l'esprit des institutions militaires*, Paris, Dumaine, 1845, 290 p.

la guerre où la défense de la France est basée sur son système de fortification[23]. Dans ses Correspondances, Napoléon réfute les deux idées principales de Rogniat, l'abandon de la conscription et un système défensif pour la France, car ces idées sont « *propres à faire rétrograder l'art militaire*[24]. »

La pensée militaire

Dans le domaine de l'activité intellectuelle la situation analysée dans ce chapitre hérite elle-même d'une situation *ante*. Elle correspond à vingt-deux années de guerre presque ininterrompues où la pratique a primé sur la théorie. Dès 1818 il y a pourtant un potentiel et une riche expérience que l'on peut moissonner pour développer une littérature militaire consacrée à l'histoire des guerres du Premier Empire. C'est d'ailleurs le cas avec le livre du général Morand, *L'Armée selon la Charte*[25], ou encore celui de Marmont déjà cité. Malheureusement l'époque ne porte pas à « l'intellectualisme militaire. » Il est important d'expliquer cette situation. D'abord à partir de la conquête de l'Algérie, les officiers français sont soumis à un rythme soutenu de campagnes et de guerres qui n'est pas propice aux études. Entre deux campagnes, à quels loisirs l'officier peut-il s'adonner ? Ensuite la majorité des officiers, hormis le Corps d'état-major, ne semble pas avoir le niveau pour réfléchir aux problèmes de la guerre. Le général de Castellane constate dès 1846 que les capacités intellectuelles déclinent de manière effrayante chez les officiers. Il écrit en ce sens qu'ils ne savaient « *ni le français, ni même l'orthographe*[26]. » Cette situation de pauvreté intellectuelle des jeunes officiers est aggravée par la mentalité dominante du haut-commandement. Dans ses

---

23. Lieutenant-général Baron Rogniat, *Considérations sur l'art de la guerre*, Paris, Magimel, 1817, volume 1, pp. 96-99.

24. *Mémoires de Napoléon Ier*, Tome IV, Paris, Imprimerie impériale, 1860, p. 128.

25. Lieutenant-général comte Morand, *De l'Armée selon la Charte et d'après l'expérience des dernières guerres, 1792-1815*, Paris, Anselin, 1829, 237 p.

26. Maréchal de Castellane, *op. cit.*, p. 127.

mémoires, le général du Barail affirme que lorsque le *Journal des sciences militaires* commence à paraître[27], le commandement ne souhaite pas que les officiers fassent preuve d'activité intellectuelle[28], Les mentalités dominantes chez la génération d'officiers qui commande les destinées de l'armée ne favorisent donc pas le développement intellectuel des officiers. Mais là encore se trouve un autre paradoxe. En effet au cours de cette période la littérature militaire développe une pensée militaire très riche qui n'est pas pour autant étudiée.

Lorsque l'on cherche à associer des noms à la pensée militaire de la première moitié du XIXe siècle on pense immédiatement aux écrits de l'archiduc Charles[29], de Napoléon[30], de Jomini[31] ou encore de Clausewitz[32]. Seuls quelques officiers très instruits ont accès à la compréhension de ces grands penseurs. Mais ces monuments de l'histoire militaire représentent une activité exogène de l'armée étudiée. Et pourtant il existe une pensée militaire française endogène dense et hétéroclite qui est régulièrement publiée tout long de cette période. Marmont, Morand, Thiébault, Gouvion Saint-Cyr, Rogniat, Soult, du Barail, de Brack, Trochu, ont déjà été cités. La pensée militaire après Napoléon s'accompagne de beaucoup d'autres noms d'officiers. Le colonel Carrion-Nissas aborde le terme de stratégie dans son *Essai sur l'histoire général de l'art militaire*. Le colonel Marquis de Chambay parle de *Philosophie de la guerre*[33]. Citons encore le lieutenant-général

27. Du Barail, *Mes souvenirs*, tome 1, p. 245.

28. *Ibid.*, p. 247.

29. *Principes de la stratégie.*

30. *Correspondances.*

31. *Traité de grande tactique* et *Précis de l'art de la guerre.*

32. La première traduction française est faite par le commandant belge Neuens en 1848 et elle est commentée pour la première fois par le capitaine de la Barre Duparcq à Saint-Cyr en 1851. Carrias, *op. cit.* p. 252.

33. Colonel Marquis de Chambay, *Philosophie de la guerre*, Paris, Dumaine, 1827, p. 207.

Mathieu-Dumas,[34] le général baron Lejeune[35], le général Foy[36], le général Lamarque[37], le général Paixhans[38] ; le colonel Augoyat[39], le général Favé[40], le général Susane[41]… Cet inventaire à la Prévert est-il pour autant exhaustif ? Non, car il oublie de prendre en compte un petit vivier d'officiers auquel appartient, par exemple, le capitaine Jacquinot de Presle. Ce dernier pense que la bataille décisive représente « *les buts et les moyens du système de guerre moderne*[42]. » Or le livre exceptionnel de cet officier qui appartient au Corps d'état-major souligne que beaucoup de ces officiers ont publié des ouvrages sur des sujets militaires entre 1820 et 1869. Un ancien officier de l'ex-Corps d'état-major dresse d'ailleurs une liste de plus de quarante ouvrages militaires qui enrichissent cette pensée militaire endogène[43]. Bien que cette liste puisse comporter quelques oublis[44]. Elle doit être complétée par l'ensemble des articles écrits par d'autres noms d'officiers d'état-major dans les différentes publications militaires de l'époque : le *Spectateur militaire*, le *Journal des sciences militaires*, la *Sentinelle de l'armée*, le *Journal de l'armé*e. En additionnant les deux types de publications, livres et articles, on dénombre *a minima* soixante noms d'officiers

34. *Précis des événements militaires de 1799 à 1807* en 19 volumes.

35. *Histoire des deux sièges de Saragosse* (1840).

36. *Histoire des guerres de la Péninsule* (1827).

37. *De l'esprit militaire en France* (1826).

38. *Force et faiblesse militaire de la France* (1830).

39. *Mémorial pour l'attaque des places* (1835) et *Manuel de fortification permanent* (1850).

40. *Nouveau système de défense des places fortes* (1840) et *Histoire et tactique des trois armes* (1845).

41. *Histoire de l'ancienne infanterie française* (1853).

42. Capitaine Jacquinot de Presle, *Cours d'art et d'histoire militaire*, Saumur, Dumaine, 1829, p. 329.

43. *Histoire de l'ex-corps d'état-major par un ancien officier supérieur du corps*, Paris, Le Spectateur militaire, 1881, pp. 256-262.

44. La liste ne prend pas en compte les écrits publiés après la déclaration de guerre contre la Prusse.

appartenant au Corps d'état-major ayant écrit et publié avant 1870. Cet élément statistique, signe de la vitalité des officiers, ne contredit-il pas l'idée de déclin intellectuel au sein de l'armée française ? Ou alors est-il une pièce à charge pour affirmer que le Corps d'état-major représente un monde « autiste » coupé de la réalité ?

Le « Corps » royal et impérial d'état-major : une nécessité dévoyée

En présentant une analyse succincte du Corps d'état-major on peut maintenant mieux comprendre les faiblesses et la pauvreté du commandement français à la veille de 1870. Mais les officiers d'état-major issus du Corps royal puis impérial d'état-major sont-ils les seuls responsables de la défaite ? Et son remplacement en 1878 par l'École supérieure de guerre correspond-t-il à un réel changement dans la formation et l'emploi des officiers d'état-major ?

Fondements historiques

Dès l'introduction de ces recherches il a été montré que dans la seconde moitié du XVIIIe siècle certaines puissances militaires ont devancé la France en s'apercevant des avantages qu'on peut retirer d'un Corps d'état-major organisé de façon permanente. En disposant d'officiers soumis à des études spéciales, lors de l'entrée en campagne, de telles armées disposent d'auxiliaires du commandement pour étoffer leur organisation. Ce système s'oppose ainsi à celui d'une armée qui constitue tant bien que mal ses états-majors avec des officiers qui sont contraints de faire l'apprentissage de leur métier au fil des campagnes militaires auxquelles ils participent. Ainsi la Prusse comme l'Autriche ont créé avant nous le *Quartier-Meister-General-Stab* d'où sort l'élite des officiers, les

Stäbler ou *iG*[45]. Ce retard pris par l'enseignement militaire supérieur français a une explication. En effet une polémique[46] voit le jour. La question est de savoir si le Corps d'état-major doit être un « Corps ouvert » à toutes les armes ou un « Corps fermé » c'est-à-dire un corps spécial ayant sa hiérarchie propre[47]. Ce dilemme est endémique au sommet de la hiérarchie française tout au long du XIXe siècle. Les différents régimes politiques qui se sont succédé depuis la Révolution française jusqu'à l'avènement de la Troisième République ont résolu cette question au gré de leur situation militaire du moment. De la Première République aux Cent-Jours, le rythme de nos campagnes permettant de discriminer les officiers aptes au haut-commandement et ceux capables de les seconder, le système s'appuie sur un Corps ouvert. *A contrario*, lorsqu'un climat de paix revient, de 1818 à 1870, un Corps fermé est préféré. Néanmoins le questionnement revient à plusieurs reprises et il se trouve toujours au cœur des débats politico-militaire après une lourde défaite militaire[48], une guerre difficile[49], comme après un changement de régime politique[50]. Dès 1817 les généraux Ricard et Mériage[51], chargés de mission du maréchal Gouvion Saint-Cyr,

45. *Im Generalstab.*

46. La première véritable polémique a lieu à la fin de l'année 1819 lorsque le colonel Lecoutier défend l'ancien état des choses dans un volume qui est un plaidoyer contre Thiébault (*Réflexions sur le corps royal d'état-major et sur l'école d'application*, Paris, Corréard, 1819, 88 p.). Ce dernier lui répond à son tour en émaillant ses propos de certaines contradictions (*Réflexions sur le Corps Royal d'état-major ou examen de l'écrit publié sous le même titre*). La réponse de Couturier est immédiate (*Mon dernier mot sur le corps royal d'état-major et son école d'application*, Paris, Guiraudet,, 1820, 120 p.).

47. Baron Thiébault, *Réflexions sur le Corps Royal d'état-major ou examen de l'écrit publié sous le même titre*, Paris, Anselin et Pochard, 1820, pp. 3-7.

48. 1815 et 1870.

49. La guerre de Crimée.

50. 1848.

51. Cependant ils s'inspirent de l'analyse du lieutenant-général Thiébault qui milite pour cette solution depuis 1796. Thiébault, *De la réorganisation des états-majors des armées paru sans Annales des faits et des sciences militaires*, Paris, Dumaine, 1818, 22 p.

proposent un projet de corps ouvert unanimement salué par la plupart du haut-commandement. Cependant, face à la poussée contraire de l'opinion, le ministre de la Guerre s'incline. C'est pourquoi l'ordonnance du 6 mai 1818 voit la création de ce Corps spécial d'état-major[52].

Lorsque Gouvion Saint-Cyr présente à la législature cette proposition de loi, les baïonnettes des Coalisés sont encore massées à nos frontières. Il est à ce stade intéressant de souligner que cette première mesure de réorganisation de l'armée française, qui a lieu alors que le territoire est encore occupé, porte sur le commandement. En effet le ministre de la Guerre « *avait compris depuis longtemps que l'estime, la considération, le respect que doivent commander les officiers d'état-major dans toutes les exigences de leurs service, étaient des avantages qui ne pouvaient résulter pour eux que d'une prépondérance bien établie ; que cette prépondérance, ils devaient la conquérir par une instruction solide et variée, comme leur attribution elles-mêmes ; qu'enfin la meilleure garantie de cette instruction serait dans la création d'une école où l'on enseignerait tout ce qu'il importe à l'officier d'état-major de bien connaître, et qui aurait seule le privilège de recruter l'état-major de l'armée*[53]. » Ainsi l'ordonnance du roi est double ; elle porte d'abord sur la formation d'un Corps royal d'état-major et ensuite d'une École d'application pour le service de l'état-major général de l'Armée. Le corps est désormais composé de 545 titulaires qui comprend 30 colonels, 30 lieutenants-colonels, 90 chefs de bataillon, 270 capitaines et de 125 lieutenants. Il établit donc un vivier fermé dont le nombre limité d'officiers[54] doit être susceptible de servir

52. Tome 3, annexe XXX.

53. *Manuel réglementaire à l'usage des officiers-élèves de l'École d'application du Corps Impérial d'état-major*, Paris, Dumaine, 1855, p. 7.

54. Entre 1818 et 1878 le corps a formé 61 promotions ayant fourni en moyenne 25 officiers par an, soit un total de 1525 à 1530 restés plus ou moins longtemps dans l'armée. Référence : *Histoire de l'ex-Corps d'état-major*, p. 281.

dans les états-majors élevés en temps de guerre[55]. Ces officiers *« instruits, intelligents, capables, pleins de bravoure, de dévouement, dont les rapports des généraux et tous les bulletins des opérations militaires font le plus bel éloge*[56] » ont été de toutes les guerres et de toutes les campagnes entre 1818 et 1870. Espagne, Algérie, Crimée, Italie, Syrie, Chine, Mexique et États pontificaux. Le Corps a eu son cortège de tués[57] à l'ennemi et de blessés. Enfin il représente aussi une École des officiers généraux ayant occupé de très hautes fonctions dans l'armée comme à la tête du pays. L'institution peut alors s'enorgueillir d'avoir formé deux chefs de gouvernement, Trochu et Mac-Mahon, deux maréchaux, Pélissier et Mac-Mahon, cinq généraux de division ayant commandé devant l'ennemi, deux majors-généraux, 47 généraux de division et 71 généraux de brigade[58]. Il faudrait également y ajouter les officiers de haut rang passés dans l'intendance.

L'École et son enseignement

Les différentes promotions de stagiaires de l'École d'application pour le service d'état-major suivent leur scolarité près du dépôt de guerre, 1 rue de Lille, puis dans l'Hôtel de Sens localisé rue de Grenelle. Le volume d'officiers-élèves varie d'une année sur l'autre. Le recrutement est fixé par une circulaire ministérielle annuelle. Il offre d'abord trois places réservées sans concours d'entrée à des élèves de l'École polytechnique. Puis une vingtaine de places sont proposées aux élèves de l'École spéciale militaire

55. En Algérie, à partir de 1848, on trouve des officiers d'état-major au niveau du Gouverneur général, de l'État-major général, des quatre états-majors de division et des états-majors de brigade. De même, lors de la prise de Sébastopol au mois de septembre 1855 ils sont affectés à l'état-major général, au niveau du corps, de la division et de la brigade.

56. *Histoire de l'ex-Corps d'état-major*, p. 281.

57. 47 officiers sont morts au combat entre la guerre d'Espagne et la guerre franco-prussienne, ce qui représente un volume de 3 promotions sur un total de 52.

58. *Histoire de l'ex-Corps d'état-major*, pp. 254-256.

dans l'ordre successif des numéros de mérite et parmi les sous-lieutenants[59]. Le concours d'entrée vise à vérifier que les futurs stagiaires maîtrisent un programme de connaissances particulièrement étendu. Pour l'année 1855, l'ensemble des épreuves qui figurent au concours sont : la trigonométrie et la topographie, l'art et histoire militaire, la composition de l'armée française, l'histoire de quelques-unes des campagnes les plus mémorables des temps modernes, l'artillerie, la fortification, la législation militaire, l'administration militaire, la langue allemande et le dessin[60]. De manière non anecdotique, il doit être souligné qu'en marge du concours, des élèves surnuméraires sans condition d'entrée sont imposés par la cour jusqu'en 1848. Ce type de passe-droit ou *spoil system* avoisine environ 10 % de l'effectif de la promotion[61]. En fin de compte, si le refus aristocratique d'un recrutement par concours, la primauté de l'hérédité et de la position sociale par rapport au mérite pèsent d'un poids assez lourd lors de la création[62], malgré ses défauts une démocratisation du recrutement se mettra progressivement en place.

C'est le général Desprez, major de sa promotion à Polytechnique, qui porte l'École d'état-major sur ses fonds baptismaux. Il y reste de 1819 à 1827. L'organisation de la scolarité repose sur un directeur des études qui dispose de professeurs militaires et civils pour dispenser un enseignement qui s'étale sur deux années. Le programme est alors déterminé par le titre III, « Enseignement[63] du règlement sur le service intérieur et l'admi-

59. *Manuel réglementaire à l'usage des officiers-élèves de l'École d'application du Corps Impérial d'état-major*, Paris, Dumaine, 1855, p. 34.

60. *Ibid.*, pp. 34-40.

61. Serman, *Le corps des officiers français sous la Deuxième République et le Second Empire, Aristocratie et démocratie dans l'armée au XIX*^e^ *siècle*, 3 tomes, Paris, 1976, p. 191 ; remarquons ici que le fils de Thiébault est dans cette position.

62. *Ibid.*, p. 341 ; cette situation est loin de l'égalité des droits que cherche à développer Thiébault dans son projet initial.

63. *Manuel réglementaire à l'usage des officiers-élèves de l'École d'application du Corps Impérial d'état-major*, *op. cit.*, p. 45

nistration de l'École ». Ce dernier définit que les études et les travaux des officiers élèves ont pour objet : la théorie de la manœuvre d'infanterie, de cavalerie et d'artillerie, et la connaissance des règlements sur le service des troupes ; le service spécial des officiers du Corps d'état-major ; la législation et l'administration militaire ; l'art militaire, comprenant la tactique élémentaire, la grande tactique et la stratégie ; l'astronomie, la géographie physique et la statistique ; la topographie, la géodésie et leurs applications sur le terrain ; la fortification passagère et permanente, l'attaque et la défense de place ; l'artillerie restreinte à l'organisation du personnel, à la division du matériel de campagne, de siège, de place et de côtés, aux portées et aux effets des diverses bouches à feu… ; la géométrie descriptive appliquée à l'architecture ; le dessin, particulièrement celui du paysage ; la langue allemande ; l'hippologie ; l'équitation, les écoles pratiques du cavalier, de peloton, d'escadron et de voltige ; l'escrime. La scolarité est annuellement sanctionnée par deux examens[64]. L'admission dans le Corps des officiers d'état-major est attribuée aux officiers ayant obtenu un nombre de points défini[65]. À leur sortie de l'École, les officiers élèves partent dans les corps de troupe pour effectuer différents stages sur une durée de cinq années : de deux ans dans l'infanterie et la cavalerie et d'un an dans l'artillerie. L'analyse du capitaine Jibé sur le Corps d'état-major démontre que l'école assure « *à l'état-major des sujets travailleurs, peut-être, mais qui, au point de vue militaire, ne représentaient aucune garantie ; ces bons élèves, ces forts en thèmes, pouvaient très bien devenir des savants, des officiers tout à fait remarquables au point de vue des connaissances générales, mais rien ne prouvait qu'ils seraient des soldats d'abord, des conducteurs d'hommes ensuite*[66]. »

64. Au début des mois de juin et de novembre.

65. Il s'agit d'un total de 600 points sur 1200, ce qui correspond à une moyenne générale de 10 sur 20 attribué à l'ensemble des matières évaluée.

66. Capitaine Jibé, *L'armée nouvelle, ce qu'elle pense, ce qu'elle veut*, Paris, Plon-Nourrit et Cie, p. 9.

Typologie et emploi des officiers du Corps

Après leurs années de stage en corps de troupe, passées « *plutôt en invités, en figurants qu'en acteurs, dans tout le sens propre du mot* », les officiers du Corps sont « *donc condamnés, presque à perpétuité, à la vie de bureau*[67]. » Ainsi, le jeune stagiaire à peine sorti de Saint-Cyr ou de l'École polytechnique à un âge où il est très difficile d'apprécier son réel potentiel commence une carrière dont les deux maîtres mots sont bureaucratie et technocratie. Cette population peut être amenée à peupler les bureaux et les directions du ministère de la guerre où l'officier s'enferme dans la routine et un avancement des plus lents[68]. Dans ce cadre professionnel fermé, l'emploi majoritaire des officiers du Corps s'inscrit au sein d'une carrière d'une section topographique. En effet, ces officiers sont les continuateurs des ingénieurs topographes dans la mesure où dès 1818 le maréchal Gouvion Saint-Cyr admet la fusion du Corps des ingénieurs géographes dans le Corps d'état-major[69]. Les officiers participent alors à « *un travail gigantesque* » qui est la réalisation de la carte de France dite carte d'état-major[70]. Une telle activité est utile car « *un officier qui ne peut pas reconnaître rapidement une position, exécuter le croquis du terrain, même sous le feu de l'ennemi, n'est pas un officier d'état-major complet*[71]. » Cependant, en restant des années cloîtrés au dépôt de la guerre à cartographier le territoire national, les officiers restent en dehors de « l'armée réelle » et tendent à se désintéresser de la chose militaire et se rapprochent *de facto* des habitudes de la vie civile. Cette

67. *Ibid.*, p. 11.

68. Serman, *op. cit.*, p. 1359 ; l'auteur constate des carrières de 10 à 20 ans dans la même affectation.

69. Général Billot, *Rapport fait au nom de la commission de l'armée sur le projet de loi relatif à l'organisation du service d'état-major*, Paris, Dumaine, 1875, p. 59.

70. Il s'agit d'un enseignement tiré de la campagne de 1814. Lorsque la guerre conduit les troupes étrangères sur notre territoire l'échelon de commandement de Napoléon ne possède pas de carte de France.

71. *Histoire de l'ex-Corps d'état-major*, *op. cit.*, p. 44.

situation de confort qui les retient au sein du service de la carte est directement liée à l'état de leurs soldes. En effet, ces derniers sont particulièrement réticents à se voir affectés à des fonctions d'auxiliaire du commandement où les dépenses liées à l'achat et l'entretien de chevaux puis des uniformes sont dispendieux. « *Or, à la carte, on avait une belle solde, pas de dépenses d'uniformes et de chevaux, et quatre mois de séjour à Paris*[72]. »

En marge de ces activités casanières, les listes des officiers qui composent les états-majors qui « *expéditionnent* » et guerroient dès la conquête de l'Algérie montrent qu'il existe une voie « aide de camp » qui ne doit pas être sous-évaluée. Les officiers généraux dont les 47 divisionnaires et les 7 brigadiers issus du Corps entre 1818 et 1869 en sont l'exemple. Cette minorité représente 9 %[73] du Corps. Représentent-ils pour autant une élite militaire ? Les mémoires du général du Barail comme celles de Jarras illustrent merveilleusement cette autre dimension de l'officier du Corps d'état-major. Jarras a commencé sa carrière comme aide de camp de Cavaignac en 1848, puis en Crimée à l'état-major de Pélissier et en Italie. Il sera le chef d'état-major de Bazaine dans Metz assiégée. Sa carrière d'officier d'état-major le voit servir en Afrique comme à la tête du dépôt de guerre. Dans ses souvenirs il écrit : « *Grâce à de longs services de guerre appréciés par d'illustres chefs, j'étais parvenu de bonne heure au grade le plus élevé de l'armée*[74]. » Les carrières d'Ernest Courtot de Cissey, de Niel ou de beaucoup d'autres officiers peuvent souligner ce point. Cette voie dite « aide de camp » est en réalité l'illustration d'un système de parrainage déguisé où la carrière d'un jeune officier est totalement assujettie à celle de son mentor.

72. *Ibid.*, p. 50.

73. En se référant à l'annuaire des promotions, 1325 officiers ont été formés entre 1818 et 1869 ; 122 d'entre eux ont accédé au généralat. Ce chiffre ne prend pas en compte les quelques officiers généraux de l'intendance.

74. Jarras, *Souvenirs*, Paris, Plon, 1892, p. 182.

L'analyse d'un système de commandement

Au cours de cette période, si les tentatives d'ouverture et de remaniement (1820 à 1833) du Corps d'état-major n'aboutissent pas, c'est l'ordonnance du 23 février 1833 signée par Louis-Philippe qui scelle définitivement le statut d'un Corps qui devient et restera fermé jusqu'à sa dissolution. En choisissant les lieutenants d'état-major exclusivement parmi la population « *des sous-lieutenants élèves de l'école d'application du Corps royal d'état-major*[75] », l'institution se ferme et s'isole. Dans de telles conditions, qui peut alors être placé en position d'accusé le soir de la bataille de Sedan ? Le Corps des officiers d'état-major dans sa totalité ? L'École d'application ? Les officiers généraux pris individuellement dans la tourmente de la guerre ? Ou l'ensemble d'un système qui tourne sur lui-même, c'est-à-dire des hommes, une école et une mentalité qui caractérisent aussi une période historique d'un point de vue social ? Il ne s'agit pas ici de juger mais de souligner quelques défaillances, voire des imperfections inhérentes au commandement militaire français. Ne doit-on pas d'ailleurs utiliser le mot reproche ? Puisque les hommes sont le produit d'un tel système, réservons à l'École et aux généraux qui commandent l'ensemble du système ces griefs. L'étude des programmes d'enseignement au cours des deux années de scolarité est essentiellement théorique puisque la pratique est réservée aux stages[76]. Ce point est encore mis en lumière par le Baron du Casse lorsqu'il écrit : « *De mon temps* [1838], *les facultés étaient assez mal choisies et assez mal enseignées ; de la théorie, toujours de la théorie, jamais de la pratique, si bien qu'un jeune officier sortant de l'École d'application eût été hors d'état d'appliquer sur le terrain, à l'art de la guerre, ce que l'on avait appris sur les bancs pendant deux années*[77]. »

75. *Ordonnance du Roi sur l'organisation du Corps royal d'état-major*, Titre Ier, Article 2 ; *Manuel réglementaire à l'usage des officiers-élèves de l'École d'application du Corps Impérial d'état-major*, *op. cit.*, p. 21.

76. Tome II, annexe XXX.

77. Baron du Casse, *op. cit.*, p. 262.

En fin de compte, alors que la finalité du combat reste l'apanage de la carrière d'un officier, cette dimension est pratiquement absente de leur formation. Les formes de dressage militaire instaurées par l'École prennent le pas sur l'esprit manœuvrier. Ainsi, si la dimension « enseignement opérationnel » semble inexistante du socle de formation, cette carence est encore aggravée par un corps enseignant médiocre au sein de l'École d'application d'état-major où certains professeurs peuvent effectuer toute leur carrière[78].

Mais si le système étudié se caractérise par un vide doctrinal, aggravé par l'absence de l'apprentissage de la manœuvre pour des corps d'armée de circonstance, cette carence incombe-t-elle pour autant aux officiers du corps ? Comment, en l'absence d'un organe permanent d'état-major[79] chargé à Paris de la conception et de la planification des opérations, serait-on autorisé à toujours jeter l'opprobre sur les mêmes accusés ? Les campagnes du Second Empire ne sont-elles pas toutes improvisées ? Trochu écrit : « *tout est à créer devant l'ennemi.* » Cette « génération d'Africains » pense avoir inventé la guerre et juge l'instruction donnée en France inutile[80]. C'est pourquoi de tels officiers peuvent alors être qualifiés « *d'hommes souvent de second ordre, excellents dans l'exécution mais peu aptes à prendre des initiatives et à concevoir des missions d'ensembles*[81]. » De tels généraux ont montré d'autres insuffisances professionnelles, une dernière selon l'auteur, les domine toutes. Il s'agit de la mauvaise, voire de la non utilisation de la cartographie et de la géographie militaire, éléments d'étude préalables à tout engagement. Le premier corps d'occupation des États romains est parti en mission sans se munir au préalable du plan topographique de la ville. Il faudra l'arrivée d'un officier d'état-major, ancien directeur du dépôt de guerre, pour en faire connaître l'existence et

78. Ce point est par exemple souligné par le Baron du Casse, *op. cit.,* pp. 267-271.
79. Il est créé en 1890.
80. De Castellane, *op. cit.,* tome III, pp. 141-230.
81. Serman, *op. cit.*, p. 1630.

le faire expédier de Paris[82]. De même lors du siège de Sébastopol (27 septembre 1854-9 septembre 1855), les troupes impériales se sont évertuées à s'emparer de la tour de Malakoff située à l'est de Sébastopol sans s'apercevoir que la place n'est pas fortifiée au sud. Pourquoi les remarquables talents de géographes des officiers du Corps n'ont pas été utilisés à des fins opérationnelles pour penser les opérations ? Mais le summum de l'incapacité des généraux à ne pas utiliser les qualités de ces officiers réside dans la guerre de 1870. Entre la campagne de 1814, durant laquelle une bonne carte aurait été d'une grande utilité pour concevoir la manœuvre de Montmirail, et l'été 1870, de tels officiers ont eu comme mission principale de réaliser la grande carte topographique de la France[83]. Qu'est-il advenu de cette carte réalisée par leurs soins au vingt millième, réduite et gravée au quarante-millième par les dessinateurs du dépôt ? Lors de la mobilisation, « *le ministre de la guerre fit distribuer une ridicule plaquette à une échelle impossible, inappréciable, des bords du Rhin, et tandis que nos adversaires tous pourvus de notre propre carte, s'avançaient sans hésitation dans notre propre pays, guidés par nos propres feuilles qu'ils avaient mis aux mains de leurs officiers et même de beaucoup de sous-officiers intelligents, nos généraux en chefs, nos chefs d'état-major envoyaient leurs officiers en reconnaissance de jour et de nuit, sans pouvoir leur donner la moindre notion topographique, sans une carte détaillée, alors que les cartons du Dépôt de la guerre regorgeaient des feuilles de celle dite d'état-major* [84]. »

Cette guerre de 1870 curieusement enseignée

Voilà donc ici le comble d'un paradoxe qui permet d'introduire une bien curieuse guerre en affirmant avec le capitaine Jibé[85]

82. *Histoire de l'ex-Corps d'état-major*, p. 271.

83. Général Blondel, *Notice sur la grande carte topographique de la France dite carte d'état-major*, Paris, Dumaine, 1853, 254 pages.

84. *Histoire de l'ex-Corps d'état-major*, p. 48.

85. Pseudonyme du commandant Henri Mordacq.

que c'est le commandement seul qui doit être rendu responsable de nos défaites de 1870, comme il est également responsable de ne pas avoir mieux utilisé le Corps d'état-major et cela depuis sa création[86]. Alors, puisque depuis la conquête de l'Algérie l'étape de préparation de la guerre s'est toujours réduite au développement de la faculté de « *se débrouiller*[87] » chez les officiers d'état-major, la sanction de la poudre et du feu prussien est-elle étonnante ? Le semblant de redressement qui s'amorce dès 1867 ne signe-t-il pas en somme l'aveu d'un système failli établi dans la vigueur perdue au soir de Waterloo ? Une armée « africanisée », devenue « *une espèce de société d'admiration mutuelle semblable au corps d'état-major qui tendait à faire passer pour de bons de très mauvais officiers*[88] » ? Alors, puisque cette guerre met en lumière toutes les défaillances de l'armée du Second Empire, il n'est pas inintéressant de la parcourir pour ce que l'École supérieure de guerre en a retenu.

La préparation intellectuelle de la guerre : Planifier la guerre

Le « *coup de foudre* » de Sadowa incite brusquement tous les esprits à se tourner vers l'idée d'une guerre contre la Prusse. Dès 1867 les rapports du colonel Stoffel, attaché militaire français, dressent un constat alarmant des transformations de l'armée prussienne et des enseignements de la guerre de Bohême[89]. Si la supériorité de l'armée prussienne est patente, c'est dans le domaine de la préparation à la guerre que l'armée française est surpassée. Dans son livre à sensation qui étale des critiques justifiées, le général Trochu consacre un chapitre complet à ce point particulier : *De*

86. Jibé, *op. cit.*, p. 12.

87. *L'armée française en 1867*, pp. 153-168.

88. De Castellane, *op. cit.*, tome III, p. 232.

89. *Rapports militaires, écrits de Berlin, 1866-1870*, par le colonel Baron Stoffel, Paris, Garnier, 1871, 471 p.

la préparation de la guerre[90]. Et d'ailleurs si Thiers, « l'érudit de la chose militaire » désapprouve cette guerre, c'est aussi parce qu'il connaît l'état d'impréparation de notre armée. Le 12 août 1870, immédiatement après les deux catastrophes de Wissembourg et Froeschwiller, il déclare à l'Assemblée nationale : « *Il y a une chose que je ne vous disais pas, parce que je ne pouvais pas vous le dire : c'est que la France n'était pas prête*[91]. » Si l'impréparation de cette guerre voulue par l'impératrice et Lebeuf[92] touche l'ensemble des domaines structurant nos armées, c'est avec celui de la préparation intellectuelle qu'il est nécessaire de débuter son analyse. Bien que cette guerre ne soit pas véritablement anticipée, deux plans ont tout de même été envisagés entre 1866 et 1870. Le premier, purement défensif, est réalisé par le général Frossard. Il est cohérent avec l'esprit d'une doctrine défensive passive et de la fortification de la capitale. Face à une double pénétration prussienne menée conjointement en Alsace et en Lorraine, son exécution se limite à l'emploi de deux armées installées défensivement sur des « belles positions » qui repoussent par le feu l'offensive ennemi[93]. Le second plan est offensif. Après avoir porté l'ensemble de nos forces au-delà du Rhin à hauteur de Karlsruhe, il a pour finalité de séparer les confédérations des États du nord des États du sud dont on pense qu'ils seraient hostiles à la Prusse, voire neutres. En outre, une manœuvre de diversion doit encore faire débarquer la division bleue dans les provinces volées au Danemark.

Malheureusement, nos chefs n'ont pas eu l'opportunité ou l'initiative nécessaire pour mettre en œuvre leur planification. Néanmoins cette phase devient d'emblée un des points

90. Trochu, *op. cit.*, pp 153-168.

91. Archives de l'Assemblée nationale, Journal officiel du 12 août 1870.

92. Émile Ollivier écrit : « *La guerre a été voulue par l'Impératrice et par Lebœuf, elle a été imposée par Bismarck* » ; Émile Ollivier, *Lettres d'exil*, p. 43 ; dans ces écrits Ollivier ne cherche-t-il pas à se disculper ?

93. Commandant Rousset, *Histoire générale de la guerre franco-allemande, 1870-1871*, Paris, Montgredien & Cie, Tome 1, p. 137.

étudiés dans le cadre du cours d'histoire militaire de tactique générale et de stratégie par l'ensemble des professeurs. Ce domaine qui est généralement inclus dans la partie stratégie porte initialement le nom de projet d'opérations. Dès 1883, le lieutenant-colonel Derrécagaix explique à ses élèves que par le passé, après avoir cherché « *à se rendre compte du théâtre probable des opérations, de la force des projets de l'ennemi puis on arrêtait les mouvements qui semblent les plus avantageux. Ce projet constituait le plan de campagne ou d'opérations*[94]. » Cette situation n'est plus pertinente. En effet, l'entrée en campagne est désormais suivie de si près par la déclaration de guerre que le généralissime n'a pas le temps de préparer un quelconque projet d'opérations. Ainsi c'est durant le temps de paix que l'on prépare une planification, « *non sur des bases réelles, mais sur des hypothèses qui se rapprochent plus ou moins de la réalité.* » Cette préparation intellectuelle a pour ambition d'éviter les surprises dans la mesure où ces hypothèses doivent comprendre toutes les éventualités. Après avoir théorisé l'étape de planification en s'appuyant sur les notions de *Plan de guerre* et de *Projets d'opérations provisoire,* Derrécagaix développe longuement le projet d'opérations des Allemands en 1870 puis celui de l'armée française en 1870[95]. On retrouve le même souci dans le cours du commandant Bonneau en 1891. Si ce dernier a ajouté l'étape de préparation politique, la préparation des opérations militaires occupe une place prépondérante. Sept plans de campagnes différents sont abordés avant d'étudier, comme Derrécagaix, c'est-à-dire consécutivement, les deux plans antagonistes de la guerre de 1870. L'étude de cette planification est alors un élément récurrent dans l'enseignement jusqu'à Bonnal.

94. Cours du Lieutenant-colonel Derrécagaix, 1883-1884, p. 231.

95. *Ibid.*, pp. 232-267.

L'organisation, la mobilisation et la concentration des troupes

Le 15 juillet 1870 au soir lorsque l'Assemblée nationale vote les crédits de guerre[96], l'armée française dispose sur le papier de 525 000 hommes[97]. Mais en prenant en compte les éléments qui doivent être maintenus dans les garnisons et les dépôts en France et en Algérie, ainsi que la division d'occupation de Rome, le ministre de la Guerre espère pouvoir projeter 300 000 soldats à nos frontières dès les derniers jours de juillet. Le désordre potentiel engendré par l'état d'esprit du « *Débrouillez-vous* », largement souligné par Trochu dès le début des campagnes précédentes, ne peut que se renouveler. La bureaucratie accentue les travers d'un système de mobilisation inique. Le mot mobilisation n'a d'ailleurs pas encore fait son apparition dans notre vocabulaire militaire et l'action de mobiliser n'a encore jamais été réalisée par nos armées. De ce premier exercice réel, les paroles de Canrobert sont restées célèbres : « *On prenait un soldat à Dunkerque, on l'envoyait s'habiller à Perpignan ou même en Algérie pour lui faire rejoindre son corps à Strasbourg.* » De plus comme les grandes unités, les corps d'armée et les divisions ne sont pas formées dès le temps de paix, nos forces composées de sept corps d'armée et de la Garde ne représentent qu'un dispositif virtuel lorsque l'ordre d'appel des réserves est lancé le 14 juillet. Par inexpérience et manque d'adaptation du pied de paix au pied de guerre dans l'organisation de l'armée française, mais surtout parce que dans la précipitation le commandement essaie de mener simultanément les phases de mobilisation et de concentration, l'affolement gagne Paris. Ainsi dès le 1er août, parce que les failles de notre organisation, aggravées par les lenteurs et autres confusions dans nos phases de

96. 255 pour et 10 contre.

97. L'armée française dispose alors d'environ 400 000 hommes dont il faut retrancher 50 000 hommes pour la gendarmerie, la remonte et d'autres services territoriaux. La réserve s'élève en théorie à 175 000 hommes.

mobilisation et de concentration, « *tout idée offensive devait être abandonnée, et force était de se résigner à la défense du territoire*[98]. »

De cette triple carence décelée lors des premières semaines avant l'engagement, Lewal voit « *le vice d'une double organisation pour la guerre et pour la paix*[99]. » L'auteur de *La Réforme de l'armée* affirme donc qu'il est nécessaire d'adopter le principe fondateur de Guibert selon lequel il ne faut qu'une seule organisation à la France, celle de la guerre. Cette idée voit alors l'armée mobilisable en quelques jours grâce à des corps d'armées toujours prêts. Ces trois domaines organisation-mobilisation et concentration deviennent dès la création de l'École supérieure de guerre des chapitres complets développés par tous les professeurs de la chaire étudiée. L'étude de notre organisation (effectifs des armées, données théoriques et pratiques), de celle de nos futurs corps d'armées permanents comme de ceux des autres pays européens, est alors abordée en introduction de tous les cours liés à l'enseignement opérationnel[100]. De même, la mobilisation est généralement abordée au début du cours. Lors de cette phase, Derrécagaix souligne que le belligérant qui est le premier prêt dispose de l'initiative, ce qui lui permet d'imposer sa volonté à l'ennemi[101]. La dernière étape avant l'engagement des troupes est traitée dans le cadre des opérations. La concentration des forces est « *la première opération stratégique d'une armée.* » Pour Derrécagaix, elle se décompose en deux phases : le transport des troupes et le déploiement stratégique[102]. Au cours de la période 1876-1914, tous les professeurs utilisent les exemples de la guerre de 1870 pour d'une part définir l'organisation d'une armée en corps d'armée et d'autre part théoriser et illustrer les phases de mobilisation et de concentration.

98. Commandant Rousset, *op. cit.,* p. 148.

99. Jules Lewal, *op cit.*, p. 10.

100. Cours du Lieutenant-colonel Derrécagaix, 1883-1884, pp. 87-113.

101. *Ibid.*, p. 149.

102. *Ibid.*, pp. 274-323.

Des frontières à Sedan : 2 août-1erseptembre 1870

La guerre « impériale » franco-prussienne se décompose en trois phases principales. La première doit être qualifiée de batailles aux frontières. Après avoir utilisé les premiers jours d'août à effectuer des reconnaissances, Moltke laisse à ses commandants d'armée prendre l'initiative des combats[103]. En Alsace c'est le choc initial de Wissembourg le 4 entre des éléments du corps de Mac-Mahon, et la IIIe Armée commandée par le Prince royal puis à Frœschwiller le 6 août. En Lorraine, après l'accrochage de Sarrebruck[104], a lieu le même jour la bataille de Spicheren. La conséquence de ces premiers revers se traduit par la chute du gouvernement d'Émile Ollivier ; il est remplacé par le cabinet du général Cousin-Montauban comte de Palikao[105]. Jarras devient le nouveau major-général à la place de Lebœuf, démissionnaire. Mac-Mahon ordonne alors une retraite afin de réorganiser l'armée au camp de Châlons. La deuxième phase comprend les opérations autour de la place forte de Metz. Il s'agit des batailles de Borny le 14, de Rezonville le 16 et de Gravelotte-Saint-Privat le 18 août livrées par l'armée de Bazaine. Le 19 l'armée de Metz, 175 000 hommes, s'entassent sous les murs de la ville et y stationne par la passivité de son chef jusqu'à sa reddition du 27 octobre à Frédéric-Charles. La dernière phase de cette guerre concerne l'armée de Châlons. Elle représente une masse de 148 000 hommes, forte de 10 000 cavaliers et de 400 pièces d'artillerie. Après s'être réorganisée entre le 17 et le 23 août, l'armée de Mac-Mahon commence sa marche vers Montmédy. Elle livre alors les combats de Nouart le 27 puis ceux de Beaumont le 30 août. Puis c'est le 1er septembre 1870. L'histoire aime trop souvent laisser la parole aux vainqueurs : « *L'armée française a été aujourd'hui enveloppée*

103. *Correspondance militaire du Maréchal Moltke, Guerre de 1870-71*, 1er volume : *La guerre jusqu'à la bataille de Sedan*, Paris, Lavauzelle, 1881, 356 p.

104. Cet incident a lieu le 2 août.

105. Le général a acquis ses lauriers en Crimée puis lors de l'expédition de Chine en 1860.

près de Sedan et complètement battue. Environ 20 000 prisonniers, nombre de canons et d'aigles sont en notre pouvoir. Napoléon dans Sedan a offert de remettre son épée au Roi. Les négociations pour la capitulation sont en cours. Vous apprécierez s'il n'y a pas lieu par suite d'adresser des sommations à Bazaine[106]. »

Sous l'angle de l'étude de la guerre, ce premier duel franco-prussien qui dure seulement trente jours marque la fin d'une époque et le commencement d'une autre. Il s'agit de l'avènement d'une forme nouvelle de la guerre, la guerre moderne. Moltke et le système militaire prussien en deviennent les exemples à suivre. L'étude des combats que l'on vient d'énumérer constitue dès 1876 un des socles de l'enseignement opérationnel de l'École de guerre. En ce sens, l'étude même sommaire de l'inventaire des cours montre que l'impact de ce mois de guerre sur la pensée militaire française est considérable. L'analyse de cette guerre est alors conduite par deux accroches différentes. Certains professeurs choisissent de traiter l'ensemble de la guerre de façon chronologique. Il s'agit alors de donner une vue macroscopique de tous les combats. Cette méthode est employée dans les premières années d'existence de l'école par Pierron, Cannonge, Derrécagaix ou encore Thiroux. En revanche une seconde approche consiste à se focaliser sur un événement particulier : la bataille de Gravelotte-Saint-Privat. Le « décorticage » de ce cas concret sert de base pour réfléchir sur la nature et la conduite de la guerre. Cardot, Bonneau, Maillard, Bonnal et Foch font de Saint-Privat la pâte intellectuelle pour la réflexion de leurs stagiaires. Nos recherches contribuent d'ailleurs à montrer que les différentes études de cette bataille par les professeurs successifs de la chaire d'histoire militaire, de tactique générale et de stratégie attestent de l'évolution de l'enseignement. En marge de Saint-Privat, Frœschwiller et Spicheren sont également étudiés. Ce mois de guerre dans lequel l'historien a volontairement choisi d'y incorporer l'armée de Metz

106. *Correspondance militaire du Maréchal de Moltke, Guerre de 1870-71*, télégramme numéro 244, p. 340.

est donc fondamental pour les professeurs. Mais cette matrice figée que l'on enseigne jusqu'au moment où Bonnal dirige l'École n'est-elle pas trop abstraite et tournée vers une guerre déjà dépassée ?

Le Gouvernement de la Défense nationale et l'épisode de la Commune

Alors qu'une première moitié des officiers français de l'ex-Armée impériale sont déjà en captivité outre-Rhin, le sort des armées de la Défense nationale est scellé en cinq mois. Dès la mi-septembre, en décidant de rester à Paris avec les dernières troupes régulières, le gouvernement lie le sort de la nation entière à celui de la capitale. Les forces françaises se distinguent alors à partir des pôles géographiques auxquels elles appartiennent. Il s'agit d'abord des troupes déjà existantes et qui viennent étoffer le dispositif *intra-muros* de défense de la capitale. Ensuite, celles de la Délégation de Tours qui montent en puissance. Supérieures numériquement[107] à leur adversaire, leur organisation, leur instruction et leur encadrement ne leur permettent pas cependant d'emporter la décision. Le général Weygand écrit que d'après les archives du ministère de la guerre entre le 22 octobre 1870 et le 25 février 1871 650 000 hommes furent appelés et constituèrent 750 bataillons groupés en 221 légions[108]. Cette guerre se décompose en deux phases. La première se termine avec la capitulation de Bazaine. Moltke, dont la moitié de ses effectifs est fixée devant Metz, peut seulement investir les abords de Paris et assurer ses lignes de communication. La seconde phase s'achève avec la signature de la convention d'armistice le 28 janvier. Au cours de trois derniers mois de guerre, Moltke peut protéger son

107. Certaines estimations proposent le chiffre de 1 000 000 soldats français contre 350 000 soldats prussiens.

108. Général Weygand, *Histoire de l'armée française*, Paris, Flammarion, 1961, p. 281.

encerclement de la capitale grâce à des éléments de couverture mobile qui s'opposent à la réorganisation des armées de la Défense nationale principalement sur la Loire, en Normandie, dans le Nord et dans l'Est. Au cours de ces deux phases les forces de Paris tentent de briser l'encerclement prussien, quant à celles de province elles essayent de leur porter secours. L'issue diplomatique et politique de cette guerre engendre alors l'insurrection parisienne de la Commune. Les Parisiens, se sentant abandonnés par le gouvernement de Bordeaux et exaspérés par l'entrée des troupes prussiennes le 1er mars dans leur ville, élisent un organe politique. Paris est désormais un état administrativement, politiquement et militairement indépendant du 18 mars au 28 mai 1871. Les Fédérés prennent l'initiative en marchant sur Versailles le 3 avril alors que Thiers n'a pas encore d'armée, mais cette tentative reste vaine. Et finalement, alors que les troupes prussiennes prennent toujours part au siège de Paris en occupant des positions allant du nord à l'est des fortifications, l'armée de Mac-Mahon conquiert avec prudence la capitale au cours de la semaine sanglante (22-28 mai 1871).

Si d'une part les officiers qui constituent le nouveau commandement montrèrent leurs divergences de vue avec la Délégation de Tours dans la conduite de la guerre, et si d'autre part « les Libérateurs de Paris » ont accumulé « *un cours complet d'organisation militaire et de science militaire*[109] », comment ces deux différentes expériences sont-elles utilisées par l'École supérieure de guerre ? Les cours évoquent très peu les batailles qui ont lieu en province. Derrécagaix est presque le seul à les aborder. En effet dans sa partie tactique générale, il utilise la bataille de la Lizaine[110] pour illustrer les caractéristiques d'une bataille préméditée. De même, la retraite du général Chanzy, exécutée

109. Jules Lewal, *op. cit.*, p. 23.

110. Cette bataille a lieu les 15, 16 et 17 janvier 1871. Elle met aux prises l'armée commandée par le général Bourbaki aux troupes badoises commandées par le général von Werder. Après avoir battu les prussiens à Villersexel, le général Bourbaki est

aux environs d'Orléans, est utilisée[111]. Mais ces deux exemples représentent des éléments positifs. L'analyse des principaux sièges, Paris, Strasbourg, Bitche où encore Belfort n'apparaît nullement. L'épreuve du feu de l'armée de Thiers est passée sous silence. Cette période, du point de vue de l'enseignement tactique, reste à la marge de l'enseignement opérationnel entre 1876 et 1898. En revanche c'est le cours du lieutenant-colonel Foch qui utilise l'épopée du Gouvernement de la Défense nationale pour étayer une analyse stratégique. Selon lui, Gambetta est le seul véritable stratège qui s'illustre au cours de cette guerre. Sedan et Metz sont des victoires qui s'appliquent au domaine de la tactique. Or, « *les armées organisées (de Metz et de Sedan) ne sont donc pas toute la puissance du pays ; première conclusion*[112]. » À l'automne 1870, la France dispose encore des dépôts en province qui regorgent de soldats non instruits, de fusils et des usines qui peuvent produire des munitions. Et Paris, comme en 1814, est en position centrale avec une solide garnison. Moltke et Bismarck sont alors face à un dilemme car le territoire envahi n'est pas dominé et l'échelon politique refuse durant quatre mois de traiter avec eux les conditions de la paix. Le Béarnais écrit : « *Là sera, dans l'histoire, la gloire de Gambetta d'avoir compris que le centre de la puissance d'un État n'est pas dans sa capitale, mais bien la nation elle-même, avec ses ressources de toutes natures ; que si la première contient deux millions d'habitants bientôt investis d'ailleurs, la seconde comprend trente-cinq millions d'hommes, libres encore de manœuvrer et d'attaquer ; d'avoir sur ces bases organisé la guerre nationale, la lutte à outrance*[113]. » Foch conclut sa démonstration en disant que Gambetta ne peut pas échapper à l'idée dominante de son temps qui lie le sort de la

alors en grande difficulté car son armée ne peut plus être approvisionnée. Derrécagaix, *op. cit.*, pp. 637-685.

111. *Ibid.*, p. 751.

112. Lieutenant-colonel Foch, 2e série de conférence, p. 5.

113. *Ibid.*, p. 6.

nation à celui de la capitale. C'est pourquoi « *après avoir organisé les armées nationales, il ne saura pas faire la guerre nationale*[114]. »

Les fondations de l'Armée nouvelle

Ainsi à travers quelques aspects de l'enseignement opérationnel à l'École supérieure de guerre, cette première analyse d'une curieuse guerre ne montre-t-elle pas simplement que l'armée française n'a pas encore compris que l'environnement stratégique du moment imposait un *diktat* militaire ? Ne s'agit-il pas alors d'un tournant amorcé par le début d'une révolution militaire, fruit de la double influence des deux révolutions dans la conduite de la guerre, la Révolution française et la révolution industrielle ? Les victoires de Sadowa et de Sedan marquent la transformation de l'outil militaire prussien. Elle repose sur quatre éléments : La *Kriegsakademie*, l'enseignement militaire supérieur, le *Generalstab*, l'état-major général, la conscription moderne et une industrie nationale capable d'être en tête dans la course aux armements. Or si dès 1866 la France a pris conscience de cette nécessité pour rester au niveau de son adversaire potentiel européen, elle ne dispose pas des moyens et de la volonté politique d'imposer les réformes nécessaires. C'est donc sous ce double aspect, la prise de conscience comme les avertissements du retard pris à partir de 1866 et de l'aiguillon de la défaite de Sedan, que l'armée française prépare sa mue. Doit-on alors parler de fondation, de refondation, de redressement, de réorganisation, de rénovation ou de transformation ? On assiste finalement à la naissance d'une *Armée nouvelle*, celle de la Troisième République, qui a compris que le Second Empire n'a pas disposé des moyens militaires de sa politique.

Une loi essentielle à la République renaissante

La première étape de cette réforme qui place l'armée française pour cinquante années au sommet de la hiérarchie militaire

---

114. *Ibid.*, p. 7.

européenne repose sur son mode de recrutement. Notre infériorité numérique décelée dès 1866 permet un timide palliatif qui instaure un dispositif de recrutement hybride puisqu'il repose sur un service long (cinq ans) suivi de quatre années dans les réserves pour les jeunes Français ayant tiré les mauvais numéros et ne pouvant pas se faire remplacer. La défaite de Sedan a d'abord sanctionné l'infériorité numérique des effectifs de l'armée française. C'est la raison pour laquelle l'effort de la Troisième République porte immédiatement sur l'adoption du modèle germanique. Il faut néanmoins noter qu'une forte opposition à la conscription s'exprime chez les parlementaires dont le président Thiers reste le plus influent. La loi du 27 juillet 1872[115] a pour but d'instaurer le double principe d'une nation armée et de l'armée de conscription (son mode de recrutement). Ce point peut être alors vu comme le fondement d'une République encore contestée mais qui utilise le vecteur d'une *Armée nouvelle* pour affirmer sa légitimité et son pouvoir. En ce sens, dans l'introduction du *Texte définitif de la Nouvelle loi sur le recrutement de l'armée,* il est écrit : « *son but c'est la réorganisation militaire et sociale de notre pays par l'égalité, le travail et la discipline ; ses moyens : c'est l'appel au dévouement, au patriotisme de tous ; c'est l'équilibre répartition des charges, c'est le judicieux emploi des aptitudes. Dès aujourd'hui, tout Français doit lire, commenter et étudier cette loi ; tous nous devons nous pénétrer des devoirs qu'elle nous impose, ou des droits qu'elle nous confère*[116]. »

À travers ce texte de loi, la République renaissante procède ainsi à une réorganisation technique et sociale de son armée qui fait voler en éclats l'armée de métier et la Garde nationale, discréditées respectivement par Sedan et par l'épisode de la Commune. Techniquement, il s'agit pour l'armée française d'être

115. Le projet présenté par le marquis de Chasseloup-Loubat le 12 mars est adopté le 27 juillet par 380 voix pour et 208 contre.

116. Lagrange de Langre, *Texte définitif de la nouvelle loi sur le recrutement de l'armée votée par l'assemblée nationale le 27 juillet 1872 avec notes explicatives au-dessous de chaque article*, Paris, Librairie du Moniteur Universel, 1872, p. 3.

capable, dès le temps de paix, de maintenir des effectifs peu ou prou identiques à ceux mis sur pied par le voisin d'outre-Vosges. Socialement, puisque l'article premier de la loi de 1872 stipule « *Tout Français doit le service militaire personnel* », déjà proclamé par la loi de l'an VI, le nouveau régime politique puise alors ses principes dans une disposition proclamée par la Première République. Dans un contexte où les malheurs de la patrie rejaillissent sur tout le pays, cet article fondateur renoue avec un principe politique de la démocratie athénienne qui a mis en place une homologie politico-sécuritaire entre le citoyen et le soldat pour asseoir l'esprit de défense. À une place dans la cité correspond une place dans la phalange ou sur la trière. Dans l'esprit républicain incarné ici par Gambetta, qui obtient de l'Assemblée que pour les lois militaires l'intérêt national prime sur les préoccupations politiques, la défense de la cité par ses enfants ne devient-il pas dès 1872 un principe fondateur ? Ne doit-on pas voir dans cet article premier les racines de la pensée jaurésienne lorsqu'il écrit qu' « *il n'y a de défense nationale possible que si la nation y participe dans son esprit comme dans son cœur* » ? Si au lendemain de l'*Année terrible* et de manière assez schématique la bourgeoisie est favorable à une armée de métier et les officiers à une armée de conscrits la mieux instruite possible, il faut également porter une attention particulière à l'article 5 ce cette loi car il impose la *diminutio ex capita* aux militaires. Cette anomalie juridique pour une loi de recrutement[117] renforce les assises politiques du régime en évitant à l'armée « *de peser sur les destinées de la Patrie*[118]. » En définitive, si ce nouveau mode de recrutement annonce le service militaire universel promulgué en 1905, il est l'aboutissement d'un compromis qui a encore ses imperfections. Si le remplacement a été supprimé, il draine son cortège d'exemptions comme le montrent

117. J.F. Griveau, Thèse de 3e cycle, 1984, *L'Armée et l'instauration de la Troisième République : une coexistence ambiguë (1870-1889).*

118. Lagrange de Langre, *op. cit.*, p. 6.

les articles 16 à 26[119]. Ce système est toujours hybride puisqu'il impose à nouveau un tirage au sort qui distingue désormais ceux qui effectuent un service d'une durée de cinq ans et ceux d'une année.

L'organisation militaire du territoire : Corps d'armée et casernement

Après avoir adopté le système de recrutement germanique, la loi de 1873 portant sur la réorganisation des armées active et territoriale s'inspire à nouveau du vainqueur pour établir la première véritable organisation militaro-administrative de la France. L'Hexagone est désormais organisé en Régions militaires (RM) qui accueillent dès le temps de paix un corps d'armée permanent de l'armée d'active[120]. La RM devient la structure de commandement territoriale, c'est-à-dire un élément de coordination administratif dont la mission principale est, d'une part, de préparer et de conduire la mobilisation et, d'autre part, de soutenir les forces qui y sont stationnées ou en transit. Dans ce cadre, les villes de Paris et de Lyon, partagées entre plusieurs RM, ont un statut particulier, celui de gouvernorat militaire. Le corps d'armée devient la structure organique et opérationnelle insécable puisqu'il est constitué dès le temps pour combattre de façon autonome. Feu les huit corps d'armées de l'armée de Versailles. La mise en application de cette loi qui dispose « *région de corps d'armée* » voit la constitution de dix-huit corps d'armées métropolitains dont les généraux commandants sont aussi à la tête de la RM. L'Algérie constitue un 19e corps d'armée. Le corps d'armée devient l'élément de référence pour penser, préparer et conduire la guerre moderne. En tant qu'objet d'enseignement, il constitue le cœur

119. *Loi du 27 juillet 1872, Titre II, Deuxième section, Des exemptions, des dispenses et des sursis d'appels.*

120. Article 3 de la loi sur l'administration de l'armée : « *L'administration de l'armée est organisée par régions de corps d'armée. L'administration des corps d'armée actifs est constituée de la même manière en temps de paix et en temps de guerre.* »

de l'enseignement opérationnel du cursus de la seconde année de scolarité à l'École supérieure de guerre. Le lieutenant-colonel Derrécagaix explique alors à ses stagiaires : « *Il est évident que sa mobilité comme sa force garantissent dans une certaine mesure celles de l'armée ; qu'en conséquence, sa composition, son effectif, les moyens mis à sa disposition et la manière de l'employer, peuvent avoir sur le résultat des opérations, une influence décisive. En résumé, le corps d'armée est l'unité stratégique des grandes armées*[121]. »

Si cette *Armée nouvelle* en devenir dispose d'effectifs théoriques à mettre au service de l'instruction de ces 19 « RM-corps d'armées », elle est subitement confrontée à un autre défi. En effet l'armée de Versailles, qui n'a pas de drapeau, bivouaque sur le territoire depuis la revue de Longchamp puisqu'elle ne possède pas d'infrastructure pour accueillir durablement ses unités. Nous affirmons alors avec Jean-François Chanet que l'année 1874 devient une année cruciale dans le processus de transformation du système militaire français. Il s'agit de la loi n° 3338 du 4 août 1874 octroyant une enveloppe de 98 millions de francs qui est financée par les départements et les villes à titres gratuit ou onéreux. Cette idée de demander à l'échelon administratif département et local de contribuer au financement des casernes est à mettre au crédit du général Séré de Rivière[122]. Grâce à cet effort d'infrastructure sans précédent qui s'appuie sur un plan de financement très souple, l'Armée s'ancre visuellement et durablement sur le territoire et dans la cité. La caserne ne devient-elle pas alors le premier élément physique qui relie l'armée républicaine à la nation ? Dans un contexte financier toujours contraint par la nécessité de relèvement du pays, la réalisation de ces nouveaux types de casernement est un enjeu d'urbanisme et une lutte permanente entre une *Armée nouvelle* dépensière et des villes qui

121. Cours 1883-1884, p. 113.

122. Henri Ortholan, *Le général Séré de Rivières, le Vauban de la Revanche*, Paris, Bernard Giovanangeli, 2003, p. 435438.

se veulent économes[123]. En ce sens, le contexte nous ramène à une dimension politique puisque la « caserne républicaine » est associée « *à une idéologie qui voulait faire de l'armée une véritable école de morale et de discipline*[124]. »

La modernisation d'un système de défense global : Le bouclier et l'épée

Durant cette lente entreprise de reconstruction militaire la France doit se doter d'un puissant bouclier pour se prémunir d'une attaque brusquée allemande. Puisqu'au cours de l'hiver 1870-1871 la défense héroïque de Belfort, Phalsbourg ou Bitche souligne l'importance des places fortes et que le traité de Francfort a diminué notre glacis stratégique des marches de l'Est, il devient primordial de reconstituer au plus vite la défense de nos frontières. Géographiquement, la perte du Rhin laisse ouverte 200 kilomètres de frontières entre la trouée de Belfort et Longwy. L'unité de réflexion et d'organisation de ce nouveau système de défense cohérent est réalisée en secret. Il est l'œuvre du Comité de défense créé par décision présidentielle le 27 juillet 1872[125]. Le général Séré de Rivières, qui siège au sein du comité en qualité de rapporteur, est l'homme associé à ce projet stratégique. Directeur du génie, il met en œuvre ce nouveau système de cordon qui reste une initiative conjointe attribuée au président Thiers[126], aux généraux Ducrot et Cissey. Ainsi, grâce au vote du 17 juillet 1874, 88 millions de francs de crédit sont accordés pour reconstituer nos frontières de l'Est, désorganisées par l'amputation des dépar-

123. J.F. Chanet, *Vers l'armée nouvelle, République conservatrice et réforme militaire*, 1871-1879, Rennes, PUR, 2006, pp. 181-186.

124. *Ibid.*, p. 206.

125. Collectif sous la direction de Guy Pedroncini, *Histoire militaire de la France*, Paris, PUF, 1992, tome 3, Chapitre 2, p. 30.

126. La défense de la France par la fortification est une idée fixe de Thiers depuis 1836. Cette idée s'inscrit dans les travaux des commissions de 1818, 1825 et 1836 qui ont réfléchi au système de défense et à la fortification de la capitale.

tements d'Alsace et de Lorraine. Le système dit Séré de Rivières englobe donc la totalité des frontières et des ports et il prend en compte les progrès réalisés par l'artillerie et la mobilisation du rail demandée par la loi de 1873 déjà évoquée. En se focalisant sur la zone d'engagement de l'ennemi[127] le plus probable, c'est-à-dire la zone nord-est de l'Hexagone, ce système est articulé autour de deux rideaux défensifs, qui s'organisent d'une part autour de Verdun-Toul et d'Épinal-Nancy, et d'autre part autour de forts polygonaux qui s'appuient mutuellement sur chacun de ces deux moles. Le but de ce système est d'arriver à canaliser une offensive ennemie vers des trouées, afin de pouvoir la détruire ensuite par l'action des armées de campagne. Entre 1874 et 1880, 600 ouvrages sont construits et les travaux continuent jusqu'à la révolution de l'obus à mélinite en 1885. Dans le cadre de la mise en œuvre d'un tel système, l'homme associé au fort modèle 1874-1875 peut-il pour autant comme l'a écrit Henri Ortholan être le « *Vauban de la République*[128] » ? La richesse et la densité des écrits de Sébastien Le Prestre peut-elle souffrir d'une comparaison[129] ?

À l'abri derrière ce nouveau bouclier, la politique de défense doit aussi consacrer ses efforts financiers à forger de nouvelles épées. En ce qui concerne l'équipement majeur de l'infanterie, puisque le fusil Chassepot a montré son efficacité dans les derniers combats, le général de Cissey prend la décision dès le 11 mars 1872 d'en faire livrer 1 800 000[130]. Cependant la véritable infériorité technique révélée à la fin de l'été 1870 réside dans nos pièces d'artillerie. Cet aspect est longuement développé par Georges Gugliotta. Il démontre comment dans des conditions difficiles, le ministre de la Guerre, secondé par des officiers d'exception

127. Cet exemple ne doit pas faire oublier les frontières du Jura, de Savoie et du Sud-Est qui sont également prises en compte.

128. Henri Ortholan, *op. cit.*, p. 511.

129. Il faut ici se référer à notre *Essai d'ego-histoire*, p. 112, où la pensée de Vauban est présentée dans le cadre de l'approche systémique.

130. Georges Gugliotta, *op. cit.*, p. 454.

comme le lieutenant-colonel Verchère de Reffye, ouvre une période d'innovation pour les matériels de l'artillerie française. Cissey arrive ainsi à se débarrasser des armes périmées achetées en hâte par le Gouvernement de la Défense nationale et à faire produire 1 500 pièces d'artillerie de campagne, le canon de 5. On peut alors affirmer que dès le printemps 1873 l'action et la ténacité du général de Cissey ont permis de « *rendre à l'armée française sa puissance de feu*[131]. » De plus, dans ce contexte marqué par la révolution industrielle et technologique qui s'accélère continuellement dans la seconde moitié du XIXe siècle, dès 1877, l'artillerie connaît deux innovations successives ; la première, le chargement par la culasse[132] et vingt ans plus tard le tir rapide avec le célèbre et emblématique canon de 75 mm modèle 1897, tirant des obus chargés à l'explosif brisant. La cavalerie qui s'est illustrée par ses charges de Reichshoffen et de Floing voit son rôle de rupture condamné. Elle ne bénéficie alors pas d'amélioration technique notoire de ses équipements. Dans sa dimension stratégique la modernisation des forces porte également sur la place et le rôle du rail comme vecteur d'une mobilité accrue lors de la phase de mobilisation et de concentration des corps d'armée. La mauvaise utilisation du rail est un des principaux enseignements de l'été 1870. François Jacquemin montre d'ailleurs que le lien entre les compagnies de chemin de fer et l'armée doit alors être un souci permanent dans cet intervalle de temps critique[133].

Le corps des officiers : Continuité, indivisibilité et loyauté !

Au cœur de cette entreprise de régénération de l'armée française, le commandement, symbolisé par ses officiers formés dans

131. *Ibid.*, p. 459.

132. Il s'agit du système d'artillerie Bange.

133. François Jacquemin, *Les chemins de fer pendant la guerre de 1870-1871, leçons faites à l'École des ponts et chaussées,* Paris, Hachette, 1878, 253 p.

le « moule » de Polytechnique ou de Saint-Cyr, voire de cette École d'état-major, devient un élément inamovible du redressement militaire. Une partie de ces officiers ne portent-ils pas une part de responsabilité dans les malheurs du pays ? Après la débâcle de Sedan, « *l'avocat-dictateur*[134] » a appris à ses dépens que pour encadrer les régiments improvisés du Gouvernement de la Défense nationale il fallait des officiers instruits. Dans cette épreuve, après avoir fait appel aux officiers démissionnaires, aux officiers de marine, aux officiers évadés, et après avoir procédé à des élections, Gambetta trouve difficilement des hommes aptes à commander leurs troupes. À la lumière d'une situation générée par les *« à outrance »*, il devient donc primordial de reconstituer le corps des officiers en effaçant les discordes laissées par dix mois de conflit. En effet, après la revue de Longchamp, le corps des officiers apparaît fissuré, car aux côtés d'une majorité d'officiers de la « vieille armée », ceux restés prisonniers en Allemagne font face des camarades ou des nouveaux venus qui ont continué la lutte. Ces derniers ont donc pu bénéficier de promotions hâtives et ont aussi progressé dans l'Ordre de la Légion d'Honneur. Est-il alors psychologiquement facile pour un officier de retour de captivité d'accepter de voir son cadet être devenu son chef ? Dès le 8 juillet 1871[135], la régularisation d'une telle situation, qui pourrait être vue comme une fracture politique au sein du corps des officiers, entre les prisonniers et fidèles à Napoléon III et les combattants républicains, devient la priorité du ministre de la Guerre. Cissey fait alors nommer une commission de révision des grades présidée par le général Changarnier « *chargée de statuer sur ceux de ces grades qui ont été mérités par des services de guerre et il y en a beaucoup (…), mais aussi d'annuler certains avancements donnés à*

---

134. Georges Gugliotta, *op. cit.*, p. 388.

135. Il s'agit de la date de la circulaire rédigée par Cissey qui porte la décision de mettre en place la commission de révision des grades.

des officiers qui n'ont pas combattu et qui sont restés constamment dans les bureaux[136]. »

Cette commission dont Cornélis de Witt honore la fonction de secrétaire est composée de 13 autres membres, principalement monarchistes[137]. C'est pourquoi Clemenceau la définit comme la Sabreuse des officiers républicains[138]. *A contrario*, dans ses mémoires le remplaçant du général de Cissey au poste de ministre de la Guerre la qualifie de consciencieuse et de bienveillante[139]. Ainsi en s'appuyant sur les écrits de du Barail la commission qui siégea une année complète manifeste une apparente modération. Le cas du dossier Boulanger illustre cette idée[140]. En effet Boulanger, capitaine au début de l'année 1870, est successivement nommé commandant, lieutenant-colonel puis colonel ou encore promu commandeur de la Légion d'honneur. Du Barail écrit à son sujet : « *C'était trop. Beaucoup trop. La commission des grades ne commit aucune injustice en le ramenant au grade de lieutenant-colonel*[141]. » Mais comment alors analyser le cas du lieutenant-colonel Denfert-Rochereau, nommé colonel lors de la défense héroïque du siège de Belfort qui voit la commission le rétrograder ? Denfert-Rochereau, protestant rigoriste, officier républicain, quitte le service actif dès qu'il a connaissance de cette décision. En citant cet officier, beaucoup d'autres noms ne doivent pas être passés sous silence comme le capitaine de vaisseau Rolland[142] ou

136. Cissey : J.O. du 14 juillet 187 ; cité par Georges Gugliotta, *op. cit.*, p. 386.

137. Il s'agit des marquis de Ploeuc, de Talhouet, de Quinonas, de Mortemart et de la Guiche, du comte Horace de Choiseul, de la Pervenchère, Blin de Bourbon, de Lansteyrie, Kold-Bernard Plichon, le colonel de Chadois et le général de Chabron.

138. Georges Clemenceau, *Au fil des jours*, Paris, Fasquelle, 1900, p. 355.

139. Du Barail, *op. cit.*, tome 3, p. 304.

140. Du Barail, *op. cit.*, tome 3, p. 309.

141. *Ibid.*, p. 309.

142. Promu général de division il assure le commandement de la défense de Besançon ; il n'est pas nommé contre-amiral mais revient à son grade antérieur.

encore le capitaine d'état-major Cremer[143]. Alors si on qualifie uniquement l'action de la commission d'acte d'épuration hostile aux officiers républicains, ne doit-on pas voir en elle les ferments du ministère André et de l'affaire des fiches ? Au-delà des dimensions partisanes de cette commission déjà soulignées par Georges Gugliotta et J.-Ch. Jauffret mais aussi par J.F. Griveaux, l'auteur propose une autre lecture de la mise en place de cette commission. Lorsque le général Trochu déclare à l'assemblée : « *La France, s'est plus décorée, plus favorisée, après la douloureuse catastrophe de 1870, que si elle avait vaincu l'Europe*[144] », la commission de révision des grades n'est-elle pas aussi l'incarnation des deux maladies endémiques qui rongent les officiers de la « vieille armée » depuis 1830, l'*avancite* et la *décorite*[145] ?

Conclusion

La période qui couvre les années 1870 à 1876 constitue le temps de percolation final de l'idée d'une École de guerre en France. Ces années représentent une période de rupture mais aussi celle d'une prise de conscience générale du retard pris par les officiers dans le domaine de l'enseignement de la guerre. Le passif et les errements de l'Armée du Second Empire, l'humiliation de la défaite, constituent les derniers ingrédients de cette catalyse. Une nouvelle fois, comme lors du premier redressement militaire français de 1818, l'idée jaillit à nouveau. Elle se retrouve au cœur de la création d'une *Armée nouvelle* qui est l'œuvre d'un tandem efficace : président de la République-ministre de la Guerre. Cependant c'est le général Courtot de Cissey qui joue

143. Évadé de captivité après la reddition de Metz, il est nommé général de division par Gambetta ; il est ramené au grade de chef d'escadron alors qu'il peut s'enorgueillir d'un commandement au feu qui a toujours fait reculer les troupes prussiennes.

144. J.O. du 22 mai 1872, séance de l'Assemblée nationale.

145. Ce point est longuement développé par le général Iung dans le chapitre XI, *l'avancement dans l'armée sous la République* dans son ouvrage *La République et l'Armée*. Général Jung, *La République et l'Armée*, Garnier, Paris, 1892, 362 pages ;

alors le rôle déterminant dans les cinq premières années de cette deuxième réorganisation militaire française. Bien qu'il appuie son autorité sur la « confrérie » des « Africains », il donne des gages de subordination au nouveau régime en tenant les officiers éloignés de la politique. C'est le cas par exemple lors du décès de Napoléon III survenu le 9 janvier 1873, lorsqu'il permet aux officiers qui le désirent d'adresser individuellement leurs condoléances à l'Impératrice[146].

C'est encore sa responsabilité face à une opinion publique qui voit dans le signataire de la capitulation de Metz le bouc émissaire de la défaite. Pour la première fois dans l'histoire de la justice française un maréchal de France est jugé par ses pairs. Cissey, qui a décerné à Bazaine « *un brevet d'incapacité*[147] », sauve ainsi l'honneur et l'orgueil des officiers dans une phase de transition très délicate. S'il incarne l'officier général qui initie et dirige la première étape de ce redressement militaire tout en maintenant la discipline au sein du corps des officiers, son départ du poste de ministre le 29 mai 1873 lui permet de bénéficier d'une année d'attente à la tête du VIIe corps d'armée à Tours. Sous le prisme de la réorganisation, un tel départ semble prématuré mais à cette date l'étape finale de la libération du territoire[148] est déjà actée. Du Barail assure alors un intermède d'une année qui permet à Cissey nouveau vice-président du conseil de trouver la consécration dans ses précédentes fonctions entre 1874 et 1876. Et c'est au cours de cette période cruciale politiquement, diplomatiquement et militairement, pour la France que grâce à l'œuvre de Cissey, la loi de 1875, troisième des lois fondatrices de l'*Armée nouvelle* et sa conséquence, la création des Cours militaires spéciaux, doit être vue comme l'étape culminante de l'entreprise de rénovation militaire. C'est alors l'avènement de l'idée d'une École de guerre en France.

146. Georges Gugliotta, *op. cit.*, p. 360.

147. Georges Gugliotta, *op. cit.*, p. 374.

148. Convention du 15 mars 1873.

La genèse de l'École supérieure de guerre

« Il faut selon nous, il faut absolument que l'armée se réunisse dans un même sentiment de responsabilité, de sacrifice et d'abnégation peut-être, dans un même esprit du plus pur patriotisme et d'aspiration pour sa propre grandeur, et qu'elle s'approprie elle-même le mérite d'avoir créé l'institution perfectionnée qui fait l'objet de notre travail. »

Général Lebrun, *Du Corps d'état-major, de la nécessité de l'organiser sur des bases nouvelles et de modifier le fonctionnement de ses officiers*, 1872

La loi du 13 mars 1875, promulgué le 28 mars de la même année, troisième loi fondatrice de l'*Armée nouvelle*, constitue une rupture dans la continuité du corps des officiers. En effet, si la prolongation de la guerre par le Gouvernement de la Défense nationale a creusé une première brèche entre « capitulards » et « républicains », désormais une nouvelle catégorie d'officiers fait son apparition : les officiers de réserve[1].

La création de ce nouveau corps est toujours un enseignement tiré au cours du second semestre de 1870 : la faiblesse des effectifs et de l'encadrement de l'Armée de terre française. Si les articles

1. Le décret du 31 août 1878 définit leur statut.

36 et 41 de la loi sur l'organisation de l'armée du 24 juillet 1873 abordent cette nouvelle dimension nécessaire au recrutement militaire, ce sont les articles II et III de la loi du 13 mars 1875 – relative aux cadres et effectifs de l'armée – qui institutionnalisent l'incorporation des cadres de complément.

Dans le creuset de cette Troisième République naissante, leurs camarades « officiers de droit divin » portent envers eux des regards condescendants, leur statut rappelant étrangement ces officiers sans pedigree militaire nommés hâtivement par la Délégation de Tours. Au-delà de cette nouveauté qui permet d'adapter « *une recette allemande relative à l'incorporation des conscrits les plus diplômés*[2] », le chapitre III de cette loi, *Personnel de l'état-major et des services généraux de l'armée*, apporte enfin la décision qui anime le principal débat intellectuel des réformateurs militaires. Il est sous-jacent à tous les écrits d'officiers en captivité publiés depuis la fin de l'hiver 1871.

Au milieu du paragraphe de l'article 28 relatif au nombre, à la nature et à l'organisation des écoles militaires on peut lire : « *Il sera créé une école militaire supérieure.* » Bien que l'on parle au futur, cette décision, qui constitue le cœur de ce mémoire inédit, nous impose rétrospectivement de revenir à l'année 1871 pour étudier le cheminement intellectuel qui aboutit progressivement à la gestation puis à la création d'une École militaire supérieure de guerre le 15 juin 1878, pénultième étape de la genèse de l'École supérieure de guerre.

Mais alors pourquoi sept années sont-elles nécessaires pour supprimer une institution âgée de soixante ans et dont sont issus tous les ministres de la Guerre du nouveau régime, comme le haut-commandement, pour mettre en place cette idée d'un enseignement militaire supérieur qui prévaut depuis déjà un siècle en Allemagne ?

---

2. *Histoire militaire de la France*, tome 3, p. 75.

Derrière l'épineuse question de la définition des plus hautes responsabilités de la défaite de l'armée du Second Empire, comme celles de Trochu et de Gambetta, la réflexion sur la notion d'état-major et les officiers qui le structurent devient le cœur de la réorganisation militaire française. *De facto*, le Corps impérial d'état-major constitue ce corps malade qu'il faut disséquer pour comprendre les défaillances. Faut-il alors chercher à le transformer pour le maintenir ou bien faire table rase et recommencer sur de nouvelles bases ? Cette question, fondamentale pour l'organisation de l'armée, en temps de paix comme en temps de guerre, est rendue particulièrement complexe par les querelles d'hommes, doublée d'une lutte politique constante entre monarchistes et républicains pour la conquête du pouvoir.

C'est encore une éternelle querelle entre les officiers de troupe et les officiers d'état-major. Or ces généraux comme le président Thiers, décisionnaires de ladite question, ont-ils réellement compris l'importance et le rôle dévolus à la formation des officiers d'état-major ?

Les premiers, ces « Africains », n'ont jamais connu la guerre de masse à grande échelle sur le continent européen. Une partie d'entre-deux l'a expérimenté à peine quelques heures sur le champ de bataille de Sedan. Quant à celui « *qui passe encore aujourd'hui pour être notre premier historien militaire* [mais qui] *n'a écrit qu'une épopée, une sorte de roman historique*[3] », il n'a lui aussi pas compris que la formation d'officiers aptes au service d'état-major et au commandement supérieur de la troupe nécessite de questionner la situation générée par le Corps d'état-major lui-même pour refondre la finalité de son enseignement et de son organisation. Au cours d'une séance du Conseil supérieur de la guerre, l'historien de la Révolution et du Premier Empire affirme qu'« *il n'est pas*

3. Anonyme, *Notes critiques sur l'histoire militaire, M. Thiers*, Lille, Tallandier, 1891, p. 5 ; à l'intérieur de ce livre, acheté dans une étude notariale, se trouvait une fiche sur laquelle il est écrit que l'auteur est Charles-Léon Foucrière, sous-intendant militaire de 3e classe.

nécessaire de multiplier les examens et les écoles pour que des hommes de génie se manifestent. Moreau, Masséna, Davout, Ney, Bugeaud ont percé et sont arrivés au premier rang des hommes de guerre sans avoir passé par les écoles[4]. »

De tels hommes ne sont-ils pas prisonniers de leur univers mental ? En fin de compte, en suivant le bouillonnement d'idées qui nourrit un vif débat dans la haute sphère militaire, ce deuxième chapitre doit être compris comme « l'état civil » de l'École supérieure de guerre.

Le débat d'idées et la Commission Pourcet, 1871-1873

Il a déjà été évoqué que la captivité des officiers des armées régulières après les redditions de Sedan et de Metz avait été synonyme d'écriture pour combattre l'oisiveté, peut-être aussi se donner bonne conscience, car la France était toujours en guerre. Ce flot de publications militaires[5], où pour la première fois les auteurs signent par leur grade et leur nom et qui a pour principal thème les causes du désastre, est rapidement stoppé par un ordre général de l'armée signé par le ministre le 22 octobre 1871.

Si, comme l'écrit le Professeur Gugliotta, « *ces publications ne contrarieraient certainement pas le ministre de la guerre*[6] » dans le contexte de rénovation militaire, le but recherché par le haut-commandement est d'une part de maintenir la discipline intellectuelle et d'autre part d'éviter que le corps des officiers ne se déchirent par des querelles alimentées par leurs sensibilités politiques. Ce brouillement intellectuel initié par l'Empereur déchu dès le mois d'octobre 1870 est relayé par l'ouvrage du colonel Davout d'Auerstedt, *Projet de réorganisation militaire*, qui

---

4. SHD-GR 1N – Série 1N. Procès-verbal du Conseil supérieur de la guerre, séance du 17 décembre 1872.

5. Jean-Charles Jauffret, *op. cit.*, pp. 116-125.

6. Georges Gugliotta, *op. cit.*, p. 367.

ouvre véritablement la voie à ce débat d'idées. Ce livre comme celui du lieutenant-colonel Fay, *Les causes de nos désastres, Projet de réorganisation de l'armée*, avance comme postulat que « *c'est dans nos institutions militaires qu'il faut chercher les causes vraies de nos désastres*[7]. » Ainsi le Corps impérial d'état-major et son recrutement deviennent l'épicentre de l'œuvre de rénovation.

Les idées du général de Place, 15 février 1871

Pour Fay, la faute incombe partiellement aux officiers d'état-major dont « *malheureusement la plupart vivent trop en dehors du contact de la troupe et finissent par perdre leurs aptitudes militaires et par devenir ignorants des besoins des armées*[8]. » En usant du même argumentaire dans *La Réforme de l'armée*, le colonel Lewal est plus incisif, parlant déjà de sa suppression, qu'il prétend absolument nécessaire[9].

Cependant si tous les officiers « écrivains » abordent ce thème en quelques lignes ou paragraphes, c'est le général de brigade de Place qui est le premier, et le seul, à signer une brochure exclusivement consacrée à ce sujet. Son titre : *Projet de réorganisation du corps d'état-major,* signée le 15 février 1871 à Hambourg. Dans l'introduction, l'auteur écrit que les idées qu'il cherche à faire prévaloir sont certes personnelles mais qu'elles sont aussi « *l'expression des opinions émises, sur cette matière, par des officiers du corps et par des généraux estimés, désireux avant tout de voir une armée utile rendre au pays le plus de services possible*[10]. » Ce fascicule d'une quarantaine de pages s'articule en deux parties équilibrées. De Place commence par des renseignements qu'il juge indispensables afin que ses lecteurs puissent comprendre les cinq notions majeures utilisées dans son projet : il s'agit du chef d'état-major de l'armée,

7. Il s'agit du titre du chapitre cinquième du livre de Fay.

8. Fay, *op. cit.*, p. 105.

9. Lewal, *op. cit.*, p. 51.

10. De La place, *Projet de réorganisation du corps d'état-major*, Rennes, Imprimerie militaire Alphonse Leroy, 1871, 45 p.

des embrigadés, du dépôt de guerre, du Corps de réserve des officiers et du comité supérieur d'avancement. D'emblée la réflexion de cet officier général se situe à un point de vue élevé, considérant l'ensemble de la question à travers les intérêts globaux de la nation et de l'armée. La première partie a pour titre « Réorganisation. » C'est le « Pourquoi » réorganiser. Elle développe longuement des considérations générales qui ont pour objet de démontrer « *la nécessité absolue de conserver dans l'armée et de réorganiser un Corps d'état-major fortement constitué*[11]. »

À partir d'un historique succinct depuis sa mise en place par Gouvion Saint-Cyr, l'auteur rappelle aux esprits qui cherchent à contester son utilité que « *nos récents malheurs* » incombent principalement au département de la guerre. Il écrit : « *La responsabilité la plus entière de cette situation appartient au pouvoir directeur qui possédait un instrument et qui l'a laissé se rouiller, sans avoir su en tirer tout le parti possible*[12]. » L'auteur propose une véritable réflexion sur le rôle de l'état-major, « *instrument de préparation et d'exécution de tous les ordres de l'armée*[13]. » En définitive, à travers l'association fonction de l'état-major et mission des officiers formés au sein de l'École d'état-major, l'idée maîtresse de Place souligne que ce tandem « *doit être essentiellement actif et toujours envisagé au point de vue de l'apprentissage de la guerre*[14]. »

La seconde partie, « Comment » réorganiser, s'appuie sur un tableau de disposition principale qui se décompose en seize articles. Tout le cadre administratif et normatif lié au parcours professionnel de l'officier entre son recrutement et sa fin de carrière y est défini jusqu'au détail de son uniforme. Cependant c'est le corollaire qui attire toute notre attention : pour la première fois l'auteur explique que « *ce projet ne serait pas complet si nous n'ajoutions pas nos réflexions sur la nécessité d'introduire*

11. *Ibid.*, p. 8.
12. *Ibid.*, p. 10.
13. *Ibid.*, p. 10.
14. *Ibid.*, p. 18.

des modifications importantes dans la direction des études[15]. » Les guerres récentes qui apportent des modifications notables dans la tactique des trois armes montrent que les cours ont vieilli. Fort de ce constat, de Place propose de mettre en place une commission chargée de la révision de tous les programmes et de mettre en cohérence l'enseignement des deux écoles militaires, Saint-Cyr et l'École d'état-major. En outre cette nécessité se double du vœu de pouvoir disposer « *d'officiers expérimentés, ayant déjà fait la guerre et s'étant bien formés à cette école*[16] », pour dispenser les cours d'Art et d'Histoire militaire. En outre, il est intéressant de noter que l'auteur souhaite considérablement diminuer la place accordée aux sciences pures dans l'enseignement. Selon lui, si « *les sciences éveillent l'esprit et sont indispensables, ce sont les solides études littéraires qui élèvent le cœur, forment le jugement et apprennent à un homme à bien traduire ses pensées*[17]. »

Les idées du général Lebrun, 2 février 1872

Alors que les écrits des officiers les plus fougueux se tarissent sous l'interdiction répétée du ministre, un projet non publié vient alimenter le débat d'idées au cours de l'hiver 1872. *Du Corps d'état-major, de la nécessité de l'organiser sur des bases nouvelles et de modifier le fonctionnement de ses officiers*[18] représente une analyse critique et constructive d'un problème que le général Lebrun souhaite situer dans le cadre de « *la nouvelle armée.* » Pour l'auteur la question que soulèvent une nouvelle organisation du Corps d'état-major et un fonctionnement nouveau des officiers est très complexe puisqu'elle est liée à l'ensemble du fonctionnement de l'armée. Cette question doit pourtant être résolue puisqu' *« au*

15. *Ibid.*, p. 36.
16. *Ibid.*, p. 37.
17. *Ibid.*, p. 37.
18. Général Lebrun, *Du Corps d'état-major, de la nécessité de l'organiser sur des bases nouvelles et de modifier le fonctionnement de ses officiers*, Paris, 2 février 1872 ; référence bibliothèque patrimoniale : A XVII 207.

lendemain de nos désastres récents, dans notre guerre contre la Prusse, un cri de réprobation générale contre notre Corps d'état-major s'est élevé dans l'armée jusqu'au sein de la nation[19]. »

Dès l'introduction, l'auteur montre qu'il s'inscrit dans la continuité de la tentative de réforme amorcée par la Haute commission, présidée en 1858 par le maréchal de Pélissier dont le général Trochu est le rapporteur mais encore de celle du maréchal Niel. Cependant, il montre que ses prédécesseurs n'ont pas réussi à mettre en application « *les demi-mesures qui ne pouvait être considérées comme des solutions du problème*[20]. » Lebrun établit ensuite le même constat que de Place : ce ne sont pas les hommes, c'est-à-dire leur intelligence, leur capacité, leur instruction, leur activité morale ou physique qui doivent être condamnées mais « le système. » Le général écrit alors : « *Osons le dire, on n'a pas su les employer, on n'a pas su faire appel à leurs qualités réelles*[21]. »

Puisque le Corps devient ainsi l'élément constitutif le plus utile de l'armée française, il serait inopportun de chercher à le supprimer. Dans le cadre de la rénovation, la nouvelle loi militaire se prépare à consacrer l'obligation du service militaire personnel pour tout Français. Lebrun pense alors à une organisation territoriale de conscription militaire dotée de corps d'armée dont le recrutement s'effectuerait grâce aux soldats du cru afin de faciliter, comme en Allemagne, la mobilisation. L'auteur écrit qu'il reprend ici l'idée de régionalisation des corps d'armée déjà développée par Fay. La description méthodique de cette nouvelle organisation administration militaire de la France, dix-huit corps d'armée métropolitains à deux divisions d'infanterie sans l'Algérie, « *cette longue digression*[22] », constitue en définitive le postulat sur lequel vient s'appuyer l'objet particulier de l'étude.

---

19. *Ibid.*, p. 1.
20. *Ibid.*, p. 1.
21. *Ibid.*, p. 2.
22. *Ibid.*, p. 11 ; elle occupe un tiers du document des pages 2 à 11.

Lebrun milite pour un « Corps ouvert. » Son projet s'appuie sur quinze propositions argumentées et développées avec rigueur[23]. Ces propositions se traduisent principalement par :

– le maintien de la spécialité du Corps d'état-major en s'appuyant sur un vivier comprenant 250 officiers[24] ;
– le licenciement de l'ancien Corps en vue d'en former un nouveau dont les personnels doivent être répartis dans les corps des différentes armes.

Ensuite, Lebrun propose de définir le rôle et la fonction des officiers d'état-major sélectionnés par la voie du concours. Les officiers généraux choisissent alors leurs aides de camp parmi les officiers des corps de troupes placés sous leur commandement. L'ancienne École d'application d'état-major est transformée en « *École de l'armée* » ou « *École supérieure de la guerre* ». Cette nouvelle école voit son enseignement mis en cohérence avec celui de Saint-Cyr grâce à la création d'un comité central spécial d'état-major, chargé de la direction constante à donner aux travaux du personnel employé dans les fonctions d'état-major. Cette commission se charge également de désigner, après concours, les officiers les plus aptes à professer dans les diverses chaires de *l'École supérieure de la guerre*, de gérer l'avancement des officiers du corps comme de modifier les programmes d'enseignement dont la partie scientifique, qui a pour but de former les officiers ingénieurs géographes, est supprimée.

Le général Lebrun termine son projet en livrant une très longue conclusion[25]. Elle s'ouvre par une analyse critique des principes de la commission belge de 1867 qui dresse une comparaison de l'organisation des corps d'état-major français et prussien. Il conclut sur deux analyses très proches : Lebrun propose de revenir au projet initial rédigé par les généraux Ricard et Mériage pour Gouvion Saint-Cyr en 1817 en vue de rebâtir un corps

23. *Ibid.*, pp. 12-29.

24. 20 colonels, 20 lieutenants colonels, 80 chefs d'escadron et 130 capitaines.

25. *Ibid.*, pp. 30-37.

ouvert qui « *doit devenir le moteur par excellence, la cheville ouvrière de cette immense machine à laquelle on donne le nom d'armée*[26]. » Le projet n'oublie pas de rappeler les écrits prophétiques contenus dans les rapports du colonel Stoffel entre 1867 et 1868, véritable « *cri d'alarme à ce sujet.* »

Lebrun propose enfin au ministre de la Guerre de mettre sur pied une commission et une méthode que cette dernière pourrait suivre en vue « *de l'examen et de la discussion des propositions ou observations que nous avons formulées*[27]. » Finalement, l'ouvrage devient une force de proposition dont la finalité est de préparer un projet collégial qui serait soumis à l'approbation du ministre. Une telle initiative ne constitue-t-elle pas une démarche particulièrement originale et novatrice pour un officier général issu du commandement d'une armée mâtinée par les traditions du Second Empire ?

La commission du 5 février 1872

Si, dès sa prise de fonction le 4 juin 1871, le ministre reconnaît les insuffisances du Corps, c'est le 5 février 1872 qu'il prend la décision de créer une commission composée de douze officiers généraux afin d'étudier l'épineuse question liée à un projet de réorganisation du Corps d'état-major.

Puisque le général Lebrun en est un de ses membres et que son projet est signé du 2 février, nous émettons ici l'hypothèse que Cissey l'a lu et a adopté sa principale recommandation. Cependant la position de Cissey est opposée à celle de Lebrun, puisque le ministre affirmera sa position du 17 décembre 1872, lors de la première séance du Conseil de la guerre consacrée au sujet[28].

---

26. *Ibid.*, p. 34.

27. *Ibid.*, p. 35.

28. SHD-GR 1N – Série 1N. Les cinq séances du Conseil de la guerre du 17 décembre 1872 au 9 janvier 1873.

Au moment où débute le travail exploratoire, l'analyse interne de ce questionnement rencontre les besoins de l'analyse externe. Cette méthode et ses résultats vont-ils satisfaire les vues et les besoins du ministre ? En ce sens, la présence de Lebrun comme celle de de Place semble de bon augure puisque ces deux officiers généraux ont déjà analysé et réfléchi « librement » au sujet. La publication du rapport[29] souligne que le président est le général Lebrun et que les onze membres sont d'une part les généraux de division Jarras, Lallemand, Valazé, Saget, Renson, de Malroy et Borel, et d'autre part les généraux de brigade Courson de Villeneuve, Ribout, de Place et Balland.

En outre, comme l'a préconisé Lebrun dans son livre, trois secrétaires viennent renforcer le travail de la commission[30]. Ce dernier a également pris le soin de proposer une méthode de travail à cette commission. Elle a d'abord pour but de discuter des propositions et observations formulées dans le projet du 2 février, de se prononcer ensuite afin d'établir des principes servant de base à la réorganisation, et enfin de préparer un projet de décret de réorganisation à soumettre à l'autorité du ministre. Les mémoires du général de Castelnau aident à mieux apprécier l'état d'esprit qui anime cette première commission :

> « *Ils* [les membres de la commission] *s'étaient égarés en discussions académiques et polémiques stériles sur la question de savoir si l'État-major devait être ouvert à tous les officiers ou à ceux qui, comme dans le passé, remplissaient certaines conditions de recrutement et d'instruction*[31]. »

29. *Projet de réorganisation du corps d'état-major présenté par décision ministérielle en date du 5 février*, Paris, Dumaine, 1872, 51 p.

30. Colonel de Villers, lieutenant-colonel Fay et chef d'escadron de France. Lebrun propose une commission composé d'un général de division, de trois brigadiers et de deux secrétaires. De plus il demande que ces membres soient issus du Corps d'état-major et qu'ils se soient fait remarquer par leurs études sur les questions relatives au Corps d'état-major en France comme à l'étranger. Lebrun, *op. cit.*, p. 35.

31. *Vie et souvenirs du général de Castelnau*, Paris, Dumaine, 1930, p. 281.

L'étude de la publication réalisée par la commission, sa structuration qui épouse la méthode proposée et son argumentation montrent que l'analyse externe produite *ex-ante* par le général permet de nourrir un véritable débat d'idées. Le général Lebrun peut-il alors, seul ou en minorité, être le reflet d'idées qui n'épousent pas la mentalité dominante de ses pairs, c'est-à-dire d'une majorité des membres de la commission issue de l'ancien Corps impérial d'état-major et qui leur faudrait renier ?

Le professeur Gugliotta, comme les Actes du colloque du centenaire de l'École supérieure de guerre, attestent dans ses travaux que c'est le général Pourcet, ami personnel de Cissey, qui a assuré la présidence de la commission puisque c'est lui qui remit le rapport final au ministre le 17 février 1872[32]. Après douze jours de discussion, le rapport présenté au ministre se prononce pour le maintien du « *Corps d'état-major sur ses bases primitives qu'il élargit et modifie à raison de la réorganisation de l'armée*[33]. » La solution adoptée en 1818 et proposée ici en 1872, celle d'un corps fermé, est le reflet d'une conclusion très conservatrice. Elle est l'émanation d'un courant d'idées dominant et de la « vérité hiérarchique » qui structurent le monde fermé des officiers du Second Empire. Il faut néanmoins souligner que les membres reconnaissent la nécessité d'ouvrir une porte plus large au recrutement du corps des officiers d'état-major. On peut alors lire : « *Il a donc paru nécessaire de recruter dorénavant le corps parmi les officiers de l'armée*[34]. » Ainsi le concours, ouvert aux sous-lieutenants ayant servi dans un régiment d'infanterie ou de cavalerie, permet aux lauréats après avoir chronologiquement passé deux années en école, six années de stage[35] et encore deux années dans

32. Gugliotta, *op. cit.*, p. 591.

33. *Projet de réorganisation du corps d'état-major présenté par décision ministérielle en date du 5 février*, Paris, Dumaine, 1872, p. 37.

34. *Ibid.*, p. 22.

35. Deux ans dans l'infanterie, deux ans dans la cavalerie, un an dans le génie et un an dans l'artillerie.

un état-major de corps d'armée, de servir alternativement dans les corps de troupes et à l'état-major. Ce type de recrutement qui est insuffisant en temps de guerre se voit adjoindre une *« réserve de guerre »* formée à la même école[36].

Puisque l'École d'état-major n'est plus en mesure de remplir les exigences de ce nouveau recrutement, la commission demande *« sa transformation en une école militaire supérieure. »* Il est intéressant que les lauréats du concours portent l'appellation *« d'officiers brevetés »* et qu'ils *« forment dans l'armée une catégorie d'officiers d'élite par leur savoir et leur intelligence*[37]*. »*

Finalement, le rapport de réorganisation, *« signé Le général de division, Président, Lebrun »*, est un document qui comporte une dimension essentiellement « Ressources humaines » dans la mesure où sa finalité, annoncée dès l'introduction[38], est de pouvoir anticiper une augmentation des effectifs des officiers aptes à servir en état-major au moment où se profile la première loi fondatrice. L'adoption de la conscription engendre le passage d'une armée de Versailles articulée en neuf corps d'armée à une *Armée nouvelle* organisée autour de dix-neuf corps d'armée.

Les idées de la minorité de la commission

Cependant, une question se dessine. Pourquoi le lieutenant-colonel Desfontaines écrit que le général Pourcet est président de la commission[39] alors que la publication et le rapport indiquent que c'est Lebrun ? Pourcet est-il alors « seulement » une éminence grise du ministre, un chargé de mission qui évite à Cissey d'être

36. *Ibid.*, p. 23.

37. *Ibid.*, pp. 28-29.

38. *« Le projet doit pouvoir : 1°-A la formation d'états-majors pour quatre armées composées chacune de trois corps d'infanterie comprenant trois divisions ; 2°-A la formation d'une réserve d'officiers pour le ministère de la guerre, pour les missions extraordinaires et pour faire fonctions de chefs d'état-major de l'armée territoriale. » Ibid.*, p. 6.

39. Desfontaines, *op. cit.*, p. 9.

au contact direct d'un comité qui peut conduire à ajouter de l'entropie dans cette délicate entreprise de réorganisation ?

Cette question reste ouverte. Néanmoins, si le précédent projet répond à une nécessité doublement mise en lumière par les dernières années du Second Empire, comme par le Gouvernement de la Défense nationale et l'adoption d'une organisation sur la base de corps d'armée permanents, il ne correspond pas aux attentes de son président. La dimension critique et le développement de cette analyse interne qui se heurte à l'analyse externe, voit la mise en place d'un contre-projet. Remis au ministre le 22 mai 1872[40], il est porté par une minorité de quatre généraux : Lebrun, Jarras, Valazé et de Malroy. La minorité développe avec précision un ensemble de considérations générales[41] qui présentent l'historiographie des tentatives de réformes, depuis 1815 tout en établissant une comparaison avec le système prussien. L'idée maîtresse est de réformer le corps fermé sans pour autant se voir reprocher de copier une armée étrangère, c'est-à-dire de mettre en place une « *prussification du service d'état-major* [42] » français.

Le contre-projet propose ainsi de supprimer l'ordonnance du 6 mai 1818 créant le Corps afin de le remplacer par un personnel du service d'état-major dans lequel peuvent être admis les officiers de toutes armes. Dans leur magnanimité, si le Corps d'état-major actuel est licencié, les rédacteurs proposent néanmoins de conserver dans la nouvelle entité les futurs ex-officiers qui le voudront. Le document définit un personnel d'état-major qui comprend en temps de paix 320 officiers[43] répartis en 25 colonels, 25 lieutenants colonels, 75 chefs d'escadrons et 195 capitaines de 1re et 2e classe. Cet effectif « de paix » se voit agréger en temps de guerre

40. *Projet de réorganisation du corps d'état-major présenté par la minorité de la commission de réorganisation*, Paris, Dumaine, 1872, 71 p.

41. *Ibid.*, pp. 5-17.

42. *Ibid.*, p. 5.

43. En 1872 le corps comprend 589 officiers.

d'une part par les officiers sortis du personnel de l'état-major en service dans les corps de troupes, et d'autre part par des officiers choisis par le commandement pour être employés comme officiers aides d'état-major.

Ces propositions imposent alors à l'officier issu de ce nouveau corps de servir alternativement en position d'état-major (état-major de division, de corps d'armée, général) et dans les corps de troupe. Néanmoins « La » nouveauté réside dans le titre X du projet de décret : la création d'une École supérieure de guerre[44].

L'École d'application d'état-major est transformée en École supérieure de guerre[45]. Cette première phrase de l'article 23 est à la fois révolutionnaire et novatrice. Révolutionnaire car elle porte l'idée, en gestation depuis 1817, d'hommes qui n'ont pas réussi à modifier le « système » en vigueur. C'est l'idée originelle de Thiébault en 1796, relayée par Mériage et Ricard en 1817, puis par le général Foltz en 1857 au sein de la commission Pélissier après la guerre de Crimée. Novatrice car pour la première fois le savoir et les connaissances liées à l'art de la guerre s'ouvrent pour être partagés. La deuxième phrase de cet article fondateur est capitale :

> « *L'institution de l'École supérieure de guerre a pour objet de donner, dans l'intérêt général de l'armée, au plus grand nombre possible d'officiers de toutes armes, une instruction supérieure embrassant dans son ensemble toutes les connaissances élevées, théoriques et pratiques, qui intéressent l'art de la guerre*[46]. »

44. *Ibid.*, p. 27.

45. Dans la partie Projet de décret qui est la deuxième partie du document on peut lire École supérieure de guerre, alors que dans la troisième partie, exposés des motifs, on lit École supérieure de la guerre. Dans cette dernière partie le rédacteur reprend largement des passages du projet du 2 février 1872.

46. *Ibid.*, p. 27.

Elle apporte un élément de généralisation et de « démocratisation » d'un savoir encore confiné puisqu'elle projette à un nombre élargi d'officiers – soixante – choisis par la voie du concours, d'offrir une instruction supérieure qu'ils devront ensuite porter dans l'ensemble des corps de troupe. Cette dimension novatrice s'accompagne d'une seconde nouveauté qui apparaît déjà dans le rapport signé par Lebrun le 2 février 1872 : c'est le comité d'état-major. Là encore l'idée est révolutionnaire puisqu'il s'agit d'instituer à côté du ministre de la Guerre une haute commission composée de huit membres[47]. Le but de ce comité est de mettre en cohérence l'emploi de l'ensemble des officiers d'état-major et le fonctionnement de l'École supérieure de guerre[48].

Le Conseil supérieur de la guerre

Le débat d'idées initié et conduit par une commission *ad hoc* doit être maintenant inséré au plus haut niveau de l'armée. Si le changement de régime politique impose désormais au parlement *via* la commission de réorganisation de l'armée un contrôle étroit de l'action du ministre de la Guerre et de ses différentes directions, le Conseil supérieur de la guerre est une institution déjà existante dans l'articulation entre pouvoir civil et militaire en France depuis la fin de la Restauration[49]. C'est un organe de réflexion[50]. Sa finalité est d'extraire le ministre de la guerre, d'une part des compétences techniques et de l'intrusion des directions du ministère de la Guerre et, d'autre part, des discussions longues et souvent stériles comme du contrôle des parlementaires[51]. Pour

47. Un général de division, président, six généraux de division et le chef d'état-major général du ministre et un colonel secrétaire.

48. Il s'agit des articles 38, 39 et 40 du titre XII.

49. L'ordonnance du 17 février 1828 porte création d'un Conseil supérieur de la guerre.

50. Lucien Thile, *Pouvoir civil et pouvoir militaire*, Paris, Arthur Rousseau, 1914, p. 122.

51. Georges Gugliota, *op. cit.*, p. 474.

Thiers et Cissey, habitués à une certaine opacité liée à l'esprit de travail des institutions du Second Empire, il s'agit aussi de pouvoir bénéficier et de conserver la dimension du secret. C'est donc sur proposition de Cissey que le 6 octobre 1872 le Conseil supérieur de la guerre est créé[52]. Grâce à la notoriété de ses membres[53] et à l'omnipotence d'un président de la République qui siège à toutes les séances, le ministre peut s'affranchir du conservatisme et de l'inertie des directions. De plus cette initiative constitue en quelque sorte une « haute autorité des questions militaires » qui chercherait à contrebalancer des idées potentiellement néfastes émises par la commission du Parlement.

La position du ministre

Dès la première séance du Conseil supérieur de la guerre le 9 octobre 1872, Cissey a défini les thèmes de travail qui devront être abordés. Parmi les sept sujets à débattre on trouve : « *Étudier l'organisation du corps d'état-major et les changements qu'il convient d'y apporter* ». Entre le 6 décembre 1872 et le 9 janvier 1873, cinq séances sont exclusivement consacrées à cette étude[54]. Lorsque le

52. « *Le conseil supérieur de la guerre s'occupera spécialement de l'organisation et de l'administration des armées (ce que sont censées faire les directions) et non de leur direction, s'il y avait dans l'avenir des opérations militaires à exécuter. Cette mission ainsi déterminée sera bien grande encore et elle devra rendre de précieux et importants services sans tomber dans les inconvénients reprochés à cette institution qu'on accusait, dans les pays étrangers où elle existait de substituer son action à celle des généraux.* » J.O. du 28 octobre 1872.

53. Présidé par le ministre de la guerre, les trois directeurs généraux et le chef de l'état-major du ministre. Les maréchaux de Mac Mahon et Canrobert. Six généraux de division à la tête de grands commandements dont le général du Barail, le général duc d'Aumale, et le général Chabaud-Latour. Le médecin inspecteur baron Larrey, l'intendant général inspecteur Lefrançois, le vice-amiral La Ronciére Le Noury, Monsieur Bouchard conseiller à la Cour des comptes, Monsieur Audibert, inspecteur des finances, Monsieur Ozenne, conseiller d'État et un général de brigade chargé du secrétariat.

54. Entre le 9 octobre 1872 et le 11 mars 1874, date d'interruption de fonctionnement du Conseil il y aura 36 séances. Il reprend sa mission le 26 novembre 1881 en

ministre ouvre la séance du 6 décembre, il ne prend pas la peine de resituer l'examen rétrospectif de la question depuis la création du Corps. D'emblée il pose le problème en effectuant un point de situation contextualisé par la guerre récente. Il déclare alors en préambule :

> « *Le corps, à la suite des dernières guerres, a donné lieu à beaucoup de critiques dont quelques-unes sont allées jusqu'à l'accuser d'une incapacité, cause de nos revers. Les chefs d'État-Major, dit-on, étaient impropres aux importantes fonctions qui leur incombent ; les officiers d'État-Major, depuis longtemps confinés dans le service sédentaire des États-Majors territoriaux, étaient très versés dans les questions de justice militaire ou de recrutement, mais manquaient d'activité pour le service de guerre et ne possédaient rien de l'aptitude spéciale qu'ils doivent avoir ; enfin, le corps était recruté parmi des sous-lieutenants qui deviennent officiers de très bonne heure...* »

Puis il présente synthétiquement aux membres du Conseil supérieur de la guerre les conclusions des deux projets, majorité et minorité, de la commission dirigée par le général Lebrun :

> « *Dans cette commission deux opinions se sont formées : l'une qui demande le maintien du Corps d'État-Major avec certaines modifications de recrutement et d'instruction, de service et d'avancement (c'est celle de la majorité de la commission) ; l'autre qui supprime le corps pour former un Personnel de service d'État-Major alimenté par des officiers de toutes armes (c'est celle de la minorité)*[55]. »

Ensuite le ministre présente sa position à travers la critique qu'il émet du projet de la minorité. En effet Cissey explique que

---

étant réduit à 8 membres.

55. SHD-GR 1N – Série 1N. Procès-verbal du Conseil supérieur de la guerre, séance du 17 décembre 1872.

le projet Lebrun tend à copier le système prussien en faisant du Corps d'état-major un corps ouvert. Il ajoute qu'une telle solution n'est pas envisageable en France. Il argumente alors en déclarant :

> « *Ce système donne à la Prusse un système bien organisé et qui a bien fonctionné durant la dernière guerre ; mais ce qui est possible en Allemagne ne l'est pas en France, en raison des différences d'État social, de caractère et d'institutions militaires des deux Nations. De plus, personne n'ignore la haute influence de M. de Moltke sur tout ce qui intéresse l'armée en Prusse et principalement sur le personnel de l'État-Major. M. de Moltke a l'oreille du roi ; il choisit, appelle ou renvoie tel ou tel officier et compose arbitrairement ce personnel qu'il s'attache à perfectionner lui-même. Cette manière de faire ne peut être admise en France.* »

Pour le ministre de la Guerre il ne convient donc pas d'adopter le système de corps ouvert. Il nuance cependant un peu sa déclaration en affirmant que si le système donne aux ambitions particulières un plus large accès au généralat, le désir de satisfaire aux ambitions personnelles ne doit en aucun cas faire perdre de vue le bien du service. Cissey conclut la présentation de la question à l'ordre du jour et sa prise de position en affirmant qu'il convient donc de ne pas adopter le système de corps ouvert. Pour le ministre la solution « *paraît être de garder ce qui existe en modifiant ce qu'il est reconnu de renfermer de défectueux : ainsi le recrutement du corps peut subir des changements utiles ; de même, les officiers peuvent ne faire partie intégrante du corps qu'après avoir fait les stages auxquels ils ne sont tenus actuellement qu'après leur admission*[56]. »

Le rôle du président de la République

Dans le cadre du projet de réforme du Corps d'état-major, projet central qui s'insère dans un projet global, Thiers peut-il

56. SHD-GR 1N – Série 1N. Procès-verbal du Conseil supérieur de la guerre, séance du 26 décembre 1872.

être maintenant considéré comme le principal perturbateur de l'action générale et ambitieuse de son ministre ? Néanmoins si Thiers aime l'armée son modèle se limite à celle qu'il a étudiée pendant une vingtaine d'années en fréquentant avec assiduité les archives du dépôt de la guerre pour écrire *L'histoire du Consulat et de l'Empire*. Face à un Thiers qui est par exemple d'emblée désavoué par l'Assemblée nationale[57], l'action de Cissey s'inscrit dans la durée puisqu'il va bénéficier de la plus grande longévité à ce poste sous la Troisième République, juin 1871-août 1876[58]. Mais Thiers tient à ce que la première séance du Conseil de la guerre se déroule à l'Élysée. De plus, il codirige les cinq séances dédiées à la réorganisation du corps. Le président, homme « omniscient », ne vient-il pas inhiber le travail du Conseil supérieur de la guerre, outil privilégié du ministre ? Ce petit personnage qui durant l'épisode de la Commune dort sur ses cartes d'état-major, cet homme qui se targue d'être un éminent historien militaire inspire-t-il le respect ou la défiance des membres du Conseil ? Lorsqu'il se lance dans ses longs monologues qui tendent à « revisiter » l'histoire récente, est-il seulement écouté par les maréchaux et autres généraux siégeant en face de lui ? Les remarques de Cissey et du Barail convergent pour souligner que les séances du Conseil sont rythmées par l'érudition du président. Dans ses souvenirs du Barail écrit :

> « *M. Thiers présidait invariablement, ces séances du Conseil supérieur de la guerre, et, quand il était en verve, elles se transformaient en une interminable conférence où il parlait*

57. Lors du débat parlementaire qui conduit à l'adoption de la loi de 1872, si l'on a compris selon l'expression du général Trochu « *que l'unique instrument de guerre était une armée qui était une nation tout entière* », le Président Thiers refuse de s'associer à un abaissement de la durée du service actif.

58. Notons néanmoins qu'il quitte sa fonction entre le 26 novembre 1873 et le 15 mai 1874 où il est remplacé par Barrail.

de tout, excepté de l'armée. Je me souviens qu'un jour il nous tint, pendant deux heures, sous le charme de sa parole[59]... »

Mais que doit-on retenir de ses déclarations « rétrogrades » ? D'abord, à l'instar de son ministre il estime que la bonne organisation du Corps d'état-major prussien par M. de Moltke tient à un ensemble de circonstances dont la réunion ne peut être espérée en France. Ensuite Thiers l'historien professe, *ex cathedra*, sa propre analyse du système. Il déclare alors :

« *M. de Moltke, en tout ce qui concerne l'armée, demande et obtient ce qu'il veut de son gouvernement ; il est initié d'avance à tous les projets, et, certainement, depuis 1866, il savait comme MM. de Goltz et de Bismarck, ceux qui étaient formés contre la France. C'est ainsi qu'il a pu tout préparer et diriger en vue d'une guerre contre nous, envoyer des officiers chargés des reconnaissances les plus détaillées, connaître les plus petits obstacles et tout disposer d'avance pour les surmonter. M. de Moltke, quoique supérieur à Carnot comme organisateur, n'est pas un grand capitaine, mais il possède les secrets de l'État, il a l'oreille de l'Empereur et choisit comme il l'entend les officiers à admettre dans l'État-Major. Ces officiers sont aussi bien d'origine modeste que d'origine noble ; ils travaillent et vivent sous les yeux de M. de Moltke dont ils semblent former la famille. Tous sont profondément instruits, parlent facilement plusieurs langues anciennes et modernes et ne sont maintenus dans le service d'État-Major qu'après de sérieuses preuves d'aptitudes. Du reste, M. de Moltke voyage et fait voyager avec lui ces officiers pour traiter, sur le terrain même, les questions militaires importantes ; il les envoie étudier à l'étranger, il suit, à cet égard, les préceptes et l'exemple de Napoléon Ier, qui recommandait sans cesse à ses Maréchaux d'exécuter des reconnaissances et faisait lui-même, durant l'armistice de Dresde, une reconnaissance de près de 20*

59. Du Barail, *op. cit.*, tome 3, p. 302.

lieues en Bohême, disant : qu'un Chef est condamnable quand il n'a pas vu tout ce qu'il avait possibilité de voir[60]. »

Cissey face à d'autres résistances

Au sein de ce type de fonctionnement collégial du Conseil supérieur de la guerre Cissey n'est-il pas confronté à une nouveauté ? Peut-on accepter le débat d'idée alors que l'on vient de vivre l'essentiel de l'exercice de son métier d'officier à travers les vicissitudes d'un coup d'État militaire qui renverse une jeune République pour instaurer un gouvernement autoritaire ? Croyant s'affranchir d'une tutelle parlementaire qui établit la subordination nouvelle du pouvoir militaire au pouvoir politique, Cissey ne s'enferre-t-il pas dans un dialogue tendu et indocile avec ses pairs ? Son principal détracteur sur ce sujet, comme sur celui de l'organisation des corps d'armée est le maréchal de Mac-Mahon. L'idée fixe du duc de Magenta est de copier servilement le modèle prussien dans son intégralité. C'est pourquoi après avoir déjà proposé d'organiser les corps d'armée français sur une structure de type allemande à deux divisions d'infanterie alors que Cissey en propose trois, il imagine aligner le futur enseignement militaire supérieur français sur la *Kriegsakademie*. La première prise de parole de Mac Mahon est en ce sens révélatrice :

« *Les reproches faits au corps d'État-Major sont immérités. Il manque cependant à la plupart des officiers qui le composent un complément d'instructions que les études au dépôt de la guerre peuvent seules donner. Il faudrait que tous les officiers d'État-Major, titulaires ou brevetés, fussent astreints à passer par les divers services de ce dépôt statistique, historique, reconnaissances, missions sur les frontières, etc. Ils feraient ainsi ce que fait l'État-Major prussien, étudieraient les plans de campagne, prépareraient des constatations, des ordres de*

60. SHD-GR 1N – Série 1N. Procès-verbal du Conseil supérieur de la guerre, séance du 3 janvier 1873.

> *marche, réuniraient des renseignements et enseignements en vue de certaines hypothèses de guerre*[61]. »

Mac-Mahon s'oppose toujours au ministre lorsqu'il « *demande pourquoi l'on veut supprimer le nom d'École d'État-Major pour prendre celui d'École militaire supérieure. Il ne voit pas à ce changement de dénomination de motifs sérieux*[62]. » En définitive, puisque le but des cinq séances est de discuter article après article l'ensemble du projet proposé par la majorité de la Commission Lebrun, les trente membres qui composent le Conseil deviennent individuellement un élément de contradiction du projet, et du ministre de la Guerre. Du Barail écrit qu' « *il n'était tenu qu'un procès-verbal très sommaire de nos délibérations, et rarement, je dois le confesser, nous avons abouti à une solution pratique*[63]. » L'objet est donc initialement de valider la proposition de projet que Pourcet a déjà présenté à Cissey en y apportant des aménagements. Pour le Conseil supérieur de la guerre, l'idée générale qui se dégage est portée par Thiers. Selon lui, « *depuis 1789, la création des écoles supérieures (école polytechnique, école normale, école centrale, etc.) a eu pour résultat d'étendre beaucoup le champ des connaissances générales. Partout et pour tout, en élevant le nom de l'école, on est arrivés à élever le niveau de la science. Il serait à désirer que l'on fît de même dans l'armée et que l'on indiquât par un mot que l'école est destinée aux hautes études de l'art de la guerre, car cette école doit être une école réellement supérieure et savante, embrassant toutes les connaissances enseignées dans les diverses écoles spéciales*[64]. » Ce postulat, admis par l'ensemble des membres, milite pour la « *nécessité d'organiser l'École supérieure du dépôt de la guerre de telle*

---

61. SHD-GR 1N – Série 1N. Procès-verbal du Conseil supérieur de la guerre, séance du 3 janvier 1873.

62. SHD-GR 1N – Série 1N. Procès-verbal du Conseil supérieur de la guerre, séance du 3 janvier 1873.

63. Du Barail, *op. cit.*, p. 303.

64. SHD-GR 1N – Série 1N. Procès-verbal du Conseil supérieur de la guerre, séance du 9 janvier 1873.

sorte que les officiers les plus remarquables puissent y rester à poste fixe et y continuer les hautes études militaires[65]. » En fin de compte, le Conseil établit un projet qui reste dans la stricte continuité de celui établi par la majorité de la commission. Il a pour but de créer une École militaire supérieure tout en conservant comme mode de recrutement le principe du corps fermé quelque peu élargi.

Un projet inattendu, le général de Ladmirault

Toutefois, la lecture de l'ensemble de la main courante des cinq procès-verbaux de séances et d'une annexe insolite permet de mettre en lumière la séance qui selon nous semble la plus singulière pour l'historien. Il s'agit de la séance du 26 décembre qui se déroule encore à l'Élysée. Là, dans son environnement familier et revêtu de son habit d'historien ou de critique militaire, le président amplifie son rôle. Il souhaite continuer à peser sur le contenu du projet qu'affine le Conseil. Thiers appuie les positions des généraux Ladmirault et Lallemenand en affirmant « *qu'il convient de ne pas trop innover.* » En 1870 le Corps d'état-major dispose pour Thiers de l'aptitude nécessaire mais c'est la direction qui lui a manqué comme la prévoyance a manqué au gouvernement. Après un long passage que l'on peut qualifier de « révisionnisme historique[66] ». Le président troque sa toge d'historien pour celle d'avocat de la défense du corps car la plupart des critiques qui lui sont attribuées ne semblent pas fondées. C'est pourquoi il ne souhaite pas que l'on cherche à établir de grandes modifications à l'égard du système en vigueur. Il conclut son intervention en déclarant :

---

65. SHD-GR 1N – Série 1N. Procès-verbal du Conseil supérieur de la guerre, séance du 9 janvier 1873.

66. Thiers explique que si la France avait eu la prévoyance d'un Bismarck et d'un Moltke elle serait à Berlin au lieu d'avoir perdu l'Alsace et une partie de la Lorraine.

> « *Il n'est pas nécessaire de multiplier les examens et les écoles pour que les hommes de génie se manifestent. Moreau, Masséna, Davout, Ney, Bugeaud ont percé et sont arrivés au premier rang des hommes de guerre sans avoir passé par les écoles. Contentons-nous donc de créer au ministère une école ou un centre d'instruction supérieure dans le but indiqué par le Conseil, et soyons convaincus qu'avec une armée dont l'organisation sera basée sur des formations permanentes comme celle que nous travaillons à constituer, qu'avec de bon cadres et de gros effectifs de paix, qu'avec beaucoup de matériel, de canons et d'argent nous avons réuni les meilleurs moyens que puisse conseiller une sage prévoyance et nous n'aurons rien à craindre pour l'avenir.* »

Fort de l'intervention du président commençant par dire qu'il partage la position du général de Ladmirault, il est intéressant d'exhumer ici le projet de proposition pour le recrutement du Corps d'état-major. Il s'agit d'un second projet qui reçoit l'aval du Conseil supérieur de la guerre. En effet, mis en parallèle avec la déclaration de Thiers, ce document trouvé en annexe des procès-verbaux pourrait être aussi qualifié de contre-projet. Celui de Thiers dont la plume est Ladmirault. Le projet, très concis, développe deux points principaux agrémentés d'observations. Le premier point explicite le rôle de l'École d'état-major. Elle « *sera maintenue telle qu'elle existe aujourd'hui. Les sous-lieutenants sortant de Saint-Cyr et tous les sous-lieutenants d'infanterie et de cavalerie jusqu'à l'âge de 25 ans seront admis à concourir pour ladite école.* » De plus, à la sortie de l'école ces officiers seront placés titulairement dans les corps qui leur seront assignés. Promus lieutenant au bout de deux ans de grade de sous-lieutenant, ils « *auront reçu un enseignement militaire supérieur, différent en quelques points, il est vrai, mais offrant au moins des conditions possibles et égales de concours.* » Le second point aborde le recrutement du corps qui ne doit pas compter d'officiers au-dessous du grade de capitaine. Néanmoins une exception est faite pour les capitaines de toutes armes qui n'auront pas dépassé l'âge de vingt-sept ans, qui peuvent « *être admis à concourir avec les lieutenants de toutes armes pour le grade de capitaine d'État-Major. S'ils sont admis, ils conserveront l'ancienneté de leur grade.* » Enfin, le point dédié aux observations souligne que durant la période passée en régiments par les lieutenants, ces derniers « *auront pu faire connaître leurs aptitudes diverses, ce qui permettra d'établir le concours au choix d'une manière sérieuse.* » Pour le général Ladmirault, cette mesure aura l'avantage de répandre dans l'armée des officiers instruits, ce qui est le but principal que se propose d'atteindre Thiers. Avec ce second projet et à l'instar de la Commission Lebrun, deux projets sont donc autographiés par l'ensemble des membres du Conseil supérieur de la guerre.

Le général de Castelnau, chargé de mission du ministre

Après trois années de débats, l'analyse comparée de ces deux projets de la Commission Lebrun, comme les séances de travail du Conseil supérieur de la guerre, se caractérise par une querelle entre officiers généraux. Elle engerbe une dimension idéologique qui oppose deux courants d'idées, le premier majoritaire et conservateur qui se prononce pour le maintien de la situation antérieure, le second novateur qui prône sa suppression. Le premier courant est renforcé par l'avis du Conseil supérieur de la guerre, qui se saisit de la question au mois de décembre 1872 et se rallie aux vues partagées par la majorité. Cette situation est-elle étonnante ? La seule plus-value apportée par l'aréopage du Conseil est de complexifier la situation en ajoutant un second concours destiné à sanctionner une admission définitive dans le Corps d'état-major, à l'issue d'une scolarité où des sous-lieutenants, lieutenants et capitaines de toutes armes ont également été incorporés. En définitive, les priorités et les préoccupations liées à la fondation de l'*Armée nouvelle* – lois de 1872 et de 1873 – ne permettent pas de finaliser le projet. Lorsque de Cissey quitte ses fonctions en 1874, le projet de décret préparé par le Conseil supérieur de la guerre reste lettre morte.

La commission d'organisation de 1874

Lorsque le 19 mars 1874 le nouveau ministre, du Barail, adresse au nouveau président de la République, de Mac-Mahon, un rapport qui tend à la création d'une École supérieure de guerre, le débat d'idées s'est figé sur un *statu quo* entre les deux courants. Pour le ministre, cette institution doit :

> « *Donner aux officiers de toutes armes reconnus aptes une instruction étendue et approfondie dans les branches les plus élevées de l'art de la guerre, de les initier aux connaissances étrangères à la spécialité de leurs armes, de préparer le recrutement des grades supérieurs de l'armée. Tel doit être en peu de mots le but d'une semblable institution, qui devrait en outre former des officiers pour les fonctions d'état-major*[67]. »

L'approbation de Mac-Mahon permet la mise en place d'une nouvelle commission présidée par le général de Castelnau[68] proche de du Barail. Ainsi : « *le moment est venu de doter l'armée d'une institution d'enseignement supérieur, institution dont nos officiers sentent d'autant mieux le besoin qu'ils en voient fonctionner de semblables chez la plupart des puissances militaires de l'Europe*[69]. »

Au moment où il reçoit sa mission, le général de Castelnau se trouve placé au cœur d'un dilemme puisqu'il hérite d'un débat interne qui n'est pas tranché et qui est resté confiné au niveau du Conseil supérieur de la guerre. Le libellé précis de cette mission est : « *étudier et préparer l'institution d'une École supérieure de*

---

67. Desfontaines, *op. cit.*, p. 18.

68. Les autres membres sont les généraux de division de Vassoigne, Susane, Garnier, Doutrelaine, Gramont, l'intendant général Uhrich et le colonel d'état-major Nugues de Saint-Cyr qui assure la fonction de secrétaire.

69. J.O. du 29 mai 1874.

guerre ouverte aux officiers de toutes armes[70]. » Le lieutenant-colonel Desfontaines montre que dès la deuxième séance de la commission, le général de Castelnau se trouve face à de nombreuses interrogations qu'il est difficile de trancher sans obtenir des directives précises du ministre. En effet, quels doivent être les éléments initiaux et les bases de l'étude pour ces nouveaux membres ? Le projet de la majorité des huit, validé par le Conseil supérieur de la guerre, ou celui de la minorité dont Lebrun est le héraut ? En définitive le travail de Castelnau ne doit pas être considéré comme construire de toutes pièces un nouveau projet mais plutôt « *de réunir et de coordonner les matériaux nécessaires déjà préparés, en y introduisant dans l'ensemble de l'œuvre des éléments nouveaux dont la création a été récemment ou arrêtée en principes, ou tout au moins reconnue nécessaire*[71]. »

C'est alors que Cissey, revenu aux affaires, reprend en main le dossier et rédige le 8 août 1874 une lettre adressée au général de Castelnau[72] :

> « *Mon Cher général, bien que la création d'une École supérieure de guerre puisse être regardée comme indépendante de la réorganisation du Corps d'état-major et recevoir ainsi la solution qui lui est propre, il n'en existe pas moins entre ces deux ordres d'idées une relation intime que vous-même vous avez pu constater. Vous avez entre les mains les projets élaborés par la commission d'état-major en 1872, ainsi que celui qui est dû au Conseil supérieur de la guerre. Ces divers projets offrant des solutions différentes, je crois utile de faire étudier de nouveau la question afin de faire profiter des enseignements que la marche du temps apporte toujours dans les esprits et je ne pouvais mieux m'adresser pour cela à la Haute commission dont vous avez la présidence. Je désirerais que tout en poursuivant l'étude confiée à ses lumières et à son expé-*

70. *Op. cit.*, p. 281.
71. *Ibid.*, p. 284.
72. Desfontaines, *op. cit.*, pp. 21-22.

rience, la commission de l'École supérieure de guerre voulût bien examiner aussi comment il conviendrait d'assurer dans l'avenir le recrutement et le fonctionnement du service d'état-major. Je vous serai donc obligé de me faire parvenir aussitôt que possible votre avis personnel et celui de la commission sur cette importante question. Ces avis me seront précieux au moment où l'assemblée, saisie de la loi des cadres, s'occupera du Corps d'état-major. » Et en post-scriptum le ministre ajoute : « *Je vous serai obligé d'examiner si en même temps que serait créée l'École supérieure de guerre, il n'y aurait pas avantage à conserver l'École d'état-major. Dans cette dernière, on préparerait comme on le fait aujourd'hui, des officiers pour le Corps d'état-major. Dans l'autre, les cours seraient tels que les officiers, qui après les avoir suivis, voudraient passer dans le Corps d'état-major, pourraient concourir avec les élèves de l'École d'état-major.* » Puis Cissey ajoute de sa main : « *Cela rétablirait l'équilibre entre les officiers sortant de St-Cyr et ceux de l'école de Fontainebleau. Sans cette disposition, ces derniers auraient toutes les places d'état-major*[73]. »

Projet de loi relatif à l'organisation du service d'état-major

Dans cette missive, l'habileté et l'intelligence de situation du ministre est d'abord son aptitude à la synthèse. En effet, l'homme suit le dossier depuis sa première nomination au mois de juin 1871, ce qui lui offre la pertinence d'amalgamer les principes directeurs des différents projets pour formuler des directives relativement concises. En outre, la hauteur de vue du ministre

73. Sur ce point il faut souligner que la majorité des officiers estiment alors que les officiers issus de l'artillerie et du génie sont placés dans de meilleures conditions que leurs camarades fantassins ou cavaliers en vue de la préparation et de la réussite au concours. En effet, sapeurs et artilleurs disposent d'une école de perfectionnement à Fontainebleau. Cette situation conduit à envisager de fixer des quotas par arme des officiers qu'il faut recevoir à l'École de guerre.

s'inscrit dans la prolongation des lois de 1872 et 1873 mais doit préparer celle de 1875 et anticiper la rentrée parlementaire du 1er novembre 1874. L'Assemblée doit en effet aborder le projet de loi lié à la réorganisation du Corps d'état-major et subsidiairement étudier le projet de création d'une École supérieure de guerre. Le temps est alors compté pour un ministre dont l'action législative de réorganisation entre dans sa quatrième année et doit déboucher sur la dernière loi fondatrice de l'*Armée nouvelle*.

Lorsque Castelnau remet son rapport au ministre, il écrit qu'il s'agit d'un compromis entre le projet du Conseil supérieur de la guerre et celui de la minorité de la Commission d'état-major de 1872[74]. Cette synthèse voit « *le corps fermé être maintenu et les attributions du corps d'état-major rester les mêmes*[75]. » À partir des travaux de la Commission Castelnau, le 27 novembre 1874, le maréchal de Mac-Mahon et le général de Cissey présentent un projet de loi relatif au service à l'organisation du service d'état-major[76]. Le président de la République présente en préambule un exposé des motifs. Le cadre de ce projet s'inscrit dans le prolongement « *du travail de réorganisation complète de l'armée.* » Il est alors désormais nécessaire de modifier le corps car « *les fonctions réglementaires des officiers qui en font partie, surtout en temps de paix, ne sont plus en rapport ni avec leur mérite et l'instruction qu'ils ont acquise, ni avec les services plus importants et plus utiles qu'ils sont en état de rendre.* » Dans la continuité « *de l'œuvre d'un des hommes de guerre les plus éminents et les plus expérimentés du Premier Empire.* »

Il s'agit de maintenir le Corps en prenant en compte l'ensemble des critiques émises à son égard.

L'essence de ce projet de loi se concentre dans son titre II : « École de préparation à l'état-major, École supérieure de guerre,

74. Georges Girard, *La vie et les souvenirs du général de Castelnau*, Paris, Calmann-Lévy, 1930, 288 p.

75. Desfontaines, *op. cit.*, p. 25.

76. Ce document constitue l'annexe 3 de l'Historique de l'École supérieure de guerre.

recrutement du corps d'état-major. » Si l'institution est maintenue, elle change de nom. Son but est d'étendre et de perfectionner les études militaires faites aux jeunes officiers de Saint-Cyr et de leur faciliter ultérieurement le concours d'accès à l'École supérieure de guerre[77]. Le concours est ouvert, d'une part, aux sous-lieutenants des armées de terre et de mer ayant une année d'ancienneté et, d'autre part, aux élèves sortant de Saint-Cyr. L'article 7 institue à Paris une École supérieure de guerre « *destinée à répandre les hautes connaissances militaires dans l'armée, à préparer des éléments pour les grades supérieurs, à assurer le recrutement du corps d'état-major et à former les auxiliaires qui lui seront adjoints en campagne*[78]. » Le concours d'entrée à cette seconde école est accessible aux lieutenants de toutes armes âgés de plus de vingt-huit ans et ayant au moins quatre années d'ancienneté de grade d'officier et justifiant deux années passées dans un corps de troupe. De plus les lieutenants issus de l'École de préparation à l'état-major où de l'École de Fontainebleau peuvent concourir deux années après leur sortie d'école. Pour éviter une disparité d'origine entre officiers fantassins, cavaliers, artilleurs et sapeurs, une directive ministérielle annuelle définit des quotas par armes[79].

Ce cours biennal est sanctionné par l'obtention d'un brevet d'officier d'état-major. Le projet de loi définit également la nature des stages que doivent suivre les officiers à leur sortie de l'École de guerre comme leur avancement qui a lieu exclusivement dans le corps.

Mac-Mahon et Cissey s'emploient également à redéfinir le statut et les désignations des aides de camp et les officiers d'ordonnance[80]. Le projet de loi crée un comité d'état-major

77. Ce point est développé dans l'article 3 du titre II.

78. Article 7 du titre II.

79. Il s'agit de l'article 9 du titre II.

80. L'article 26 du titre VIII stipule que les généraux de division pourvus de lettre de service prennent leur aide de camp ou leur officier d'ordonnance parmi les officiers de leur état-major.

dont la mission est d'élaborer les programmes d'admission et d'enseignement des deux Écoles. Il assure également « *la haute direction à imprimer aux travaux généraux des officiers d'état-major et des officiers brevetés* » et propose toutes améliorations utiles au service d'état-major[81]. Enfin, le projet établit des dispositions transitoires qui doivent permettre d'attendre que le fonctionnement de l'École supérieure de guerre ait introduit un nombre suffisant de « brevetés » pour faire fonctionner l'*Armée nouvelle.*

Le projet de la Commission de l'armée du général Billot

Quid de ce projet de loi ? Cissey révèle quelques années plus tard :

> « *Ce projet à cette époque fut rejeté. Nous étions encore sous l'empire de l'exaltation de nos désastres de 1870-1871 et personne ne voulait de ce projet parce qu'il ne favorisait pas suffisamment l'état-major, ne procurait pas un avancement immédiat à tous les jeunes officiers, n'ouvrait pas la porte à l'ambition de certains officiers de troupe qui avaient servi dans le corps d'état-major pendant la guerre et qui y trouvaient le service plus agréable que dans les régiments*[82]. »

Si le projet est enterré, il a été évoqué dans l'introduction de ce chapitre que lorsque le 13 mars 1875 l'Assemblée nationale adopte la loi sur les cadres et les effectifs (paix et guerre) des corps de troupe, l'article 28 porte création d'une École militaire supérieure. Cissey remet Castelnau à l'ouvrage, puisque ce dernier lui remet le 27 juillet 1875 un mémoire relatif à l'organisation et à l'enseignement de l'École supérieure de guerre, établi en attendant et en espérant que l'Assemblée nationale promulgue une loi sur le service d'état-major. Au cours du second semestre de l'année 1875, le général Billot, membre de la Commission de l'armée propose alors une solution qui lui est propre. Le 11 décembre,

81. Il s'agit de l'article 31 du titre XI.

82. Georges Gugliotta, *op. cit.*, p. 596.

Billot qui ne veut pas que l'assemblée termine son mandat sans avoir donné son avis sur la question, remet un rapport conséquent. Ce nouveau projet ne converge pas avec celui proposé par Mac-Mahon. Néanmoins la lecture de ce volumineux rapport est très instructive pour faire ses connaissances sur le sujet[83]. C'est une œuvre d'érudition qu'il faut lire si l'on souhaite parfaire sa culture militaire.

Ce rapport aborde chronologiquement et pêle-mêle des considérations générales, un précis historique de l'état-major français, un coup d'œil historique sur les ingénieurs géographes, une critique du projet de loi Mac-Mahon-Cissey, le projet de loi en lui-même et une série de trois annexes dont la dernière développe huit notes particulièrement exhaustives[84]. Mais combien de pages sont véritablement utiles et pertinentes pour le législateur ?

En définitive, si le rapport demeure une compilation désordonnée de l'ensemble des connaissances nécessaires pour aborder la question, son originalité réside dans une approche complètement nouvelle du problème. Ce point est d'ailleurs complètement occulté par Desfontaines qui omet d'analyser la période débutant par la présentation du projet de loi Mac – Mahon-Cissey et qui se termine au mois de janvier 1876. Le projet Billot repose sur deux postulats iconoclastes pour l'époque.

Premièrement, il s'agit du service d'état-major général qui assiste le commandement en chef de l'armée, les délégués supé-

83. *Rapport fait au nom de la commission de l'armée sur le projet de loi relatif à l'organisation du service d'état-major par le général Billot*, Paris, Dumaine, 1875, 165 p.

84. Annexe A, Instruction du général Berthier ; Annexe B, Rapport à l'Empereur ; Annexe C, Note A, Étude sur l'état-major de l'Empire allemand ; Note B, Étude sur l'état-major dans l'armée austro-hongroise, Note C, Etude sur le corps d'état-major russe ; Note D, Étude sur l'état-major de l'armée anglaise ; Note E, Étude sur l'état-major de l'armée italienne ; Note F, Étude sur l'état-major dans l'armée belge ; Note G, Étude sur l'état-major dans l'armée suisse. L'ensemble de ces études sont tirées de la *Revue militaire de l'étranger*.

rieurs du commandement et les généraux commandants d'armée, de corps d'armée, de division et de brigade[85].

Deuxièmement, instituer un grand État-major général dont la mission, en temps de paix, est la préparation constante de la guerre[86]. Le titre I du projet de loi montre ainsi que c'est l'existence d'un état-major central doté de personnel issu d'un service *ad hoc* qui doit administrer l'ensemble des rouages du fonctionnement militaire.

Le projet Billot commence par définir le centre intellectuel de l'armée, c'est-à-dire le cerveau qui alimente la réflexion, commande l'ensemble et assure la cohérence du tout, sous-tendue par la préparation de la guerre. Ce point qui est développé dans l'article 2 préfigure déjà ce que sera le fonctionnement de l'État-major des armées lorsqu'il est créé en 1890. Le projet est d'autant plus iconoclaste qu'il est le seul à proposer un corps ouvert.

En effet le titre III, « Recrutement du personnel d'état-major, École supérieure de guerre », formule que « *sont admis à concourir pour l'École militaire supérieure les sous-lieutenants et lieutenants de toutes armes ayant au plus 27 ans d'âge, et au moins trois ans de grade d'officier, dont 2 ans de service effectif dans un corps de troupe*[87]. » Mais sur ce point particulier, l'article 17 du Titre III ne préfigure-t-il pas déjà le décret du 18 février 1878 ?

L'action décisive de Cissey

Après les rapports rédigés par de Place puis par Lebrun, le rapport de la majorité de la commission de 1872, celui de la minorité, celui du Conseil supérieur de la guerre, celui de Castelnau, et enfin la proposition de projet de loi Mac Mahon-Cissey, le projet Billot est le huitième projet ou contre-projet. « Corps fermé » ou « corps ouvert » ? Conservateurs ou réformateurs ? 1871, 1872,

85. Projet de loi, Titre I, article premier.

86. Projet de loi, Titre I, article 2.

87. Projet de loi, Titre III, article 17.

1873, 1874, 1875, cinq années passées à tergiverser. Le rapport proposé par Billot n'a également pas de suite. Comment le ministre peut en finir avec cet attentisme et ces demi-mesures ? Mais le problème ne remonte-t-il pas intrinsèquement à la création de l'École d'état-major ? L'argumentaire des conservateurs confronté à celui des réformateurs stigmatise un antagonisme insoluble. Ce nouveau nœud gordien constitue un frein à la refondation. Seule une autorité peut le trancher afin de dépassionner le débat devenu stérile et accélérer le cours des choses.

Le 28 janvier 1876 le général de Cissey, toujours ministre de la Guerre, convoque une nouvelle fois Castelnau dans son bureau en présence du directeur général du personnel et du matériel[88]. Ne pouvant plus attendre la promulgation de la loi d'état-major, Cissey a pris sa décision. Il est résolu à créer *a minima* des Cours militaires spéciaux destinés à préparer des officiers de toutes armes au service d'état-major. Pourquoi cette décision soudaine qui prend brusquement parti pour un corps ouvert ? Nous partageons ici l'analyse proposée par le professeur Giogliotta[89] : Cissey, lassé par plusieurs années de débats internes à l'état-major, exprime par cet acte sa volonté de dépasser les habituels atermoiements et impose ainsi sa « vérité hiérarchique. »

Cette décision doit être resituée dans le contexte politique du moment. Les élections législatives du 20 février 1876 permettent aux républicains proches de Gambetta de disposer de la majorité à la chambre des députés. Cissey peut alors pressentir des difficultés liées à la mise en place de l'École supérieure de guerre si, à l'instar du projet Billot, une nouvelle commission parlementaire présente un autre projet qui serait différent de celui entériné par le ministre.

Néanmoins il faut également proposer deux autres éléments qui participent indéniablement à la prise de décision du ministre.

88. Desfontaines, *op. cit.*, p. 33.

89. Georges Gugliotta, *op. cit.*, pp. 598-599.

C'est d'abord l'œuvre de résurrection intellectuelle des officiers après l'*Anno horribilis*. Depuis l'été 1871, Cissey porte un projet global de restauration de l'armée française. Au cœur de cette entreprise, on trouve un projet dans le projet. Appelons-le « la rénovation » ou « la régénérescence » intellectuelle des officiers français !

L'homme s'est donné pour mission d'effacer la réputation d'ignorance qui devient l'image d'Épinal des officiers français du Second Empire vaincus à Sedan. Cette paresse intellectuelle, synonyme de médiocrité d'esprit, d'absence de réflexion et de culture, de routine, est merveilleusement dépeinte par l'historien Hippolyte Taine, qui parcourt toute la France comme examinateur pour le concours d'entrée à Saint-Cyr[90]. L'action de Cissey s'inscrit donc dans ce que le chef de bataillon De Gaulle appelle « *le champ de l'intelligence*[91]. » Il faut agir sur la mentalité des officiers pour faire oublier cette phrase prononcée par Mac-Mahon mais désormais impertinente : « *J'efface du tableau d'avancement tout officier dont j'ai lu le nom sur la couverture d'un livre.* »

L'objectif intellectuel assigné aux officiers par le ministre repose sur l'étude. C'est la raison pour laquelle, dès son entrée au ministère, il parraine la publication de diverses revues dont le but est d'accroître les connaissances des officiers : la *Revue d'artillerie*, la *Réunion des officiers* ou le *Bulletin militaire étranger* qui est transformé en *Revue militaire de l'étranger*. C'est encore la création des bibliothèques de garnison. Mais cette action novatrice de « réforme intellectuelle militaire » n'est-elle pas orpheline, puisqu'il lui manque toujours un cadre formel et institutionnel pour se développer ?

Enfin, un quatrième et dernier élément doit être questionné. Il s'agit de la mise en parallèle avec le premier relèvement militaire français, celui de 1815-1818. Alors que « *la France, fait sans précé-*

90. Taine, *Carnets de voyage, Notes sur la province*, Paris, 1897, pp. 129-130.
91. De Gaulle, *La France et son armée*, Paris, Plon, 1938, p. 157.

dent, était pour ainsi dire, restée sans soldats[92] », la première et principale mesure réalisée par le maréchal Gouvion Saint-Cyr pour restructurer l'armée licenciée est la création du Corps d'état-major et de son école. Et pourtant, les départements de l'Est du pays sont toujours occupés par des contingents étrangers[93]. En mettant en perspective historique l'évolution des institutions militaires et la rupture de 1815-1818, lorsque le général de Cissey prend sa décision de « faire du neuf » le 28 janvier, ne cherche-t-il pas à se hausser au niveau du maréchal Gouvion Saint-Cyr ?

1876, année zéro de l'enseignement militaire supérieur

Ainsi le 28 janvier 1876, le ministre prend donc l'initiative, au détriment de l'échelon législatif qui est pris de vitesse, puisque le décret signé par Mac-Mahon est daté du 18 février, soit quarante-huit heures avant l'ouverture du premier tour. Dès lors le général de Castelnau doit rédiger en quelques semaines le projet de décret portant création des Cours militaires spéciaux.

Le début des cours est fixé au 1er avril 1876. C'est donc dans une urgence relative qu'il faut trouver un local pour les installer. Les locaux de l'École d'état-major étant insuffisant, c'est le ministre qui propose d'installer les Cours militaires spéciaux sur trois sites différents : l'Hôtel des Invalides, le quartier de Sens et l'Alma. En marge de ce problème d'infrastructure, le général devient le seul chargé de mission du ministre dans la mesure où il est le rédacteur des trois documents cadres signés et approuvés par le président de la République le 18 février 1876.

92. Louis Madelin, *Deux relèvements français, 1815-1818, 1871-1878*, Paris, Flammarion, 1951, p. 79.

93. L'ordonnance du 8 mai crée le Corps et son école et c'est le 20 septembre 1818, lors du congrès d'Aix-la-Chapelle, que la question de la libération anticipée du territoire est décidée.

Projet de loi sur le service d'état-major

Le premier document correspond au second projet de loi sur le service d'état-major présenté par le maréchal de Mac-Mahon et son ministre de la Guerre. Puisque la dernière session de l'Assemblée nationale s'est séparée sans se prononcer sur ce sujet, « *il est du devoir du ministre de les faire étudier avant la réunion des deux chambres afin de soumettre au nouveau pouvoir législatif un projet qui répondît aux besoins de notre organisation militaire*[94]. »

Le but de cette loi est de créer une école de commandement dans laquelle les officiers appelés à commander viendront puiser les connaissances générales que ne donne pas toujours la pratique d'une seule arme. Cette finalité doit également assurer le service d'état-major, devenu l'institution centrale des armées modernes. En définitive, il assure la constitution d'une cohorte d'officiers les plus instruits et les plus capables issus des corps de troupe, ce qui nécessite de leur donner un avancement en rapport avec leur mérite.

En s'appuyant sur la loi des cadres de 1875 qui propose d'abaisser l'effectif des officiers d'état-major à 400, la loi demande à fixer définitivement le nombre à 480. Un tel chiffre a été obtenu en dénombrant rigoureusement le nombre d'officiers en situation d'état-major à partir de la loi de 1873, relative à la nouvelle organisation militaire, *id est* un état-major général et dix-neuf corps d'armée. À ce chiffre « temps de paix », il faut garder à l'esprit que lors de la mobilisation le service d'état-major doit pouvoir disposer d'un nombre total de 800 officiers formés grâce à l'appoint des officiers de réserve.

Le point le plus délicat de ce projet est la question de l'avancement. Si cet aspect a constitué un des biais de l'ancien Corps, le nouveau système, corps ouvert, doit permettre de promouvoir des officiers dont l'avancement est facilité par la permutation entre le corps de troupe et l'état-major.

---

94. Desfontaines, *op. cit.*, annexe IV, Projet de loi sur le service d'état-major.

Ainsi l'article 1er du projet scelle définitivement le statut du service d'état-major, corps ouvert, assuré « *par un personnel d'officiers d'état-major composé d'officiers de troupe de toutes armes, mis hors cadre.* » Le président de la République, le ministre de la Guerre, les maréchaux de France, les gouverneurs militaires de Paris et de Lyon, le gouverneur civil de l'Algérie et les commandants des corps d'armée sont désormais les seuls à pouvoir conserver un aide de camp issu du service d'état-major. Le personnel d'état-major comprend alors 45 colonels, 45 lieutenants colonels, 140 chefs d'escadrons, 250 capitaines, des capitaines stagiaires[95] et 24 officiers archivistes. On y adjoint une section scientifique qui est organiquement attachée à l'état-major général. Les officiers admis dans le service sont nommés capitaines. À l'issue de leur formation, ils accomplissent un stage d'instruction de deux années dans un corps d'une autre arme que celle dont ils proviennent[96]. Leur première affectation les voit obligatoirement placés dans le service d'état-major. Au sein des états-majors, ils sont délestés des tâches d'écriture, ces dernières sont assurées par les sections de secrétaires encadrées par les officiers archivistes. Les officiers d'état-major doivent par ailleurs effectuer un temps de corps de troupe après avoir été nommé au grade de chef d'escadron. Leur avancement est établi par une commission annuelle présidée par un maréchal de France. En outre, le projet prévoit des dispositions transitoires. Elles laissent aux officiers issus de l'ancien Corps d'état-major – qui constitue désormais l'ossature du nouveau personnel d'état-major – le choix de l'arme dans laquelle ils souhaitent être rattachés.

Enfin, le projet annonce la fermeture programmée le 1er janvier 1878 de l'École d'état-major avec la sortie de la dernière promotion de sous-lieutenants actuellement en scolarité. Cette

95. Le nombre n'est pas précisé.

96. Par exemple les officiers de l'infanterie et du génie effectuent une année dans la cavalerie et une année dans l'artillerie ; article 6 du projet de loi.

suppression impose alors une suite au projet de loi sur le service d'état-major.

Rapport au Président de la République sur l'institution des cours militaires spéciaux

Le cadre légal étant maintenant défini, Castelnau s'attache à la rédaction d'un deuxième document, *Rapport au Président de la République sur l'institution des cours militaires spéciaux*, pour former aux fonctions d'état-major des officiers toutes armes[97]. L'action du ministre s'inscrit dans la continuité du rapport signé par le général du Barail le 19 mai 1874, c'est-à-dire de compléter les derniers projets de lois relatifs à l'armée en préparant celui plus spécifique lié à une École supérieure de guerre.

Dans sa lettre introductive, de Cissey rappelle le cheminement parcouru par le projet en soulignant que « *la commission, privée de bases qui lui étaient indispensables et bien qu'elle ait poussée ses études aussi loin que permettaient les circonstances, n'a pu donner à son travail le caractère définitif que comporte une œuvre de cette importante. Le temps s'écoule cependant, et plus nous avançons dans notre réorganisation, plus apparaît cette évidence : l'insuffisance numérique de notre personnel actuel de l'état-major pour faire face aux besoins nouveaux de notre état militaire.* »

Face à cette impérieuse nécessité d'aller de l'avant, le ministre propose au président de la République de ne pas attendre les décisions qui pourraient être prises dans ce domaine par la nouvelle assemblée, mais de préparer dès à présent « *une instruction spéciale.* » La finalité de cet enseignement est de former « *aux fonctions d'état-major et de préparer pour l'avenir aux commandements supérieurs de l'armée, un certain nombre d'officiers pris dans toutes les armes.* » Le ministre conclut son rapport en écrivant :

97. Desfontaines, *op. cit.*, annexe V, *Rapport au Président de la République sur l'institution de cours spéciaux militaires.*

> « *J'ai l'honneur de vous proposer à cet effet de décider qu'il sera ouvert à Paris des cours spéciaux d'une durée de deux ans, où seront appelés par voie de concours des lieutenants et capitaines de toutes armes, et si vous approuvez cette proposition, je vous prie de vouloir bien revêtir de votre signature le décret ci-joint.* »

La signature de ce décret par « le maréchal-président » montre la volonté de s'affranchir du cadre et de la procédure qui rythme pas à pas le redressement militaire français depuis la promulgation de la loi de 1872 : puisque l'effectif actuel du Corps d'état-major est insuffisant pour structurer efficacement cette nouvelle armée, fruit de la mise en application des lois de 1873 et de 1875, il est « *indispensable de créer des ressources pour l'avenir et de préparer dès à présent, par une instruction spéciale, un personnel supplémentaire d'officiers.* »

Il y a donc un certain degré d'urgence puisqu'au début de l'année 1876 le nombre d'officiers nécessaires au service d'état-major est devenu insuffisant pour armer dans sa totalité l'ensemble de nos états-majors de corps et de division. Cette urgence se retrouve dans l'article 1er. En effet, s'il est institué « *à Paris des cours spéciaux, d'une durée de deux ans, qui commenceront le 1er janvier de chaque année pour finir le 31 décembre de l'année suivante* », ce premier article se termine par une exception : « *pour cette année-ci seulement, ces cours commenceront au mois de mai.* » Les articles 2 et 3 du décret sont très proches de ceux formulés dans le Titre III du projet Billot.

Les conditions pour concourir, définies par Castelnau, exigent que ce soit des lieutenants âgés de moins de vingt-huit ans et de capitaines de moins de trente-deux ans. La scolarité est sanctionnée par l'obtention du brevet de capacité assujetti à la réussite aux examens de sortie. Ce nouveau cours et l'ensemble de ces personnels sont *de jure* placés sous l'autorité du général commandant l'École d'application d'état-major. En voulant faire démarrer ce nouvel enseignement le 15 mai 1876, le ministre impose un défi exceptionnel à l'ensemble de tous les états-majors de l'*Armée nouvelle.* Ce défi représente à la fois une contrainte temporelle et humaine, car il s'agit en moins de trente jours de proposer à l'ensemble des officiers qui remplissent les conditions des articles 2 et 3 du décret d'être réunis dès le 16 mars, veille du jour de l'épreuve d'admissibilité de ce premier concours des Cours militaires spéciaux.

L'Instruction ministérielle du 19 février et le premier concours

Si les deux premiers documents fondent le *pourquoi* des Cours militaires spéciaux, Castelnau doit encore définir le *comment.* Comment pourrait-on être capable, en vingt-cinq jours[98], de traiter 394 demandes et de rassembler les 290 officiers[99] autorisés à concourir le vendredi 17 mars, dans les différents chefs-lieux des dix-neuf corps d'armée et deux gouvernorats militaires ? Rédiger une « IM » et les rouages insoupçonnables d'efficacité de la bureaucratie militaire s'exécutent. En effet en s'appuyant sur la nouvelle structure administrative et territoriale des corps d'armée, *l'instruction ministérielle du 19 février 1876, pour l'exécution du décret du 18 du même mois portant institution à Paris de Cours militaires spéciaux pour former aux fonctions d'état-major des officiers de toutes armes*[100] diffuse l'ensemble des informations nécessaires pour réunir les demandes des candidats pour les faire examiner par l'échelon du corps d'armée.

Il s'agit, pour les candidats aptes à concourir, d'établir une demande accompagnée de l'état des services et appuyée par les notes détaillées émises par le supérieur direct. Si cette étape ini-

98. L'instruction ministérielle est signée le 19 février et les candidats doivent être à Paris le 16 mars, donc ils doivent quitter leur garnison au plus tard le 15.

99. 282 officiers pour l'Armée de terre et 8 pour l'armée de mer ; Desfontaines, *op. cit.*, p. 40.

100. Desfontaines, *op. cit.*, annexe V, *Rapport au Président de la République sur l'institution de cours spéciaux militaires.*

tiale s'effectue de façon décentralisée par les corps d'armée, c'est l'échelon du cabinet du ministre qui se prononce sur l'admission définitive des candidats à concourir. Le ministre renvoie la liste des candidats admis à faire la composition écrite le samedi 11 mars puis il envoie le 15 mars le sujet de l'épreuve d'amissibilité aux généraux commandants. L'épreuve écrite de ce premier concours est organisée sous la responsabilité de chaque corps d'armée. Il s'agit d'une épreuve de quatre heures au cours de laquelle les candidats doivent rédiger un mémoire sur une question militaire, dessin topographique à l'appui. Une commission d'examen désignée par le ministre examine, note et classe l'ensemble des compositions afin de faire connaître quels sont « *les candidats admis à subir les épreuves orales.* » Parmi les quatre officiers généraux qui la composent, on retrouve le général de Castelnau et le général Renson, directeur général du personnel et du matériel[101].

Entre le 19 mars, date d'arrivée des copies à Paris, et le 28 mars l'ensemble du travail de correction est effectué, ce qui permet de diffuser la liste des candidats admissibles et de leur envoyer leur convocation pour se rendre à Paris. Les épreuves orales se déroulent du samedi 3 au samedi 29 avril 1876 dans l'enceinte de l'École d'état-major. Le jury d'admission est présidé par le général de Castelnau. Il s'organise autour de trois sous-commissions. Les deux premières sont composées chacune de cinq officiers généraux respectivement issus du Corps d'état-major, de l'infanterie de la cavalerie, de l'artillerie et du génie[102].

Les épreuves d'admission font d'abord l'objet de deux interrogations orales. La première sous-commission interroge les candidats sur les connaissances suivantes : la géographie, l'art militaire[103], l'organisation de l'armée et l'administration. La deuxième

101. Les deux autres membres sont le général Nugues qui était déjà dans la commission de 1874 et le général Gresley.

102. Il faut y ajouter deux amiraux et un intendant général.

103. Ce sujet comprend le service en campagne et ses applications, la tactique des trois armes séparées et réunies, les théories et les règlements nouveaux.

a en charge l'évaluation de trois autres matières : la fortification, l'artillerie et l'allemand. La troisième sous-commission, composée de trois officiers généraux, sanctionne le niveau en équitation des officiers.

Sur les 125 officiers admissibles, 72[104] sont définitivement admis à intégrer la première promotion des Cours militaires spéciaux, 1876-1877, dès le mois de mai. Cependant en parallèle de l'énorme travail effectué par les généraux Castelnau et Nugues, qui sont les deux maîtres à penser de la mise en place des cours et de la sélection des premiers lauréats, une seconde tâche aussi ardue incombe au général Gandil : organiser le fonctionnement des Cours militaires spéciaux pour l'année 1876.

Organiser les Cours militaires spéciaux : Une « École d'état-major bis »

Entre le 28 janvier et 15 mai 1872, Cissey et Castelnau viennent d'accomplir un travail exceptionnel. La diligente prise de décision par le ministre et l'exécution rigoureuse de la gestion du premier concours doublée de la mise sur pied de la nouvelle structure réalise en moins de quatre mois la solution au problème majeur d'organisation du commandement de l'*Armée nouvelle*. Si cinq années de discussions effectives sont nécessaires pour mûrir la question, aucune autorité n'a jusqu'alors osé prendre l'initiative comme le ministre l'a fait le 28 janvier.

En ce sens, la décision de commandement prise par Courtot de Cissey et avalisée par le duc de Magenta doit être comprise comme le seul et véritable acte fondateur de l'École supérieure de guerre. Cissey impose alors sa « vérité hiérarchique. » Cet acte décisionnel clôt une longue période de réflexion pour passer

104. Desfontaines montre que le chiffre de 72 n'a été choisi au hasard : il se prête à de multiples combinaisons de groupement, étant à la fois divisible par 2, 3,4, 6, 8 et 9. Le chiffre de 72 candidats par promotion est maintenu jusqu'à la 12e promotion, 1886-1888, puis il augmente pour se stabiliser à 100. Lieutenant-colonel Desfontaines, *op. cit.*, page 41 et annexe XX, dates et numéros de promotions.

promptement à l'action. Dans ce contexte de rupture, il est intéressant de souligner que le lieutenant-colonel Desfontaines écrit :

> « *Ce serait pure folie de se lancer dans une organisation complexe comme celle qui nous occupe sans études préalables ; mais on se ferait une illusion étrangement, si on espérait par des discussions prolongées mettre debout d'emblée une organisation parfaite. Mieux après les études nécessaires passer immédiatement à l'exécution, quitte à parfaire l'œuvre après l'expérience d'une ou deux années*[105]. »

Certes, la création des cours spéciaux constitue un changement pour la plupart de ces officiers qui porte sur leur dolman les traces du Second Empire mais avec quels personnels et avec quels moyens le trinôme Cissey-Castelnau-Gandil peut-il imposer une telle nouveauté en disposant de si peu de temps ? Si Castelnau devient désormais le chef du conseil de perfectionnement de la nouvelle École de guerre, en quoi ces Cours militaires spéciaux pourraient être fondamentalement différents de ceux dispensés par l'École d'application d'état-major ? Est-il seulement possible pour cette armée qui n'a toujours pas fait le deuil de sa défaite de se dégager de la contrainte de son conformisme pour innover et se réinventer intellectuellement ?

Le vivier de recrutement est peu ou prou le même pour les deux institutions, c'est-à-dire principalement des jeunes officiers issus de l'École de Saint-Cyr[106]. La seule différence réside dans l'âge des lauréats qui pour les Cours militaires spéciaux sont désormais plus âgés. Deux officiers de cette première promotion qui deviendront célèbres par les écrits militaires, le major de premier concours Georges Gilbert et son ami Henri Bonnal, sont âgés des vingt-huit ans alors que l'âge moyen de leur camarade en

105. Desfontaines, *op. cit.*, p. 35.

106. Sur les 72 admis de la première promotion on trouve 42 officiers d'infanterie et 16 de cavalerie (soit 58 officiers issus de Saint-Cyr pour 13 officiers d'artillerie et 1 officier du génie ; on compte 57 capitaines et 15 lieutenants.

première année à l'École d'état-major est d'environ vingt-quatre ans, ce qui est le cas pour Hubert Lyautey, officier-élève de la dernière promotion. En dehors de cette différence d'âge qui induit un vieillissement de la population initiale des futurs officiers employés en service d'état-major, l'action du général Gandil n'est-elle pas au premier semestre 1876 entièrement liée à la structure et aux mentalités de l'ancienne École d'application d'état-major ? Le général est installé avec la direction des études, commune aux deux entités, au sein du quartier de Sens, cadre historique de l'institution créée par Gouvion Saint-Cyr. Le personnel enseignant reste le même puisque aucun budget n'est encore prévu pour faire fonctionner les Cours militaires spéciaux de façon autonome.

Ainsi les professeurs de l'École d'état-major dispensent tour à tour leur savoir aux officiers-élèves des deux Écoles. C'est le cas du lieutenant-colonel Vial pour l'histoire et l'art de la guerre, du commandant Fauvel pour les fortifications, du lieutenant-colonel Duchêne pour l'artillerie, du capitaine Niox pour la géographie, du commandant Calemand pour les sciences appliquées, du capitaine Titeux pour l'étude du terrain et de l'intendant Delpière pour l'administration et la législation. Dix ans plus tard, Delpière enseigne toujours. Quant à Niox, éminent géographe français, il dispensera durant plus de trente années ces cours aux « brevetés. » Néanmoins, puisqu'il est difficile à la structure existante de conduire efficacement cette double charge d'enseignement, la direction des études et le corps professoral sont chacune renforcées respectivement par deux officiers. Camille Rousset, professeur d'histoire et de littérature militaire et Henri Levy, professeur d'allemand, s'agrègent à l'équipe professorale déjà en place. Deux officiers appartenant à l'état-major général, conférenciers extérieurs à l'École, les colonels Fay et Haillot, sont également chargés de cours. Ils dispensent des conférences d'état-major. De plus, si on garde à l'esprit cette remarque sévère mais très plausible de Desfontaines qui explique qu'en raison de « *la faiblesse relative des premiers candidats admis à suivre les cours*[107] », le programme initial d'enseignement a été aménagé, que penser de cette première année ? Comment apprécier cette première « première année » d'un enseignement militaire supérieur balbutiant ? Une année d'étude qui ne dure en fin de compte qu'un semestre mais qui cependant doit être qualifiée de galop d'essai pour un ministre résolument tenace et victorieux !

Conclusion

Lorsque la première promotion des Cours militaires spéciaux quitte Paris le 31 décembre 1877, une page d'histoire des institutions militaires françaises est tournée. Elle enterre l'ordonnance du 18 mars 1818 portant création du corps royal d'état-major.

Le lieutenant Hubert Lyautey, stagiaire d'état-major, quitte également Paris et le 1er janvier 1878, lorsque l'École d'application d'état-major ferme définitivement ses portes. Avec nostalgie et beaucoup de rancœur, le colonel Riff, à qui on a attribué la rédaction du livre déjà cité *L'histoire de l'ex-Corps d'état-major*, conclut son historique en écrivant :

> « *En résumé, depuis sa création, l'école d'application d'état-major a toujours donné à l'armée des officiers instruits, intelligents capables, pleins de zèle, de bravoure, de dévouement, dont les rapports des généraux et tous les bulletins des opérations militaires font le plus bel éloge. C'était un édifice solide, bien construit, ayant rendu de grand service à l'État et que l'on a rasé, sans motifs, pour construire sur son emplacement, avec les matériaux qu'on en a tirés, une foule de petites maisons qui difficilement, croyons-nous, pourrons le remplacer*[108]. »

---

107. *Ibid.*, p. 36.
108. Colonel Riff, *op. cit.*, p. 281.

Finalement, que doit-on retenir de ce chapitre hautement philologique ? D'abord ne peut-on pas dire que la querelle « Corps fermé » et « Corps ouvert » qui anime le débat entre 1871 et 1875 est biaisée, dans la mesure où le problème est congénital à la création du Corps d'état-major en 1818 ? Ensuite l'œuvre du ministre a été lente, procédurière et laborieuse. La prise de décision qui crée les Cours militaires spéciaux doit être d'abord vue comme un long travail itératif, fruit de la conjonction entre des analyses externes initiales. Puis, elle s'appuie sur une analyse interne qui est d'une part cristallisée par les différentes étapes de la réorganisation de l'armée française et, d'autre part en phase avec le *tempo* législatif lié à la promulgation des trois lois fondatrices : en 1872, la loi sur le recrutement ; en 1873 la loi d'organisation de l'armée ; et en 1875, la loi des cadres et des effectifs.

L'étude des différents projets réalisés respectivement par de Place et Lebrun, ceux de de la majorité où de la minorité de la commission de 1872, l'avis du Conseil supérieur de la guerre puis les travaux de Castelnau en 1874, comme les propositions de projet de loi sur le service d'état-major, soulignent un processus de vitalité et rivalité intellectuelle au sommet de la hiérarchie militaire. Cet ensemble de textes représente un long travail de réflexion d'officiers alimentée par de nombreuses publications externes[109].

En fin de compte, cette analyse philologique contextualisée par la naissance de la Troisième République structure pour l'historien des idées « l'arbre généalogique et l'état-civil » de l'École supérieure de guerre.

109. Citons par exemple le livret publié par le lieutenant-colonel Derrécagaix : *De l'instruction pratique des états-majors*, Paris, Tenera, 1873, 31 p.

Gloria Victis

« *Il y a des causes générales, soit morales, soit physiques qui agissent dans chaque monarchie, l'élèvent, la maintiennent ou la précipitent ; tous les accidents sont soumis à des causes ; et si le hasard d'une bataille, c'est-à-dire d'une cause particulière, a ruiné un État, il y avait une cause générale qui faisait que cet État devait périr dans une seule bataille.* »

Grandeur et décadence des Romains, Montesquieu

L'historien a terminé de bâtir le premier maillon d'un récit inédit : l'histoire du cheminement d'une idée qui associe des hommes, des structures et des événements historiques. Comment l'historien doit-il maintenant analyser la genèse de l'École supérieure de guerre pour conclure cette première partie, *Avant l'École supérieure de guerre* ?

Cette démarche intellectuelle doit l'amener à penser l'histoire dans sa pluralité. En effet ce récit s'inscrit dans le croisement entre plusieurs histoires. Cette singularité thématique et méthodologique ne fait-elle pas de l'étude de l'École de guerre un *no man's land* de la connaissance historique ? Cet objet étudié a pour finalité l'étude et l'enseignement de la guerre à des fins opérationnelles. Dans sa dimension dynamique, l'objet peut tour à tour se caractériser par des hommes – compris individuellement ou collectivement – des faits, des idées, des croyances collectives, des inerties et des entropies. Sous cette acception essentiellement humaine, cinq approches différentes mais complémentaires doivent être privilégiées. L'objet de l'étude se rattache historiquement à l'École d'application d'état-major. Il doit être étudié dans sa globalité mais aussi comme un sous-ensemble des institutions militaires françaises qui subit l'épreuve d'une rupture stratégique.

Cette discontinuité dans l'histoire de l'organisation militaire provoque une autre rupture, psychologique, chez les officiers français. Ce changement d'état est aggravé par la commission de révision des grades, dont l'étude constitue un éclairage méthodologique pour l'historien de la guerre.

Enfin, la nature de la querelle qui conduit à la création de l'École supérieure de guerre doit être appréhendée dans un contexte politique singulier. C'est également par le biais des intellectuels que l'on peut, en définitive, comprendre la rénovation de l'enseignement militaire supérieur comme un remède scientifique aux défaillances de l'été 1870.

L'histoire de l'organisation militaire en France

Les bornes chronologiques de cette première partie définissent un intervalle historique précis. Bien qu'il s'ouvre par l'ordonnance de 6 mai 1818 pour aboutir au 31 décembre 1877, il est cependant axé sur la période 1870-1877.

Dans sa globalité, cette phase correspond donc à un cycle. Il s'agit du cycle d'existence de l'École royale puis impériale d'État-major. Le mot cycle est utilisé dans une dimension naturaliste de l'histoire puisqu'il part de la naissance d'un objet, sujet de notre étude, pour aller jusqu'à sa mort.

Généralement, lorsqu'on aborde la thématique de l'organisation militaire, il faut avoir à l'esprit qu'il ne s'agit pas des histoires de l'armée, des armements, des batailles… Il s'agit de l'histoire des institutions militaires. Or cette histoire est principalement abordée sous l'angle du recrutement. En effet, pour posséder l'armée de leur politique, les gouvernements successifs de la

France peuvent avoir légiférés afin de modeler à leur convenance l'organisation des soldats en armes.

Si cet aspect est nécessaire pour comprendre comment évolue l'armée française au cours d'une guerre, il est loin d'être suffisant. En effet, il met de côté la partie haute de notre organisation militaire : le haut-commandement et de sa formation c'est-à-dire une catégorie particulière d'officiers, celle qui influe directement sur la préparation, la conduite et la compréhension de la guerre. Cette carence impose à l'historien de rechercher une autre approche : celle qui permet de comprendre par le haut les institutions militaires. Si cette partie supérieure des institutions militaires ne garantit pas la victoire, « *elle donne les moyens de combattre, de vaincre ou de supporter des revers*[110]. »

Étudier comment et pourquoi l'École supérieure de guerre est créée devient un élément fondateur pour analyser un élément essentiel de l'histoire de l'organisation militaire en France. C'est en questionnant de manière critique l'École d'application d'état-major et sa filleule, l'École supérieure de guerre, que l'historien façonne un nouveau champ d'investigation. Comment s'est-elle fondée ? Par quelles transformations s'est-elle s'adaptée aux évolutions politiques, sociales, économiques, scientifiques et techniques ? D'où vient son affaiblissement ? N'est-elle pas devenue un fardeau pour une armée qui cherche à renaître de ses cendres ? Telles sont les familles de questions qui ont sous-tendu la dynamique de cette partie. S'il est toujours difficile et malaisé de porter un jugement définitif sur l'objet étudié, la guerre devient un révélateur. En ce sens, la guerre de 1870 devient l'expérience *in vivo*, l'expérience universelle, qui jette – malencontreusement – l'opprobre sur l'École d'application d'état-major.

Nous sommes désormais le 1er mars 1871. Alors que les troupes allemandes campent sur les bas-côtés de l'avenue des Champs-Élysées, peut-on réellement imaginer l'épreuve morale

110. *Les institutions militaires de la France, Louvois, Carnot, Saint-Cyr*, Paris, Michel Lévy frères, 1867, p. 6.

infligée aux officiers issus du Corps impérial d'état-major par le « jeune » *Kaiser* ? Ils séjournent en captivité en Allemagne depuis cinq mois. Ils apprennent les nouvelles de France avec deux à trois jours de décalage sur les événements. Guillaume entre dans Paris par la Porte Maillot, les Parisiens ont fermé leurs volets. À la tête de quelques régiments bavarois, il aborde la place de l'Étoile avant de passer sous l'Arc de triomphe, symbole de la victoire des armées de l'Empire. À cet instant, les officiers français sont moralement et intellectuellement humiliés dans le plus intime de leur être.

C'est l'orgueil et l'honneur qu'illustrent les pages de cette histoire enseignée dans le cours d'art militaire de l'École d'état-major depuis 1818. En passant sous l'Arc de triomphe, les officiers *iG* donnent à l'Europe et à la France une deuxième[111] leçon d'organisation militaire dans un intervalle d'un siècle. Celle de Frédéric, de l'ordre oblique et du fusil à baguette de fer est la première. Puis, après un « sommeil » militaire de cinquante années, Sadowa puis Sedan représentent la deuxième leçon. *Bis repetita. Bis repetita placent.*

A-t-on finalement compris en France que la *Kriegsakademie* est le véritable fruit des enseignements de la Guerre de Sept Ans ? Il s'agit de la même leçon, « La » seule leçon intellectuelle de la guerre. Dès 1780, Guibert a compris avant les autres que la solidité de la force publique repose désormais sur un enseignement militaire supérieur, partie trop souvent oubliée pour étudier la guerre ! Le mémoire conservé dans ses papiers, *Mémoire à l'établissement d'une école de guerre,* n'en est-il pas la déposition intellectuelle et historique ? La première analyse de cette partie confirme que l'étude de l'organisation militaire dévoile qu'il faut un siècle, en France, pour voir aboutir la concrétisation de cette idée.

---

111. Deuxième et non seconde car il y en aura malheureusement une troisième, le 10 mai 1940.

Une rupture stratégique

L'idée faussement nouvelle de mettre en place cet enseignement militaire supérieur est presque concomitante à la signature de l'armistice générale avec les Allemands. En effet, le projet du général de Place est déjà porté à la connaissance du général Le Flo, ministre de la Guerre du Gouvernement de la Défense nationale, au mois de février 1871.

L'idée réapparaît ainsi dans une phase de rupture. L'auteur la qualifie de rupture stratégique[112] car cette période est un cas exemplaire pour illustrer ce jalon et ce changement d'état de la stratégie. La « rupture stratégique » devient ici un chantier qui consiste à rechercher l'apparition du changement comme les différences avec les situations antérieures pour essayer d'en mesurer les effets.

Sous ce prisme, la notion de « rupture stratégique » montre que les facteurs de ruptures et de changement (politique, militaire, économie, social, démographie, croyances collectives, faits techniques, etc.) sont toujours multiples et enchevêtrés. La rupture stratégique dont on parle dans cette première partie est portée par l'entrée dans l'âge industriel. Le Second Empire, empêtré dans sa politique extérieure et par sa condescendance vis-à-vis du jeune État américain, ne perçoit pas que la guerre de Sécession a bouleversé la conduite des opérations terrestres.

Et pourtant, dès la fin de l'année 1862, le prince de Joinville et Philippe d'Orléans, comte de Paris, qui combattent tous les deux dans les rangs de l'armée nordiste, soulignent l'importance du chemin de fer au niveau stratégique[113]. Au début de l'été 1870,

---

112. La définition de cette notion a fait l'objet d'un laboratoire de recherche à l'IRSEM et d'un colloque international le 16 février 2015. Ce point est abordé dans l'essai d'ego-histoire.

113. Le prince de Joinville publie un article dans la *Revue des deux mondes*, intitulé « Campagnes de l'armée du Potomac » (mars-juillet 1962) sous le nom d'Auguste Tragon ; François d'Orléans (Prince de Joinville), *Guerre d'Amérique. campagne de l'armée du Potomac*, Paris, T. Claye, 1872, 221 p.

la petite équipe du ministre formé par cinq officiers d'état-major, dont le colonel Jules Lewal fait partie, n'a, d'une part, préparé aucun plan d'emploi du réseau national français, et d'autre part, s'avère incapable d'assurer le déplacement d'un corps d'armée par voie ferrée. *A contrario*, dès 1850, Moltke, qui n'est pas distrait par les besoins d'un empire colonial, peut se consacrer en silence à une seule tâche : mettre en place un système unique de formation et d'entraînement d'officiers sélectionnés formant une élite, qui suivent le rythme de la transformation rapide de l'armement. La Prusse devient alors un pays qui s'industrialise plus vite que la France. De plus son système universitaire tant vanté par les intellectuels français comme Ernest Renan est un atout et une émulation pour le perfectionnement des études au sein de l'Académie de guerre de Berlin.

L'issue des deux guerres, celle du Second Empire puis celle du Gouvernement de la Défense nationale contre la Prusse, montre que l'adversaire le mieux préparé l'emporte. La victoire est donc à mettre au crédit de cette École de guerre d'outre-Rhin, la *Kriegsakademie*. Cette dernière a lentement patiné ses officiers *iG* à acquérir les connaissances nécessaires pour diriger la manœuvre de plusieurs corps d'armées en articulant, grâce au déplacement des troupes par voie ferrée, tactique et stratégie à une seule fin politique : les guerres de l'unification de la Prusse.

Quel est le bilan de l'École impériale d'application d'état-major ? Ce différentiel politico-militaire ne doit cependant pas faire oublier l'idée stratégique que Gambetta cherche à mettre en œuvre à partir du mois d'octobre 1870. En effet, avant d'obtenir la paix, si les armées allemandes ont obtenu une merveilleuse victoire tactique à Sedan le 1er septembre, elles doivent encore se battre rudement pendant cinq mois contre des soldats improvisés.

Mais n'est-ce pas là une victoire stratégique ? Une victoire de l'appel à la nation par « l'avocat-dictateur » ? Gambetta offre « la » leçon de stratégie qu'il faut retenir de cette période de rupture. Le lieutenant-colonel Ferdinand Foch est le seul en France à l'avoir saisie. Rappelons ce passage tiré de son cours et déjà cité : « *ce sera dans l'histoire la gloire de Gambetta d'avoir compris que le centre de la puissance d'un État n'est pas sa capitale, mais bien la Nation...* » Le ministre de l'Intérieur et de la guerre du gouvernement Trochu est le seul à raisonner en stratège. C'est d'ailleurs ce que souligne le général baron von der Goltz lorsqu'il écrit : « *Mais ces actes comme général présentent aussi beaucoup de choses... mais aussi la pénétration stratégique*[114]. »

Le « Carnot de la défaite » a compris que, comme en 1814 et 1815, la défense et la sécurité de la France ne reposent pas seulement sur son organisation politique et son armée, mais sur son territoire, dimension tellurique, et son peuple, dimension humaine. En quittant Paris en ballon, il montre aussi que la France, dans ses dimensions politiques et stratégiques, ne doit pas se circonscrire à Paris. Cette rupture stratégique de 1866-1871 n'est-elle pas illustrée par cette phrase de Jean Jaurès, tirée de l'*Armée nouvelle :* « *il n'y a de défense nationale possible que si la nation y participe dans son esprit comme dans son cœur* » ? Alors s'il y a faute, elle est partagée, puisque ni l'École d'application d'état-major, ni le dépôt de la guerre, ni l'état-major du ministre n'ont été capables de pressentir cette rupture pour l'anticiper. Les modifications apportées par cette rupture à l'art militaire n'apparaissent dans aucun cours d'un enseignement de l'École d'état-major particulièrement théorique et suranné.

La rupture psychologique chez les officiers

Cette rupture stratégique, engendrée par une France incapable de penser la guerre dans sa dimension nationale, se double d'une rupture psychologique au sein d'une « corporation » dont le dernier spasme est la suppression de l'École d'état-major. En ce sens, Sedan est le début d'une onde de choc psychologique pour

114. Von der Goltz, *Les armées de Gambetta*, Berlin, Schneider, 1877, p. 28.

les officiers du Corps d'état-major « *sourds aux avertissements et aveugles en face des faits*[115]. »

Le premier choc est celui de la défaite de cette armée « archi-prête » et toujours victorieuse depuis des décennies. Le deuxième coup est asséné par l'internement. Alors qu'ils sont oisifs, dépossédés de leurs uniformes qui attestent de leur statut, ces officiers assistent « par procuration » à la nouvelle guerre qui oppose leurs vainqueurs de Sedan au peuple de France. Le capitaine Albert de Mun écrit :

> « *Pendant les quatre mois et demi que dura notre internement, nous n'eûmes à souffrir que des événements. Mais quelle souffrance ! L'humiliation et le poignant mystère de notre défaite inouïe, la douleur de notre inaction, aux portes de la patrie agonisante, nous écrasaient*[116]. »

Mais dans cette période de captivité où les premières divisions politiques fracturent déjà le corps des officiers. La question que pose un du Barail de son hôtel à Bonn est fort simple : *Qu'est-ce que l'honneur*[117] *?* Qu'est-ce que l'honneur d'un officier du Corps quand Gambetta souhaite une guerre « à outrance » ? Le capitaine Albert de Mun, comme tous ses camarades, ont donné leur parole. Et pourtant ! Certains d'entre-deux choisissent « *les évasions, trop faciles si près d'une frontière que le respect de la parole donnée, seul, rendait infranchissable*[118]... »

Puis, le troisième choc psychologique est asséné par l'épisode de la Commune. Cette troisième guerre qui oppose deux armées, voire deux éléments distincts de la nation pose une nouvelle question qui amplifie l'onde de choc psychologique.

Qui sont les insurgés ? Au mois de mai 1871, que peut ressentir un officier qui voit déserter ses hommes à l'appel d'une

115. Weygand, *op. cit.*, p. 285.
116. Albert de Mun, *Ma vocation sociale*, Paris, Lethielleux, 1909, p. 18.
117. Du Barail, *op. cit.*, tome 3, p. 231.
118. Albert de Mun, *op. cit.*, p. 19.

harangue telle que « *Vous n'avez pas honte de venir attaquer le peuple dont vous êtes*[119] *?* » Cette rupture est encore plus parlante sous la plume du capitaine de Mun. Cette saynète se déroule toujours au cours de la semaine sanglante. L'aide de camp du général Ladmirault croise alors des soldats qui transportent un homme ensanglanté. Il s'arrête et s'informe. « *"Mon général c'est un insurgé !" dirent les troupiers. Alors ce cadavre vivant se soulevant sur la civière, tendit vers nous son bras nu, et le regard fixe, d'une voix éteinte prononça : "Les insurgés, c'est vous*[120] *!"* »

Qu'est-ce qui sépare les lieutenants de Mun ou La Tour du Pin de ce capitaine de la Garde nationale ? Il y a ici un dédoublement terrible de la rupture psychologique, car les officiers de l'armée de Versailles ont douté ponctuellement de leur mission lors de la « répression ignoble », après avoir préalablement constaté sur le champ de bataille de Sedan que l'infaillibilité des généraux avait vécu. Cette crise morale, qui conduit l'officier à questionner les fondements de la société française ne préfigure-t-elle pas déjà la naissance d'une nouvelle génération d'officiers, une génération qui a besoin d'un nouveau type d'enseignement pour comprendre la guerre qui, selon Jean-Jacques Rousseau, naît de l'état social ? Une génération qui doit comprendre, apprendre puis enseigner la dimension du rôle social de l'officier dans la République naissante ? De Mun, Iung, Lyautey comme Mordacq n'en sont-ils pas les hérauts ?

Cette onde de choc psychologique que subissent les officiers se prolonge encore durant une année, entretenue par la commission de révision des grades. Bien que ce point ait déjà été abordé, il constitue le dernier élément de cette rupture psychologique. En affectant un milieu fermé, ses répercussions sont amplifiées.

Son analyse doit permettre de saisir toute la complexité d'un phénomène induit qui bouleverse tous les repères des officiers.

119. Du Barail, *op. cit.*, tome 3, p. 268.

120. Albert de Mun, *op. cit.*, p. 29.

Pour Cissey la commission permet de résoudre un problème juridique car le Gouvernement de la Défense nationale a enfreint les règles de gestion des officiers, en vigueur depuis la Monarchie de Juillet. C'est aussi un problème politique car elle discrimine les officiers républicains. C'est encore un problème éthique qui clive les officiers par rapport à leur conception de l'honneur. Mais la commission pourrait encore être abordée sous l'angle humain, c'est-à-dire les luttes d'influence entre officiers généraux qu'elle soulève. Idéologique : quelle vision choisir pour la société sociale : aristocratie contre bourgeoisie.

En fin de compte l'analyse de la commission de révision des grades doit être aussi rendue intelligible par cette approche méthodologique plurielle inhérente à l'étude de la guerre. La suppression de l'École d'application d'état-major et le Corps des officiers d'état-major solde ainsi la fin de cette rupture psychologique. Elle est concomitante de la crise du 16 mai 1877 : les républicains sont désormais majoritaires à l'Assemblée. Alors, ces officiers issus du Corps d'état-major, d'obédience bonapartiste ou monarchique – légitimistes et orléanistes – sont-ils capables d'apprendre de leurs échecs sur le champ de bataille comme de répudier des idées périmées pour contribuer à la construction de la nouvelle République ?

La querelle

Dans cette phase de rupture globale, stratégique et psychologique, apparaît « La querelle », qui en est une excroissance. Elle met aux prises ces généraux du Second Empire, issus du Corps d'état-major qui se sont tous illustrés à Solferino, à Magenta, à Sébastopol ou encore à Puebla. Cette querelle demeure la chasse gardée d'officiers issus du même « monde ». Elle se caractérise par deux clans inconciliables : une majorité favorable au maintien du Corps d'état-major, corps fermé, irréformable depuis sa création, mais disposant d'une base de recrutement plus large, face à une minorité défavorable à son maintien et préconisant un corps ouvert à tous les officiers d'élite sans distinction d'arme.

Face aux besoins de changement, cette division n'est-elle pas l'illustration de querelles cycliques et endémiques au sein d'une institution endogamique ? Peut-on alors réduire cette querelle à une majorité « conformiste » et à une minorité « novatrice » ? D'un point de vue sociologique et générationnel les partisans des deux « camps » sont très proches. Ils ont peu ou prou le même âge[121], sont des aristocrates ou des grands bourgeois tous issus du Corps d'état-major, appartiennent à la « confrérie » des « Africains » et ont passé ensemble quelques mois de captivité à réfléchir[122] « aux remèdes. »

Parmi ces « Capitulards », on ne trouve aucun officier général ayant servi le Gouvernement de la Défense nationale[123] ou ayant des accointances dans le camp des républicains. La querelle qui occupe l'historien est donc confinée à une micro-population. Cette coterie militaire ne souhaite pas se voir dicter une conduite à tenir par l'élément extérieur que serait la commission du Parlement. On pourrait alors affirmer que la querelle liée à l'évolution militaire supérieure place ces généraux en position de volontaire insubordination au pouvoir civil. Leur loyalisme et leurs compétences techniques les conduisent à refuser de faire trancher une question qui à leurs yeux concernent l'avenir du haut-commandement par des personnes extérieures à leur milieu et dont ils doutent de la compétence sur le sujet.

Culturellement, les officiers qui prennent part à cette querelle ne sont pas prêts à accepter le débat démocratique. Ces généraux n'ont pas été formés pour persuader l'échelon politique du bien-fondé de leurs idées. De plus, l'imbrication politico-militaire qui caractérise les dix-huit années du Second Empire ne les y a pas

121. Lebrun est né en 1809, Cissey en 1810 et Castelnau en 1814.

122. Cissey et Lebrun sont internés ensemble.

123. Un seul général a choisi de s'échapper de sa phase de captivité, il s'agit du général Clinchant.

habitués. Il n'est donc pas surprenant de découvrir cette confidence que le général de Cissey adresse à sa cousine au mois de septembre 1871 : « *Et le Parlement ne se compose que de blagueurs dont 85 % ne sont occupés qu'à rechercher des effets de tribune*[124]. » Si l'on fait remonter la querelle au début de l'internement de ces officiers, elle dure rigoureusement cinq années et quatre mois. Mais en fin de compte quand, qui et comment ladite querelle est-elle tranchée ?

Depuis 1873, une tentative de restauration monarchique a vécu. La hauteur de vue du ministre est de comprendre le changement politique qui s'opère depuis la mise en place des lois constitutionnelles de 1875 dont l'amendement Wallon scelle l'avènement de la République. Lorsque l'Assemblée se retire le 31 décembre 1875, Cissey a déjà pressenti que les élections de février mettront en place un régime parlementaire où les républicains seront désormais majoritaires à l'Assemblée[125]. C'est dans ce temps mort entre deux législatures qu'il choisit le temps de l'action opportune. Pour le ministre, le *kairos* se situe avant la fin du mois de janvier pour faire valider par la plus haute autorité de la République la mise en place du projet d'une École militaire supérieure. Dans l'esprit des mœurs politiques du Second Empire, Cissey, appuyé dans son entreprise par Mac Mahon, prend l'initiative et s'affranchit du Parlement. Le décret présenté au duc de Magenta le 19 février est publié au journal officiel dès le lendemain. Cette manœuvre est particulièrement habile et discrète. En effet en plaçant initialement les Cours militaires spéciaux sous l'égide du général commandant l'École d'application d'état-major, elle s'inscrit dans la continuité de la structure, des moyens et du budget déjà existant.

À partir du milieu du premier semestre 1876, l'enseignement militaire supérieur en France dispose de deux écoles : l'École d'ap-

124. Archives privées de la famille Cissey ; cité par André Bach dans *L'Armée de Dreyfus*.

125. 340 républicains sur 533 députés.

plication d'état-major et les Cours militaires spéciaux. Il ne reste donc plus qu'à conduire une seconde manœuvre. Elle consiste à supprimer l'école redondante ou désuète. L'action de Cissey, contrairement à ce que l'on peut lire dans la fiche de du Barail établie pour Gambetta[126], est celle d'un ministre qui a une véritable vision d'ensemble sur la réforme militaire. Le rédacteur de la fiche politique qui lui est consacrée reproche au ministre au début de l'année 1876 « *[...] de n'avoir pas assez hâté la réorganisation de l'armée*[127]. » Néanmoins, à travers la querelle, la longue gestation de l'École supérieure de guerre est inévitable. Il représente l'enjeu le plus important pour structurer l'*Armée nouvelle.*

Un remède scientifique à une défaite militaire

Finalement, la création de l'École supérieure de guerre doit donc être vue comme un remède scientifique aux désastres militaires. Les prises de positions des intellectuels – penseurs, philosophes, prêtres, savants, artistes et autres hommes politiques – peuvent éclairer l'historien.

Si pour Renan comme pour Flaubert, dès 1871, le « *grand mal* » de la France est la démocratie et trouve ses origines dans la Révolution française, il est nécessaire d'y ajouter des causes secondaires. Dans une lettre écrite à Georges Sand, Flaubert déclare : « *Si l'on eut été plus éclairé, s'il y avait eu, à Paris, des gens connaissant l'histoire, nous n'aurions subi ni Gambetta, ni la Prusse, ni la Commune.* » Et l'auteur de *Salammbô* ajoute : « *Tout le mal vient de notre ignorance.* »

Cette ignorance, Renan l'a rattachée à une famille de maux secondaires d'ordre scientifique et moral. Pour générer sa réforme intellectuelle il n'est donc pas étonnant qu'il cherche « *son inspiration dans le culte de la science et son modèle dans les universités*

126. « ... *que l'esprit étroit de M. de Cissey...* » Mémorandum 1, p. 60.

127. Mémorandum 1, p. 65.

allemandes[128] » Renan étudie le modèle allemand depuis la fin des années 1840. Il écrit à ce sujet en 1868 :

> « *L'enseignement supérieur est la source de l'enseignement primaire… C'est l'université qui fait l'école. On dit que ce qui a vaincu, à Sadowa, c'est l'instituteur primaire. Non ce qui a vaincu à Sadowa, c'est la science germanique, c'est la vertu germanique, c'est le protestantisme, c'est la philosophie, c'est Luther, c'est Kant, c'est Hegel. L'instruction du peuple est un effet de la haute culture de certaines classes*[129]. »

Ainsi, quand commence l'œuvre de relèvement national, la principale réforme ne doit-elle pas porter sur l'enseignement ? Victor Duruy, ministre de l'Instruction publique, l'a compris avant qu'il ne soit relevé de ses fonctions à l'été 1869. Il sait qu'il est nécessaire d'établir un lien déterminant entre l'école et le métier. Le ministre de la Guerre l'a également compris.

Il faut alors plus de dix années à la jeune Troisième République pour voir la première loi dite « Ferry », le 16 juin 1881, instaurer la gratuité de l'école publique et amorcer une longue réforme de l'enseignement, livrée aux passions comme aux esprits partisans. Mais en arrivant dès le début de l'année 1876 à créer les fondements de l'École supérieure de guerre, Courtot de Cissey finalise, en souplesse et sans bruit, en un temps assez court, en dehors de tout marchandage politique, la réforme intellectuelle nécessaire aux corps des officiers. Il met alors en application les idées de Renan qui invitent à une France studieuse, sérieuse et laborieuse. Il effectue ainsi la synthèse des forces de la nation victorieuse. En ce sens la nouvelle université militaire française copie doublement le modèle allemand, celui de son université comme celui de la formation de son élite militaire.

---

128. Louis Vié, *Renan, La guerre de 1870 et la réforme de la France*, Paris, Librairie Bloud et Gay, 1949, p. 345.

129. Ernest Renan, *Question contemporaines*, 1864, *L'instruction supérieure en France*, Préface p. vi.

Cette partie consacrée à la genèse de l'École supérieure de guerre doit-elle *in fine* « condamner » l'École d'application d'état-major ? L'historien souhaite faire appel à la littérature pour appréhender cette épineuse question.

Dans *L'Espoir*[130], remarquable roman qui campe l'année 1871, Georges Lecomte décortique la revue de Lonchamp. À la fin d'un défilé de soldats rhabillés, rééquipés, réarmés, rentrés de captivité ou survivants de la Défense nationale, le protocole place suivant l'usage le chef politique face à au chef militaire. C'est l'hommage du chef « guerrier » au pouvoir civil. Thiers face au maréchal vaincu de Sedan : « *Le petit homme noir descend en hâte les degrés de la tribune pour dire au maréchal sa gratitude et sa confiance*[131]. »

Au cours de cette scène émotionnellement forte, Georges Lecomte écrit que Thiers éclate en sanglots convulsifs, tandis que de grosses larmes coulent sur le visage du vainqueur de Magenta. Que peuvent bien signifier les larmes d'un chef qui incarne un désastre militaire toujours inégalé à ce jour ? Ne symbolisent-elles pas le *mea culpa*, le *mea maxima culpa*, d'une armée qui vit depuis des années dans « l'erreur » ? N'est-ce pas l'aveu de l'échec du haut-commandement et de son système d'enseignement supérieur ? Les larmes de Mac – Mahon posent à l'historien l'ultime interrogation de cette première partie. Est-elle pour autant la question fondatrice de ces recherches ? L'École supérieure de guerre devient-elle la fille de la défaite ou la Mère de la Revanche ? N'est-elle pas tout simplement le véritable legs des maréchaux et des généraux de l'armée du Second Empire ?

130. Georges Lecomte, *L'Espoir*, Paris, Charpentier, 1908, p. 149.

131. *Ibid.*, p. 148.

L'ÉCOLE, FOYER D'UN INTELLECTUALISME MILITAIRE, 1878-1895

« Entre 1876 et 1878, on passa de l'ancienne École d'État-major, (…), à l'École de guerre. Imitation de cette Kriegs-Akademie dont Clausewitz avait été le premier directeur… »

Henri Contamine, *La Revanche, 1871-1914*

Introduction : le perfectionnement de l'organisation militaire

> « *Les années 1887-1888 furent les plus pleines d'événements et aussi les plus critiques que l'Europe eût vues depuis la guerre franco-allemande.* »
>
> von Bülow, *Mémoires*, tome IV, 1849-1889

Dès la décision prise de créer les Cours militaires spéciaux, la difficile question dont est chargé le général Castelnau est de trouver un local où installer cette nouvelle École. Parmi les sept projets envisagés il est alors étudié d'installer l'École de guerre hors de Paris. Cette proposition est d'ailleurs un point particulier que l'on trouve dans le projet de la minorité de la commission dès 1872[1]. L'idée sous-jacente ici n'est-elle pas d'éloigner les officiers

1. *Op. cit.*, Titre X, article 23 : « *Cette École supérieure de la guerre n'est plus une École spéciale d'état-major, mais une institution des hautes études militaires. Les auteurs du projet expriment le vœu qu'elle soit fondée le plus tôt possible, que ses programmes soient établies avec le plus grand soin, et qu'elle soit placée hors de Paris* ». Pour réaliser ce projet Castelnau a envisagé cinq villes : Saint-Cloud, Rambouillet, Compiègne, Châlons et Saint-Maixent. Cependant puisqu'il est difficile de loger dans une petite ville 200 officiers dont environs un tiers est marié l'idée est abandonnée. Dans cette prise de décision l'argument qui a prévalu est celui de l'enseignement. En effet, seule la ville de Paris offre les commodités pour assurer les interventions des conférenciers comme du bon déroulement du concours d'entrée. Desfontaines, *op. cit.*, p. 93.

« brevetés » de l'« *embellissement et la vie de Paris*[2] » afin de ne pas les dissiper de leurs études ? Néanmoins c'est le cinquième projet, installer l'École au sein de l'École militaire en lui donnant le bâtiment central, encore appelé bâtiment du château, qui est retenu contre l'avis du second directeur des Cours militaires spéciaux, le général Jules Lewal[3]. C'est le projet porté par le génie. Ainsi, puisque toutes les grandes écoles civiles résident à Paris, il est donc logique de voir l'enseignement militaire français s'établir au cœur du foyer intellectuel français. Alors lorsque, entre le 1er mai et le 31 octobre 1878 l'Exposition universelle qui se déroule à Paris ouvre ses portes, les officiers stagiaires peuvent s'émerveiller de découvrir la tête de la statue de la Liberté, le nouveau ballon captif d'Henri Giffard, inventeur du dirigeable, ou encore pour la première fois l'éclairage par des ampoules électriques. Mais sur le Champ-de-Mars si les expositions mettent aussi en avant les valeurs de Progrès et d'Universalité tant vantées par la jeune Troisième République, à son extrémité les visiteurs, étrangers ou parisiens, peuvent aussi apercevoir dans la plaine de Grenelle l'ancien Hôtel royal militaire bâti entre 1753 et 1774. Désormais il se prépare à abriter l'École militaire supérieure qui vient d'être créée par le décret du 15 juin 1878. Bien que l'Exposition de 1878 s'inscrive dans l'esprit de celle de 1867, pour les républicains, il s'agit de montrer au monde que la France a pris un nouveau départ. Ainsi dans sa dimension politico-militaire, la période qui débute avec la création de cette nouvelle École, concomitante aux derniers mois d'existence de la *République conservatrice,* et qui se clôt par la chute de la présidence de Casimir-Périer, devient le cadre temporel de cette deuxième partie.

---

2. André Bellessort, *La société française sous Napoléon III*, Paris, Perrin, 1932, pp. 171-202.

3. Parmi les projets Lewal avait jeté son dévolu sur l'Hôtel de Sens.

Les turbulences d'une jeune République

À partir du mois de janvier 1876 les lois constitutionnelles entrent en vigueur. Que va faire Mac-Mahon face à une crise de politique intérieure qui scelle le triomphe du régime parlementaire ? Trois années de tensions, de politiques intérieures entrecoupées par l'Exposition universelle débutent. Le président affaibli par la majorité républicaine à la chambre assiste impuissant aux élections partielles sénatoriales du mois de janvier 1879. Elles donnent l'avantage aux républicains. Pour la première fois les républicains sont majoritaires dans les deux chambres. Le parti vainqueur dont Gambetta est le chef de file s'appuie sur un gouvernement républicain et le suffrage universel. Alors, si ces officiers du Second Empire ont été les garants du maintien de l'ordre de la *République conservatrice,* ne sont-ils pas aussi une menace voire un danger pour la stabilité de la jeune République ? Dans ce cadre n'est-il pas de l'intérêt du gouvernement de ne pas placer à la tête des troupes des officiers généraux hostiles à ce nouveau régime ? N'y a-t-il pas alors à la fin des années 1870 un souhait ou une volonté d'épuration du haut-commandement militaire ? Comme le soulignent les analyses de Guesi puis de Bédarida, les mémorandums 1 et 2 constituent des notes politiques qui caractérisent individuellement et collectivement une partie du corps des officiers. La page 31 du premier mémorandum est éclairante voire édifiante sur l'intention de Gambetta et consorts. On peut lire : « *Le nouveau gouvernement aurait tort de garder près de lui des officiers généraux, supérieurs et subalternes, qui lui sont notoirement hostiles.* » C'est donc dans un climat de suspicion, alimenté par des forces occultes vis-à-vis de l'armée que Mac-Mahon choisit de ne pas aller au bout de son septennat. Le 30 janvier 1879, Jules Grévy est élu par les deux chambres. Une décennie d'instabilité commence. Le parti républicain est divisé par les rivalités qui opposent deux groupes ; les radicaux aux opportunistes. Les premiers sont rassemblés dans l'Union républicaine dirigée par Léon Gambetta. Ils reprennent peu ou prou le programme formulé par Gambetta à Belleville en 1869. Ils prônent une chambre unique, la réduction du service militaire, la séparation de l'Église et de l'État et un ensemble de réformes sociales.[4] Les derniers constituent la gauche républicaine dont Jules Ferry est à la tête. Ils représentent la majorité du parti républicain. Ils cherchent à mener à bien, en douceur, les mêmes réformes. En 1879, le président Grévy est un « vieillard » de 72 ans. Pontife du système depuis 1848, cet ancien bâtonnier de province contribue à mettre en place une « *gérontocratie* » dans laquelle « *la ruée des médiocres* » pèse sur les débuts difficiles de la Troisième République.

Au cours de la période qui couvre chronologiquement cette deuxième partie, douze gouvernements se succèdent sous la présidence de Jules Grévy (janvier 1879-décembre 1887), dix sous celle de Sadi Carnot (décembre 1887-juin 1894) et un dernier sous Jean-Paul Casimir Périer (juin 1894-janvier 1895.) En seize années, c'est donc treize ministres de la guerre différents[5] qui arment vingt-trois gouvernements dont certains sont très éphémères[6]. Si la réforme de l'armée est déjà solidement assise, les républicains réussissent à leur tour une œuvre législative conséquente. En dépit des rivalités de personnes, comme entre Gambetta et Ferry, et de l'instabilité ministérielle chronique, ils arrivent entre 1879 et 1885 à conduire efficacement des réformes politiques[7], scolaires[8], sociales[9] et administratives[10]. Le dynamisme

4. Il s'agit en particulier du divorce, de la mise en place de l'impôt sur le revenu, de l'instruction primaire laïque gratuite et obligatoire.

5. Successivement : général Gresley, Farre, Campenon, Billot, Thibaudin,Capenon, Lewal, Campenon, Boulanger, Ferron, Logerot, M. Freycinet, général Loizillon et Mercier.

6. Le gouvernement Fallières dure à peine deux mois (janvier à février 1883).

7. Il s'agit principalement de la liberté de réunion et de la liberté de presse.

8. C'est les lois dites Ferry déjà citées.

9. C'est la loi Waldeck-Rousseau de 1884 qui permet de former des syndicats professionnels.

10. À partir de 1884 le régime municipal est organisé en conseils municipaux qui désigne les maires et leurs adjoints.

de ces réformes où Jules Ferry est à deux reprises chef du gouvernement est stoppé par les élections de 1885[11]. Elles sont la marque du mécontentement des « autres » représentations du pays : catholiques, monarchistes, radicaux et enfin patriotes de droite et de gauche. À l'issue de cette nouvelle orientation parlementaire, la mise en place du troisième gouvernement Freycinet[12] constitue un point d'inflexion de cette période. En effet la nomination d'un jeune général républicain au poste de ministre de la Guerre ouvre une crise qui dure trois années. C'est la crise du boulangisme. Cet officier, lige de Clemenceau, devient « *le syndic des mécontents* » dans la mesure où la coalition hétérogène qu'il réussit à fédérer ne souhaite que deux choses : dissoudre la Chambre et réviser la constitution. Mise à la retraite d'office en 1888 après avoir commandé le corps d'armée de Clermont-Ferrand, son inaction après l'élection partielle à Paris, le 27 janvier 1889[13], entraîne la fin de cette aventure dite « boulangiste. » Néanmoins, aux yeux des républicains, l'apogée d'un général acquis à la majorité de l'armée et de la police appuie les idées de Gambetta et de Iung. Dans cette phase de démocratisation de la France, les officiers doivent être politiquement discriminés et républicanisés. L'alerte boulangiste renforce la République parlementaire dans la mesure où les élections législatives de l'automne 1889 lui sont favorables[14]. Cette situation est consolidée par « le ralliement » des catholiques. En effet si le plus grand nombre demeure monarchiste, le pape Léon XIII demande qu'ils se ral-

11. Ces élections favorisent les partis de droite. Les bonapartistes alliés aux légitimistes et aux orléanistes ont formés des listes d' « Union conservatrice » ; ils obtiennent 201 sièges. Les républicains toujours divisés entre opportunistes et radicaux cumulent 383 sièges. La Chambre est donc partagée en trois groupes à peu près égaux : la droite, les opportunistes et les radicaux.

12. Janvier à décembre 1886.

13. Déroulède aurait souhaité qu'il marche sur l'Élysée.

14. La nouvelle Assemblée se compose alors de 336 députés républicains de 172 conservateurs et de 40 boulangistes.

lient à la république[15]. Si cette année marque un esprit nouveau dont le but est de réconcilier tous les citoyens dans la société française, deux autres crises majeures caractérisent la fin de cette période. C'est d'abord le scandale de Panama qui discrédite certains hommes politiques à partir de 1892. C'est encore l'action directe conduite par les anarchistes. Le président Sadi Carnot qui refuse de gracier le coupable de l'attentat à la bombe perpétré à la Chambre des députés au mois de décembre est lui-même poignardé à mort.

Une France isolée en Europe et dans le monde

Lorsque Jules Grévy accède à la présidence il ne bénéficie pas de l'expérience et ne possède pas l'envergure de Thiers qui est mort en 1877. Il semble d'ailleurs d'emblée hostile à toute politique extérieure d'envergure. C'est une période qualifiée de « *nolonté.* » Le système dévolu à des relations internationales centrées sur les puissances européennes évolue après le Congrès de Berlin de 1878. Bismarck, qui a officié en conciliateur, établit un nouveau système d'alliance. Son idée directrice est d'éviter de voir l'Empire austro-hongrois être tenté de se rapprocher de la France. Ainsi l'alliance austro-allemande scellée en 1879 se transforme progressivement. En effet, en empêchant une crise austro-russe dans les Balkans les trois empereurs signent un accord au mois de juin 1881. Au-delà d'un *statu quo* balkanique austro-russe, l'accord établit une neutralité réciproque entre les membres s'ils se trouvent en guerre avec une autre puissance. Ce nouveau système bismarckien s'élargit en 1882 lorsque l'Italie entre dans ce cercle d'alliance. Le traité secret qui fonde la Triple Alliance est signé à Vienne le 20 mai 1882. C'est un accord militaire

15. Les catholiques doivent ainsi remplir leur rôle dans la société, c'est-à-dire éviter la politique du pire, en essayant de collaborer aux lois utiles. Il résulte de ce ralliement la création d'un parti de ralliés, l'Action libérale, dirigé par Piou, de Mun et Lamy ; v. Albert de Mun, *Ma vocation sociale,* Lethielleux éditeur, Paris, 1908, 324 pages.

essentiellement défensif. Cette alliance européenne continentale concède un avantage énorme à l'Allemagne qui isole la France. De plus elle permet à l'Autriche de ne plus craindre l'irrédentisme italien. Ce deuxième système bismarckien a une validité de cinq ans. Néanmoins dès l'hiver 1886-1887 deux événements vont l'éprouver. Il s'agit d'abord de l'antagonisme austro-russe dont l'épicentre est toujours les Balkans. L'Autriche y contrôle la politique extérieure serbe depuis 1881 et elle signe une alliance secrète contre la Russie avec le roi Carol de Roumanie en 1883. De plus la Bulgarie, pays qui est dans la sphère d'influence russe, entre en crise après avoir congédié les généraux du Tsar. Après un coup d'état initié par Moscou, la crise bulgare se solde par la mise en place d'un nouveau souverain bulgare, candidat de l'Autriche, Ferdinand de Saxe-Cobourg. Arrivé à expiration au mois de mai 1887, la Triple Alliance est renouvelée en février. Elle prend désormais un caractère offensif contre la France. En effet l'Italie, qui aimerait contrôler la Méditerranée, frustrée par l'épisode tunisien et l'extension d'influence de la France en Tripolitaine, a besoin de l'Allemagne dans le cadre de l'Alliance. Bismarck promet alors à Humbert 1er son aide militaire si la France l'attaque en Europe. Cette année 1887 est un tournant stratégique. En effet le renouvellement de la Triple Alliance, doublée de l'accord méditerranéen[16], voit la France militairement et diplomatiquement isolée et physiquement encerclée dans le concert des nations européennes.

En parallèle de ce cercle d'alliance orienté par Bismarck, les rapports franco-allemands continuent cependant à dimensionner la polarité stratégique française continentale. La crise de 1875 est oubliée. La période 1882-1886 constitue une courte période de rapprochement entre les deux ennemis de Sedan. En effet dans l'esprit du Chancelier de fer, la conférence de Berlin se présente « *non comme une alliance mais comme un rapprochement.* » Le

16. Au cours de cette période de tension Bismarck a poussé l'Italie à s'entendre avec l'Angleterre pour assouplir leurs divergences en Méditerranée. L'accord secret du 12 février 1887 établi entre les deux pays maintient un statu quo dans la zone.

gouvernement Ferry refuse la proposition allemande de créer « *une sorte de ligue maritime contre l'Angleterre.* » La France n'est alors pas prête « *à se montrer donnant le bras à l'Allemagne.* » C'est alors que surgit l'Affaire Schnæbelé. Boulanger est ministre de la Guerre du gouvernement Goblet. Le 20 avril 1887, Schnæbelé, commissaire de police français de Pagny-sur-Moselle, est « *traîtreusement entraîné en territoire annexé par une manœuvre du commissaire de police allemand Gautsch*[17]. » Une grave crise franco-allemande dure dix jours. Si l'incident se règle pacifiquement, cette alerte constitue un tournant stratégique. Depuis la fin de la décennie 1870, si le dessein de Bismarck est de détourner la France de la ligne bleue des Vosges en appuyant son expansion coloniale, l'alerte de 1887 réveille en métropole le sentiment de revanche qui s'est endormi. L'incident solde le départ de Boulanger du ministère de la guerre. La politique d'effacement de la France discrédite le gouvernement républicain. Bismarck est à son apogée. Au printemps 1887, la France est au comble de son isolement. Les conséquences de cette crise se dessinent progressivement par la nécessité d'établir une alliance avec la Russie. Si Moscou n'a aucune sympathie pour les républicains qui gouvernent à Paris, son développement industriel l'a conduit à contracter un premier emprunt en France. N'ayant pas ratifié le renouvellement anticipé de la Triple Alliance au mois de juin 1891, la Russie, qui se sent menacée par l'Allemagne, choisit de s'allier avec la France. Le 22 août 1891, un accord politique est obtenu entre Nicolas De Giers, chancelier, et Bigot, ministre des Affaires étrangères. Dès 1892 cet accord politique se double par une convention militaire[18]. Au mois de décembre 1893, cette convention d'état-major devient

17. Colonel Defrasne, *L'armée française à l'époque de l'affaire Schnæbelé*, Supplément au numéro 2-1973 de la *Revue historique des armées*, p. 3.

18. Cette convention prévoit : une mobilisation mutuelle en France et en Russie en cas de mobilisation d'une des États de la Triple Alliance ; une intervention russe contre l'Allemagne, si l'Allemagne ou l'Italie soutenue par l'Allemagne attaque la France ; une intervention française contre l'Allemagne, si l'Allemagne ou l'Autriche soutenue par l'Allemagne attaque la Russie.

l'alliance franco-russe. Grâce à cette ratification qui consacre une alliance défensive entre 1879 et 1994, la France change de posture stratégique. Si l'alliance franco-russe ne permet pas d'envisager « La » revanche, elle contribue à accroître la sécurité du pays en le sortant définitivement de sa période d'isolement. Désormais grâce à l'allié russe, la France commence à rebâtir une stratégie globale en établissant une alliance de revers, « stratagème » qui caractérise une culture stratégique séculaire.

Le rôle stratégique de l'armée française

Lorsque les républicains arrivent au pouvoir en 1879, l'armée française se situe à la fin de sa phase de redressement militaire. Il faut maintenant chercher à perfectionner ce nouvel outil de défense qui est encore au stade de l'enfance. Néanmoins, au cours de cette période, l'armée française est en partie distraite de cette nécessité puisqu'elle doit reprendre un rôle essentiel dans une politique étrangère nouvelle. Il s'agit de participer à l'expansion coloniale de la Troisième République. La carrière des brillants officiers est alors partagée entre deux teintes de bleu : le bleu des Vosges et le bleu outre-mer. Mais au moment où sous l'impulsion, Jules Ferry redémarre ses appétits de conquêtes, les Français comme les républicains ont-ils déjà pardonné Sedan et ses conséquences économiques, politiques et psychologiques ? En ce sens l'expansion coloniale ne doit-elle pas être considérée comme un palliatif pour faire oublier l'*Année terrible* ? Le début de cette nouvelle politique coloniale marque selon l'auteur la fin de la période de deuil et de recueillement de la France. Désormais l'amputation du territoire à l'Est est compensée par les débouchés prometteurs que le commerce et l'industrie peuvent rapidement escompter. Cependant pour cela il est nécessaire de disposer d'une armée expéditionnaire, ce qui est quelque peu antinomique avec le modèle d'armée choisi par les lois constitutionnelles de 1872, 1873 et 1875. Si le général Lewal, ministre de la Guerre en 1885 déclare que « *10 000 hommes aux colonies sont 10 000 hommes de moins sur le continent*[19] », la période 1879-1895 voit se recréer une petite armée de métier. Ainsi à partir de 1880 deux armées évoluent distinctement. L'armée d'une possible revanche attachée au territoire métropolitain est assurée par la nation armée. L'armée coloniale, elle, sert les desseins des républicains outre-mer. Cette dernière, confinée à un petit nombre d'officiers, de soldats volontaires et de métier, qui n'intéressent nullement le pays, ne devient-elle pas la réplique de l'armée du Second Empire ? Forte de cette volonté coloniale, la Troisième République s'octroie par exemple le territoire tunisien, le Tonkin et dessine la future Afrique occidentale française à partir des côtes du royaume d'Ahmadou. Pourtant durant cette période d'impérialisme « *à outrance* », un nouvel antagonisme stratégique naît. Il s'agit de la rivalité anglo-française. Jusqu'en 1885, l'Égypte en est le centre de gravité. Puis entre 1885 et 1895, l'Indochine, l'Afrique orientale ou encore l'Océanie, sont tour à tour le cœur de rapports des plus tendus. Malheureusement, la marine nationale, parent pauvre du redressement militaire, ne permet pas à la France de disposer d'une puissance navale cohérente avec la politique d'expansion coloniale.

C'est donc la participation des armées françaises à sa politique extérieure qui conduit à utiliser le mot « stratégie. » Bien que ce terme soit encore très peu employé en France au cours de la période 1879-1895, l'armée française constitue le principal vecteur stratégique. Dans ce cadre, l'établissement de la stratégie est lié à l'état des relations interétatiques européennes. En ce sens on peut découvrir dans une séance du Conseil de la guerre les trois hypothèses stratégiques proposées par le ministre de la Guerre[20] : concentration contre l'Allemagne, expectative face à l'Italie et à

19. Jules Lewal, *op. cit.*, p. 36.

20. SHD-GR 1N – Série 1N. Procès-verbal du Conseil supérieur de la guerre, séance du 20 avril 1884.

l'Espagne[21] ; concentration contre l'Allemagne et Italie expectative face à l'Espagne ; concentration contre l'Allemagne, l'Italie et l'Espagne. Ces trois scénarios sont orientés en rapport à la principale menace, les Armées de la Triplice. Ils impliquent de concentrer la majorité de nos forces terrestres face à l'Allemagne, puis à l'Italie et résiduellement à l'Espagne. Néanmoins si depuis la fin des années 1870, selon l'expression de Juliette Adam, « *l'abandon de la Revanche* » semble être une idée dominante parmi une majorité d'hommes politiques, l'année 1887 et l'affaire Schnæbelé marquent une inflexion capitale dans le mode d'action stratégique de la France. En effet entre 1871 et 1886, la situation militaire, politique et diplomatique ne permet pas d'établir autre chose que des plans dits de concentration, essentiellement défensifs. Il s'agit des Plans numérotés de 1 à 7. Néanmoins le Plan 8 qui entre en vigueur le 15 mars 1887 anticipe la crise franco-allemande d'avril 1887. Ce document qui émane du 3e bureau concrétise l'évolution du mode d'action stratégique, c'est-à-dire le passage de la défensive aux premières prémices d'offensive. Après l'alerte Schnæbelé, le début de l'année 1888 ouvre une nouvelle ère dans l'option stratégique française. Elle est dictée par la menace la plus probable. La lecture d'un procès-verbal du Conseil supérieur de la guerre est à nouveau éclairante. Le général Haillot déclare :

> « *Tout concourt à nous enlever les derniers doutes sur l'intention de l'Empire germanique d'entrer en campagne à bref délai. Il n'est plus possible de se faire d'illusion sur les sentiments que l'Italie nourrit à notre égard. Nous savons que toute action commune de la France et de la Russie aurait pour conséquences immédiates l'accession de toutes les forces austro-hongroises à la coalition germano-italienne.* »

En définitive si le haut-commandement doute déjà de la neutralité belge et espagnole, la concentration des efforts doit

21. Dès 1879, l'Espagne devient un concurrent de la France dans le cadre de la maîtrise de la Méditerranée, base de départ à l'expansion coloniale.

être portée « *sur le théâtre décisif, dans le champ clos du nord-est* », et pour cela les théâtres d'opérations secondaires doivent tous être sacrifiés. Quant à la marine, l'amiral Kranz définit d'une part son rôle à une attitude défensive dans la Manche et l'Atlantique et d'autre part à une action offensive en Méditerranée afin de concentrer la plus grandes partie des cuirassées contre la flotte italienne.

Tel est donc le cadre politique et stratégique qui caractérise le renouveau diplomatique et militaire de la France dans l'espace-temps 1879-1895. L'année 1895 marque alors l'apogée de l'armée française et de son enseignement militaire supérieur. Au cours de cette période, l'École supérieure de guerre devient incontestablement le cœur du redressement et du rayonnement de la pensée militaire française. Au cours de cette quinzaine d'années, l'institution doit être étudiée sous une dynamique d'évolution constante.

Le troisième chapitre s'attache ainsi à montrer comment le général Jules Lewal organise l'École. En tirant profit des débuts des Cours militaires spéciaux, toujours sous l'influence de l'École d'application d'état-major, il peut en tirer les enseignements. C'est sous son impulsion que l'embryon de cet enseignement nouveau change successivement de nom en moins de deux années. L'École militaire supérieure cède alors sa place à l'École supérieure de guerre. En trois années, l'œuvre accomplie par ce penseur militaire prolifique est considérable. Si le quatrième chapitre s'est employé à souligner que le général Castelnau est le véritable créateur de l'École[22], Lewal doit quant à lui être considéré comme un directeur de l'enseignement qui a réussi à formaliser des idées arrivées à maturation pour conceptualiser un enseignement global et cohérent. À partir de la structure éprouvée par deux années de Cours militaires spéciaux et deux autres d'École militaire supérieures, l'École sort de sa phase de conceptualisation et de tâtonnement pour entrer dans une phase de croissance. Au cours de cette

22. Le général Castelnau dirige la commission de perfectionnement de l'École supérieure de guerre, jusqu'à sa dissolution au mois de juin 1880.

période, l'organisation et le mode de fonctionnement acquis par l'École supérieure de guerre sont ceux qu'elle conserve jusqu'à sa première fermeture à l'été 1914. Ces deux aspects qui caractérisent « la marque de fabrique » de l'École sont alors développés afin de pouvoir comprendre la finalité de l'enseignement.

En bénéficiant d'un héritage conséquent, le mérite de Lewal est donc d'avoir conceptualisé un plan d'ensemble qui structure la mise en ordre de l'École supérieure de guerre pour plusieurs décennies. Fort de cette compréhension, le quatrième chapitre se focalise sur la partie centrale de l'enseignement. Si Lewal rompt avec l'enseignement donné à feu l'École d'état-major c'est parce qu'il accorde à l'enseignement de la tactique, dite générale, une place prépondérante. La dimension théorique de l'étude dédiée à l'enseignement opérationnel s'illustre par la Chaire d'histoire militaire, de tactique générale et de stratégie. Les professeurs et leurs adjoints qui s'y succèdent sont les « icônes » du réveil intellectuel des officiers français. A travers les cours et les idées qu'ils développent, la période 1878-1895 se décompose en quatre phases différentes. D'abord, une période de tâtonnement est liée à la transition qui scelle définitivement la mise en place d'un cours véritablement distinct de celui de l'École d'état-major. Ensuite, le lieutenant-colonel Derrécagaix, premier maître à penser de l'enseignement opérationnel, imprime une première marque. Puis c'est au tour du commandant Goujat dit Maillard. Ce dernier doit alors être considéré comme l'officier qui a défini la méthode de travail, cœur de l'apprentissage de la « science » de la guerre. Enfin le travail rigoureux du capitaine Bonneau montre que l'utilisation de la discipline histoire doit être le cœur de l'enseignement théorique de la guerre. L'histoire militaire, la tactique générale et la stratégie deviennent désormais indissociables au sein du cours emblématique de la jeune École supérieure de guerre.

La montée en puissance de l'École supérieure de guerre

« L'École supérieure de guerre est destinée à servir d'École d'application et d'instruction pour les élèves les plus distingués des trois écoles militaires et à fournir une partie des officiers au service d'état-major. »

Jules Lewal, *La Réforme de l'Armée*, 1871

Au mois de septembre 1877, lorsque le général de brigade Jules Lewal prend ses fonctions de général commandant les Cours militaires spéciaux, l'armée française achève la dernière phase de sa rénovation militaire. L'année 1880 en symbolise l'étape ultime. Le Sénat et la Chambre des députés dans les séances des 19 et 20 février promulguent enfin la loi, tant attendue par les officiers, relative au service d'état-major. L'article 3 précise que l'École militaire supérieure prend le nom d'École supérieure de guerre. L'Académie militaire française est définitivement institutionnalisée. Puis, au début du mois de juillet, le premier gouvernement Freycinet propose la loi d'amnistie pour les Communards en exil ou en prison, dont le général Cluster est le symbole. Enfin, le 14 juillet 1880, dispersés aux quatre coins de la France en raison des activités liées à leur voyage d'été, 90 officiers stagiaires de l'École supérieure de guerre retrouvent leur chef sur l'hippodrome de Longchamp.

La très solennelle remise des drapeaux par le président Grévy aux régiments, fruit de la loi de 1875, ne sonne-t-elle pas alors la fin d'une réorganisation méthodique ? En moins d'une décennie, au cours de laquelle le régime républicain s'est établi, généraux et législateurs ont réussi l'exploit de reconstruire un outil militaire désormais en phase avec son temps. Feu les Aigles ! Vive la République ! Vive l'*Armée nouvelle* ! Une deuxième tâche aussi importante que celle de la rénovation s'ouvre. Il faut maintenant développer l'instruction et l'entraînement en vue d'une guerre probable. Tandis que, de façon concomitante, il faut urgemment préparer un haut commandement pour le temps de guerre, c'est-à-dire des chefs et des officiers d'état-major formés dans « le moule » d'un enseignement militaire supérieur rénové.

Telle est la conjoncture dans laquelle il faut analyser la nomination de Jules Lewal, puis l'organisation et le fonctionnement d'une école qui établit sa stature définitive dès la fin de la décennie 1880. Or, entre la mise sur pied des Cours militaires spéciaux, puis le départ de Cissey au mois d'août 1876 et la création officielle de l'École supérieure de guerre, ce sont cinq généraux – Berthaut, de Rochebouet, Borel, Gresley et Farre – ministres de la Guerre, qui se succèdent en moins de cinq ans. Comment l'idée initiale de Cissey peut-elle perdurer face à de tels bouleversements à la tête des armées ? C'est donc grâce à un tandem inamovible – général de Castelnau, président de la Commission de perfectionnement de l'École de guerre[1] ; général Lewal, commandant des Cours militaires spéciaux – que l'édification de cette nouvelle institution chemine en conservant le cap initial : former aux fonctions d'état-major des officiers de toutes armes. Ainsi, lorsque Lewal propose dès la fin du semestre 1877 un projet

1. Si la commission est supprimée le 18 avril 1880 parce qu'elle semble faire double emploi avec le Comité d'état-major, elle est recréée par Freycinet ministre de la Guerre dans le gouvernement Floquet le 18 avril 1888.

d'organisation définitive de l'École militaire supérieure, il s'inscrit rigoureusement dans la continuité des idées de Cissey, des bases déjà établies par le conseil de perfectionnement de l'École comme de l'action de son prédécesseur. En ce sens l'article 1 dispose que la création de l'École militaire supérieure est « *destinée à développer les hautes études militaires dans l'armée.* » De plus, les articles 2 et 3 institutionnalisent aussi cette continuité dans la mesure où « *les Cours militaires spéciaux constituent l'enseignement donné dans ladite école* » et que les officiers admis en 1876 et 1877 « *formeront les premières promotions de l'École militaire supérieure.* »

L'héritage de deux années transitoires : 1876 et 1877

Si Lewal chausse les bottes de Gandil, il n'est pas neutre de souligner que la commission dirigée par Castelnau s'est également nourrie des réformes, proposées dans l'enseignement de l'École d'application d'état-major par le général Lebrun à partir de 1874. En effet, durant la période 1874-1876, le ministre de Cissey a judicieusement demandé à ce que deux projets soient développés en parallèle. Le premier, consiste à organiser une l'École de guerre. Le second, au sein du comité d'état-major, doit réorganiser l'enseignement de l'École d'état-major. Malheureusement, la plupart des vues novatrices du général Lebrun qui a été mandaté par le ministre ne se retrouvent pas dans la mise en place du programme des Cours militaires spéciaux. Ses propositions ont une nouvelle fois trop d'avance sur la mentalité dominante et trouvent de nombreux adversaires.

Néanmoins, l'idée de la mise en place d'un enseignement moins théorique basé sur le voyage d'état-major est à porter à son crédit. Ainsi, pour suivre l'action déterminante qu'entreprend le général Lewal, d'octobre 1877 à septembre 1880, il faut assimiler l'héritage laissé par dix-huit mois de fonctionnement des Cours militaires spéciaux. Depuis la première année, le contour exhaustif de cette nouvelle scolarité voit son enseignement théorique s'appuyer sur les disciplines suivantes : art militaire, fortification, artillerie, administration et législation militaire, géographie, étude du terrain, sciences appliquées, droit et économie politique, histoire et littérature militaires, allemand et équitation. Chaque discipline fait l'objet en moyenne d'un cours par semaine[2].

La première division et le deuxième concours

Quotidiennement et ce jusqu'au 1er août, les officiers-élèves commencent leur journée par deux reprises d'équitation[3], puis assistent à deux cours[4]. Les mois d'août et de septembre sont consacrés aux travaux d'études extérieures. Cela implique d'une part la participation aux manœuvres d'automne et d'autre part la réalisation de l'étude de diverses questions militaires.

À l'occasion des manœuvres, les officiers peuvent alors être dirigés dans les régiments dont ils sont issus dans la mesure où leurs anciens corps de troupe y participent. Ceux qui ne bénéficient pas de cette opportunité, sont désignés pour effectuer un service d'état-major au sein d'un corps. Les généraux commandant les différents corps d'armées ont alors toute latitude pour employer les officiers comme ils le jugent utile. Les cours reprennent alors le 1er octobre, pour être suspendus entre le 12 et 21 novembre 1876. Cette période a pour but de permettre aux stagiaires de préparer les examens de passage en première division[5]. Les compositions écrites ont lieu du 22 novembre au 2 décembre 1876 à raison d'une composition par jour d'une durée de trois heures. Ils consistent en un examen écrit et oral dans chaque discipline,

2. Lundi : Géographie et histoire ou droit ; mardi : fortification ; mercredi : artillerie ; jeudi : administration et allemand ; vendredi : état-major ; samedi : art militaire et étude terrain ou sciences appliquées.

3. Pour pallier l'insuffisance du nombre de chevaux seuls les officiers des corps de troupes à pieds sont astreints aux deux reprises.

4. Voir tableau *infra*.

5. Ils consistent en un examen écrit et oral dans chaque discipline, un examen d'ensemble et une épreuve d'équitation.

un examen d'ensemble et une épreuve d'équitation. Les examens oraux se déroulent du 4 au 16 décembre. Chaque professeur contrôle individuellement les connaissances acquises par ses stagiaires tout au long de l'année. Enfin, un examen d'ensemble et une épreuve d'équitation viennent clôturer un mois d'examen de 1re division.

6 h à 7 h matin	Équitation, 1re reprise
7 h à 8 h	Équitation, 2e reprise
8 h 45 à 10 h 30	Cours
10 h 30 à 12 h 30	Repos
12 h 30 à 15 h	Travail libre dans les salles ou équitation
15 h à 17 h	Cours

Emploi du temps hebdomadaire de la 1re division en 1876

En parallèle du déroulement de la scolarité de la 2e division, Gandil doit, dès le mois de mai 1876, préparer et présenter au ministre un projet pour l'arrivée de la 2e promotion. Il s'agit d'organiser et de faire évoluer le concours. Une seconde épreuve distincte est ajoutée à l'écrit, qui compte maintenant un mémoire sur une question militaire d'une durée de cinq heures et un dessin topographique d'après une carte, de trois heures. L'organisation des épreuves orales reste pratiquement inchangée. En effet, seules des questions de topographie sont ajoutées à l'épreuve de fortification. Les coefficients des différentes épreuves sont légèrement modifiés[6]. Si le général de Castelnau conserve la présidence du jury, le ministre prend la décision que pour le deuxième concours, ses membres soient indépendants de l'École. Le personnel enseignant des Cours spéciaux n'est donc plus impliqué dans cette charge de travail supplémentaire puisqu'entre le 13 et 28 novembre ils doivent aussi préparer et conduire les examens de passage en

6. Cf. tableau *infra*.

deuxième année pour la première promotion. Désormais, la commission du concours d'entrée est forte de sept officiers généraux[7] et de deux secrétaires.

Les officiers interrogateurs sont :

- pour l'art militaire, le chef d'escadron Tordeux[8],
- pour la géographie, Monsieur Bureau[9],
- pour l'organisation et l'administration, le sous-intendant-général Baratier[10],
- pour la fortification et la topographie, le capitaine du génie Laurent[11],
- pour l'artillerie, le lieutenant-colonel Thévenin[12],
- pour l'allemand, le lieutenant-colonel de Polignac[13].

Pour ce deuxième concours, 194 officiers sont autorisés à participer aux épreuves d'admissibilité, 125 sont admissibles et le 5 décembre, le général Berthaut, remplaçant de Cissey[14], signe le décret portant la liste des 72 officiers admis à entrer aux Cours militaires spéciaux le 1er janvier 1877.

7. De Castelnaud, Gandil, Nugues, Dumont, de Montarby, Deville et Ansons.

8. Issu du Corps d'état-major il occupe alors la fonction de directeur des études et de professeur de topographie et d'art militaire à l'École de cavalerie.

9. Major au 94e RI.

10. En poste à Melun.

11. En poste au ministère de la Guerre.

12. En poste au 13e RA.

13. En disponibilité à Paris.

14. Il démissionne le 15 août 1876 car il vient d'être désavoué à l'Assemblée lors du vote du budget de l'armée. Georges Gugliotta, *op. cit.*, p. 665.

		1876	1877
Épreuves écrites	Composition sur une question militaire	3	3
	Dessin topographique	"	1
Épreuves orales	Géographie	2	2
	Art militaire	2	2
	Administration	2	2
	Fortification et topographie	2	2
	Artillerie	2	2
	Allemand	2	2
	Équitation	1	1
	Aptitude générale	4	4
	Total	**20**	**21**

Comparaison des coefficients du concours en 1876 et 1877

De nouveaux professeurs pour un enseignement théorique très classique

Le 1er janvier 1877, le général Gandil accueille ainsi dans les locaux des Invalides une deuxième promotion des Cours militaires spéciaux. L'École d'application d'état-major entame alors sa dernière année d'existence en ouvrant la scolarité de sa dernière promotion.

Gandil et la direction des études ont déjà tiré les enseignements de la première année. Il s'agit d'un travail collégial puisque les généraux Castelnau et Nugues animent toujours la commission chargée de préparer l'organisation d'une École supérieure de guerre.

L'année 1876 a été un coup d'essai. Dans la réalité, les programmes proposés par la commission n'ont pas pu être appliqués dans leur intégralité. En effet, il est utopique de croire que d'emblée on peut rompre avec l'inertie imposée par les structures de l'École d'application d'état-major. Pour rompre avec le passé, le général de Castelnau a compris « *qu'à un enseignement nouveau, il fallait un personnel nouveau.* » Neuf officiers sont donc désignés pour assurer le nouveau programme. Néanmoins, le sous-intendant Delpierre et le capitaine Noix enseignent toujours dans les deux Écoles.

Du point de vue de l'enseignement théorique, le seul véritable changement réside dans le cours d'Art militaire. Cette matière prend le nom d'histoire de l'art de la guerre. Elle a pour finalité d'apprendre aux élèves les grands faits militaires de l'époque et de leur expliquer les développements progressifs de l'art de la guerre. En comprenant la dynamique propre à chaque guerre, c'est-à-dire ses causes, son enchaînement et ses conséquences, il s'agit de présenter des règles fondamentales qui président à la conduite et à l'emploi des armées. Les autres cours magistraux sont la tactique, l'artillerie, la fortification, l'administration, la géographie, la topographie, le droit et l'économie politique, l'histoire et la littérature militaires, l'organisation et la mobilisation, l'instruction des troupes et l'allemand. Deux cours sont facultatifs : le cours de géodésie et celui d'histoire et de littérature militaires. Le tableau *infra* présente la répartition horaire des leçons, le nombre de travaux écrits et les exercices pratiques dispensés par les professeurs en 1877 :

Matière de l'enseignement	Nombre de leçons	Travaux écrits	Exercices pratiques	Noms des professeurs
Première année				
Art militaire	17	3	60	M. PIERRON, lt-col. inf.
Artillerie	10	1	1	De GRANDCHAMP C.E. art.
Fortification	16	2	2	RATHEAU, lt-col. Du génie
Administration	16	2	1	DELAPIERRE S., inst. militaire
Géographie	17	1	1	NIOX, capitaine d'état-major
Topographie	9	2	1	NIEULET C.E. d'état-major
Droit et économie politique	8	1	1	H. DESJARDINS, prof. faculté de droit

Histoire et littérature	8	1	1	Camille ROUSSET
Organisation et Mobilisation	7	1	1	FAY, colonel d'état-major
Instruction des troupes	8	2	1	HAILLOT, colonel d'état-major
Allemand	60	1	1	KOELL et à partir du 01/09/76 KIELIN – C.E. d'état-major KUSSLER, capitaine inf.
Deuxième année				
Art militaire	35	5	45	Lt.-col. PIERRON
Artillerie	21	1	45	Cdt de GRANDCHAMP
Fortification	14	3	1	Colonel du génie PREVOST
Administration	24	3	2	S. inst. DELAPERRIERE
Géographie	20	1	2	Capitaine NIOX
Topographie	8	2	15	Cne TITEUX, état-major
Droit et écono-mie politique	12	1	15	DESJARDINS
Sciences appliquées	12	1	15	LAUSSEDAT, col. du génie
Transports par chemins de fer	8	1	15	De France, lt-col. d'état-major
Histoire et Littératures	17	1	15	C. ROUSSET
Géodésie	8	1	15	Cdt PERIER
Allemand	100	1	15	KIEULIN & KUSSLER

Le général Gandil

Gandil reste dix-huit mois à la tête des Cours militaires spéciaux. Il meurt le 5 septembre 1877 « *d'un accès de fièvre pernicieuse dont il avait contracté le germe en Algérie*[15]. » Dans la fiche de Gambetta « *École militaire supérieure* », on peut aussi lire : « … *général bonapartiste Gandil, atteint d'un ramollissement*

15. Lieutenant-colonel Desfontaines, *op. cit.*, p. 64.

qu'il devait à des goûts particuliers à l'Afrique, laissa entre les mains de ces Messieurs [Castelnau, Nugues, de Bastard de l'Éstaing] *la direction de l'École. Il ne tarda pas à mourir*[16]. » La sévérité de cette appréciation ne doit pas faire oublier qu'il dirige l'École dans une période de tâtonnement, avec une structure de tutelle qui lui impose des directives qui émanent à la fois du ministre et du général de Castelnau. Sa mission de commandement est donc très encadrée, d'autant qu'il est aussi subordonné au général Balland qui commande toujours l'École d'application d'état-major.

Ainsi, bien que sa liberté d'action soit limitée, il apporte déjà des modifications à la scolarité, particulièrement en ce qui concerne :

> « *La nature et le mode d'exécution des travaux d'application intérieurs et extérieurs, l'examen et la correction des mémoires, l'étude des règlements de manœuvres, le nombre et le mode des épreuves destinées à constater le degré d'instruction des élèves, les coefficients attribués à chacune d'elles et enfin les conditions à remplir pour passer en 1re division et pour la sortie définitive de l'École*[17]. »

Son ordre numéro 49 représente les directives générales que l'encadrement des Cours militaires spéciaux doit appliquer pour le fonctionnement « académique » de la nouvelle École. Gandil définit alors, avec beaucoup de rigueur et de concision, la finalité des Cours militaires spéciaux. Si cet ordre ne définit pas le contenu des cours, il établit la première directive d'enseignement d'un enseignement militaire supérieur français.

En outre, si la plupart des cours dispensés sont autographiés, les stagiaires doivent néanmoins tenir des cahiers de croquis et

16. Centre des archives du Quai d'Orsay à la Courneuve, *Papiers privés de Gambetta*, Carton XV, Mémorandum 2, fiche École militaire, p. 72.

17. L'ensemble du nouveau programme de la première division est contenu dans l'ordre numéro 49 signé par le général Gandil le 12 mars 1877 qui a déjà eu l'approbation du Ministre ; Lieutenant-colonel Desfontaines, *op. cit.*, annexe VI.

les présenter lors des examens ou des interrogations. La partie de l'ordre numéro 49 dédié à la réalisation des travaux d'études extérieurs est, selon nous, le point le plus important de la directive d'enseignement. En effet, elle responsabilise les officiers-élèves qui, durant les périodes passées en dehors de Paris, doivent s'astreindre à une rigueur d'écriture et une curiosité intellectuelle nouvelle.

Les officiers-élèves deviennent *de facto* les acteurs de leur formation militaire supérieure puisqu'ils doivent travailler sans avoir constamment leurs professeurs derrière eux. Un tel procédé pédagogique est révolutionnaire pour l'époque. En effet, ils doivent exécuter quatre travaux complémentaires : un carnet-journal lié aux conférences sur le service d'état-major, un lever expédié exécuté au cours d'une étude de terrain, un rapport sur les manœuvres auxquelles ils ont pris part et un mémoire sur une question d'art militaire. Ce dernier point, donné par le professeur du cours d'art militaire, a pour but d'étudier une base, une ligne ou un théâtre d'opérations voire un champ de bataille.

Ces quatre travaux sont remis au mois d'octobre aux cadres-professeurs chargés de leur correction. L'ensemble des travaux intérieurs et extérieurs est ainsi affublé « *d'une note en chiffre de 0 à 20, appuyée d'une note explicative écrite résumant l'appréciation du travail*[18]. » En parallèle à ces deux types de travaux, l'étude des règlements de manœuvres doit être largement développée. Il s'agit ici que les officiers-élèves ne perdent pas de vue les règlements propres à leurs armes et qu'ils se familiarisent avec ceux des autres armes. Le règlement d'infanterie est dispensé par le professeur du cours d'art militaire, celui de cavalerie par le chef d'escadron écuyer et pour l'artillerie par le professeur chargé du cours d'artillerie. Ce point d'enseignement, novateur pour l'armée française de 1877 souligne la volonté de donner aux jeunes « brevetés » une unité de vue en ce qui concerne la « dimension » réglementaire

18. *Ibid.*, annexe VI.

de l'emploi des trois armes. La directive établit dans sa dernière partie le cadre des examens. Il s'agit d'abord de revoir les examens de passages en 1re division qui sont allégés. Gandil supprime l'examen d'ensemble devant la commission, mais ajoute un système de contrôle continu par matière, qui permet d'attribuer des notes intermédiaires[19].

Enfin, il faut désormais instituer des examens de sortie, car la 1re première division de « brevetés » doit quitter l'École au mois de décembre 1877. Ces examens sont assez identiques à ceux de passage en 1re division, auxquels il faut ajouter un examen supplémentaire qui voit les officiers passer devant la commission. Ainsi le classement définitif des Cours militaires spéciaux est la combinaison du classement de passage en 1re division, du classement provisoire établi en fin de deuxième année et de l'examen d'ensemble devant la commission.

La vraie nouveauté : la participation aux manœuvres et au voyage d'état-major

Au cours du premier semestre 1877, l'effort principal du général Gandil est d'établir le cadre précis de la participation des officiers-élèves aux exercices de manœuvres avec cadre et du voyage d'état-major. La première grande manœuvre de l'*Armée nouvelle* a eu lieu en 1875.

Cette dimension d'un enseignement pratique, « externalisée » et extérieure à l'École, rompt totalement avec le cadre de l'École d'application d'état-major. Au-delà de l'évolution des matières dispensées et des programmes abordés entre les deux Écoles avant et après 1878, comme celle de la qualité du corps professoral, ce point constitue la principale différence pédagogique et professionnelle induite par Cissey, Castelnau, Nugues et Gandil. Ces directives particulières d'enseignement apparaissent dans l'ordre

19. Seuls les cours d'art militaire, d'administration, de fortification, d'artillerie et de géographie mettent en place le contrôle continu.

numéro 100. Elles concernent les 1re et 2e divisions, car chaque année d'enseignement est séquencée par cette période estivale au cours de laquelle les officiers-élèves des deux divisions prennent part aux manœuvres d'été puis effectuent un voyage d'état-major. L'organisation administrative et financière comme la logistique afférant à un tel périple nécessitent une préparation particulièrement méticuleuse.

La « manœuvre des chevaux » alloués à ces déplacements constitue le premier défi logistique à relever. En effet, pour ces deux activités qui s'étalent sur deux mois, « *tous les officiers seront montés.* » Cela nécessite de renforcer les effectifs équestres de l'École. Les chevaux sont transportés par voies ferrées de Paris vers les zones d'instruction. Au cours de cette période, les officiers-élèves bénéficient d'un soldat ou de leur ordonnance afin de faciliter la gestion de leurs deux montures.

De plus, chaque groupe de stagiaires bénéficie d'un peloton[20] de cavalerie afin d'assurer le soutien de leur hypo mobilité. Une telle logistique, qui permet aux *impedimenta*[21] de suivre quotidiennement les activités, doit également s'occuper de passer les différents marchés pour acheter les fourrages dans chacune des localités occupées. Si l'exécution des manœuvres pour l'été est fixée par une instruction ministérielle datée du 26 février, le général Gandil a soigneusement réparti les six groupes de stagiaires d'une part, par zone géographique et d'autre part, au sein de la 1re division d'infanterie ou de la 2e division de cavalerie.

Ainsi, la période estivale voit les groupes de stagiaires suivre isolément les manœuvres en étant répartis au niveau de l'état-major divisionnaire, des services de l'artillerie, du génie de la cavalerie et de l'intendance, des états-majors de brigades, des colonels chefs de corps et des chefs de bataillon ou d'escadron. Lorsque la

20. Il comprend par exemple un chef de peloton, des conducteurs de fourgons pour les bagages, un secrétaire, un maréchal-ferrant, des cavaliers de remonte.

21. Les cadres-professeurs ont droit à deux cantines du modèle réglementaire et les officiers-élèves une seule.

manœuvre est terminée, ils effectuent le voyage d'état-major en se rapprochant de Paris. Le but devient alors d'initier les officiers-élèves « *à la pratique du service d'état-major en campagne.* » Ce second exercice figure la manœuvre d'un corps d'armée à deux divisions d'infanterie et une brigade de cavalerie.

Chaque officier représente le niveau de l'état-major du corps d'armée et il anime la manœuvre jusqu'à l'échelon de la brigade. L'originalité du suivi pédagogique de ces deux exercices totalement différents dans leur conduite comme dans leurs règles tient dans la réalisation du carnet-journal par chaque stagiaire. En effet, la directive du général impose qu' « *indépendamment des travaux qui leurs incombent, en raison des fonctions dont ils sont investis, les officiers élèves ont à tenir chacun un carnet-journal.* » Au cours de la manœuvre, cette « main courante » journalière a pour objet de consigner la fonction tenue par l'officier, les ordres reçus et donnés, les renseignements recueillis et les comptes rendus. Ensuite, les ordres donnés, les rapports et croquis réalisés au cours du voyage d'état-major y sont incorporés.

En définitive, l'ensemble des travaux écrits se trouve compilé dans un document qui est toujours à la disposition de l'encadrement. Il est le reflet de l'implication de chaque officier dans l'apprentissage de ses travaux d'état-major. La pertinence du carnet-journal possède d'abord une finalité pédagogique, car elle met en place un suivi rigoureux des stagiaires par les instructeurs qui ont la responsabilité de les noter et de les apprécier. Ensuite, cela impose aux officiers un cadre professionnel réaliste et pratique puisqu'au cours de ces deux mois, les rythmes de leurs activités sont assujettis à une production écrite qui les rend acteurs de leur formation. L'innovation que propose cette phase des Cours militaires spéciaux est double car elle s'inscrit dans les domaines de la notation des stagiaires et sur l'amélioration de la méthode à employer. En effet, grâce aux rapports fournis par les chefs de groupes, la commission d'organisation de l'École peut affiner les appréciations générales déjà données lors des phases d'examen à

Paris. De plus, en décrivant la valeur de la méthode instituée lors des voyages d'état-major, en faisant ressortir ses avantages et ses inconvénients, l'École se place dans un processus critique pour modifier ces procédés.

Le général Jules Lewal, réformateur et directeur de l'enseignement

Le bilan des deux années de fonctionnement des Cours militaires spéciaux est celui d'une période de balbutiement. Le général Noix la résume, lorsqu'il écrit : « *On tâtonnait, chacun cherchait sa voie, mais tout le monde était animé du meilleur esprit de bien faire et l'on travaillait avec ardeur et foi dans l'avenir.* » C'est donc dans ce contexte et armé de la dimension critique et constructive qui sous-tend l'ensemble de ses écrits, que Jules Lewal, général de brigade depuis 1874, est nommé à la tête des Cours spéciaux.

D'emblée, cette nomination conduit l'historien à se poser une foule de questions. L'homme semble être un éminent penseur militaire. Entre 1869 et 1876 il a déjà publié une somme inégalée de travaux pour un officier depuis 1815 : *Conférence sur la marche d'un corps d'armée*, *Lettres à l'Armée*, *La Réforme de l'Armée* et les huit volumes des *Études de guerre* – soit plus de 4500 pages ! À elles seules, les longueurs et les nombreuses répétitions que le lecteur peut trouver dans les huit volumes ne facilitent pas la compréhension générale de l'œuvre. Alors, pourquoi cet homme qui incarne à lui seul le renouveau intellectuel des officiers français, cet homme qui est le premier à définir l'École supérieure de guerre en 1871,[22] n'est pas associé à la phase de conceptualisation de l'École ? Pourquoi n'est-il pas nommé par Cissey pour prendre le commandement des Cours militaires spéciaux ? Pourquoi devient-il subitement le remplaçant de Gandil au début de l'automne 1877 ? Pourquoi reste-il ensuite seulement trois ans

22. Jules Lewal, *op. cit.*, pp. 562-566.

au poste de commandant de l'enseignement militaire supérieur dont six mois à la tête de l'École supérieure de guerre ?

L'homme révélé par un contexte militaire puis politique

Pour répondre à ces questions, il nous faut alors revenir à l'année 1869 pour découvrir les deux principales facettes de l'homme. Après Sadowa, le maréchal a constaté l'absence d'études tactiques pertinentes chez les officiers français. On remet alors les conférences de garnisons à l'honneur. Le ministre souhaite également que les meilleures d'entre elles soient publiées. Grâce à sa conférence sur *la Marche d'un corps d'armée*, le colonel Lewal devient un lauréat. Cet ouvrage pourrait être appelé, en utilisant un mot qui n'existe pas encore dans le vocabulaire militaire de l'armée du Second Empire, un traité de planification des mouvements des grandes unités, voire opératif. Le but est d'établir le plan de marche d'un corps d'armée et de ses divisions subordonnées en prenant en compte l'ensemble des facteurs que les officiers du Corps d'état-major doivent connaître. Ainsi, en s'appuyant sur différents exemples historiques[23], Lewal établit sa théorie et les calculs à effectuer pour déterminer le temps réel de mouvement d'un corps d'armée[24].

Dès 1870, Lewal qui fait partie de l'état-major du ministre de la Guerre peut mettre en application ses théories au moment où la phase de mobilisation se termine. Un verdict qui sanctionne le passage de la théorie à la pratique est donné par un général qui commande une division. Dans ses *Souvenirs de la Campagne de*

23. Campagnes de 1796, 1800, 1805, 1806, 1815, 1859 et 1866.

24. Il décompose alors avec une rigueur mathématique les effectifs de l'ensemble des éléments qui composent un corps d'armée (unités puis hommes, animaux, voitures) afin de les convertir en espace occupé selon diverses formations (en bataille, par flanc, en colonne…).

1870[25], écrits alors qu'il est prisonnier de guerre à Hambourg, Cissey, général commandant la 1re division d'infanterie, déclare :

> « *Le colonel Lewal, un des grands conférenciers du ministère de la Guerre, s'est complètement trompé dans ses appréciations sur la longueur des colonnes et sur le temps nécessaire pour faire déboucher un corps d'armée, aussi, ma tête de colonne qui aurait dû se mettre en mouvement à 7 heures au plus tard, ne commence à marcher qu'à 9 heures ; impatientée des haltes continuelles qu'il faut faire, j'envoie en avant mes officiers d'état-major qui me rendent compte du peu d'ordre qui règne dans la colonne d'équipages.* »

Voilà pour la sanction *in vivo*. En ajoutant à ce cas d'étude que le colonel Jules Lewal, après la reddition de Metz se désolidarise complètement du son chef direct, le maréchal Bazaine, on comprend que Cissey, devenu ministre de la Guerre, n'apprécie guère ce « brillant » colonel.

Cette appréciation que porte le ministre de la Guerre sur cet officier en 1871 est aggravée par une faute de comportement. Il a déjà été souligné que dès la fin de l'année 1871, le ministre a formellement demandé à ce que les officiers arrêtent de publier des ouvrages relatifs à la dernière campagne comme à la réorganisation qui commence. Cette décision a pour but d'apaiser les esprits et de permettre aux officiers chargés de conduire les projets de restructuration de travailler sereinement[26]. Or, dans le dossier du colonel Lewal apparaît un blâme prononcé par le ministre pour ces publications de 1871 et 1872 dont *Lettres à l'armée* publié anonymement.

25. Document inédit offert par le professeur Georges Gugliotta à l'auteur.

26. Cissey écrit dans le premier paragraphe de ses souvenirs : « *J'ai toujours trouvé les plus graves inconvénients à ce que des officiers, même d'un grade aussi éloigné que le mien, publient des relations de campagnes lorsqu'ils n'ont pas été initiés au plan et à la conduite générale des affaires.* »

Néanmoins, si en 1876 il ne bénéficie toujours pas de l'estime du ministre de la Guerre pour prendre le commandement des Cours spéciaux, sa fiche établie dans le mémorandum 2 en introduction de la partie « École supérieure de guerre » est élogieuse à son égard. On peut alors lire un long portrait dithyrambique :

> « *De très bonne heure, sa réputation d'officier intelligent, laborieux, vigoureux, juste et sévère fut solidement établie. En 1869 il fut appelé au dépôt de la guerre où il s'occupa avec une grande compétence de travaux historiques, de statistique militaire, d'achat de livres et de cartes. C'est à cette époque qu'il commence les conférences hebdomadaires, restées célèbres. Colonel du 18 août 1868, il fut nommé sous-chef d'État-Major général de l'armée du Rhin. Il s'acquitta de ses fonctions avec une adresse et un zèle qui auraient pu conjurer la catastrophe, sans l'inertie de Bazaine et la fatale complaisance de principaux chefs de l'armée…* »

Selon cette fiche, Lewal a été renvoyé du ministère dès 1871 pour avoir maltraité Bazaine et il se serait alors attiré les foudres de l'ensemble des généraux bonapartistes qui entouraient Cissey lors de leur captivité. Ainsi Lewal qui s'est toujours abstenu de toute manifestation politique, et dont le nom et les écrits font autorité dans l'armée non seulement en France mais aussi en Europe, devient, à la lecture du second mémorandum de Gambetta, l'homme victime des Cissey, Castelnau, Nugues et consorts qui *« obtinrent la nomination du général bonapartiste Gandil. »*

Sous le prisme de cette fiche, la nomination du général Lewal s'inscrit dans la crise politique française qui surgit le 16 mai 1877. Ne conduit-elle pas le maréchal-président à se soumettre progressivement à des républicains très divisés ? Mais Lewal est-il pour autant l'homme nommé sous l'influence de Gambetta et de la gauche radicale voire d'une force occulte que pourrait être la franc-maçonnerie ?

Les idées d'un penseur militaire marginal

À ce stade, si l'on considère que cette période d'avènement du régime républicain parlementaire peut être caractérisée par des « *temps obscurs*[27] », il ne serait pas raisonnable pour l'historien, faute d'autres documents, de se hasarder à voir la main des francs-maçons dans le remplacement de Gandil. Selon nous, la nomination du général Jules Lewal, officier très atypique pour l'échelon parisien, repose principalement sur une aura suffisamment établie de penseur militaire. S'il n'a pas été associé à la réflexion liée à la réorganisation du Corps d'état-major, le cœur de ses écrits cherche à montrer la nécessité de l'instruction dans l'armée française. La plupart des introductions de ses ouvrages commencent par ce même credo. Il écrit alors :

> « *Nos défaites ne proviennent pas, comme beaucoup le croient, d'un accident fortuit. Elles sont la conséquence d'une décadence minant depuis longtemps l'armée, et dont le développement devait fatalement aboutir à un désastre. Parmi ces causes se place au premier rang le défaut d'instruction. C'est par là que nous avons péché*[28]. »

Or, Lewal dépasse le constat en affirmant que si l'obligation d'instruction est en 1873 indiscutable[29], on continue à l'accuser de paralyser les dons naturels, d'exalter la critique comme de nuire au génie. Il va encore plus loin dans son analyse lorsqu'il désigne « L'Afrique » et donc indirectement cette génération des « Africains » dont le ministre est désormais le chef de file, comme responsables de cette situation. En écrivant « *L'Afrique fut, sous bien des rapports, une détestable école de guerre...La guerre d'Afrique fut la troisième cause qui refoula l'instruction et s'opposa à son déve-*

27. Daniel Halévy, *Pour l'étude de la Troisième République*, Paris, Grasset, 1937, p. 18.

28. Jules Lewal, *Études de guerre*, Paris, Dumaine, 1873, p. 2.

29. Il utilise alors « on » pour désigner de manière sous-entendue le haut-commandement. Lewal, *ibid.* p. 4.

loppement. Un système d'avancement vicieux favorisait l'ignorance, ou du moins, ne poussait pas à l'instruction[30] », ne se place-t-il pas un peu plus en marge d'une caste fermée qui ne réforme pas selon ses idées ? Pour Lewal, si la formation de l'officier commence à Saint-Cyr ou à Polytechnique, elle doit cependant être permanente et pratique.

Ainsi pour Lewal, imbu de la philosophie positiviste d'Auguste Comte, la guerre est une science qui s'appuie sur des axiomes positifs. Son principal postulat est d'admettre :

> « *Que la science militaire existe et qu'il est nécessaire de la posséder à fond, l'enseignement dans les écoles sera scientifique, positif et pratique. On écartera avec soin tout ce qui a le caractère de spéculation vague, d'imagination ou de fantaisie. La partie mathématique aura la prépondérance. Les théories enseignées seront toujours suivies d'une sérieuse et immédiate application*[31]. »

C'est pourquoi l'idée maîtresse de l'auteur de la *Réforme de l'armée* est de faire en sorte que la « science militaire » soit enseignée par une École supérieure qui doit remplacer les Écoles d'application du génie, de l'artillerie et d'état-major. En y recevant les jeunes officiers les plus distingués des Écoles d'infanterie, de cavalerie et d'artillerie, « *l'école supérieure aurait pour but d'initier les officiers aux parties les plus élevées de la science de la guerre, théoriquement et pratiquement*[32]. » L'École de guerre que souhaite mettre en place Lewal repose sur un système d'enseignement particulièrement élitiste et sélectif.

Élitiste, car l'admission d'un candidat doit reposer sur ses qualités, son savoir et sur son mérite. Sélective car, en s'appuyant sur un ensemble d'examens écrits et oraux comme en tenant compte de l'aptitude professionnelle ou du caractère de l'officier,

30. *Ibid.*, pp. 8-14.
31. *Ibid.*, p. 67.
32. *Ibid.*, p. 68.

Lewal envisage qu'il soit « *très difficile de sortir de cette école, et qu'il y eut de nombreux échecs, un tiers en moyenne*[33]. » En définitive lorsque l'on analyse ses écrits militaires, l'historien peut affirmer que le colonel Jules Lewal est un intellectuel pur, en rupture avec la mentalité dominante de ses chefs. Il devient en quelque sorte un penseur idéaliste dont l'action s'inscrit dans une République militaire qui cherche à faire *tabula rasa* du passé. Ses idées et ses conceptions ne sont alors plus en phase avec la société civile et l'image de certains des intellectuels comme des Républicains que celle des généraux. Pour Lewal : « *La perfection, c'est l'idéal ; le progrès le moyen d'en approcher*[34]. »

Unifier et rationaliser un enseignement sans cohérence

Pour cet officier qui milite pour « *surexciter le travail* » en vue d' « *amener les officiers à étudier leur profession, à s'en préoccuper sans cesse* », en s'ouvrant à la science et à la société, le décalage est grand lorsqu'il est désigné pour prendre ses nouvelles fonctions.

Le projet d'enseignement militaire qu'il commence à bâtir dès le mois d'octobre 1877 avec l'approbation de Castelnau repose sur deux idées principales. Sur le fond, il s'agit de placer l'étude de la guerre au cœur de l'enseignement. Or, au cours de la décennie 1870, la guerre se réduit encore essentiellement à la tactique. Le cours principal doit donc être le cours de tactique appliquée. L'officier stagiaire doit être continuellement placé en face de chacun des problèmes de la guerre. Sur le fond, l'état d'esprit de l'enseignement doit conduire les officiers à s'imprégner du goût de l'étude de la science militaire et y trouver leur intérêt. En donnant la première place à la tactique appliquée, Lewal rompt définitivement avec l'enseignement de l'École d'application d'état-major et des Cours militaires spéciaux. Le cours de sciences appliquées primait alors sur les autres cours, mais est supprimé

33. *Ibid.*, p. 69.

34. Jules Lewal, *La Réforme de l'armée*, p. 1.

dès 1878 puisque son titulaire, le colonel Laussédat, a demandé à être relevé de ses fonctions[35].

Néanmoins, la commission de perfectionnement refuse la solution « extrême » proposée par Lewal, qui souhaite aussi la suppression du cours d'économie politique[36]. En clarifiant les attendus de l'enseignement, Lewal formalise le programme type d'une année durant laquelle, il doit toujours participer au recrutement des futurs candidats à l'École. Le nouveau directeur commence donc par mettre en cohérence, d'une part, les périodes consacrées aux cours théoriques puis aux voyages d'état-major et d'autre part, celles dédiées aux examens d'admission et de sortie. Le schéma directeur est simple et pragmatique. Il faut profiter de la période hivernale pour dispenser l'enseignement théorique et de l'estivale pour s'exercer aux voyages d'état-major. Les diverses phases d'examens sont ensuite intercalées entre ces intervalles d'enseignement afin de ne pas le perturber. Désormais la date d'entrée des stagiaires à l'École est le 1er novembre[37].

Lewal doit ensuite s'attacher à unifier l'enseignement. Cela consiste à trouver une solution pédagogique afin de mettre en cohérence le nouveau programme des Cours militaires spéciaux avec la finalité de l'École : préparer des officiers pour le service d'état-major et leur donner des connaissances générales nécessaires au commandement. Si, pour mettre en place un enseignement nouveau, la commission avait choisi de nouveaux professeurs, ces derniers, en développant leurs cours sans être dirigés, « *avaient joui jusqu'alors de l'indépendance la plus absolue, sous la seule*

---

35. Le cours sera remplacé par des conférences sur la télégraphies et les chemins de fer, confiés à des spécialistes de ces questions.

36. La commission refuse de suivre la proposition de Lewal à cause de la notoriété du professeur. Néanmoins puisque Albert Desjardins, titulaire du cours ne peut plus assurer sa fonction à l'École et à la faculté de droit de Paris, il démissionne dès 1879. Le cours est alors réparti entre le cours d'état-major (droit de la guerre) et le cours d'administration (droit public et économie politique).

37. Les cours théoriques sont ainsi dispensés du 1er novembre au 15 mai, date à laquelle commence les voyages d'état-major.

réserve de ne pas dépasser le nombre de leçons prescrit par l'emploi du temps[38]. »

En définitive, dans cette deuxième année de fonctionnement, l'École ne prépare toujours pas les officiers à leur rôle de guerre. C'est maintenant que l'action de Lewal devient essentielle, pour la phase de conceptualisation de l'École militaire. En rédigeant ses *Instructions pour MM les professeurs et conférenciers*[39], il donne à l'enseignement l'unité de méthode dont elle ne dispose pas encore. Il devient en somme le directeur de l'enseignement qui, pour la première fois, coordonne l'ensemble du programme et des professeurs. En s'appuyant sur ses directives d'enseignement qui fixent uniquement le but à atteindre et l'esprit, il demande dans un premier temps aux professeurs de concevoir leur programme puis dans un second temps, après avoir étudié l'ensemble de leurs propositions, il les réunit à nouveau pour présenter les modifications à y apporter. Il s'agit d'harmoniser les programmes « *pour éviter les doubles emplois, les divergences dans les appréciations et retrancher toutes les matières dont l'étude ne comporterait pas de résultats pratiques*[40]. » Les directives du général Lewal représentent le modèle pédagogique sur lequel l'enseignement de l'École supérieure de guerre s'appuie jusqu'en 1914. L'esprit de ce document, daté du 3 décembre 1877, qu'on appellerait aujourd'hui « ingénierie de formation », est illustré par le but de l'instruction. Lewal écrit : « *L'objectif des cours est l'enseignement des choses de la guerre. C'est là le principal, l'essentiel, ce qui se pratique en paix n'est qu'un accessoire, une dérogation à l'état de guerre.* »

Théoriser l'enseignement de la tactique

L'esprit méthodique et procédurier, doublé d'une plume prolifique, permettent donc au général Lewal, écrivain, de rédiger

38. Desfontaines, *op. cit.*, p. 38.

39. Référence : Bibliothèque patrimoniale archives non référencées et Desfontaines, *op. cit.*, pp. 40-44.

40. Desfontaines, *op. cit.*, p. 39.

tous documents nécessaires à la mise en cohérence de l'enseignement. Cependant, le document fondateur de ses directives, celui qui place la tactique au centre de toutes les finalités pédagogiques est « Introduction à la tactique positive. » Il s'agit de la seule conférence par le général Lewal aux Cours militaires spéciaux. Faite le 28 mars 1878, elle est destinée aux professeurs de l'École militaire supérieure[41]. Ce document constitue une véritable synthèse de ses précédents écrits, centrée sur l'enseignement de la tactique dans le cadre de la nouvelle École. Lewal y développe son choix de faire dominer la tactique sur la stratégie et la science militaire sur l'art militaire[42]. Pour lui, « *La stratégie ne varie pas, tandis que la tactique se transforme sans cesse.* » Ainsi la stratégie s'apprend et ne s'enseigne pas.

Chez Lewal, au-dessus des trois tactiques d'infanterie, de cavalerie et d'artillerie il y en a une quatrième, la tactique des trois armes réunies qui les coordonne. C'est ce qu'il définit par la tactique générale des unités composites. Si le mot « tactique » peut être suivi par de nombreux qualificatifs[43], Lewal la présente comme une science d'exécution. Il lui attribue alors le qualificatif de « positive. » Pour la définir, il écrit :

« *C'est celle que j'ai cherchée à faire prévaloir dans tous mes ouvrages, en écartant avec soins tous les systèmes, toutes les opinions préconçues. La tactique positive est la base de toute l'instruction pra-*

41. Cette conférence reçoit l'aval du Ministre et une autorisation de publication par le cabinet dès le mois d'avril 1878. Il semblerait que le général Lewal est offert cette publication (Dumaine) à l'ensemble des professeurs de l'École. En effet l'auteur a retrouvé trois exemplaires de ce pensum dédicacé par Lewal aux professeurs.

42. Il est à ce stade intéressant de souligner que le premier ouvrage qu'il écrit alors qu'il vient de faire valoir ses droits à la retraite est *Introduction à la partie positive de la Stratégie* en 1892. Entre le moment où il occupe les fonctions de directeur de l'école puis son temps de Ministre de la guerre, ses idées évoluent au fur et à mesure que l'armée française se perfectionne.

43. Tactique de mobilisation, de marche, de combat, des approvisionnements... voire petite ou grande tactique.

tique ; elle seule peut préparer les officiers au rôle qui leur incombe en campagne[44]. »

L'enseignement de la tactique est une nécessité absolue, car selon lui l'expérience est toujours insuffisante pour former les officiers. Ces derniers, dont le plus grand nombre constituent « *les types normaux* », doivent appliquer une méthode[45] qui est d'autant plus nécessaire que le caractère de l'officier s'y prête moins. Ainsi, si les solutions positives ont toujours existé, elles ne se limitent pas pour autant à la dimension matérielle des choses. Les facteurs moraux comme les dispositions intellectuelles doivent également être prises en compte par la tactique positive en évitant de leur accorder la toute-puissance ou de les nier complètement.

Ce document doit être compris comme la philosophie de l'enseignement des officiers « brevetés » où la direction des études « *ne saurait avoir d'autre objectif que la tactique positive*[46]. » Après avoir défini le « pourquoi » de l'enseignement, le général propose ensuite de nouvelles directives afin que les exercices pratiques soient rigoureusement exécutés. En effet, les deux premières années des Cours militaires spéciaux ont montré que les professeurs ne sont pas formés pour diriger ces séances pratiques. Pédagogiquement, il s'agit de mettre en application un problème de guerre déjà étudié en salle de cours, sur le terrain, sous le commandement d'un officier supérieur, directeur de la manœuvre.

Dans la directive du 10 février 1878, Lewal explicite la finalité lorsqu'il écrit :

> « *Les exercices pratiques ont pour but : 1° de placer les officiers en face des éventualités qui se présentent à la guerre, de les familiariser avec ce qu'elles ont d'imprévu, de former leur coup d'œil, leur jugement et de les habituer à appliquer, judicieusement et sans hésitation, dans toutes les circonstances [...]*

44. Jules Lewal, *Introduction à la tactique positive*, Paris, Dumaine, 1878, 103 p.
45. Ce point est développé ultérieurement.
46. *Ibid.*, p. 101.

> *2° d'obliger les officiers à comparer constamment la carte au terrain...* »

Cependant, le général développe comme dernier point de cette directive le rôle le plus important assigné au directeur de l'exercice : apprécier et critiquer l'opération. En ce sens, l'officier en charge de cette restitution doit voir de près comment l'application par un stagiaire des règles enseignées, son jugement et son esprit de décision. Si l'on considère que cette partie appréciation-notation représente un quart de cette directive, il n'est pas étonnant que le directeur de l'École ait également rédigé une instruction qui définit comment les examens écrits et oraux doivent être conduits.

Au cours du second semestre 1878, Lewal présente un projet d'exercices pratiques au Camp de Châlons. Il s'agit de créer une instruction cohérente à l'échelon de l'armée française où la manœuvre d'été des corps d'armées, les écoles à feu d'artillerie et d'infanterie seraient jumelées avec les exercices des stagiaires de l'École[47]. Le ministre, le général Gresley refuse catégoriquement[48]. Au premier semestre 1880, le général continue à apporter des modifications au programme[49]. C'est alors qu'intervient enfin la loi relative au service d'état-major le 20 mars 1880. La loi tranche la question si longuement débattue du corps fermé et du corps ouvert. Le général Lewal devient, en application de l'article 3 de

47. Dans ce projet Lewal propose de réunir au camp de Châlons pendant trois mois deux divisions (infanterie, et cavalerie) 12 batteries d'artillerie avec tous les services et de faire participer les stagiaires au service courant de ces unités.

48. Ce dernier pense en autre « *qu'un si vaste appareil mis à la disposition de jeunes gens, ne troublât leurs idées et ne leur donnant une trop haute opinion d'eux-mêmes.* » Desfontaines, *op. cit.*, p. 78.

49. Il ajoute pour la première fois un voyage d'étude historique d'une durée de cinq jours. La visite d'un champ de bataille est une application directe du cours d'histoire militaire. Les premiers champs de bataille visités sont Nouart, Beaumont, Sedan, Coulmiers, Loigny et Orléans. En outre sur ordre du ministre une reconnaissance terrain d'une durée de cinq jours est également ajoutée au programme de la 1re division.

cette loi signée par Jules Grévy, le premier directeur d'une École supérieure de guerre. Elle consacre officiellement l'adoption du corps ouvert pour recruter les officiers d'état-major.

L'organisation de l'École supérieure de guerre

En moins de trois années, « *la lutte vigoureuse*[50] » du général Lewal a permis de théoriser le cadre de fonctionnement et d'organisation de l'École. Alors pourquoi quitte-t-il ses fonctions moins de six mois après l'institutionnalisation d'un projet sur lequel il réfléchit constamment depuis sa captivité ? Il a travaillé dans un environnement hostile, puisque ses idées militaires l'ont poussé à faire le choix politique de se rallier aux républicains. Dans un tel contexte, mettre en place une institution nouvelle l'a exposé aux critiques et aux jalousies d'une partie de ses pairs comme de ses supérieurs. Sa fiche du Mémorandum 2 de Gambetta mentionne : « *On n'a rien épargné, ni refus, ni tracasseries pour le contraindre à se démettre de ses fonctions. Il a regardé ses adversaires de son air hautain et ils se sont tus. Il n'est pas homme à déserter son poste.* » En le promouvant divisionnaire, le ministre ne choisit-il pas la solution opportune pour stopper le vent de réformes que Lewal insuffle à l'École ? Si, à travers l'ensemble de ses directives, les théories du général rompent avec l'inertie et la routine du système, elles fondent durablement l'édifice et l'organisation de l'École supérieure de guerre.

Le personnel d'encadrement et de fonctionnement de l'École

Lorsque le général Lewal quitte l'École le 17 septembre 1880, la structure est définitivement installée au sein de l'École militaire. L'institution nouvelle bénéficie du château et du quartier artillerie qui lui est attenant. La composition du personnel de l'école

50. Mémorandum 2, p. 105.

a été fixée par Cissey et Castelnau le 15 juin 1876. Elle reste inchangée jusqu'à la date de parution du décret du 29 octobre 1886. Ce document scelle l'organisation de l'École supérieure de guerre jusqu'à 1912[51]. Son organigramme comprend d'abord un état-major qui commande la structure, soit neuf officiers. Il est composé : d'un général de division ou de brigade commandant l'École ; un colonel, commandant en second ; un officier supérieur directeur des études ; un officier supérieur d'infanterie, adjoint à la direction des études ; un chef de bataillon, major de l'École ; un médecin principal et un médecin-major ; deux vétérinaires ; un officier d'administration. Ensuite un petit état-major composé essentiellement de sous-officiers et de militaires du rang dont l'effectif est d'environ quatre-vingts. Les sous-officiers occupent des fonctions administratives et arment les écuries. Les soldats occupent les fonctions de secrétaire d'état-major, fourrier, sellier, maréchal-ferrant, tailleur, bottier, perruquier, lampiste, cuisinier et infirmier. Dans ces tâches on trouve également huit maîtres-ouvriers : deux tailleurs, deux bottiers et trois selliers. À côté de ce petit état-major, l'ensemble des personnels affectés au fonctionnement du manège s'élève à trente-trois personnels[52]. En marge du personnel militaire et ouvrier d'état, le personnel civil d'administration permet d'assurer le fonctionnement de quatre pôles distincts : la trésorerie, la bibliothèque, le service de dessin et de photo, le service de l'autographie et de la presse. En prenant en compte les ordonnances d'officiers, le personnel nécessaire à la partie ancillaire du fonctionnement de l'École supérieure de guerre s'élève donc à 450 :

– le petit État-major : 78
– ordonnances d'officier : 225

51. Au cours de la période étudiée dans cette deuxième partie, 1878-1895, très peu de modifications interviennent.

52. Maréchal des logis, maréchal des logis fourrier, brigadiers et cavaliers. De plus une compagnie de remonte d'un effectif d'environ 80 personnels est détachée en permanence pour faire fonctionner le manège.

– cavaliers de manège : 33
– détachement de remonte : 84
– personnel civil : 29

Bien que le service intérieur de l'École relève du gouverneur militaire de Paris[53], le fonctionnement de l'École est assujetti à trois autres subordinations : au ministère de la guerre pour les questions relatives à l'enseignement, à la section du personnel d'état-major pour le personnel et au président du comité technique d'état-major pour les examens d'admission et de sortie.

Cette quadruple subordination montre que, puisque le général commandant l'École est responsable de l'enseignement vis-à-vis du ministre, lorsque des divergences de vues et d'idées apparaissent entre les deux généraux, la situation de l'École devient complexe. Néanmoins, c'est aussi la fonction du Conseil de perfectionnement de l'École d'harmoniser les possibles divergences. Le conseil est recréé le 20 octobre 1888[54]. Dans sa forme nouvelle, son rôle est de proposer au Ministre les programmes annuels, les emplois du temps et les modifications à apporter. Le conseil d'instruction se compose de douze membres, six membres appartenant à l'École et six autres appartenant à l'état-major général. Pour l'École supérieure de guerre on trouve son directeur, le commandant en second et quatre professeurs. La participation de l'état-major général s'appuie autour d'un sous-chef d'état-major, de quatre généraux de brigade[55] et un officier supérieur, secrétaire du comité. Néanmoins, le bras armé du personnel d'encadrement de l'École c'est environ 25 professeurs[56] et une douzaine de

53. Il s'agit ici des questions de discipline, de police générale et des questions territoriales.

54. Il fonctionne jusqu'à l'année 1905. À partir de cette date le général commandant l'École traite directement avec l'état-major général sans en référer au ministre.

55. Un par arme : infanterie, cavalerie, artillerie et génie.

56. Après les départs des professeurs d'économie-politique et d'histoire seuls les professeurs de langue étrangère sont civils (allemand, obligatoire ; russe et anglais

conférenciers. À partir de 1886 les professeurs des cours de trois chaires – histoire militaire, tactique générale et stratégie ; service d'état-major ; géographie – sont tenus par des officiers brevetés.

Les stagiaires

L'ensemble de ces personnels qui compose l'État-major ou le petit État-major et le corps professoral vit essentiellement pour les deux promotions de stagiaires qui arment les 1re et 2e divisions de l'École supérieure de guerre. Leur recrutement s'effectue jusqu'en 1914 selon les prescriptions de la loi du 20 mars 1880. Lorsque l'on analyse le tableau indiquant le nombre des candidats à l'École depuis sa création[57], on constate qu'au cours des dix premières années de fonctionnement, le nombre d'officiers est soit en baisse constante soit stable, mais il est toujours inférieur à celui de l'année 1876 : 290. Il faut attendre l'année 1887 pour que le nombre de candidats admis à se présenter soit supérieur à 290, ce qui confère un taux de sélection d'un officier admis pour quatre officiers ayant participé aux épreuves d'admissibilité. Desfontaines écrit en 1913 qu'il avait « *une sorte de discrédit qui semblait peser sur l'École à sa fondation*[58]. »

Il est vrai que les limites d'âge supérieures imposées par le décret du 18 février 1875 sont beaucoup trop restrictives car elles ne laissent aux candidats la possibilité de se présenter seulement deux ou trois fois. Ainsi le ministre supprime les limites d'âge supérieures dès l'année 1879. À partir de 1880, les profils des candidats sont ceux de jeunes lieutenants ou capitaines dont on exige qu'ils aient passé cinq années dans un corps de troupes. Mais le principal discrédit qui pèse sur l'École est ailleurs. Le ciment de l'armée, héritage et continuité du Second Empire, repose sur la subordination de l'Inspecteur général d'une arme au chef de

facultatif).

57. Desfontaines, *op. cit.*, deuxième partie, p. 7.

58. Desfontaines, *op. cit.*, p. 10.

corps d'un régiment. C'est pourquoi les officiers les plus distingués préfèrent encore rester dans leur régiment où ils n'ont pas de rivaux plutôt que de se risquer à affronter une concurrence au sein de l'École supérieure de guerre. Lewal a pris la mesure de ce problème dès sa prise de fonctions. Pour chercher à attirer l'élite de l'armée au sein de cette nouvelle institution, il cherche à accorder aux « brevetés » des avantages immédiats. Il demande que l'officier portant le numéro 1 sur la liste du classement de sortie ainsi que les autres stagiaires remplissant les conditions d'avancement soient inscrits d'office au tableau. Cette mesure de saine et juste émulation est refusée par la Haute commission des commandants de corps d'armée[59].

En dressant ce constat qui caractérise le recrutement médiocre de l'École supérieure de guerre entre 1876 et 1887, on peut admettre que si l'École d'application d'état-major a été dissoute, la mentalité des jeunes officiers de l'armée française évolue doucement. Le biais de l'institution créée par Gouvion Saint-Cyr domine encore « l'imaginaire » des officiers. Si hier il n'y avait aucun avantage d'avancement à se présenter à la voie état-major, pourquoi aujourd'hui cette nouvelle institution changerait subitement l'ordre des choses ? Une telle situation a conduit Desfontaines à écrire : « *Le petit nombre des concurrents conduisait à recevoir des médiocrités.* » En effet en 1878, lors du premier concours sous la direction de Lewal, 111 officiers participent aux épreuves d'admissibilité sur 115 autorisés à se présenter, 100 sont admissibles et 72 sont admis. Bien que les chiffres de ce concours soient statistiquement les plus négatifs, les années 1881, 1882, 1883 et 1884 ne permettent pas d'établir de taux de sélection drastiques. On comprend alors le jugement très sévère mais réaliste porté par Desfontaines : « *En fait, l'École de guerre recevait une assez grande quantité d'officiers de second ordre et même de troisième, alors qu'elle n'aurait dû comprendre que des officiers de*

59. Il doit être noté ici que la mesure que propose le général Lewal est alors déjà en vigueur depuis plusieurs années à l'École de cavalerie.

premier choix. » Cependant la situation change à partir de 1887. Lewal a été ministre de la Guerre en 1885. Plus de 700 officiers sont déjà sortis de l'École. Ce chiffre constitue une masse critique d'officiers dont les premiers ont déjà atteint le grade de colonel ou de lieutenant-colonel. Le cours du commandant Goujat dit Maillard rayonne en dehors de l'École.

Alors, dans un contexte stratégique qui est celui de l'alerte de 1887 ravivant l'idée de revanche, les dix premières années de fonctionnement de l'École montrent que les perspectives du titre de « breveté d'état-major » s'inscrivent dans le moyen et le long terme, c'est-à-dire celui d'un officier appelé à de hautes fonctions dans la seconde partie de sa carrière.

Deux autres catégories de « brevetés »

Si la majeure partie des stagiaires est issue du concours, il est néanmoins possible d'obtenir le « brevet d'état-major » sans suivre les deux années de scolarité de l'École supérieure de guerre.

Subissant un « examen spécial » au même moment que les examens de sortie de la 1re division, un officier d'une certaine ancienneté peut se voir remettre le « brevet direct d'état-major. » Cette mesure apparaît dans le dernier paragraphe de l'article 3 de la loi du 20 mars : « *Le brevet est également accordé aux officiers supérieurs de toutes armes, sous les conditions et à la suite d'épreuves déterminées par un règlement ministériel.* » Il est nécessaire de comprendre le caractère dérogatoire que met en place cette mesure. En effet la loi du 20 mars constitue une réforme radicale pour la carrière des officiers. Désormais, seuls les sous-lieutenants, les lieutenants et les capitaines, dans la mesure où ils remplissent les conditions, peuvent se présenter au concours d'entrée.

Mais dans cette jeune République, le principe d'égalité de tous les officiers devant la loi doit apparaître. C'est pourquoi les officiers ayant déjà dépassé les conditions d'ancienneté fixées par la directive doivent aussi avoir une possibilité pour devenir des « brevetés. » En fin de compte, des capitaines « anciens » et des officiers supérieurs suivent chaque année, en parallèle des examens de sortie de l'école, trois types d'épreuves. La première est une épreuve écrite. Elle comporte une question de tactique, de service d'état-major, d'histoire, de géographie et la réalisation d'un croquis topographique. La deuxième est l'épreuve orale. Elle se décompose en huit examens portant respectivement sur la tactique générale, la fortification, l'administration, les chemins de fer, la mobilisation, le service de santé, l'hippologie et sur l'allemand. Enfin la troisième épreuve est l'équitation. Desfontaines a réalisé un tableau de statistique qui montre le nombre d'officiers ayant essayé d'obtenir le brevet direct entre 1881 et 1900. Les chiffres montrent que seules les trois premières années répondent à un véritable besoin pour l'institution dans la mesure où un nombre important de candidats se présente[60]. Néanmoins à partir de l'année 1888, on peut affirmer que ce recrutement est anecdotique et marginal puisqu'annuellement, seul un officier obtient le brevet direct. En fin de compte, on doit considérer qu'entre 1881 et 1887, l'obtention du brevet direct d'état-major est une mesure transitoire qui permet principalement à des chefs de bataillon d'être « brevetés. »

Une dernière catégorie d'officiers doit attirer l'attention de l'historien. Il s'agit de celle des officiers des armées étrangères qui suivent tout ou partie de la scolarité. Les nationalités des stagiaires soulignent les alliances militaires du moment et l'état des relations du concert des nations européennes. Depuis la dixième promotion de l'École supérieure de guerre, la France permet ainsi à des officiers étrangers d'être stagiaires ou auditeurs libres. Dans le premier cas, les officiers élèves suivent rigoureusement le même cursus que leurs camarades français. Affectés au sein d'un groupe, ils suivent le cycle d'enseignement complet. La seule restriction concerne les voyages d'études des places du nord-est et la visite

60. En 1881, 71 officiers ont postulé et 27 ont obtenu le brevet ; en 1882, 23 officiers ont postulé et 17 ont obtenu le brevet ; en 1883, 18 officiers ont postulé et 11 ont obtenu le brevet.

de l'école de tir. Ces deux activités, comme certains cours classés « confidentiel défense », leur sont interdits. Ces lieutenants ou capitaines étrangers doivent néanmoins avoir le niveau requis en langue française et en équitation afin de ne pas avoir la désagréable surprise de retourner dans leur pays d'origine à la fin du premier mois de scolarité.

Les auditeurs libres, généralement officiers supérieurs, ne font pas partie d'un groupe. Ils assistent uniquement aux conférences des 1re et 2e divisions sans participer aux travaux d'études, aux reprises d'équitation ni aux cours d'allemand. Ils assistent cependant aux exercices tactiques sur cartes et aux voyages d'état-major en qualité de spectateurs. Seuls les officiers-élèves étrangers participent aux examens de sortie dans les mêmes conditions que leurs homologues français. En 1884, le lieutenant d'infanterie japonais Harada est le premier stagiaire étranger à intégrer l'école. Si la première mission militaire française au pays du Soleil-Levant consiste à aider le pays à mettre en place la conscription en 1873, l'arrivée de cet officier japonais à l'École militaire s'inscrit en parallèle de la troisième mission militaire à Tokyo. Jusqu'en 1910, cinq stagiaires japonais suivent la scolarité[61]. Au cours de la même période, cinq autres pays suivent l'exemple du Japon : la Roumanie, l'Empire ottoman, la Grèce, la Colombie et le Monténégro. Néanmoins, le nombre de stagiaires étrangers reste faible. Onze stagiaires suivent la totalité de l'enseignement entre 1884 et 1895, soit une moyenne d'un officier étranger par promotion[62].

Les infrastructures et les supports pédagogiques

Au sein de l'École militaire, pour pouvoir s'épanouir intellectuellement, les stagiaires bénéficient de plusieurs pôles qui structurent leur enseignement. Le premier et le plus important est le manège. À cette période, et jusqu'en 1939, la première des

61. 16e, 25e, 28e, 32e. 34e.

62. Nous n'avons pas réussi à collecter les noms des auditeurs libres.

aptitudes pour un officier « breveté » est d'être capable de commander ses troupes ou d'effectuer une mission de reconnaissance à cheval. C'est pourquoi chaque journée d'instruction au quartier débute par une reprise pour chaque stagiaire.

Il n'est alors pas étonnant de constater que le premier paragraphe de toute notation d'un officier-élève de l'École supérieure de guerre commence par sa tenue en selle. Dans ce cadre, l'écuyer en chef de l'école devient un des personnages clé. Il a sous ses ordres l'ensemble du personnel des écuries, le détachement de la 5e compagnie de remonte et les ordonnances d'officiers[63], environ 225. L'écuyer en chef commande ainsi la plus grosse structure de l'école, c'est-à-dire l'ensemble des militaires du rang formé en trois escadrons auxquels il faut ajouter une cavalerie comprenant 265 chevaux chaque année. Cette dernière, composée principalement de chevaux d'armes, reçoit annuellement des chevaux qui sont d'abord débourrés par les sous-maîtres de manège puis, dressés en partie par les officiers-élèves lors de leurs premières reprises. Les chevaux sont montés au manège durant les premiers mois de la scolarité, puis dès le mois d'avril ils deviennent le principal moyen de transport des stagiaires comme des cadres-professeurs pour prendre part aux différents exercices et voyages d'état-major. Les autres locaux qui servent de base à l'enseignement sont les amphithéâtres, les salles d'études, les salles d'examen, les salles de *Kriegsspiel* et la bibliothèque. Les amphithéâtres sont au nombre de deux, un dédié à chaque division. Seul celui de la 2e division est baptisé. Il porte le nom de Commandant Maillard. On trouve 12 salles d'études, soit une salle pour chaque groupe de stagiaires[64]. Les séances de *Kriegsspiel* s'organisent autour de trois grandes salles[65].

63. Ces derniers s'occupent tous les après-midi du pansage de la monture attribué à l'officier dont ils sont l'ordonnance.

64. Une division est composée de 6 groupes.

65. Une salle pour les deux partis, bleu et rouge, et une salle pour la direction.

Avec la bibliothèque qui aujourd'hui est appelée bibliothèque patrimoniale de l'École militaire, le « breveté » pénètre dans le lieu symbolique d'où émane une pensée militaire riche d'ouvrages qui sédimentent des idées de plusieurs siècles. Cet endroit local « *le plus remarquable de l'école tant par la richesse de ses volumes que par la magnificence de ses boiseries*[66] » a hérité de l'ensemble des ouvrages de la bibliothèque de l'École d'application d'état-major.

En 1913, elle compte 63 000 livres et revues. Le service autographique de l'école constitue le second centre d'importance pour les professeurs et les stagiaires. Dirigé par un adjudant expérimenté, il est directement commandé par l'officier supérieur adjoint à la direction des études. En effet la possession des cours théoriques par les stagiaires constitue la seule documentation réglementaire mise à leur disposition. Si jusqu'en 1884, les cours autographiés des différents professeurs de l'école sont seulement destinés aux stagiaires[67], le ministre demande alors qu'ils soient envoyés à toutes les bibliothèques de garnison. Cette décision qui émane du ministre permet à l'historien d'affirmer qu'à partir de cette date, d'une part certains professeurs de l'École supérieure de guerre ont déjà acquis une solide réputation, d'autre part qu'elle est maintenant considérée comme le centre du rayonnement intellectuel de l'armée française. En fin de compte le service autographique doit être considéré comme le premier vecteur de développement de la pensée militaire française à partir de 1878, date de sa mise en service par le général Jules Lewal. En 1895 les cours sont tirés à 450 exemplaires, 200 destinés à l'école et 250 envoyés à titre remboursable pour les officiers généraux, dans les bibliothèques de garnison, dans les corps de troupes où dans les établissements militaires qui désirent les acquérir[68]. Entre 1884 et 1913 ces cours, dont certains sont tirés jusqu'à 1200

66. Desfontaines, *op. cit.*, p. 71.

67. Les tirages sont alors de 200 exemplaires par cours.

68. Desfontaines, *op. cit.*, p. 67.

exemplaires[69], deviennent des publications de références qui sont pour les professeurs de la chaire d'histoire militaire de stratégie et de tactique générale, les prémices à une publication identique voire augmentée chez les éditeurs spécialisés. En règle générale les professeurs attendent leur deuxième année de présence à l'école avant de livrer leurs cours au service de l'autographie.

Le cycle de l'enseignement

Fort de la compréhension de l'état des stagiaires comme de l'organisation millimétrée de l'école, l'enseignement dispensé au sein de cette université militaire doit maintenant être analysé. Il permet de définir le contenu académique global entre le moment où un officier présente sa candidature pour passer les épreuves d'admissibilité et la fin de sa scolarité qui est sanctionnée par l'obtention du brevet d'état-major. Cette séquence primordiale pour la carrière d'un officier se décompose en trois étapes : 1° le concours d'entrée ; 2° l'enseignement théorique et pratique ; 3° l'examen de passage et de sortie de l'école. Elle dure généralement trois années lorsque l'officier réussit le concours dès sa première tentative[70].

Les prérequis de l'examen d'entrée

Chaque année le ministère de la guerre publie une instruction qui fixe les conditions d'admission et la nature des épreuves auxquelles les officiers admis à concourir doivent satisfaire. Ce document cadre est publié in extenso par les éditions Charles-Lavauzelle dès 1886[71]. Le concours d'admission à l'École supé-

69. La circulaire du 17 novembre 1899 autorise à tous les officiers brevetés déjà sortis de l'École de se procurer les cours à titre remboursable.

70. Entre 1876 et 1914 les officiers sont autorisé à présenter trois fois le concours d'admission à l'École.

71. *Programme d'examen à l'École supérieure de guerre en 1886*, Paris, Charles-Lavauzelle, 1886, 20 p. ;

rieure de guerre est ainsi ouvert aux lieutenants et capitaines de l'Armée de terre, à leurs homologues de l'infanterie et de l'artillerie de marine. Les examens des demandes de candidature sont décentralisés à l'échelon des corps d'armées et des deux gouvernorats militaires. Chaque année la liste des officiers admis à concourir est arrêtée le 15 août et les épreuves écrites ont lieu au début du mois de septembre dans les chefs-lieux des différents corps d'armées. Jusqu'en 1913 la nature des épreuves évolue très peu. Seuls les programmes des matières varient peu ou prou tous les cinq ans. Les sujets des épreuves écrites sont choisis par le comité technique d'état-major, sur la proposition du général commandant l'École supérieure de guerre[72]. Elles comprennent d'abord la réalisation d'un lever d'itinéraire réalisé en amont des épreuves écrites. Cette épreuve de topographie est réalisée aux alentours de la garnison des candidats, sous la surveillance du corps d'armée. De plus, les itinéraires à lever sont choisis par le général commandant le corps d'armée sur la proposition du chef du bureau topographique de l'état-major[73]. La partie principale des épreuves écrites dure trois jours. Elle se compose d'une seule épreuve décomposée en sept questions : tactique, histoire, géographie, législation et administration militaire, hygiène, fortification et un thème d'allemand. Les différentes questions constituent des examens séparés. L'examen de tactique est le plus long ; il dure cinq heures. Le thème d'allemand est le plus court ; sa durée est de deux heures.

72. *Ibid.*, p. 3.

73. *Ibid.*, p. 4.

Épreuves	**Matière**	**Coef.**
Écrites	Question militaire	8
	Question d'organisation, d'administration, etc.	4
	Thème d'allemand	4
	Croquis topographique	2
	Total	18
Orales	Organisation et histoire militaires	5
	Tactique d'infanterie	4
	Allemand	4
	Tactique de cavalerie	4
	Législation et administration	3
	Artillerie	4
	Fortification	4
	Géographie	4
	Topographie	3
	Total	35
Équitation		2
Aptitude générale		6
	Total général	**61**

Tableau des coefficients du concours d'entrée[74]

Un mois après les épreuves d'admission, les officiers admissibles se retrouvent à l'École militaire pour passer les épreuves orales dans les salles d'examens de l'École supérieure de guerre[75]. À partir de l'année 1887, le nombre de candidats admissibles varie de 160 à 130 officiers, pour un nombre réel de candidat ayant participé aux épreuves d'admission qui fluctue entre 350

74. *Instruction pour l'admission à l'École supérieure de guerre en 1886*, Paris, Charles-Lavauzelle, 1885, 22 p.

75. Les épreuves écrites sont corrigées par une sous-commission composée par des officiers supérieurs brevetés appartenant à la garnison militaire de Paris. Cette sous-commission adresse la liste d'admissibilité au comité d'état-major. Desfontaines, *op. cit.*, deuxième partie, p. 82.

et 515[76]. Avec un taux d'admissibilité moyen rarement inférieur à 50 %, peut-on dire que les épreuves écrites sont réellement sélectives ? Les épreuves orales se décomposent en quatre examens. Le premier porte sur l'organisation, l'histoire militaire et la tactique d'infanterie. Le deuxième sur la tactique de cavalerie et l'allemand. Le troisième sur l'artillerie et la fortification. Quant au quatrième il contrôle les connaissances de géographie et de topographie des officiers admissibles. Une épreuve d'équitation complète ces épreuves orales. Quatre sous-commissions, composées chacune de trois officiers supérieurs dont un officier choisi parmi les professeurs adjoints de l'École, instituent les quatre séries d'épreuves orales. Si le nombre initial d'officiers admis à suivre la scolarité est de 72, il passe à 81 en 1888 et se stabilise à 80 jusqu'en 1895. Là encore, à l'issue des épreuves orales, le ratio nombre de candidats admissibles-candidats admis est de 50 %. Au cours de cette phase « initiatique », les candidats sont seuls pour se préparer aux épreuves, dont les programmes sont sommairement détaillés dans l'instruction ministérielle. Néanmoins, des publications dédiées à la préparation du concours apparaissent chez des éditeurs spécialisés comme Baudoin[77] ou Charles-Lavauzelle[78].

Le programme et l'enseignement théorique

Dès leur réussite au concours, les officiers-élèves débutent une scolarité de deux années. À partir de la 6e promotion[79] et jusqu'à la 37e promotion[80], l'entrée comme la sortie de l'École est

76. Le nombre d'officiers autorisé à se présenter peut atteindre 690 comme en 1899 néanmoins le tableau réalisé par Desfontaines montre que chaque année 50 à 200 officiers renoncent à concourir. Référence : Desfontaines, *op. cit.*, deuxième partie, p. 8.

77. *Essai de tactique*, Paris, Baudoin, 1886, 120 p.

78. *Conseils pour la préparation à l'École supérieure de guerre*, Paris, Charles-Lavauzelle, 1896, 99 p.

79. 1880-1882.

80. 1911-1913.

invariablement le 1er novembre. Dans sa globalité, le programme se divise en deux parties distinctes : l'enseignement théorique et l'enseignement pratique. Sous l'angle de la conduite de la guerre, l'enseignement en première année, c'est-à-dire de la 2e division, a pour objet l'étude de la division alors que celui de la seconde année se concentre sur l'étude du corps d'armée. L'enseignement est pédagogiquement très progressif. L'année d'enseignement consacrée à la division s'appuie sur la résolution de problèmes simples. Cela signifie que les stagiaires se familiarisent avec des unités tactiques comprenant une seule arme ou un seul service. Puis, lors de leur passage en deuxième année, ils apprennent à travailler avec des unités interarmes qui regroupent l'ensemble des armes ou des services composant la grande unité tactique de l'armée française, le corps d'armée. Les emplois du temps annuels des deux divisions sont rythmés par le même séquencement : cours théoriques, voyages d'état-major et manœuvres puis examens. Depuis « l'ère Lewal », le cœur de l'enseignement théorique devait reposer sur le cours de tactique appliquée. Ensuite des cours qualifiés « d'auxiliaires » doivent venir se lier à l'enseignement de la tactique pour assurer la cohérence des programmes et de l'enseignement. Le terme de tactique appliquée a été défini par Jules Lewal. La tactique appliquée des unités composites a pour but de coordonner la tactique des trois armes, l'infanterie, la cavalerie et l'artillerie. Or cette idée-force du premier directeur de l'École supérieure de guerre – *la tactique appliquée pilier de l'enseignement* – sera réalisée grâce à l'œuvre du commandant Goujat dit Maillard, responsable du cours de tactique d'infanterie. Ainsi lors des premières années de fonctionnement de l'École, les stagiaires de la 2e division se voient enseigner séparément les tactiques des trois armes. Ces cours de tactique d'infanterie, de cavalerie et d'artillerie sont centrés sur la technique de l'arme.

En première division, l'enseignement théorique de la tactique générale est alors englobé dans le cours d'histoire militaire et de stratégie. Ensuite, les cours magistraux auxiliaires sont répartis sur les emplois du temps des deux années. Le cours du service d'état-major, initialement dispensé par des officiers du ministère de la guerre, met plusieurs années avant de trouver le périmètre définitif de son programme. En effet, lors de la création de l'École d'une part, la frontière entre tactique générale et emploi d'état-major est floue, d'autre part, la connaissance des lois, règlements et instructions particulières accaparent la totalité des séances. À partir de 1888, grâce au commandant Langle de Carry, ce cours se concentre en première année sur l'étude du service d'état-major en temps de paix et sur la rédaction des différents documents d'état-major[81].

1re année	Nombre de conférences	2e année	Nombre de conférences
Service d'état-major	8	Service d'état-major	16
Topographie	6	Chemins de fer	8
Tactique d'infanterie	20	Tactique d'infanterie	4
Tactique de cavalerie	13	Tactique de cavalerie	3
Tactique d'artillerie	18	Tactique d'artillerie	4
Tactique générale	10	Tactique navale	8
Strat. Histoire militaire	10	Strat. Histoire militaire	29
Fortification	12	Fortification	10
Mobilisation	9	Hygiène	6
Géographie	13	Géographie	16
Administration	4	Administration	12
Total	**123**	**Total**	**112**

Nombre des conférences dispensées par matière en 1re et 2e année en 1893[82]

En deuxième année, le service du temps de guerre est abordé avec des séances consacrées aux états-majors des autres pays européens et au droit international. Le cours de fortification est placé sous l'angle de l'édification de la ligne Séré de Rivières. Si la tac-

81. Lettres, notes, ordres.

82. Archives de la bibliothèque patrimoniale non inventoriées : carton École de guerre.

tique de poliorcétique est dispensée sous l'angle de la conduite de la guerre dans ses dimensions techniques, tactiques et stratégiques, il est surtout orienté vers l'organisation défensive de la frontière du nord-est. Le cours de topographie, supprimé une année en 1886, a pour but d'exercer les officiers à réaliser des levers rapides, complémentaires aux études de la carte, en vue de préparer et de rédiger des ordres. Le cours de géographie aborde les notions de géologie, la France et les colonies en première année. L'Europe et les zones lointaines où se concentrent les intérêts des grandes puissances européennes sont abordées en seconde année. Le colonel Niox, titulaire du cours, est le seul professeur qui a assuré la transition avec l'École d'application d'état-major. Son enseignement est considéré en France et à l'étranger comme une référence. Enfin, le cours d'administration traite l'administration publique française, le service de l'intendance en temps de paix comme en temps de guerre, et l'administration des principales puissances européennes. Il doit être noté qu'en 1888 un cours nouveau est créé : Il s'agit du cours de tactique et stratégie navales. Son but est de faire appréhender l'organisation des forces maritimes en vue d'une possible action combinée. En marge de ces cours obligatoires, les stagiaires peuvent assister à des leçons facultatives. Elles portent sur la géodésie, la topographie, la télégraphie, les sciences appliquées, les chemins de fer, l'aérostation et la photographie. Entre 1880 et 1895, l'enseignement théorique évolue peu. En prenant l'année 1888 comme exemple, les stagiaires de première année se voient proposer 107 conférences obligatoires et 25 facultatives, alors que leurs aînés de deuxième année en ont respectivement 94 et 26[83]. La répartition des cours magistraux au cours de l'année 1893 (voir tableau placé *infra*) représente le meilleur aperçu de l'enseignement théorique dispensé à l'École supérieure de guerre dans la mesure où il ne varie pratiquement plus jusqu'en 1913.

83. Desfontaines, *op. cit.*, deuxième partie, p. 82.

L'enseignement pratique

La dimension pratique de l'enseignement constitue la principale rupture entre l'École d'application d'état-major et l'École de guerre. Cet enseignement, d'un type nouveau pour les officiers français se décompose en deux parties. D'une part, l'enseignement pratique, qui est conduit au sein de l'École militaire, d'autre part, celui qui est dispensé dans le cadre de la participation aux voyages d'état-major et aux manœuvres d'été. Dès les premiers mois passés au sein de l'École, les stagiaires sont astreints à des travaux d'études. Ce sont des exercices de cabinet. Pour la période 1887-1891[84], le cours de tactique générale, les trois cours de tactique d'armes, le cours de fortification, les cours administration et service d'état-major proposent des travaux d'études. Si le cours d'artillerie propose des travaux d'études qui s'appuient sur des thèmes défensifs, il est important de souligner que dès le cycle 1887-1888, les cours d'infanterie et cavalerie développent des thèmes offensifs[85]. Ainsi, les travaux d'études d'infanterie consistent à régler la marche de grandes unités et à rédiger des ordres dans un cadre de combat offensif. Pour l'administration en campagne, les officiers doivent rédiger des ordres liés à l'alimentation, la marche, les cantonnements des éléments administratifs du corps d'armées. Pour le service d'état-major, les travaux sont essentiellement orientés vers la rédaction d'ordres de mouvements au niveau du corps d'armées[86]. À côté de cet ensemble de travaux de type individuel, l'enseignement pratique développe des travaux collectifs. Il s'agit des exercices sur la carte. Jusqu'en 1888,

---

84. A l'instar des cours les travaux d'études sont regroupés par année et compilés par cycle de 3 à 4 promotions puis autographiés ; référence : *Travaux d'études 1887-1891.*

85. Il faut attendre le cycle 1888-1889, soit après l'affaire Schnæbelé pour voir apparaître des thèmes liés au rôle « dans l'attaque d'une artillerie inférieure à celle de la défense ».

86. Il est intéressant de souligner que ce point est depuis 1869 et sa première conférence le point central de la tactique de marche pour Jules Lewal.

ce type d'enseignement copié sur le *Kriegsspiel*, en vigueur à la *Kriegsakademie* depuis 1860, est mis en place conjointement par les lieutenants-colonels Maillard et Bonnal. Lors de ces séances de commandement sur carte, deux groupes d'officiers, le parti bleu et le parti rouge, s'affrontent dans le cadre d'une situation tactique et d'un scénario prédéfini. Dirigé par un professeur, les officiers-élèves laissent alors libre cours à leur critique des ordres donnés, des formations adoptées et des manœuvres choisies. Bien que les principes enseignés dans les cours théoriques restent la « référence doctrinale », ce type de séance reste un espace pédagogique idoine pour s'en affranchir. Desfontaines écrit : « *ces séances donnèrent d'heureux résultat ; elles permettaient de reconnaître et de développer l'aptitude des officiers à lire rapidement le terrain, à tirer une déduction des faits portés à leur connaissance, à prendre et à formuler la décision*[87]. » Chaque professeur de tactique d'arme conduit *a minima* trois séances de ce type. Les exercices sur carte prendront une place croissante à partir de 1890.

L'enseignement pratique « hors École militaire » constitue le cœur de l'enseignement pratique de l'École supérieure de guerre. Il se subdivise en exercices tactiques et en voyages d'état-major. Les premiers s'exécutent à cheval dans les environs de Paris au cours des mois d'avril et de mai. Ils comprennent deux à trois séances dans chacune des trois armes – infanterie, cavalerie, artillerie – en fortification et en service d'état-major. Le commandant Vaucheret est le premier à avoir rédigé les principes pédagogiques qui régissent ce nouveau type d'enseignement. Le chef d'escadron Vaucheret est l'un des professeurs de l'École dont la longévité est la plus grande. Ce « *Républicain accentué*[88] » a synthétisé par écrit d'un point de vue méthodologique et pédagogique la nature de cet enseignement dès son départ de l'École supérieure de guerre. Face à cet effort de transmission et de codification

87. Desfontaines, *op. cit.*, deuxième partie, p. 89.

88. Mémorandum 2 de Gambetta, p. 154.

hors normes, une question se pose : pourquoi le lieutenant-colonel Desfontaines ne fait-il aucune référence à cette « *lumière de l'artillerie*[89] » ? Sous l'angle de l'artillerie, Vaucheret publie dès 1889 *Essai de tactique appliquée, les travaux d'études d'artillerie à l'École supérieure de guerre*[90]. Il en donne une définition dans le cadre de son arme d'appartenance et de son cours : « *Les travaux d'études consistent d'une manière générale à rechercher, en se servant de la carte, comment on doit, dans une situation tactique déterminée, employer les diverses unités d'artillerie pour répondre au but poursuivi par le commandement*[91]. » Et il ajoute que si les problèmes de ces travaux sont extrêmement nombreux, l'avantage de ce type de travail est de « *mettre en jeu des unités tactiques plus fortes et envisager en même temps des actions de plus longues durées*[92]. » Les voyages d'état-major[93] complètent la formation pratique des exercices sur carte. Conduits au cours de l'été, ils comprennent d'abord des visites d'état-major[94]. Puis, les voyages d'état-major effectués à pied, à cheval, à bicyclette ou encore en voiture parachèvent la mise en application des cours théoriques. En première division, les officiers stagiaires effectuent quatre voyages[95] : un voyage de

89. *Ibid.*, p. 154.

90. Colonel Vaucheret, *Essai sur la tactique appliquée, travaux d'étude à l'Éole supérieure de guerre*, Paris, Berger-Levrault, 1889, 132 p.

91. *Ibid.*, p. 4.

92. *Ibid.*, p. 4.

93. La paternité des voyages d'état-major doit être attribuée au général Lebrun. Lorsqu'il dirige en 1874 la commission de réorganisation de l'enseignement de l'École d'état-major il définit les travaux d'application d'art militaire dans le cadre de la participation des stagiaires aux manœuvres d'été. Si l'on considère qu'à cette date l'*Armée nouvelle* ne dispose pas encore d'une période allouée pour faire manœuvrer ses corps d'armées la proposition de Lebrun, qui est reprise par Lewal, est visionnaire.

94. À titre d'exemple en 1890, en première année il s'agit des magasins du service de santé de Vanves, une station, le polygone des chemins de fer de Versailles, la visite d'une grande gare ; en deuxième année, l'usine de Billancourt, l'École de télégraphie du Mont Valérien et le poste de télégraphie sans fil de la tour Eiffel.

95. Soit un total de quarante-trois jours passés hors garnison.

guerre de siège, un voyage d'histoire militaire, un voyage d'état-major et une reconnaissance de la frontière du sud-est. En deuxième division, l'enseignement pratique est largement supérieur à celui de la première division[96]. Il s'articule d'abord autour de quatre voyages de tactique appliquée (infanterie, cavalerie, artillerie et fortification.) Les stagiaires participent également à des exercices de tir d'artillerie au camp de Mailly. Ensuite des travaux topographiques et un autre voyage d'histoire militaire complètent le programme. Enfin un voyage de la frontière nord-est clôture cet enseignement.

Les examens de sortie et le classement

À l'issue des voyages d'été et avant de participer aux grandes manœuvres du mois de septembre, les officiers élèves de la 1re division passent les épreuves écrites, généralement la semaine après le 15 août. Ces deux premières épreuves durent chacune six heures. La première est une composition de tactique générale. La seconde porte sur le service d'état-major en campagne.

Deux sous-commissions, présidées par des officiers généraux et d'armées et par les cadres professeurs de l'École, sont alors chargées des corrections. Dès le retour des manœuvres, les stagiaires passent les épreuves orales. Elles consistent en une question de tactique générale et une question de tactique relative aux trois armes. Les officiers disposent de trois journées pour appréhender le thème général de tactique qui sert de support aux questions. L'ensemble de ces examens de sortie se déroule sous la responsabilité du comité technique d'état-major dont une délégation assure la direction de la commission d'examens. La finalité de la scolarité, sanctionnée par des notes finales, pose la question du rôle et du poids du comité technique d'état-major par rapport au commandement et au corps professoral de l'École supérieure de guerre. Desfontaines souligne que depuis la création de l'École,

96. Cinquante-sept jours.

deux tendances s'opposent : « *Celle du commandement de l'École, qui estime que l'ensemble des notes données aux officiers pendant leurs deux années d'études doit avoir la prépondérance sur les notes obtenues aux examens de sortie, celle du comité technique qui demande l'équivalence*[97]. » À partir de l'année 1894, la décision ministérielle du 12 février tranche en faveur de la vision du commandant de l'École. Désormais la quote-part du comité technique est réduite à un quart de la notation totale de chaque officier-élève. Néanmoins, si le comité technique d'état-major « *a la faculté de ne donner accès dans le service d'état-major qu'aux seuls officiers qui en sont jugés dignes* », le système de classement mis en place, n'est-il pas à nouveau assimilable à celui d'un corps fermé ou d'une caste ?

Dans son historique, le lieutenant-colonel Desfontaines apporte une vision négative et critique du système de notation et de classement en vigueur depuis 1876. Selon lui, la mémoire prend une place prépondérante sur le jugement et l'intelligence. Il ajoute que les notes d'équitation et d'allemand ont un rôle considérable. Ce fait est renforcé parce que l'écart type des notes de ces matières est très important alors que, dans toutes les autres matières, il est très ramassé. Ce constat permet alors d'écrire que durant leurs deux années de scolarité à l'École supérieure de guerre : « *la préoccupation chez les officiers de rechercher avant tout la note et par suite de laisser de côté leur jugement et leur opinion personnelle pour s'efforcer de servir aux divers professeurs les solutions qu'ils pensent rentrer le mieux dans leur manière de voir, joue un rôle important*[98]. » Si cette dimension critique est aussi inlassablement « colportée » par des générations de stagiaires, qui ne sont pas heureux de leur classement de sortie, elle englobe une dimension capitale qui cimente le corps des officiers « brevetés » depuis la création de l'École supérieure de guerre. C'est, paradoxalement, l'unité de vue et de penser, qui se prépare à faire la force du com-

97. Desfontaines, *op. cit.*, deuxième partie, p. 39.

98. Desfontaines, *op. cit.*, deuxième partie, p. 42.

mandement de l'armée française. Il y a, grâce à l'enseignement de l'École et à son mode de sélection, par concours en amont, et classement en aval, une unicité de pensée qui désormais réunit les officiers dans « un standard. » L'enseignement délivré par les professeurs devient alors le prisme et le catalyseur de générations d'officiers intellectuellement et moralement aptes à relever les défis d'une guerre future.

Conclusion du troisième chapitre

Le cadre de ce chapitre a permis de suivre l'évolution de l'École supérieure de guerre entre la nomination du général Jules Lewal, son premier directeur, et l'année 1895, nouveau tournant pour le questionnement de l'étude de la guerre. En quinze années à peine, l'enseignement de l'École est passé du stade de l'enfance, à celui de la maturité. Cela constitue une prouesse exceptionnelle. Elle est à mettre au crédit de Jules Lewal et de tous les professeurs qui se sont succédé au cours de cette période. L'historien pense alors que pour synthétiser cette dynamique d'évolution, il est nécessaire de se placer au niveau d'un stagiaire. Cette posture de « l'enseigné » renvoie une image qui offre une autre intelligibilité à cette analyse de l'enseignement dispensé par cette dernière-née des académies militaires. Laissons alors la parole à un officier stagiaire de la quinzième promotion. La quatorzième promotion, celle du capitaine Philippe Pétain, forme déjà la 1re division ; quant à celle des camarades de promotion du lieutenant Alfred Dreyfus, la « future 16e », elle passe les épreuves du concours d'entrée. Les élections législatives du mois de septembre 1889 n'ont pas permis aux conservateurs d'inverser la représentation des républicains à l'Assemblée ou au Comte de Paris de retrouver le trône de France. L'Exposition universelle se termine. La tour Eiffel campe majestueusement sur le Champ-de-Mars lorsque le lieutenant de cavalerie de Rarecourt de la Vallée, comte de Pimodan, entre à l'École supérieure de guerre le 1er novembre 1889.

Dans ses souvenirs, Pimodan écrit :

> « *En septembre 1889… j'avais été reçu à l'École de guerre, après m'y être préparé sous l'aimable égide du capitaine d'état-major Arrivet. De mes examens écrits passés à Amiens je me souviens surtout qu'ils durèrent longtemps et me donnèrent une affreuse migraine. Quant aux examens oraux, ils se passent à Paris, devant un aréopage de généraux très solennels qui revoient ainsi des connaissances oubliées. Leur rôle ordinaire se borne à sanctionner les appréciations des professeurs de l'École chargés des interrogations et parfois à tendre une perche plus secourable qu'adroite aux candidats qui s'enlisent. Très appréciée et très dépréciée au début, l'École de guerre avait peu à peu conquis une place brillante parmi nos institutions militaires ; et si quelques-uns battaient toujours en brèche ses superstructures, nul ne minait plus ses fondations. On n'y distribue point en tablettes la panacée de la victoire, mais tous les officiers qui en sortent ont travaillé à un âge où les efforts d'intelligence et même de simple mémoire semblent particulièrement méritoires et fructueux. À l'École, ils se sont imprégnés d'une même doctrine et l'enseignement général a créé parmi eux des courants d'idées communs, des analogies de jugement, des similitudes d'expressions nécessaires pour la bonne conduite des grandes unités. En outre, les officiers des différentes armes ont appris dans une vie commune à se connaître, à s'apprécier, à s'aimer*[99]. »

Ce témoignage inestimable, écrit trente ans après l'arrivée de Lewal par un officier-élève, renforce notre analyse. Il corrobore une idée directrice de ce récit historique. C'est l'enseignement de la guerre et ses maîtres « *les plus marquants* » qui ont contribué à façonner l'École supérieure de guerre pour qu'elle s'érige progressivement en pôle intellectuel unique de cette *Armée nouvelle*.

99. Comte de Pimodan, *Simples souvenirs, 1859-1907*, Plon, Paris, 1908, pp. 177-178.

La chaire d'histoire militaire, de stratégie et de tactique générale

« À cette époque [1885-1895] les notions de tactique et de stratégie étaient très peu répandues dans l'armée ; plus même, elles étaient méconnues, ridiculisées, bafouées par la plupart et surtout par les officiers du grade de Commandant à Général de Division.
Seuls les grands chefs qui occupaient déjà des situations en 1870, avaient senti l'étrille de près et compris l'inanité de leur instruction. »

Général Millet, *Souvenirs inédits*, 1910

Pour l'ensemble des officiers issus du Corps d'état-major, la guerre franco-prussienne a cruellement montré le défaut d'instruction de nos armées. Telle est la terrible leçon intellectuelle de ce premier conflit de l'ère industrielle sur le théâtre européen : la méconnaissance de la guerre, de sa préparation, de son environnement comme de sa conduite. C'est pourquoi, en créant l'École supérieure de guerre, les mentalités des officiers marqués par les campagnes du Second Empire évoluent brusquement sous l'aiguillon de la défaite et de la nouveauté imposée par un nouveau régime politique. Le but avéré devient alors de développer le goût de l'étude chez certains officiers afin de générer une nouvelle attitude mentale. Pour cela il faut encourager, stimuler et ouvrir les intelligences des officiers pour les placer face à la complexité des problèmes liés à cette guerre nouvelle. L'idée qui doit sous-tendre l'enseignement militaire supérieur est fort simple. Elle se résume par un credo : Apprendre à penser la guerre. C'est le sens fondateur de l'article premier du décret du 15 juin 1878 portant création d'une École militaire supérieure : « *Il est créé une École militaire supérieure destinée à répandre les hautes études militaires dans l'armée*[1]. » Pour Jules Lewal, la mission est d'emblée double puisqu'il s'agit d'une part de préparer les officiers au service d'état-major, et d'autre part de leur apporter les connaissances nécessaires au commandement. La force du premier directeur de l'École est d'avoir questionné puis théorisé la principale leçon intellectuelle de la défaite pour les militaires en développant la finalité « irréductible » de cette université militaire. Elle apparaît clairement dans ses instructions aux professeurs lorsqu'il écrit ce passage déjà cité : « *L'objectif des cours est l'enseignement des choses de la guerre.* » Cette idée rythme tous les écrits du premier directeur de l'École de guerre entre 1869 et 1878. C'est par exemple le premier chapitre des *Études sur la guerre, partie organique* : *Nécessité de l'instruction*. L'attitude intellectuelle de Lewal est très « positive » et positiviste. Si l'amertume de la défaite pèse dès la première phrase de l'ouvrage – « *La tempête a passé. Elle nous a laissés meurtris, éclairés peut-être ; en tout cas émus et agités* » –, il voit dans cet événement une seule lueur : « *Il vaut mieux chercher un enseignement fécond et profitable que des récriminations stériles et passionnées*[2]. »

Le message de l'auteur des *Lettres à l'Armée* à cette génération de jeunes officiers rompt avec la tradition et la routine régimentaire. C'est la *Réforme de l'armée* qui s'appuie sur un *leitmotiv* unique. Il orne en trois lettres la couverture de sa tétralogie : *Études de guerre*[3]. Et dans cette quête d'excellence, le chef, l'offi-

1. Tome 2, annexe 6.

2. Lewal, *op. cit.*, p. 2.

3. Lewal, *Études de guerre, partie organique, tactique de stationnement, de mobilisation*, Paris, Dumaine, 1876, 695 p.

cier, doit obtenir la supériorité intellectuelle sur ses subordonnées. Dans ce projet d'enseignement, Lewal place donc la connaissance de la guerre au centre de toutes les préoccupations didactiques. Cependant si pour rompre avec l'École d'application d'état-major l'enseignement pratique prime sur le théorique, c'est bien la dimension intellectuelle, en restant ouverte à l'évolution des idées, qui demeure le référentiel absolu de l'étude de la guerre. En ce sens, en s'appuyant constamment sur l'histoire, le cours de tactique générale devient en moins de douze années le cours phare de l'École supérieure de guerre. Sous l'impulsion de Lewal, plusieurs cours vont progressivement disparaître du curriculum de l'École : sciences appliquées, droit, économie politique, histoire générale, instruction des troupes, géodésie, littérature militaire. L'enseignement de l'École devient ainsi exclusivement centré sur le cœur du métier de l'officier « breveté » : *Étudier la guerre*. Mais par quel cheminement ce cours de tactique générale, devenu cours d'histoire militaire, de stratégie et de tactique générale sous l'égide de Bonnal en 1892 va intellectuellement « irradier » et permettre à l'École de devenir le véritable pôle intellectuel de l'armée française ? Ce cheminement s'articule en trois phases distinctes. La première correspond aux premières années d'existence de l'École, 1876-1882. Elle est caractérisée par une période d'apprentissage pour le corps professoral. Puis sous l'impulsion d'une poignée de professeurs, l'enseignement franchit un pallier autour des années 1883 à 1885. En enfin la période 1885-1892 est celle de l'avènement de Maillard. Elle doit être analysée sous le double prisme du cours d'infanterie dispensé par le commandant Goujat dit Maillard et du cours de tactique générale du commandant Bonneau.

Les balbutiements initiaux : 1876-1882

Lorsque le général Jules Lewal rédige ses directives aux professeurs de l'École, le cours principal, c'est-à-dire le cours de tactique appliqué, s'inscrit initialement peu ou prou dans la continuité du cours d'art militaire professé à l'École d'application d'état-major[4]. Pour Lewal, l'enseignement de la tactique doit être considéré comme le seul objectif pédagogique de l'École supérieure de guerre. Entre 1876 et 1882 trois professeurs se succèdent à la tête du cours théorique principal qui a pour finalité de fixer les idées sur la conduite de la guerre. Lors des premières années d'enseignement trois professeurs se succèdent : le lieutenant-colonel Pierron et le commandant Cannonge et Ruynneau de Saint-Georges. Cependant jusqu'en 1882, la nature et l'envergure du cours de géographie professé par le capitaine Niox, semble faire de l'ombre à l'étude de la tactique et de stratégie.

Le premier cours d'art militaire du lieutenant-colonel Pierron

À partir de l'hiver 1875-1876 le général de Castelnau conceptualise les Cours militaires spéciaux, son slogan est « *qu'à un enseignement nouveau, il fallait un personnel nouveau.* » Cette volonté de rompre avec l'École d'état-major ne se retrouve pas d'emblée dans les cours dont le lieutenant-colonel Pierron prend la direction. En effet, seul le nom du cours change. Ce dernier, anciennement nommé art militaire, prend le nom d'histoire de la guerre et de la stratégie. En fin de compte, le premier professeur définit la finalité de son enseignement lorsqu'il écrit dans son introduction : « *Le cours d'art militaire comprendra la stratégie et la tactique. Dégagé de toute généralité, l'étude de la stratégie sera bornée à l'exposé des principales campagnes, parmi lesquelles il conviendra de choisir les plus récentes, celles où les services techniques*

4. En deuxième année d'un point de vue théorique le cours d'art militaire aborde l'étude du terrain, la stratégie (préparation d'une campagne, plan de campagne, concentration, marches stratégiques) et la grande tactique (tactique des 3 armes réunies, marches tactique, avant-garde, corps principal, arrière-garde, rôle de la cavalerie, reconnaissances, passage de rivières et de défilés, combat, bataille, siège). Desfontaines, *op. cit.*, troisième partie, p. 3.

ont joué un rôle important[5]. » Ainsi ce nouveau cours cherche à expliquer aux élèves les grands faits militaires de l'histoire de la guerre. L'analyse doit alors chercher à expliquer les causes, les développements et les conséquences afin d'essayer de dégager des règles immuables qui gouvernent la conduite de la guerre et l'emploi des armées. Au cours de la première année, le lieutenant-colonel Pierron se concentre sur l'étude de la stratégie. Il expose les notions essentielles à la compréhension d'un domaine qu'il ne prend pas la peine de définir. L'objet du cours comprend « *la description de l'organisation du commandement, la composition et la concentration des armées d'après l'expérience des dernières guerres, l'organisation des services techniques, les besoins à prévoir en vue du cours des opérations, relations du général en chef avec le ministre et avec ses subordonnés*[6]. » Dans ce cours dit de stratégie, les notions d'organisation des quartiers généraux, les ordres donnés au début d'une campagnes, le rôle des divisions de cavalerie indépendantes, le choix des lignes d'opérations, l'influence des chemins de fer, la préparation, la rédaction et la transmission des ordres comme l'étude des règlements tirés des livres d'ordres sont tour à tour abordés. La description synthétique de ces différents points montre que ce premier professeur ne dispose d'aucun plan ni même de fil conducteur pour étayer l'enseignement de « sa » stratégie. En fin de compte, ce cours est particulièrement désordonné puisqu'il mélange le fonctionnement de l'état-major, l'action du commandement en chef et des notions fourre-tout liées à la conduite de la guerre. Cette première année de cours, peu claire pour aider à fixer les idées sur la guerre, est difficilement qualifiable.

En seconde année, Pierron aborde le domaine de la tactique. Il s'agit de montrer « *les changements apportés par l'introduction des armes à tir rapide dans le mode de combattre et dans la formation*

5. Cours du lieutenant-colonel Pierron, 1876, p. 1.
6. Cours du lieutenant-colonel Pierron, 1876, pp. 1-2.

des troupes toutes armes[7]. » La première partie du cours de tactique aborde les connaissances liées à la portée des armes sur le champ de bataille, les marches de guerre, la notion d'avant-garde, le gros, les camps, les bivouacs, les cantonnements, l'hygiène en campagne et les pertes par maladies. Néanmoins « *la charpente du cours*[8] » c'est l'enseignement du combat. Cette partie aborde le choix des positions avec l'armement du moment, l'occupation, la défense et l'attaque des positions, le passage des rivières puis le caractère particulier de la guerre de montagne, des rues et des maisons, des poursuites et des retraites. Pour Pierron la guerre c'est le domaine de la tactique. À la lecture de ce cours, l'historien se pose une question : Le chargé de cours a-t-il lu les remarquables conseils prodigués par le général Lebrun pour professer le cours d'art militaire à la commission chargée de réformer l'enseignement à l'École d'état-major ? Ce dernier préconise « *d'éviter de surcharger la mémoire des auditeurs par trop de chiffres et de détails et de jeter le trouble dans leurs idées par des discussions théoriques trop absolues*[9]... » Le cours de Pierron se perd dans les détails. De plus son procédé pédagogique est particulièrement « assommant. » Ce n'est pas lui qui dispense le cours dans la mesure où il fait le choix de faire constamment appel à la lecture des écrits de généraux pour étayer et illustrer les points à étudier. Dupleix, Napoléon, Wellington, Pélissier, Bugeaud se succèdent. Si ce premier cours d'enseignement de la guerre reste un modèle d'érudition du professeur[10], il ne peut pas être considéré comme un élément fondateur de cet enseignement. Le cours se résume donc à une compilation

7. *Ibid.*, p. 3.

8. *Ibid.*, p. 4.

9. Desfontaines, *op. cit.*, troisième partie, p. 12.

10. Publié dès 1878 sous le titre *Les méthodes de guerre actuelles et vers la fin du XIXe siècle*, le tome premier consacré à la « stratégie » est un modèle d'érudition et de compilation de 800 pages de textes au cours duquel on trouve très peu de commentaires écrits de la main de l'auteur. Seule la note introductive et une page de principes généraux en début de chaque chapitre viennent s'insérer entre des lettres ou des citations interminables.

de textes qui doit illustrer des principes généraux particulièrement vagues. En conclusion de la séance inaugurale de ce premier cours d'histoire militaire et de stratégie, Pierron pose la question suivante à ses officiers-élèves : « *cet enseignement est-il nécessaire ?* » Si sa réponse est simple, affirmative et appuyée par des extraits de la correspondance de généraux illustres, l'histoire émet un doute quant à la pertinence d'un cours sans méthode avérée.

Le cours d'histoire militaire contemporaine, de stratégie et de tactique générale du commandant Canonge

Lorsque le colonel Pierron est chargé d'inaugurer le cours d'art militaire, il comprend la stratégie, la tactique et quelques notions du service d'état-major. L'histoire militaire en est alors distraite. En effet, l'enseignement de cette matière est confié à un professeur spécial s'appuyant sur les mémoires des généraux qui avaient commandé les armées, leur correspondance et les documents réunis dans les archives du dépôt de la guerre. Ce cours d'histoire militaire jugé inopportun par Lewal disparaît dès le second semestre de l'année 1880[11]. Le chef de bataillon Canonge, adjoint du lieutenant-colonel Pierron, met ainsi en place un nouveau cours qui est la fusion du cours d'art militaire avec celui de littérature militaire[12]. Il prend le nom d'histoire

11. Dans l'introduction de son cours, le colonel de Saint-Georges écrit : « « *Conçu dans un esprit très élevé, comportant un programme très étendu, cet enseignement favorisait peut-être un peu trop la tendance naturelle des officiers à se jeter dans les généralités des questions militaires et à éluder la solution précise et les détails d'exécution des problèmes qu'ils ont résoudre journellement en campagne. Avant de s'occuper de la conduite des armées et de la direction des batailles, un capitaine doit parfaitement connaître le maniement d'une compagnie, d'un escadron, d'une batterie dans toutes les circonstances de guerre et savoir à tous moments et sans hésitation prendre ses dispositions dès qu'il reçoit l'ordre d'attaquer ou de défendre un village, un bois, un pont, un gué, un mamelon, une position quelconque.* ».

12. Il est intéressant de noter que le professeur Camille Rousset quitte l'École de guerre en 1879 au moment où les républicains arrivent à la direction du pays. Dans

militaire contemporaine, de stratégie et de tactique générale. L'objet de cet enseignement « *doit embrasser l'étude des guerres importantes qui ont eu lieu depuis l'années 1854 et de certaines expéditions lointaines dont la période de préparation constitue le principal intérêt*[13]. » Après avoir souligné l'influence de la technique sur la stratégie[14], Canonge étudie huit conflits principaux : la guerre de Crimée (1854-1855), la guerre d'Italie (1859), l'expédition de Chine en 1860, la guerre des États-Unis d'Amérique ou guerre de la Sécession (1861-1865), l'expédition du Mexique (1861-1867), la campagne de 1866, l'expédition d'Abyssinie en 1868 et l'expédition anglaise contre les Ashantis en 1873-1874. Si 30 % du cours est entièrement consacré à la campagne de 1866,[15] l'auteur note que la probité de l'enseignant l'a conduit à exclure la guerre franco-prussienne de son corpus. Canonge écrit dans son introduction : « *Il est vrai que la critique des événements militaires contemporains offre un danger : déjà très délicate par elle-même, pour des raisons sur lesquelles il est inutile d'insister, elles doivent bien d'avantage encore si celui occupe un rang modeste dans la hiérarchie militaire. Messieurs, vous voudrez bien tenir compte des difficultés qui, dans cette voie, surgissent à chaque pas et écarter les personnes lorsqu'on racontera, en les commentant, les événements auxquels elles ont été mêlées*[16]. »

---

le second carnet de Gambetta on peut lire : « *Cours d'histoire militaire : Professeur Camille Rousset, ancien candidat de tous les partis réactionnaires dans le 5e arrondissement aux élections du 14 octobre 1877, ancien historiographe au ministère de la guerre, congédié sur la demande de M. Gambetta, Président de la commission du budget, est trop connu pour qu'il soit nécessaire de parler de lui. C'est un déplorable professeur, honni de tous les élèves auxquels il donne des leçons pour des enfants de 10 ans…* » Gambetta, *op. cit.*, p. 211.

13. Cours du Commandant Canonge, 1880-1881, p. 1.

14. La première conférence a pour titre : « *Considérations préliminaires et influence des inventions modernes sur la stratégie* ». Canonge, *op. cit.*, pp. 5-17.

15. 180 pages sur 590.

16. Canonge, *op. cit.*, p. 3.

Le cours du chef de bataillon Canonge constitue une remarquable étude historique chronologique[17] – de 1854 à 1874 – qui permet de déduire des enseignements stratégiques et tactiques. La qualité du cours voit l'exposé des événements s'appuyer en permanence sur trois types d'indications nécessaires aux stagiaires. Il s'agit d'abord des références bibliographiques les plus importantes[18]. Ensuite ceux sont les ordres de bataille complets des forces en présence[19]. Enfin, elles dressent un récapitulatif des pertes pour la totalité de la guerre étudiée[20]. Cependant ce cours se développe en parallèle et dans l'ombre de l'enseignement de la tactique générale qui se décline à l'aune des trois cours de tactique appliquée : respectivement le cours de tactique d'infanterie, de cavalerie et de d'artillerie. Ainsi entre 1878 et 1881, le système mis en place par le général Lewal conduit à un vice puisqu'en fin de compte trois cours de tactique générale voient séparément le jour. En effet chaque professeur chargé du cours de tactique – infanterie, cavalerie et artillerie – développe son propre cours de tactique générale. Le colonel Ruyneau de Saint Georges écrit alors :

---

17. L'auteur de ce mémoire ne partage par l'appréciation très négative apportée en 1882 par le colonel de Saint-Georges successeur de Canonge. Saint-Georges écrit : « *Il fit l'étude des guerres contemporaine et en exposant les opérations militaires il s'efforça de déduire les conclusions qui en découlaient au point de vue de la stratégie et de la tactique. Par cette méthode les principes de la guerre qui sont de tous temps les temps et doivent toujours être présents à l'esprit des officiers en campagne n'étaient toujours pas suffisamment mis en lumière, ils se perdaient au milieu d'un immense amoncellement de faits et de détails et ne formaient pas un corps de doctrine complet et coordonné.* »

18. Le chef de bataillon Canonge a rédigé une fiche « *Sources ou indications bibliographiques* » pour chaque guerre étudiée. Il s'agit de l'annexe I du cours ; elle totalise 12 pages.

19. Il s'agit de l'annexe II, « *Renseignements concernant la composition, ou les effectifs des armées en présence* », soit 40 pages.

20. C'est l'annexe III, « *Tableaux détaillés et récapitulatifs des pertes éprouvées dans les principaux combats ou batailles* », soit 10 pages de tableaux et de chiffres.

« *Mais le système employé pour atteindre ce but était défectueux et les inconvénients n'ont pas tardé à se faire sentir, les trois professeurs de tactique appliquée traitant l'emploi d'une arme en liaison avec les autres armes étaient amenés à faire de la tactique générale. Ils y étaient forcés par d'autres raisons : une compagnie, un escadron, une batterie placés en face d'une position ne se comportent pas toujours de la même manière et les dispositions qu'ils prennent dépendent du rôle qui leur est assigné dans le plan général d'une bataille. [...] Pour exposer de quelle manière doit combattre chaque unité dans des situations diverses, les professeurs de tactiques appliquée ont donc été conduits de tracer à grands traits le cadre et les lignes du champ de bataille afin d'y mettre les détails à leur place. Au lieu d'un cours de tactique générale il y en eut donc trois, tous trois incomplets et faits au point de vue d'une arme particulière*[21]. »

Le cours du colonel Ruyneau de Saint Georges

Pour remédier à cette dissonance de l'enseignement au sein de l'École, le général de Larclaux qui vient de remplacer Lewal contribue à faire évoluer la situation. En 1881, le colonel Ruyneau de Saint-Georges reçoit ainsi la mission du nouveau directeur de l'École de refaçonner le cours. Il prend alors son nom définitif : cours d'histoire militaire, de stratégie et de tactique générale. Dans son introduction, le colonel expose les motifs qui ont conduit à cette décision : « *Peu de temps après, le ministre de la guerre, sur la proposition de la direction des études et du comité d'état-major, décidait que les trois cours de tactique appliquée seraient maintenues et que le cours d'histoire militaire, de stratégie et de tactique serait confié à un officier du grade de colonel pour maintenir l'unité de doctrine*[22]. » L'officier supérieur désigné, particulière-

21. Cours du colonel Ruyneau de Saint-Georges, 1882-1883, p. 3.

22. *Ibid.*, p. 5.

ment humble et modeste, prépare avec beaucoup de sérieux[23] un cours qu'il divise en deux parties s'articulant chacune en dix conférences. Il s'agit ici d'un nouveau départ pour le cours. En effet dès la fin de son entrée en matière introductive, il écrit : « *Je m'efforcerai d'entrer dans les intentions du ministre, du comité d'état-major et de la direction des études. Je ne vous apporterai pas une indigeste compilation de tous les auteurs qui ont écrit sur l'art militaire ; je n'imposerai pas à votre mémoire un immense amoncellement de faits historiques, dont la variété ne laisse souvent dans l'esprit que doute incertitude et scepticisme*[24]. » Par ces propos, critique ouverte et assumée de ces deux prédécesseurs, Saint-Georges campe son ambition. En s'éloignant des détails inutiles, il veut présenter à ses stagiaires un petit nombre de principes qui s'appuient sur des règles fixes et des formules précises qui puissent servir de guide dans toutes les circonstances de la guerre[25]. La méthode employée se fonde d'abord sur l'étude de l'histoire militaire. Elle permet alors de bâtir un raisonnement qui doit être corroboré « *par l'avis des grands capitaines.* » Cette approche méthodologique et didactique définit un corps de doctrine qui devient en temps de guerre la source de l'inspiration et la confiance nécessaires pour prendre promptement des décisions en vue de l'action. De plus, en temps de paix, cette approche doit aussi permettre aux officiers « brevetés » d'indiquer la direction qui doit être donnée aux études, de montrer les lacunes qui existent encore au sein de l'organisation militaire et les réformes qui s'imposent encore. Il est alors intéressant de noter que Saint-Georges commence la partie enseignement de sa leçon inaugurale par une présentation des auteurs

23. Dans l'introduction de son cours Saint-Georges déclare devant ses stagiaires : « *Monsieur le général de Larclaux m'a demandé de bien vouloir me charger du cours d'histoire militaire, de stratégie et de tactique générale. Je n'étais nullement préparé à une pareille proposition ; je n'avais pas rassemblé les matériaux nécessaires pour un travail aussi considérable. Aussi m'a-t-il fallut un grand effort sur moi-même pour accepter cette offre, toute flatteuse qu'elle fut.* » Cours de Ruyneau de Saint-Georges, p. 6.

24. Cours de Ruyneau de Saint-Georges, p. 7.

25. *Ibid.*, p. 7.

militaires. Il établit une liste de soixante-douze auteurs et ouvrages qu'il a agencé en trois périodes : période grecque et latine ; une deuxième période qui couvre le XIIe jusqu'au XVIIe siècles ; la période moderne. Si ces éléments bibliographiques sont d'une remarquable précision le professeur recommande à ses élèves de se concentrer sur l'étude de quatre grands capitaines : César, Turenne, Frédéric et Napoléon[26].

Le but général du cours est la compréhension générale de la guerre dont la finalité « *est de détruire les forces de l'ennemi, de le mettre dans l'impossibilité de continuer la lutte et de lui imposer les conditions de la paix*[27]. » Pour y parvenir, la puissance militaire d'un État doit s'appuyer sur quatre facteurs : le nombre de soldats en armes, la qualité de la troupe, l'habilité du commandement et la rapidité de la mobilisation et de la concentration. En première année, Saint-Georges consacre ainsi neuf conférences à l'étude de la stratégie[28]. Le cours de stratégie débute par l'examen controversé de la tactique de chaque arme. En effet, puisque d'une part le cours est placé au-dessus des trois cours de tactique d'armes et que d'autre part certains points de tactique donnent lieu à des controverses, l'auteur choisit d'emblée de les énoncer[29]. La conférence inaugurale se termine par une leçon appuyée de philosophie sur la guerre. Selon l'auteur, « *la guerre élève à un haut degré de valeur physique, intellectuelle et morale ; elle abaisse au contraire*

26. Saint-Georges écrit : « *César raconte, Turenne, instruit, Frédéric critique et Napoléon s'élève aux plus hautes conceptions de l'art militaire* ». *Ibid.*, p. 8.

27. *Ibid.*, p. 12.

28. Les neuf conférences sont successivement : Plan du cours et philosophie de la guerre ; influence des lois civiles d'une peuple sur sa puissance militaire ; influence de la loi de recrutement sur la force des armées et le sort des États ; politique de guerre, offensive, défensive ; moral des armées ; stratégie (trois conférences) : théâtre de guerre, points et lignes stratégiques, lignes de défense, base et lignes d'opérations, préparation de la guerre, plan de campagne.

29. Ces points de discorde sont principalement : dans l'infanterie la forme à donner aux attaques et le feu à grandes distances ; dans la cavalerie la nature de l'action ; dans l'artillerie, la protection qu'elle doit recevoir des autres armes et l'aide rapproché qu'elle doit leur porter. *Ibid.*, pp. 14-24.

ceux qui la négligent et les fait disparaître[30]. » La guerre devient une constante de l'histoire de l'humanité puisqu'elle instaure un juste équilibre entre l'état de paix et celui de guerre qui assure le progrès moral et matériel des peuples. Pour Saint-Georges les deux pôles de la compréhension de la guerre reposent sur l'enseignement de la stratégie et de la tactique qui « *se lient et s'enchaînement d'une manière intime*[31]. » Il définit alors la stratégie comme l'art de combiner sur la carte les mouvements de la troupe pour atteindre un but de guerre[32]. Quant à la tactique, c'est l'art de conduire les troupes au combat. Les onze conférences de tactique générale dispensées en seconde année sont toutes illustrées par des cas concrets historiques particulièrement bien argumentés[33]. Après le cours de Canonge, le cours de Ruyneau de Saint-Georges constitue la deuxième référence pour l'enseignement théorique de la guerre. Les raisonnements, la diversité des sources, l'utilisation rigoureuse et critique de l'histoire constituent ces qualités essentielles. Enfin il doit être noté que l'auteur a modifié le plan initial de son cours pour aborder la guerre russo-turque de 1877-1878 et la guerre franco-allemande[34].

L'enseignement de l'allemand et le cours de géographie du capitaine Niox

Au cours de ces années de tâtonnement, il encore difficile d'affirmer que le cours d'histoire militaire et de stratégie consti-

30. *Ibid.*, p. 24.

31. *Ibid.*, p. 189.

32. *Ibid.*, p. 168.

33. Ces onze conférences sont : organisation des armées ; plan d'opérations ; bataille offensive ; bataille défensive ; poursuite ; retraite ; marche ; danger de la marche de flanc ; passage de défilés et de rivières ; cantonnement ; opérations maritime et guerre d'Afrique.

34. En effet l'étude du cours autographié montre d'une part que la 18e conférence est consacrée à la guerre de 1877-1878 et que deux autres conférences abordent la guerre franco-prussienne.

tue le cœur de l'enseignement théorique de l'apprentissage de la guerre. En effet si l'on pense avec Louis Madelin, Henri Contamine et Claude Digeon que la décennie 1870 est celle de l'imitation du modèle prussien, la curiosité de l'historien se porte naturellement sur la question militaire allemande. Dans ce cadre, c'est bien la langue, vecteur et *medium* qui, en imposant intellectuellement les idées du vainqueur, attire l'attention. Le tableau des cours et de travaux exécutés par exemple au sein des Cours militaires spéciaux (voir chapitre précédent) montre qu'en première année pour dix-sept leçons théoriques d'art militaire, les stagiaires ont soixante leçons d'allemands, et respectivement trente-cinq et cent en seconde année. Ainsi durant leur scolarité, les stagiaires ont trois à quatre fois plus d'enseignement théorique lié à l'apprentissage de la langue allemande que d'enseignement de la guerre en langue française. Ce fait est renforcé par l'importance du coefficient accordé à l'écrit et à l'oral du concours de l'École supérieure de guerre.[35] Cette volonté du haut commandement de forger les mentalités des officiers « brevetés » et de leur cadres-professeurs à une appétence forcée vers la langue allemande marque un point d'inflexion dans le développement de la pensée militaire française. En donnant une importance démesurée au cours d'allemand au sein du *curriculum* de l'École, le comité dirigé par Castelnau impose *de facto* les modes de pensée de « l'Autre » en conceptualisant la nature de l'enseignement de l'École supérieure de guerre. Il y a alors une domination intellectuelle indirecte du vainqueur sur le vaincu par la supériorité de sa langue. L'usage de la langue allemande permet alors aux professeurs et aux stagiaires de lire et de traduire les ouvrages référents de l'Académie de Berlin. L'historien peut alors affirmer qu'entre 1876 et 1913 le « breveté » moyen est alors capable de lire von Clausewitz, von Peucker, Verdy du Vernois, von Scherff, von Freytag-Loringhoven, von Lettow-Vorbeck, von Caemmerer, von Moltke, von der

35. 4 coefficients à l'écrit et à l'oral sur un total général de 61 pour l'année 1887. Ce chiffre reste pratiquement identique jusqu'en 1913.

Goltz, von Bernhardi, von Schlieffen et consort dans le texte. À travers l'apprentissage renforcé de la langue allemande comme de l'étude des auteurs que nous venons de citer, l'enseignement théorique de la guerre à l'École ne devient-il l'aveu de l'infériorité de la pensée militaire française sur sa sœur d'outre-Vosges ? Et cet aveuglement pour les auteurs allemands *via* leur langue ne va-t-il pas conduire à structurer la pensée de générations d'officiers « brevetés » par le raisonnement propre à « l'Autre » ?

Si l'on peut comprendre la formation des élites militaires françaises comme intellectuellement vassalisée aux vainqueurs de 1870 dans ces années bismarckiennes, la dimension historique de l'enseignement théorique de la guerre doit être également abordée à l'aune de la géographie. En effet en France, l'enseignement de l'histoire est inextricablement lié à celui de la géographie. Lorsque l'École supérieure de guerre ouvre ses portes, l'historien pose alors une nouvelle question. Qui de l'histoire ou de la géographie domine l'enseignement de la guerre ? Au cours de la décennie 1875-1885, la France construit sa nouvelle cuirasse : « *deux barrages couvrant 210 des 270 kilomètres de frontière commune avec l'Allemagne, du Lomont à Épinal, de Neufchâteau à Verdun*[36]. » Les efforts financiers du ministère de la guerre sont en cohérence avec la politique de défense pour établir ces zones fortifiées. De 1876 à 1888, c'est-à-dire du Plan I au Plan VIII, la stratégie de la défensive impose son *diktat* à la pensée militaire française. Penser défensivement impose une étude rigoureuse du terrain. Cette propension à la géographie pour penser l'organisation défensive de la France est renforcée par un autre facteur. Le haut-commandement a souvent répété que l'ignorance de la géographie a contribué à la défaite. N'est-ce pas le maréchal Canrobert le premier qui affirme que les généraux ne savent pas lire une carte en 1870 ? Or dès 1876, l'École supérieure de guerre bénéficie d'un des plus grands géographes français pour assurer cet enseignement : le capitaine

36. Henri Contamine, *op. cit.*, p. 39.

Niox. Initialement dans le curriculum de l'École on trouve autant de leçons de géographie que d'art militaire en première année[37]. De plus, ce professeur, entré avec une dispense à Saint-Cyr à l'âge de seize ans, dispose dès l'année 1875 d'une aura exceptionnelle grâce à son Atlas publié chez Steiler. Niox peut alors profiter de son expérience tirée de ses années d'enseignement à l'École d'état-major et de sa notoriété de géographe pour imposer ses vues[38]. Si les notions de géologie et d'ethnographie cimentent son cours, le capitaine Niox propose une approche englobante de la géographie[39]. Malheureusement si les talents de cet éminent professeur permettent l'analyse géologique de la frontière du nord-est, la géographie se cantonne à être la servante de l'étude de la guerre. C'est pourquoi le général Millet a pu écrire dans ses souvenirs : « *Niox y vit une mine à exploiter* [enseigner la géographie] *et se consacra à ce qui devait assurer la revanche. C'était trop tôt. Avant de faire de la géographie, il fallait que la tactique fût établie et la stratégie comprise. Niox s'y essaya mais encore trop tôt sans études préalables, de là un cours remarquable de lucidité, de savoir, d'exposition, mais sans fondement assurés […]. Ce système prévalut et fit l'admiration des auditeurs tant que Maillard n'eut pas prouvé que la doctrine de mouvement était la seule vraie*[40]. »

37. 17 leçons en première année.

38. Dans le Memorendum 2 de Gambetta on peut lire : « *Niox a publié un ouvrage considérable : La géologie, excellente étude bien déduite des travaux de l'honorable Élisée Reclus. Le public l'a accueilli avec faveur et les élèves de l'École de guerre lui ont rendu pleine justice.* »

39. Dans l'introduction de son cours il écrit : « *Dans le cours de géographie professé à l'École supérieure de guerre, on se propose surtout de mettre en lumière l'importance relative de chacune des pièces des échiquiers stratégiques de l'Europe, en second lieu d'apprécier les conditions de force ou de faiblesse qui sont pour chaque État la conséquence de sa situation géographique, d'examiner sommairement les tendances politiques qui résultent de la diversité des races et les alliances naturelles que la communautés des intérêts cimente entre les peuples, enfin d'observer quelle forme prend l'expansion coloniale des puissances européennes.* » Références : cours du Capitaine Niox : 1880-1881.

40. Millet, *op. cit.*, p. 20.

Les fondations intellectuelles : 1884-1886

Bien qu'il soit toujours très délicat pour l'historien de déterminer avec précision des intervalles délimités par des bornes précises, l'année 1884, c'est-à-dire la 10e promotion de l'École supérieure de guerre, permet d'ouvrir une phase nouvelle pour l'enseignement. Après neuf années « expérimentales », l'intervalle 1884-1886 se caractérise par la mise en place des fondations intellectuelles de l'enseignement théorique de la guerre. Grâce à la période de tâtonnement et de rodage initiale, la conjoncture et la maturité de plusieurs professeurs marque les destinées intellectuelles d'une institution qui sort de son enfance. Et c'est sur ce creuset intellectuel que le commandant Goujat dit Maillard, nouvellement affecté à l'École, s'apprête à bâtir un nouveau type d'enseignement de la guerre dans le sillage de plusieurs figures marquantes du corps professoral.

Un cours très « positif » : Le cours d'artillerie du lieutenant-colonel Vaucheret[41]

Certes, le général Jules Lewal n'est probablement pas resté assez longtemps à la tête de l'École pour que ses idées sédimentent à travers l'enseignement dispensé par les professeurs. Cependant, c'est en la personne du lieutenant-colonel Vaucheret que l'esprit et la méthode du premier directeur de l'École continue à se transmettre grâce au cours de tactique d'artillerie. En 1884, Vaucheret, affecté aux Cours militaires spéciaux comme adjoint du cours dès 1877, devient le titulaire en 1881. Il est donc avec Niox le professeur le plus ancien et le plus expérimenté. Dans ses directives aux professeurs, Lewal définit « *la doctrine positive* » et « *la science appliquée*[42] » comme les deux éléments, socle de l'enseignement. Or lorsque l'on étudie le cours de Vaucheret on doit le qualifier

41. Dans son historique de l'École le lieutenant-colonel Desfontaines n'aborde absolument pas le travail pédagogique que l'on doit créditer à Vaucheret.

42. Général Jules Lewal, *Instructions pour M.M. les professeurs conférenciers.*

de « positiviste » au sens comtien du terme. Guidé par la philosophie, positive ou scientifique, le professeur Vaucheret décrit le « comment » les faits se passent. Par le prisme du cours de philosophie positive, l'enseignement de l'artillerie par Vaucheret se divise alors en deux pôles. Le premier est lié à la *statique sociale* et le second à la *dynamique sociale*. Ainsi la première partie du cours artillerie développe l'ensemble des données techniques donc fixes, qui sous-tendent l'emploi mesuré de la force sur le champ de bataille ouvert ou dans les forteresses. Vaucheret est d'abord un mathématicien hors pair qui manie les calculs et l'arithmétique à longueur de cours. Les stagiaires plongent donc dans l'univers scientifique. Ils doivent se familiariser avec les notions de vitesse, de pression, de distance, de centre de gravité, de pesanteur, de coefficient de frottement, tout en maniant les différentes tables de tir. En fin de compte dans cette partie où seuls les chiffres et les calculs trouvent leur place, Vaucheret se livre à l'autopsie de l'emploi technique de l'artillerie en décrivant étapes après étapes la poudre, les bouches à feu, la culasse, les projectiles, les affûts, les principes de tir, les effets des explosions et le phénomène de dispersion[43]. Cette partie du cours qui se caractérise par une analyse scientifique particulièrement centrée sur l'utilisation de l'outil mathématique est très séduisante. Néanmoins, est-elle vraiment pertinente et les stagiaires sont-ils alors capables de l'assimiler à des fins pratiques ?

La seconde partie du cours d'artillerie s'apparente à la *dynamique sociale*. À partir de la structure de la quadrilogie de Lewal, Vaucheret aborde la dimension pratique de l'emploi de l'arme. Elle a pour titre : *Tactique de l'artillerie dans la guerre de campagne*[44]. Ce cours est divisé en dix conférences : données générales, marche et stationnement, service de l'artillerie sur le champ de bataille, l'artillerie dans la division d'infanterie, l'artillerie dans le

43. Cours du lieutenant-colonel Vaucheret, 1884-1885, première partie.

44. Cours du lieutenant-colonel Vaucheret, 1884-1885, seconde partie.

corps d'armée, l'artillerie dans le combat d'armée, l'artillerie dans la division de cavalerie, les combats des localités et des passages de défilés, l'emploi de l'artillerie dans quelques opérations spéciales et les passages de rivières. De plus le professeur a pris soin de rédiger 35 annexes décrivant autant de cas concret historiques qui illustrent les différents chapitres. Si dans l'introduction de cette partie du cours Vaucheret détaille le nouveau règlement du service en campagne[45], il prend aussi le soin de présenter les formations tactiques de l'artillerie à l'étranger : en Allemagne, en Autriche-Hongrie, en Italie et en Russie. Il développe ensuite le règlement d'exercice pour l'artillerie de campagne de l'armée allemande[46] et celui de l'armée austro-hongroise. Enfin, il relativise la problématique d'emploi de l'artillerie française d'une part en analysant les ordres de marche et de déploiement et d'autre part en comparant les tirs d'infanterie et de l'artillerie. Ainsi en 1884, ce cours d'artillerie est l'aboutissement d'un enseignement dispensé à dix promotions d'officiers-élèves. Si l'on y adjoint les exercices pratiques qui viennent en appui de la théorie, on peut affirmer que le lieutenant-colonel Vaucheret est le premier voire le seul professeur à appliquer *stricto sensu* la méthode d'enseignement définie par le général Jules Lewal dans ses directives. Elle doit permettre de questionner successivement chaque problème de guerre à partir de quatre méthodes différentes. Premièrement, la méthode rationnelle s'appuie sur des données tangibles et les règlements en vigueur. Deuxièmement, l'enseignement historique permet de recourir à des faits passés pour corroborer les déductions apportées par la méthode rationnelle. Troisièmement, la méthode critique ou comparée a pour but de mettre en perspective les règlements et les instructions ministérielles en vigueur en France avec celles en usage à l'étranger. Quatrièmement, il s'agit de compléter cet enseignement par des applications sur le terrain

45. Il paraît le 23 octobre 1883 et il donne les attributions de l'artillerie en campagne.
46. Sa parution date du 23 août 1877.

afin que les officiers élèves puissent mettre en pratique les principes théoriques. En complément de ces cours autographiés, dès son départ de l'École, les deux principales publications du lieutenant-colonel Vaucheret, *Essai de tactique appliquée* et *Contribution à la tactique positive*, représentent à la fois l'héritage intellectuel du général Jules Lewal et la capitalisation de dix années de méthode d'enseignement de la guerre.

Le lieutenant-colonel Derrécagaix : Penser l'offensive

En 1884, le lieutenant-colonel Derrécagaix est à la tête du cours d'histoire militaire, de stratégie et de tactique générale depuis une année avant d'occuper les fonctions de commandant en second de l'École jusqu'en 1887[47]. Cet officier s'est illustré depuis 1873 par ses qualités de penseur et d'écrivain militaire. En effet c'est en tant que capitaine qu'il publie *Du service de l'état-major*[48] au moment où l'épineuse question voit le général de Cissey rester dans l'expectative face au projet Pourcet et Lebrun. Cette brochure d'une trentaine de pages est une remarquable analyse comparée des systèmes prussien et français. Le lieutenant-colonel Derrécagaix est donc un « *écrivassier*[49] ». Il s'oppose ici à la plupart de ses pairs qui incarnent encore un courant appelé innéistes[50]. Entre 1883 et 1887, s'il a comme élève illustre Franchet d'Esperey[51], quatre autres de ses stagiaires occuperont sa place au sein

47. L'inventaire des cours montre que cet officier enseigne jusqu'au cycle 1886-1887.

48. Derrécagaix, *Du service de l'état-major*, Tanera, Paris, 1873, 32 p.

49. Terme utilisé à l'époque pour qualifier les écrivains militaires. En 1884, il a déjà publié *Une campagne des Russes en Asie centrale* (1869), *Conférence sur l'insurrection de Dalmatie* (1870), *Histoire de la guerre de 1870* (1871), *Du service de l'état-major* (1873), *Le Sud de de la Province d'Oran* (1873), *Notice sur les Basques* (1876) et *Exploration du Sahara, les deux missions du lieutenant-colonel Flatters* (1882).

50. Lewal est le premier à critiquer ces officiers très peu instruits, formés à la pratique, qui affirme que la véritable école de la guerre c'est la guerre. Référence : *Introduction à la tactique positive*.

51. 8e promotion, 1882-1884.

de la chaire d'histoire militaire : Maud'huy[52], Coutenceau[53], Cordonnier[54] et Foch[55]. D'un point de vue méthodologique, le cours de Derrécagaix doit être considéré comme un traité global d'art de la guerre. Stratégie et tactique constituent les deux éléments constitutifs d'un enseignement qu'il qualifie de science de la guerre. Néanmoins il relativise son enseignement. Selon lui, la conduite de la guerre subit chaque jour des changements, ce « *qui place les armées dans une période de transition*[56]. » Les nombreuses citations empruntées à Jomini et à Lewal soulignent que la filiation intellectuelle de ce professeur est particulièrement française et cartésienne. Bien qu'il ne définisse pas rigoureusement sa méthode de travail, l'historien doit chercher à la décrire. Derrécagaix utilise la méthode rationnelle du discours qui s'appuie constamment sur une érudition historique[57] tout en utilisant la géographie – cartes et croquis – pour questionner le terrain[58]. L'histoire militaire est alors « *avantageusement fondue*[59] » dans l'enseignement de la tactique et de la stratégie pour servir de démonstration. En rappelant des faits historiques, elle frappe « *plus vivement les esprits*[60]. »

Le cours autographié du lieutenant-colonel Derrécagaix constitue une somme monumentale d'environ 800 pages[61]. Il

52. 8ᵉ promotion, 1882-1884, titulaire du cours infanterie puis du cours d'histoire militaire de tactique générale et de stratégie entre 1904 et 1910.

53. 10ᵉ promotion, 1885-1887.

54. 11ᵉ promotion, 1885-1887.

55. 11ᵉ promotion, 1885-1887.

56. Cours du colonel Derrécagaix, 1883-1884, p. 3.

57. Dans l'introduction de son cours il reconnaît une dette envers le cours du lieutenant-colonel Pierron auquel il accorde « *une érudition qu'on ne peut s'empêcher d'admirer.* » Cours du colonel Derrécagaix, 1883-1884, p. 1.

58. Il n'utilise pas moins de 30 cartes et croquis détaillés pour illustrer le corps de son cours.

59. Cours du colonel Derrécagaix, 1883-1884, p. 4.

60. *Ibid.,* p. 4.

61. Il est publié dès 1885 sous le titre *La guerre moderne*.

faut pour être exhaustif y inclure l'ensemble des 30 planches qui viennent en appui des cartes et croquis qui sont déjà dans le texte. De plus une dernière partie consacrée à la guerre des partisans a été ajoutée au corpus[62]. Ce cours particulièrement dense se structure en trois parties. Cet ordonnancement correspond chronologiquement au cheminement que doit suivre toute pensée sur la guerre. La première partie, la plus aride, aborde l'organisation générale des armées. Il s'agit de définir les éléments qui constituent la puissance des armées, les changements survenus en cours depuis la guerre franco-prussienne et les principes régissant les institutions militaires. Ensuite l'organisation du commandement, la formation des armées, la composition du corps d'armées et de ses éléments subordonnés sont largement étudiés. La mobilisation clôture cette partie. La deuxième partie est totalement consacrée à la stratégie. Derrécagaix la décompose en deux éléments distincts : la préparation de la guerre[63] et les opérations (offensives et défensives). La sous-partie opérations représente les deux tiers de la partie stratégie[64]. La tactique générale occupe la place centrale de l'enseignement. Son développement suit presque classiquement un plan du type *Études de guerre* de Lewal : des marches et manœuvres, des batailles, poursuites et retraites. La nouveauté apportée par ce cours est l'essai de théorisation de la bataille à partir des cas concrets étudiés. Derrécagaix propose une vision mécanique de son déroulement qu'il articule en quatre phases : prélude de la bataille, développement de l'action, décision du combat et fin de la bataille. Néanmoins au cœur de cette théorie, « *la force morale joue un rôle considérable et sa part dans la victoire*

62. Il s'agit du cours intitulé *Des Partisans* professé par le commandant Odon, professeur adjoint du cours d'histoire militaire, de stratégie et de tactique général.

63. Cette étape inclut l'étude des théâtres d'opérations, l'étude des ressources de l'ennemi et le projet d'opérations ;

64. 260 pages sur 370 ;

n'est pas moindre que celle des forces matérielles[65]. » Mais quatre années avant la crise Schnæbelé, et plus encore avant les beaux jours de l'alliance russe, cet enseignement théorique de la guerre formalise par écrit une rupture dans la pensée stratégique française. Alors que le haut-commandement pense toujours défensivement derrière une ligne Séré de Rivières en cours d'édification, un lieutenant-colonel a l'outrecuidance d'écrire en introduction de son cours : « *La guerre n'a que deux formes : l'attaque et la défense. Toutes les autres s'y rattachent ou ne sont que leurs variétés. De ces deux formes, c'est la première qui doit avoir la priorité, parce qu'il en est ainsi dans la pratique et que c'est elle qui nous menace le plus*[66]. » D'un point de vue doctrinal, ce cours incarne donc une rupture parce qu'il est le premier à proposer un enseignement qui pense l'offensive dans sa dimension stratégique[67] comme tactique[68]. En définitive, Derrécagaix solde didactiquement la défaite et ouvre l'horizon intellectuel de la revanche.

Le « mystique » commandant Cardot : Un nouveau vocable de la guerre

Le cours d'histoire militaire, de stratégie et tactique générale est toujours dispensé par Derrécagaix, qui occupe désormais les fonctions de commandant en second de l'École supérieure de guerre lorsque que le commandant Cardot professe ses premières

65. Derrécagaix écrit encore que la puissance de force morale d'une armée pourrait s'évaluer par le chiffre des pertes qu'elle peut supporter. *Ibid.*, p. 561.

66. *Ibid.*, p. 12.

67. Dans la deuxième partie du cours la sous-partie opérations voit 170 pages consacrées à l'offensive stratégique contre 20 pour la défensive.

68. L'ensemble de la partie tactique générale s'inscrit dans un cadre exclusivement offensif. En introduction de la troisième partie Derrécagaix écrit : « *Dans les études précédentes on a vu comment les armées modernes, après avoir franchi de vive force la frontière ennemie, exécutent les marches stratégiques qui les conduisent à proximité des forces principales de l'adversaire.* » *Ibid.*, p. 545.

conférences. Cet autre officier « écrivassier[69] » qui appartient alors au 2e bureau de l'état-major est un des officier les plus en vue à Paris. Le général Millet écrit « *il* [Cardot] *consentit à faire des conférences à l'École. Je dis « consentit », car lui aussi avait ses préventions contre l'École de guerre. Enfin il y vint et sa première conférence il la commença par des phrases dites en russe entremêlées de signes de signes de croix. Personne n'y comprit rien et l'assistance était des plus fleuries. Outre toute la promotion ancienne des officiers détachés, Maillard, Langlois, Delambre, Ruffey, etc. [...] Volontiers on eut dit c'est un fou ou tout au moins un illuminé. L'effet produit fut loin d'être heureux. La seconde conférence ne fit pas mieux*[70]. » À cet instant, Millet, adjoint du cours de tactique d'infanterie, est un pair de Cardot qu'il qualifie d'intelligent et de brillant. Puisqu'il ne semble pas à l'aise à l'oral, le mentor de Foch lui demande avec insistance que ces deux conférences soient écrites ; « *La plume fait souvent naître des idées, toujours elle les précise*[71]. » Si Millet affirme qu'il a fait autographier ces deux interventions, l'historien constate qu'il reste aujourd'hui archivé seulement un « résumé » de ce cours. Alors ce « résumé » n'est-il pas tout simplement la quintessence des idées de Cardot ? À la lecture de ce document,[72] l'historien émet l'hypothèse que les deux titres de ces conférences sont « *Les forces morales*[73] » et « *L'étude de la bataille.* » L'analyse de la première partie corrobore les dires de Millet puisque Cardot cite d'emblée le général russe Dragomirov pour souligner la prépondérance des forces morales dans l'étude de la guerre : « *La guerre en dernière instance, c'est toujours l'homme*

69. Il a déjà écrit en 1874 dans la *Revue militaire de l'étranger* « L'ordre nouveau en tactique » : numéro 200 du 6 octobre, pp. 193-204, numéro 202 du 16 octobre, pp. 217-226 et numéro 208 du 16 novembre, pp. 273-284.

70. Tome 2, annexe 13.

71. Tome 2, annexe 13.

72. Commandant Cardot, *Résumé des conférences de tactique générale*, 1884-1885.

73. Dans ses souvenirs Millet écrit que dans la première Cardot n'a parlé qu'effet moral, surprise et désorganisation. Références : Tome 2, annexe 13.

face à l'homme[74]. » Dans cette séquence, le conférencier utilise un vocable qui est alors peu en vogue à l'École : énergie morale, forces morales, étude du jeu des forces morales, considérations morales et psychologiques, bataille morale, démoralisation de l'adversaire, surprise, cauchemar. L'idée maîtresse de cette conférence se résume par cette phrase introductive : « *La guerre et en particulier la bataille, qui doit être l'objet de nos conférences, est surtout, par-dessus tout et essentiellement un conflit de forces morales qui ont à leurs services et comme instrument des forces matérielles : les armes, les formations, le terrain, etc., etc*[75]. »

Bien que la dimension des forces morales soit toujours sous-jacente à sa démonstration, Cardot entre ensuite dans l'habit du professeur de tactique générale pour conceptualiser l'étude de la bataille. Cette seconde conférence est particulièrement théorique. Dépourvue d'illustration historique et relativement absconse elle conceptualise deux formes de la bataille : la bataille méthodique et la bataille manœuvre. Leur but : « *chercher une solution positive – la victoire*[76]. » Le cours de Cardot se caractérise par un prêche *ex cathedra* pour l'offensive et la « bataille manœuvre ; » Il définit cette dernière comme une véritable combinaison des combats dans laquelle « *les différents actes qu'elle présente à l'adversaire ne sont plus en effet de même nature, ni de même intensité*[77]. » Sa physionomie générale s'articule en trois grandes phases. D'abord, l'introduction ou prologue a pour objet « *de préparer la mise en scène de l'attaque décisive*[78]. » Ensuite, l'exécution de l'attaque décisive. Enfin, la mise à profit du succès obtenu afin de consacrer la victoire définitive. À partir de l'étude de « *cette division du travail de l'attaque*[79] », Cardot présente le jeu des différentes armes. Il

74. Commandant Cardot, *op. cit.*, p. 1.

75. *Ibid.*, p. 1.

76. *Ibid.*, p. 6.

77. *Ibid.*, p. 10.

78. *Ibid.*, p. 10.

79. *Ibid.*, p. 17.

souligne alors l'importance du facteur vitesse qui contribue « *pour une très forte part à donner à l'attaque décisive des masses « toute sa furie et toutes ses allures tragiques plus nécessaires aujourd'hui qu'au temps de Napoléon*[80]. » L'emploi à bon escient des réserves devient le facteur déterminant pour assurer la victoire d'une bataille, manœuvre qui s'exécute toujours sur une aile du dispositif adverse. La pertinence du cours de Cardot est d'apporter deux notions capitales à l'étude de la guerre : la notion de force, liée à la masse combattante, et la dimension du facteur moral qu'il relie aussi à l'effet de surprise. Pour Lucien Cardot, les forces matérielles et morales sont deux éléments indissociables qui permettent de théoriser la guerre. Enfin, ce cours prodigue un conseil aux professeurs. Afin de ne pas rester dans « *l'enfantillage ou la reproduction servile des formes réglementaires*[81] », la philosophie de l'enseignement de la guerre doit avoir en permanence comme exigence de placer les officiers devant l'imprévu.

Le lieutenant-colonel Robert : Chef du cours de tactique d'infanterie

Lorsque Cardot dispense ses deux conférences, le lieutenant-colonel Robert dirige le cours de tactique d'infanterie. Son adjoint est alors le commandant Goujat de Maillard. Desfontaines nous apprend que Robert a dû quitter son poste en milieu d'année à la suite d'un incident survenu avec le général Allan, directeur de l'École supérieure de guerre. Cet événement s'est donc produit durant l'année d'enseignement 1884-1885[82]. Robert appartient à la première promotion des Cours militaires spéciaux. Cette promotion compte également Bonnal et Gilbert. Il est donc le premier officier « breveté » à devenir professeur au sein de l'institution qui a contribué à le former. Il représente pour l'historien

80. *Ibid.*, p. 18.

81. *Ibid.*, p. 5.

82. Desfontaines, *op. cit.*, deuxième partie, p. 62.

une élite intellectuelle[83] car il est le premier professeur de tactique à publier un cours de l'École. En effet, bien que le cours dispensé depuis 1883 ne soit pas autographié, Robert, devenu chef d'état-major de la 6e division d'infanterie après son départ prématuré de l'École, publie *Tactique de combat des grandes unités*[84]. Son approche méthodologique s'articule autour de deux pôles distincts, théoriques puis pratiques. Le premier débute par l'étude de l'évolution du règlement de manœuvre et celui de l'infanterie en particulier. Il définit ensuite les notions clés qui sous-tendent l'étude de la guerre. Puis il présente ce qu'il considère comme la bataille moderne. L'étude de la bataille de Saint-Privat lui permet alors de tirer des enseignements généraux applicables à « *une bataille en général.* » À partir de ces principes, il étudie le combat du corps d'armée, « *devenu la véritable unité d'opérations*[85]. » Il termine ce premier pôle par une comparaison chiffrée avec le corps d'armée allemand. Dans le second pôle Robert cherche à appliquer au terrain des principes de tactique pure. L'officier-élève doit maintenant plier ses connaissances théoriques au terrain comme aux circonstances particulières de la guerre. Robert s'appuie alors sur les évolutions de la tactique depuis les Mèdes et les Perses pour faire ressortir l'importance du terrain. L'étude rigoureuse de la zone où le combat se déroule a pour but de montrer la plasticité des formations tactiques à adopter. En ce sens, le terrain a une double influence sur la conduite de la guerre puisqu'il influence les formations et les combinaisons. Les éléments géographiques qui constituent l'environnement physique du champ de bataille – localités, hauteurs, excavations, forêts… – sont étudiés comme autant d'éléments qui permettent de caractériser les positions

83. Avant son affectation à l'École il a déjà publié à la librairie Dumaine en 1882 : *Tactique des feux d'infanterie, du bataillon et des grandes unités.*

84. F. Robert, *Tactique de combat des grandes unités*, Première partie, Paris, Lavauzelle, 1885, 154 p., et F. Robert, *Tactique de combat des grandes unités*, Deuxième partie « Tactique appliquée », Paris, Lavauzelle, 1886, 222 p.

85. *Ibid.*, tome 1, p. VII.

militaires. Et l'occupation des différentes positions militaires est alors comprise dans le cadre de la conduite d'une attaque puis d'une défense.

Ce cours doit être comparé à celui dispensé la même année, 1884-1885, par son homologue du cours d'histoire militaire, de stratégie et de tactique générale. L'enseignement de la guerre selon Robert entre donc en collusion avec celui professé par Derrécagaix qui est devenu commandant en second[86]. On doit ici logiquement affirmer que ces deux cours sont très proches et complémentaires. Ils dispensent chacun la même matière alors que Robert occupe la chaire d'infanterie. L'historien est alors en droit de penser que Derrécagaix, n'ayant pas aimé subir la concurrence de Robert, a demandé son départ de l'École. Le commandant en second se doit surtout de faire appliquer les directives du comité d'état-major dont il est membre. Le cours de Robert est donc redondant. Néanmoins, son contenu est d'une qualité supérieure à celui de Derrécagaix. Son enseignement est clair et synthétique ; de plus il consacre autant d'importance à l'étude des modes d'actions offensifs que défensifs. La pertinence de ses conférences est bâtie autour de l'étude d'un cas concret unique. Son étude s'éloigne des appréciations générales « *pour descendre au fond et dans le détail des choses, étudier non seulement les procédés généraux d'attaques et de défense, mais encore les moyens d'exécution employés par les différentes armes*[87]. » Saint-Privat devient ainsi un cas concret d'écoles car de chaque côté, prussiens et français, ont commis des « *fautes extrêmement graves de direction et d'exécution*[88]. » L'anatomie de la bataille se décompose en cinq phases[89]. Cette étude lui permet

86. Dans son cours Robert utilise avant Derrécagaix l'expression de « La guerre moderne ».

87. *Ibid.*, tome 1, p. 50.

88. *Ibid.*, tome 1, p. 51.

89. « *Disposition préparatoire des troupes devant la position, introduction ou reconnaissance, développement ou démonstration, décision ou attaque finale, achèvement-poursuite ou retraite* ». *Ibid.*, tome 1, p. 90.

de conceptualiser et de systématiser les normes d'engagement des différents types de grandes unités en fonction (voir tableau *infra*). En fin de compte Derrécagaix dispense un enseignement très généraliste de la conduite de la guerre dans ses dimensions stratégique et tactique alors que celui de Robert doit être qualifié d'enseignement du niveau « opératif. »

Unités	**Front en démonstration**	**Front des unités isolées en défensive**		
		Un quart conservé en réserve	Offensive avec les trois quarts des forces	La moitié en défensive pure
Brigade	1200	1200	1200	1500
Division	1800	1800	2100	2800
Corps d'armée	3600	3000	3600	5000
Moyennes	6600	6000	6900	9300

Normes d'engagement des grandes unités tactiques[90]

Le « savant de cabinet[91] » : Goujat dit Maillard

Ainsi lorsque le commandant Goujat dit Maillard remplace au pied levé son chef le lieutenant-colonel Robert au mois de septembre 1884[92], les fondations intellectuelles de l'École supérieure de guerre sont désormais posées. Elles reposent principalement sur l'expérience pédagogique et les écrits d'un quintette dissonant mais complémentaire. Vaucheret, l'artilleur : il est le continuateur de l'œuvre de Lewal et l'homme de la méthode. Derrécagaix et sa théorie de *La guerre moderne :* il prône déjà la revanche contre

90. *Ibid.*, tome 1, p. 108.

91. Qualificatif donné par le colonel Pierre Devoluy au colonel Maillard. Pierre Devoluy, *La connaissance de la guerre*, Paris, Nouvelle Librairie Nationale, 1922, pp. 146-149.

92. Le livret militaire de Maillard permet de dater avec précision sa prise de fonction de responsable du cours de tactique d'infanterie.

l'Allemagne sans l'évoquer. Cardot, c'est le disciple inconditionnel de Clausewitz. Robert, professeur et pédagogue exceptionnel, dont la manœuvre de l'infanterie met en cohérence la conduite de la guerre. Et Niox le talentueux géographe, dont le cours épouse la politique de défense du moment. Voilà donc le cadre intellectuel qui structure l'enseignement théorique de la guerre. C'est donc à partie de cette référence que Maillard peut apprendre son métier de professeur de tactique d'infanterie entre 1882 et 1884.

Un jeune officier d'infanterie du 98e de ligne

De la vie de Maillard, on ne sait que très peu de choses. Et pourtant lorsqu'on lit le lieutenant-colonel Desfontaines, l'historien est frappé par l'importance de la place accordée à Maillard dans l'enseignement de l'École supérieure de guerre entre 1884 et 1914[93]. Alors qu'il n'évoque pratiquement pas l'apport théorique laissé par l'enseignement du lieutenant-colonel Ferdinand Foch à la tête du cours d'histoire militaire, de stratégie et de tactique générale, on apprend que les professeurs et les élèves ont baptisé l'amphithéâtre principal de l'École supérieure de guerre du nom de Maillard. Alors pourquoi et comment cet officier au parcours jusque-là classique et « lisse » devient *ex abrupto* la *prima donna* du très huppé corps professoral de l'École ? L'étude du « cas » Maillard oblige maintenant l'historien à apporter quelques éléments biographiques[94]. En quoi cet officier est-il si différent des autres professeurs ? Né le 26 octobre 1838, il entre à dix-huit ans à Saint-Cyr. Promotion Djurdjura, 1856-1858, il sort avec le rang de 138e sur 300. Ce classement particulièrement médiocre ne lui permet donc pas de prétendre à postuler pour le concours d'entrée à l'École d'application d'état-major. Maillard n'appartient donc

93. Desfontaines, stagiaire de la 17e promotion, 1891-1893, entre à l'École deux ans seulement après le départ du colonel Maillard. L'image et l'enseignement laissé par ce dernier a probablement eu un effet amplificateur sur l'historien qui écrit vingt ans plus tard l'histoire de l'École supérieure de guerre.

94. À ce jour il doit être souligné qu'il n'existe aucune biographie de Maillard.

pas à la « caste » du Corps. Fantassin, il participe à la campagne d'Italie au sein du 98e régiment d'infanterie stationné à Rouen. Promu capitaine au début de l'année 1870, il prend les fonctions de capitaine adjudant major au sein d'un régiment qui constitue son seul horizon de pensée et d'action depuis sa sortie de Saint-Cyr. Il appartient alors à cette génération de jeunes officiers qui vit la dernière décennie du Second Empire. C'est donc avec le 4e corps commandé par le général de division de Ladmirault qu'il participe à la campagne d'Allemagne du 22 juillet au 29 octobre, date de son départ en captivité[95]. Durant ces mois de captivité à Hambourg, ses liens d'amitiés avec son camarade de régiment le lieutenant Lucien Cardot se sont resserrés. Desfontaines souligne d'ailleurs ce point[96]. À quarante-deux ans, quelle est la perspective de carrière d'un officier de corps de troupe métropolitain ? N'est-il pas exclusivement rivé à la vie régimentaire et au grade terminal de colonel ? La réorganisation du Corps d'état-major et la promulgation de la loi du 20 mars 1880 constitue alors une aubaine pour ce commandant qui totalise déjà deux années d'ancienneté de grade. En effet, en marge des officiers du Corps et des nouveaux « brevetés », Maillard peut donc postuler pour devenir « breveté », sésame pour espérer un jour atteindre le grade d'officier général. En 1881, il fait donc partie des quarante-sept commandants admis à concourir.

C'est ainsi que par la circulaire ministérielle du 4 mars 1882, il est parmi les dix-huit autres premiers commandants à se voir décerner le brevet direct d'état-major. Or le 21 décembre 1881, quelques semaines après la promulgation des résultats, il est muté à l'École supérieure de guerre. L'historien doit-il alors chercher une relation de cause à effet dans cette affectation quelque peu singulière ? En effet à peine titulaire d'un brevet dit de régularisation, cet officier se voit d'emblée devenir cadre-professeur !

95. Le 98e RI appartient à la 2e brigade de la 2e division.

96. Desfontaines, *op. cit.*, troisième partie, p. 62.

L'analyse proposée par Desfontaines sur ce sujet est quelque peu erronée voire dépourvue de critique à l'égard de cet événement. Il écrit que « *Maillard avait subi les épreuves du brevet direct quelques années auparavant et la commission d'examen avait été frappée de la netteté de son esprit, de la profondeur de son jugement et de la faculté de son élocution*[97]. » Entre la date des épreuves orales qui s'étalent sur deux semaines au mois d'octobre 1881 et la date de son ordre de mutation, à quoi ou à qui peut-on alors attribuer sa désignation comme professeur adjoint du cours infanterie ? Première hypothèse, à la commission d'examen constituée par une délégation du comité technique d'état-major assistée par le professeur titulaire du cours de tactique et les trois professeurs titulaires de tactique d'armes. Le candidat Maillard aurait alors, comme le souligne Desfontaines, impressionné les membres du jury par son aisance naturelle et son aptitude à raisonner les questions qui lui sont posées. Seconde hypothèse, à son ami Cardot. Dès 1874, cet officier est le premier commentateur des écrits novateur du major Wilhelm von Scherff, *Études sur la nouvelle tactique de l'infanterie*[98]. Germanophone et russophone, n'incarne-t-il pas l'officier largement imbu des hautes études militaires au sein de l'état-major général ? Qualités peu courantes au moment où la jeune École de guerre vient de perdre son premier directeur et qu'elle peine à effacer le souvenir de l'École d'état-major. On propose alors à Cardot le poste de professeur chargé du cours tactique d'infanterie. Néanmoins ce dernier ayant conscience de son inaptitude à professer, comme de l'exubérance de sa personnalité, décline cette proposition qu'il offre à son aîné du 98e de ligne. Quant à l'intéressé, il écrit dix ans après ce fait : « *C'est alors*

97. Desfontaines, *op. cit.*, troisième partie, p. 62.

98. Le livre est traduit en 1874 par le capitaine Couturier et publié en deux volumes : *Études sur la nouvelle tactique de l'infanterie,* par le major W. von Scherff, traduit par A. Couturier, 1re et 2e parties, Paris, Firmin Diderot, 1874, 186 p., et *Études sur la nouvelle tactique de l'infanterie,* par le major W. von Scherff, traduit par A. Couturier, 3e partie, Paris, Firmin Diderot, 1874, 196 p.

que par le fait de circonstances indépendantes de notre volonté, nous avons été appelés à l'honneur de participer à l'enseignement de l'École de guerre[99]. »

Une formation intellectuelle indépendante et autodidacte

Il est à ce stade difficile de se prononcer sur l'une ou l'autre des deux hypothèses avancées. Cependant entre son retour d'Algérie avec le 123ᵉ régiment d'infanterie au mois de mai 1872 et sa nomination au grade de chef de bataillon en 1878, la vie de garnison en France métropolitaine et sa fonction de capitaine d'adjudant major ne signifient pas pour autant une période de jachère intellectuelle. Au cours de cette période, il voit que les premières promotions de saint-cyriens post-1870 commencent à alimenter les rangs des amphithéâtres de l'École militaire. Ces cadets de Saint-Cyr de près de quinze années peuvent devenir « breveté. » Selon nous, cette situation contribue à accroître chez l'officier du Second Empire cette rupture psychologique, fruit tour à tour de la défaite, de la captivité et des changements politiques et militaires qui s'opèrent entre 1871 et 1879. Maillard n'a donc plus qu'un seul salut pour se différencier de la masse de ses camarades « troupiers » : cultiver sa différence en devenant « breveté ». Mais pour réussir à se hausser au niveau des élèves de la 5ᵉ promotion de l'École supérieure de guerre au mois d'octobre 1880, Maillard doit s'astreindre à un rythme de travail régulier et intense. La réussite au concours sanctionne à la fois un éventail de connaissance militaires générales mais aussi l'aptitude d'un candidat à raisonner vite et bien. C'est très probablement en étant guidé par son camarade Lucien Cardot et au rythme des lectures assujetti aux nouvelles publications militaires qu'il se forge une dimension intellectuelle d'autodidacte. Si dès 1871 la pensée militaire est

99. Colonel Maillard, *Éléments de la guerre*, Première partie, Paris, Baudoin, 1891, p. 131.

relativement éclectique, cette période d'incubation intellectuelle est d'abord marquée par la traduction des écrits de von Scherff. Cet ouvrage apporte la nouveauté et l'originalité qu'il manque peut-être à une pensée militaire française occupée à se régénérer en s'enferrant dans une posture défensive derrière une solide ligne de fortification. Pour von Scherff, l'adoption générale des armes puis des canons rayés impose depuis la guerre de Crimée l'offensive comme le mode d'action pertinent de la conduite de la guerre. À partir de l'étude des deux dernières guerres livrées par la Prusse, l'auteur propose ainsi une théorie nouvelle qu'il livre à la critique de ses lecteurs. En se hissant au niveau de la stratégie sa thèse générale est la suivante : « *les définitions didactiques de la victoire portent qu'elle n'est autre chose que le but que l'on cherche à atteindre dans tout combat le combat ; elles reconnaissent presque sans exception que l'offensive est le seul moyen de vaincre*[100]. » Von Scherff décompose la conduite de la guerre en trois domaines : offensive, défensive-offensive et combats traînants. Cependant, pour vaincre les habitudes contractées durant la paix, seule l'instruction continue peut permettre aux chefs de se forger un jugement tactique pour dissiper « *les frottements du champ de bataille*[101]. » En définitive, les idées de ce brillant professeur de tactique de la *Kriegsakademie* sédimentent progressivement dans la pensée de Maillard. D'abord grâce à Cardot, puis à Robert dont le cours s'inspire souvent. Il sera ensuite montré en quoi la méthode Maillard a épousé celle de von Scherff. Cette première filiation est la première originalité qui caractérise un officier intellectuellement très indépendant dans une pensée militaire française en cours de renouveau.

La seconde filiation intellectuelle est à mettre au compte des écrits du colonel Ardant du Picq. Au moment où les Cours militaires spéciaux débutent, l'œuvre du chef de corps du 10e RI,

100. *Ibid.*, p. 8.
101. *Ibid.*, p. 139.

blessé mortellement le 14 août 1870[102], n'est pas encore publié. L'étude *Le combat antique*[103], publiée en 1876 et 1877 dans le bulletin de la réunion des officiers, puis *Études sur le combat*[104] en 1880, constituent les deux premières publications qui permettent de diffuser une pensée novatrice. Or il est selon nous inexact de faire reposer la réception de la pensée d'Ardant du Picq sur la deuxième édition d'*Études sur le combat* publiée en 1903[105]. En effet parce que d'une part la bibliothèque de l'École supérieure de guerre possède ces deux publications et que d'autre part depuis 1882, Ardant du Picq apparaît comme un auteur à lire en introduction du cours de stratégie et de tactique générale[106]. Lorsque Maillard prépare son enseignement, comme chaque professeur il dispose de cette référence. L'étude de son premier cours montre que les idées dominantes d'Ardant du Picq sont sous-jacentes à son enseignement. Or Maillard ne le cite pas explicitement en faisant références à ces publications. Néanmoins, les similitudes de l'idée directrice de l'ouvrage, de ces thèmes[107] voire de la même nouveauté qui relient *Études sur le combat* au premier cours de

102. Le colonel Ardant du Picq est tué par un éclat obus à Montigny-lès-Metz. Référence : Commandant Rousset, *Histoire de la guerre franco-allemande, 1870-1871*, Paris, Montgredien & Cie, 1898, tome 1, p. 389.

103. Ardant du Picq, *Le combat antique*, *in* Bulletin de la réunion des officiers, 1877, pp. 21-29.

104. Ardant du Picq, *Études sur le combat*, Paris, Hachette et Dumaine, 1880, p. 294.

105. Azar Gat a repris la thèse de Joseph Arnold qui affirme que la pensée d'Ardant du Picq est presque inconnue en France jusqu'au début du XXe siècle. L'historien tient à souligner ce point évoqué par Dimitri Queloz dans sa thèse. En effet l'étude exhaustive des cours de l'École de guerre entre 1876 et 1914 permet de pencher définitivement pour l'hypothèse présentée par le Suisse. Références : Azar Gat, « *Ardant du Picq's Scientism, teaching and influencee* », *War & Society*, octobre 1990, pp. 11-13 ; Joseph Arnold, « *French tactical doctrine* », *Military Affairs*, 1978, n° 42, pp. 61-67 ; Dimitri Queloz, *De la manœuvre napoléonienne à l'offensive à outrance*, Paris, Economica, 2009, pp. 388-391.

106. Cours de stratégie et de tactique générale, 1881-1882, p. 2.

107. Comme la discipline ou la victoire.

Maillard sont telles que l'historien ne peut s'interdire de penser que l'auteur d'*Éléments de la Guerre* est le premier à faire rayonner cette pensée nouvelle. En effet, les écrits d'Ardant du Picq cherchent à faire ressortir l'influence considérable du facteur moral dans le combat. Cette dimension doit rester le guide de tous les grands chefs militaires pour l'obtention de la victoire. Chez Maillard, cette même idée-force soutient l'ensemble de sa théorie qui voit « *la doctrine de l'infanterie reposer sur un mode d'action décisif : la marche en avant*[108]. » Seule la manœuvre permet la victoire. Le feu n'est donc pas l'argument décisif car selon lui il ne donne pas la supériorité morale à l'adversaire : « *Pour gagner il faut autre chose.* » L'effet moral est alors produit par « *la marche en avant par la ferme volonté manifeste d'arriver sur l'adversaire, et de l'atteindre, s'il attend avec la baïonnette. C'une question de moral ; il s'agit d'abattre le courage de l'adversaire. Il faut l'amener à se croire perdu ; jamais le feu par l'effet produit ne fera naître cette conviction*[109]. » Dans les démonstrations de Maillard, illustrées par des exemples de combat pris principalement dans la guerre franco-prussienne, le lecteur comprend que l'homme reste l'instrument premier du combat. Chez les deux auteurs on assiste à cette même recherche de la vérité à partir des données de l'expérience directe de la guerre. Les faits de guerre sont alors décortiqués en éléments. Ils deviennent autant de données tangibles et « scientifiques » qui appuient toute démonstration. En outre si le commandant Cherfils[110] est le premier à reprendre dès 1888, l'exaltation des facteurs moraux en utilisant la formule d'Ardant du Picq, R > M. V^2, c'est-à-dire « *R, résolution est toujours supérieur à tous les M.* V^2 *du monde*[111] », cette formulation mathématique apparaît aussi sous la plume de Maillard. En effet, il écrit que l'effet moral repose

108. Cours du Commandant Maillard, 1884-1885, p. 308.

109. *Ibid.*, p. 311.

110. Responsable du cours de tactique de cavalerie. Cours du commandant Cherfils, 1890-1891, p. 12.

111. Ardant du Picq, *op. cit.*, p. 231.

sur une conviction : « *Faire la guerre, c'est agir, agere bellum. L'idée de guerre implique l'action, le mouvement qui met en jeu toutes nos facultés. Nous avons souffert de la passivité qu'on nous a imposée à Metz.* » Le « R » devient l'idée qui sous-tend l'action. Et c'est bien cette résolution qui anime, dans l'offensive comme dans la défensive, les forces morales que Maillard juge supérieures aux forces physiques[112].

L'originalité d'un professeur et d'un enseignement nouveau

Fort de sa formation autodidacte, lorsque le commandant Maillard devient le responsable du cours d'infanterie, il hérite et bénéficie d'un environnement académique favorable qui lui a laissé deux années entières pour préparer ses conférences. On doit maintenant apprécier ses talents pédagogiques et sa force de conviction. Le général Millet qui est son adjoint en 1885 écrit : « *À mon arrivée à l'École, le colonel, Directeur des études, me dit : « le commandant Maillard n'est pas brillant comme conférencier, mais sur le terrain il est hors ligne*[113]. » Millet ajoute que ses talents d'orateur se sont développés après qu'il ait réussit à vaincre sa timidité. Au sommet de son art, c'est-à-dire à partir de 1886, il le considère comme « *non seulement comme brillant, mais éloquent, persuasif et profondément instructif*[14]. » Mais quel doit être le degré de pertinence à accorder aux propos de Millet, l'adjoint du « Maître », qui comme Cardot est son cadet mais surtout, un autre camarade du 98e RI donc un frère d'armes et de captivité ? Lorsqu'il écrit « *À chaque leçon on découvrait une nouvelle Amérique*[115] », on peut alors admettre que Millet est vrai-

112. Dans l'exemple cité il est important de souligner que le capitaine Maillard a été témoin direct de l'irrésolution du maréchal Bazaine au cours du siège de Metz.

113. Millet, *op. cit.* Le comte de Puymodan émet un avis quelque peu différent : « *Par contre, il se pliait mal aux circonstances, manquait d'à-propos sur le terrain...* » Puymodan, *op. cit.*, p. 179.

114. Tome 2, annexe 13.

115. Tome 2, annexe 13.

semblablement subjugué par Maillard. Le comte de Puyomodan, élève de Maillard en 1889-1890, aide l'historien à un peu moins de subjectivité. Ce dernier est alors plus sévère à l'égard de notre personnage. Il déclare : « *Le colonel Maillard avait la tournure épaisse, la démarche lourde, l'extérieur commun, une figure forte, ingrate, lentilleuse, éclairée par des yeux hautement intelligents, mais louches à en paraître distors*[116]. » On apprend alors que sa parole est lourde et sans éloquence. Néanmoins, grâce à un caractère « *autoritaire, limpide et méthodique* », l'officier-élève affirme que son professeur sait « *mettre en relief sous une forme saisissante certaines idées essentielles, que ses prédécesseurs, sans le reconnaître, avaient embrumées de considérations adventice*[117]. » Si le mérite de Maillard semble avoir été d'élucider quelques principes fondamentaux de la guerre moderne, Puymodan souligne un de ses travers. L'homme aime être flatté par ses subordonnés comme par ses élèves[118]. En fin de compte, la synthèse faite par Puymodan de ce professeur atypique aide à mieux apprécier le qualificatif que le colonel Pierre Dévoluy lui attribue trente ans plus tard : « *Savant de cabinet*[119]. »

Les talents pédagogiques de ce professeur se conjuguent à l'aune d'un enseignement nouveau. Si Ardant du Picq a peu écrire « *Etudions l'homme dans le combat car c'est lui qui fait le réel* », Maillard cherche dans les campagnes modernes et dans les écrivains militaires du XVIIIe et du XIXe siècles le socle de son substrat intellectuel. Bien que son premier cours, 1884-1885, s'articule autour de deux parties, *L'infanterie en dehors*

116. Puymodan, *op. cit.*, p. 179.

117. Puymodan, *op. cit.*, p. 179.

118. Ce point apparaît aussi sous la plume de Millet lorsque ce dernier écrit : « *Sortant de l'amphithéâtre, il ne manquait pas de me dire : « comment ça a-t-il été ? ai-je été compréhensible ? cela vous parait-il juste* ? » Tome 2, annexe 13.

119. « *En résumé, le colonel Maillard était plus professeur que chef, plus pédagogue que conférencier, plus homme de cabinet qu'homme d'action, plus apte à former des élèves de sa doctrine que des disciples de sa pensée, mieux fait pour préparer des généraux que pour exercer lui-même un commandement.* » Puymodan, *op. cit.*, p. 180.

du combat[120] et *Tactique de combat*[121], la forme définitive et la maturité de son enseignement adviennent dans les cours autographiés à partir de 1886, c'est-à-dire la 11e promotion à laquelle appartient le lieutenant Ferdinand Foch. Ce cours théorique comprend trois parties : *L'étude des faits de guerre*, *Les éléments de la guerre* et *L'étude spéciale de l'infanterie*. Le cours s'ouvre par un long plaidoyer cher à Lewal : les nécessités de l'instruction pour apprendre la guerre. La première partie de l'enseignement s'appuie sur la notion de bataille[122] ; Il s'agit de disséquer l'ensemble des combats du 18 août 1870 à Saint-Privat pour théoriser la guerre autour de deux notions centrales : la bataille et la manœuvre. L'utilisation de Saint-Privat trouve une place centrale et qui va crescendo dans sa théorisation. En effet, si en 1884 Maillard consacre seulement vingt-six pages à cette bataille à laquelle il a participé, 218 pages lui sont consacrées dans son dernier cours en 1890.[123] De même, il étoffe année après année son appréciation générale des combats. Une telle évolution marque la rigueur d'un historien qui incrémente année après années les nouvelles sources que la bibliothèque et les traductions mettent à sa disposition. Pour Maillard, la bataille exige d'abord la volonté de la livrer, les moyens nécessaires, un but, un plan et la volonté de vaincre. Ensuite il la décompose en deux sous-ensembles : un combat général sur tout le front et une attaque finale décisive sur un point. L'étude de la bataille est rendue intelligible par deux arbres, deux faits absolument distincts. Le premier est intellectuel. Il comprend les dispositions, les combinaisons il appartient au domaine du commandement qui conçoit et dirige. Le second est matériel et mécanique. C'est l'exécution qui est accomplie par les

120. Soit 15 chapitres ou 15 conférences.

121. Soit 12 chapitres ou 12 conférences.

122. Le cours totalise 436 pages.

123. On trouve respectivement 140 pages consacrées à Saint-Privat dans le cours de 1885-1886 et 162 pages dans le cours 1886-1887. Le dernier cours autographié est daté 1889-1890.

unités constituées. À partir des relations françaises et allemandes, la bataille de Saint-Privat devient un support pédagogique qui permet d'englober l'ensemble des modes de combats qui oscillent entre l'offensive et la défensive. Dans cette partie, le professeur traite également de la bataille de rencontre, de la conduite d'une avant-garde, de la rupture du combat, des avant-postes, des reconnaissances, des défilés et de la surprise.

Théoriser la guerre

Les éléments de la guerre constituent la deuxième partie du cours. C'est la plus volumineuse des trois. Il s'agit d'un cours fleuve de 756 pages particulièrement bien structuré autour de sept parties et de vingt-cinq chapitres. C'est par conséquent la partie la plus importante de son enseignement. Il est alors compréhensible que la publication de ces conférences en 1891 en porte le titre. Maillard présente ici chronologiquement les marches, les stationnements, les services de sûreté, le combat dans toutes ses phases, les localités et les petites opérations de la guerre. Il montre alors comme Clausewitz la complémentarité entre les modes de combat offensifs et défensifs. Néanmoins, si l'exécution repose sur la combinaison des deux modes, « *l'idée de la bataille a pour but unique l'offensive*[124]. » Le professeur conserve son habit d'historien mais devient maintenant un théoricien de la guerre. L'horizon de cet enseignement s'inscrit dans l'univers du champ de bataille et de celui de la tactique appliquée. Néanmoins la nouveauté réside dans la théorisation qu'il fait de l'étude de la conduite de la guerre. Au milieu des années 1880, aucun penseur militaire n'a encore eu l'idée ni suffisamment d'intelligence théorique pour conceptualiser les points de doctrine assujettis à la conduite des grandes unités tactiques[125]. En introduction de son cours, Maillard écrit :

124. Cours du lieutenant-colonel Maillard, 1887-1888, p. 698.

125. Maillard se place ici dans le cadre de l'emploi de l'armée, des corps d'armées et des divisions.

> « *Toute opération de guerre consiste essentiellement dans l'exécution ; mais celle-ci découle d'une conception première et d'une préparation préalable. Dans l'ordre des faits, l'exécution se présente en dernier lieu ; mais dans l'étude et dans l'enseignement, elle doit occuper la première place ; parce que, pour concevoir et pour préparer, il faut d'abord, si l'on ne veut pas être dans les nuages et risquer de se mouvoir en dehors de la réalité possible, connaître les rapports nécessaires qui dérivent de la nature des choses c'est-à-dire les lois qui régissent l'exécution. Ces lois constituent "les Éléments de la guerre" et leur connaissance forme la base de toute instruction militaire*[126]. »

L'ambition pédagogique et théorique de Maillard est « *pour le bien de l'armée, de rétablir la tradition et de formuler une doctrine complète, basée sur les faits et visant l'avenir.* » Au cœur de ces éléments de guerre se trouvent trois notions indispensables pour penser la guerre : le but, le temps et l'espace. Ces trois éléments peuvent d'ailleurs être compris comme les trois variables irréductibles pour mettre la conduite de la guerre en équation. Le but permet de déterminer où et comment il faut agir. La variable temps accorde d'une part au chef la séquence nécessaire pour la réflexion, la préparation et la rédaction des ordres et d'autre part, aux unités subordonnées de se préparer. La variable espace conduit à choisir les directions, rassembler et déployer ses troupes, les faire vivre et se reposer.

La mise en perspective des principes généraux théorisés par Maillard sera présentée dans la conclusion de cette deuxième partie. Néanmoins il est intéressant de souligner que la conclusion des *Éléments de la guerre* met en avant une autre série de principes. Il s'agit de principes moins « scientifiques » et « universaux » car ils sont propres à la nation française. Maillard les nomme : *Principes en vertu desquels les Français se dirigent quand ils font la guerre.* Le professeur affirme que les Allemands les

126. Cours du lieutenant-colonel Maillard, 1887-1888, p. 5.

ont d'ailleurs adoptés alors que les Français les ont abandonnés. Paradoxalement, le premier principe cité remet en cause l'ensemble des fondations théoriques. En effet Maillard écrit : « *Le premier de ces principes est de mettre absolument de côté en temps de guerre les règlements, les instructions de caserne, et le souvenir même de la place d'armes*[127]. » Si les deuxième et troisième principes caractérisent la volonté du soldat qui marche toujours en avant et réaffirment la supériorité des forces morales sur les forces matérielles, l'historien peut considérer que ce passage théorique n'est pas à la hauteur des précédents points abordés dans cette partie. Cependant il prépare la conclusion qui développe deux notions centrales de l'enseignement et de la pensée de Maillard : la force morale et l'esprit militaire. Il réaffirme alors que « s'*il faut de puissants moyens pour faire la guerre, chacun reconnaît cependant que le succès n'est dû qu'à la supériorité morale*[128]. » Il définit alors la force morale comme « *la volonté de vaincre qui s'affirme dans l'attaque, par la marche en avant, dans la défense par la ténacité ; dans toutes les situations, par l'acharnement et le renouvellement de la lutte. Tant que la force morale subsiste chez le vaincu, rien n'est acquis pour le vainqueur.* » Enfin c'est dans l'esprit militaire que doit se concentrer cette dimension psychologique dans la mesure où il est la synthèse de toutes les vertus qui font la force. Il n'est alors pas étonnant de voir que le patriotisme vient longuement appuyer les conclusions d'un cours dispensé en plein boulangisme. » Enfin, il est cocasse de souligner que c'est seulement dans la troisième partie de son enseignement que Maillard aborde l'objet du cours dont il a la charge : Le cours de tactique d'infanterie. *Infanterie* constitue la partie la plus concise. En 318 pages et six parties, le professeur décrit la manœuvre et le feu des unités d'infanterie au niveau du bataillon et de ses unités subordonnées. C'est de la petite tactique. En fin de compte, l'analyse du cours de Maillard,

---

127. Cours du lieutenant-colonel Maillard, 1887-1888, p. 714.
128. *Ibid.*, p. 714.

baptisé cours de tactique générale et d'infanterie, montre d'abord que l'appétence de Maillard en ce qu'il se concentre sur la théorie de la guerre et ses généralités. Cet officier d'infanterie focalise son enseignement sur la manœuvre interarmes qui se déroule sur le champ de bataille. L'étude de la bataille de Saint-Privat qui au cours des années s'alourdit de détails devient presque un « mythe. » Mais paradoxalement si la forme et la structure du cours évoluent chaque année, les idées de ce professeur semblent s'être figées dès sa première année passée à la tête du cours de tactique d'infanterie.

La place des historiens de la guerre dans l'enseignement théorique

Si l'historiographie de l'enseignement à l'École supérieure de guerre au cours de cette période produit le travers d'attirer l'historien vers des personnalités comme Lewal, Pierron, Niox, Vaucheret, Derrécagaix, Cardot et Maillard, elles doivent momentanément être mises de côté. En effet en revenant à l'analyse du corps professoral et à l'inventaire des sources, nous décelons un versant non défriché et qui enrichit l'étude. Au sein du cours d'histoire militaire de stratégie et de tactique générale, le commandant Bonneau enseigne durant neuf années, ce qui constitue le record de longévité pour un professeur de la chaire entre 1876 et 1914. Il y est affecté comme professeur adjoint en 1885. Son professorat doit être mis en parallèle de celui de Maillard, qui reste également neuf années au sein du cours infanterie. D'abord parce que Bonneau enseigne entre 1885 et 1894. Ensuite parce que sa longévité à l'École de guerre lui permet d'inscrire son travail dans la durée. Si au cours de la période 1884-1890, c'est bien la « gouaille » de Maillard et de sa tactique générale qui attire toutes les attentions, dans son ombre, l'action déterminante de Bonneau développe un cours d'histoire militaire et de stratégie qui va connaître la consécration avec l'arrivé du lieutenant-colonel Bonnal.

La première année d'enseignement du Capitaine Bonneau

Il a déjà été souligné que le cours d'infanterie du lieutenant-colonel Robert empiétait largement sur le cours d'histoire militaire, de tactique générale et de stratégie de Derrécagaix. Que dire de celui de Maillard ? Alors que ce dernier ne fait que développer puis améliorer le cours de son prédécesseur, l'enseignement de l'auteur des *Éléments de la guerre* continue à faire de l'ombre. Sa prestance lui permet alors de continuer à faire ce que l'on a reproché à Robert. En 1885, lorsque Bonneau débute son enseignement, Derrécagaix vient de publier *La guerre moderne* et le cours de Maillard a presque atteint sa forme définitive. Une telle situation laisse alors peu de place à un jeune professeur pour trouver sa voie. Or, le lieutenant-colonel Derrécagaix a commencé à dispenser un nouveau cours dédié à la guerre de 1870. C'est donc l'histoire militaire qui cherche à imposer sa marque à l'enseignement théorique de la guerre. Cette voie est alors appuyée par l'autorité d'un professeur qui est aussi commandant en second de l'École. Ainsi entre 1884 et 1886, Derrécagaix impose l'étude de la guerre franco-allemande aux 10e et 11e promotions. Ce cours particulièrement détaillé constitue une somme de plus de 1300 pages accompagnées d'un atlas. Son auteur dissèque la totalité de la guerre livrée par l'armée du Second Empire jusqu'à la reddition de Metz. Aucune place n'est accordée aux armées du Gouvernement de la Défense nationale ou encore à l'épisode lié à la répression de la Commune. Le plan choisi est pour l'époque une référence méthodologique pour étudier une guerre. Il commence par aborder chronologiquement les points suivants : préliminaire de la guerre, les causes, les situations des forces en présence, les projets d'opérations des armées belligérantes, la mobilisation et la concentration, les opérations maritimes. Ensuite, l'auteur décrit les opérations sur la Sarre et la Moselle, sur la Meuse et en Argonne avant de terminer par le siège de Metz. On peut alors noter que les 114 pages de description de la Bataille de Saint-Privat sont alors redondantes avec le cours de Maillard.[129] Cet enseignement de l'histoire de la guerre est en conformité avec les formes vigueur. Derrécagaix propose une histoire essentiellement narrative, descriptive voire ennuyeuse. Sa seule plus-value est apportée par la partie « observations » que le professeur place généralement à la fin de chaque chapitre. L'ensemble de ces « observations » donne des synthèses très générales. Elles représentent environ 5 % du volume total autographié. Ce cours, appelé par son auteur cours d'histoire militaire, devient un réservoir de connaissances étroit pour illustrer des faits et servir d'exemple à un enseignement de la stratégie comme de la tactique.

Confronté à un enseignement de la guerre principalement centré sur l'impact laissé par la première phase de la guerre franco-allemande dans l'affect des officiers, le jeune capitaine Bonneau bénéficie d'une autre expérience de guerre. Il a eu la chance d'être envoyé en mission dans les Balkans afin d'établir une relation de la guerre russo-turque. Bien que ce cours soit appelé cours d'histoire militaire par son auteur, il serait aujourd'hui qualifié de « retour d'expérience » ou « d'histoire immédiate. » Si la lecture de cet enseignement de la guerre la plus récente livrée par une puissance européenne permet d'affirmer qu'il n'est pas très bien structuré, le lecteur peut néanmoins distinguer plusieurs parties. Bonneau commence par définir les causes de la guerre et la situation politique des parties en présence. Le désir de « *la Russie d'assurer le débouché des Dardanelles et du Bosphore à sa marine qui ne dispose jusqu'ici d'autres ports en mer libre de glace que ceux de la mer Noire*[130] » devient la cause majeure de cette guerre. Les principaux événements diplomatiques sont alors décrits entre 1871 et 1877. Une deuxième partie présente la situation militaire des deux protagonistes. C'est d'abord la Russie au moment de sa mobilisation. Seule l'organisation de ces différents corps d'armées et

129. Cours du lieutenant-colonel Derrécagaix, 1885-1886, tome 1, pp. 734-848.

130. Cours du capitaine Bonneau, 1885-1886, *Histoire militaire, La guerre russo-turque*, 1877-78, p. 1.

de leurs divisions subordonnées est étudiée. La prise en compte de l'armée roumaine, des forces du Monténégro comme des insurgés d'Herzégovine et de Bosnie est également évoquée. Puis c'est au tour des forces de l'Empire ottoman. La troisième partie cherche à définir les plans de campagnes au moment de la déclaration de la guerre par les Russes. La quatrième partie aborde les différents déploiements stratégiques. Bonneau fait le choix de se focaliser sur une manœuvre stratégique. Il s'agit du passage réussi du Danube par l'armée russe. Mais c'est la dernière partie du cours qui est la plus longue et la plus importante du point de vue des enseignements nouveaux à tirer pour une guerre future. Elle traite des deux premiers échecs russes lors de leurs trois tentatives pour prendre la ville fortifiée de Plevna[131], tenue par Osman Pacha. Les enseignements tirés par le Capitaine Bonneau sont exceptionnels. D'abord parce qu'il utilise à la fois des sources russes et ottomanes pour étayer son analyse. Ensuite parce que son enquête terrain sur le site même de la bataille a poussé sa sagacité à mettre en relations les récits du combat avec les acteurs. Il écrit alors : « *Après avoir étudié la question sur le terrain, nous avons constaté des faits qui ne concordent pas avec ces assertions, entre autres que la prise des ouvrages 4 et 5 était surtout due à la présence d'angles morts en avant etc., puis nous avons demandé au Maréchal Ghazi Osman Pacha lui-même, d'après quelles règles, les feux de l'infanterie avaient été exécutés sous Plevna… Le Maréchal a bien voulu nous donner la réponse suivante*[132]… »

L'histoire militaire comme fondement de l'enseignement de la guerre

Avec l'analyse du siège de Plevna, le capitaine Bonneau, qui est à ce moment-là le plus jeune et le seul officier subalterne

131. « *Plevna est une des villes les plus importantes de Bulgarie (16 000 habitants) à cause de sa situation au point de jonction de deux grandes routes…* ». *Ibid.*, p. 48.
132. *Ibid.*, p. 61.

parmi les professeurs de l'École supérieure de guerre, montre toutes les qualités d'un historien de la guerre. En s'appuyant sur sa mission d'études dans les Balkans, il a pu questionner des faits et leurs acteurs. Son premier cours doit légitimement être qualifié d'étude scientifique de la guerre. Ainsi, Bonneau commence par organiser son cours autour d'un large réservoir d'événements historiques qui servent à l'analyse de faits de guerre. Il bâtit alors un cours d'histoire militaire dont le but est « *de constituer un répertoire de faits et de donner aux officiers qui l'ont suivi, un moyen de suppléer à l'expérience et de se familiariser, dès le temps de paix, avec les procédés de marche et de combat des grandes unités*[133]. » Selon lui, si l'étude des événements des guerres contemporaines permet de caractériser l'art militaire au XIXe siècle, ils doivent être complétés. Il propose alors l'analyse « *d'un ensemble de connaissances historiques qui, suivant les préceptes de Napoléon 1er, doivent être pour ceux qui les possèdent le traité d'art militaire le plus sérieux et le plus pratique*[134]. » Et il ajoute que d'après le général von Peucker, l'histoire des campagnes est la source la plus vivante du savoir militaire. Ainsi, l'étude de l'histoire consiste à rechercher les principes d'art militaire qui se dégagent de cet enseignement. L'approche méthodologique distingue alors deux parties : recueillir des faits historiques puis les apprécier en disposant « d'*une base de principes raisonnés sur lesquels l'esprit s'appuie pour former le jugement*[135]. » Bonneau propose en définitive une nouvelle approche de l'histoire. Il fait le choix de ne plus faire d'histoire narrative et adopte la voie d'une histoire critique. La première s'appuie sur la mémoire des officiers. La seconde développe le jugement des officiers-élèves. Il s'agit de proposer une analyse critique de faits historiques qui permettent aussi d'établir des principes. C'est avec une grande rigueur d'historien s'appuyant sur des sources vérifiées

133. Résumé du cours d'histoire militaire, Stratégie et tactique générale, année 1885-1886, p. 1.

134. *Ibid.*, p. 2.

135. *Ibid.*, p. 2.

et très diversifiées que le commandant Bonneau propose un cours d'histoire militaire qui devient un exercice pour apprendre à raisonner des problèmes de guerre.

Cette nouvelle approche de l'histoire s'appuie sur un nouveau corpus de batailles, de campagnes et de guerre. Entre 1884 et 1892, Bonneau rédige différents cours d'histoire militaire. Le premier cours[136] a pour objet l'étude des principales campagnes du Premier Empire. Il se focalise sur l'année 1805 et la bataille d'Austerlitz et l'année 1809 et celle d'Essling. Dans son deuxième cours[137], il choisit une focale plus large. Il prend comme point de départ les campagnes du maréchal de Bernwick dans les Alpes de 1709 à 1712. Il passe ensuite directement à la campagne de 1794 en Belgique où la bataille de Fleurus occupe une place centrale. Puis, tout en conservant le même cadre temporel, l'année 1794, il propose d'analyser la campagne qui se déroule dans les Pyrénées orientales. Il enchaîne alors avec l'analyse de la campagne de 1796 avant de clore avec la campagne de 1814. Enfin, son troisième cours d'histoire militaire[138] livre une remarquable étude militaire de Frédéric II[139]. Ces dernières recherches sont l'aboutissement d'un cours qui atteint sa pleine expression à partir de l'année 1890. Ainsi, le plan du cours de Bonneau s'appuie sur deux domaines. En 2e division il enseigne l'histoire militaire. Son cours s'appuie alors sur quatre études théoriques : Frédéric II, la campagne de 1805, la campagne de 1809 et la campagne des Balkans dans la guerre turco-russe de 1877-1878. Le professeur complète et illustre cet enseignement par la visite des champs de bataille de la guerre de 1870-1871 aux environs de Paris. Ce premier véritable « officier et historien » de l'École supérieure de guerre définit le but des études historiques à partir d'une citation de Frédéric : « *Les faits passés sont bons pour nourrir l'imagination*

136. Commandant Bonneau, *Histoire militaire, 1884-1885.*

137. Commandant Bonneau, *Histoire militaire, 1885-1886.*

138. Commandant Bonneau, *Histoire militaire, 1892-1893.*

139. Cette étude a été demandée par le général chef d'état-major général.

et meubler la mémoire. C'est un répertoire d'idées qui fournit de la matière que le jugement doit passer avant tout au creuset, pour l'épouser[140]. » Dans l'introduction de son cours il ajoute : « *En d'autres termes, nous devons non seulement acquérir la connaissance d'un grand nombre d'événements militaires, mais encore savoir les discuter pour en déduire des enseignements pour l'avenir et de nous faire une sorte d'expérience personnelle de la guerre que nous ne pouvons pas trouver dans la réalité, puisque les guerres sont très rares à notre époque*[141]. » En définitive, l'enseignement de Bonneau l'historien cherche à faire acquérir « *une sorte d'expérience de la guerre* » aux stagiaires en vue de faciliter leurs études ultérieures d'art militaire.

Un nouveau cours de stratégie et de tactique générale

Si jusqu'en 1889, c'est-à-dire l'entrée de la 15e promotion à l'École, l'enseignement de Bonneau est limité à l'histoire militaire ; en 1890, le général commandant de Dionne Delambre lui accorde toute sa confiance dans la mesure où il lui demande de professer un nouveau cours de stratégie et de tactique générale. En s'appuyant sur son corpus d'histoire de la guerre renforcé de l'étude de la plus récente des guerres européennes[142], Bonneau construit la seconde partie de son enseignement théorique de la guerre. Il s'agit d'un cours totalement nouveau qui doit relier stratégie et tactique. Le général n'est-il pas alors satisfait de celui de Maillard ? Mais en quinze années, le niveau et les connaissances générales liées à la conduite de la guerre ont évolué. Si le cours de Maillard reste essentiellement tactico-centré entre 1884 et 1891, celui que met en place Bonneau englobe toutes les composantes de la guerre. Avec le renouveau des études des campagnes de la

140. Commandant Bonneau, *Histoire militaire, 1892-1893*, p. 2.

141. *Ibid.*, p. 2.

142. Bonneau écrit encore dans l'introduction de son cours : « *Celle qui a été exécuté d'après des procédés qui se rapprochent le plus de ceux que nous impose notre outillage actuel.* » *Ibid.*, p. 4.

Révolution et de l'Empire, l'enseignement de la guerre embrasse désormais les parties hautes de la guerre, chères à Napoléon. Cette nouvelle inflexion correspond à l'éveil à la stratégie par l'armée française. La décennie 1870 consacrée à la reconstruction du bas vers le haut de l'outil militaire a cantonné la réflexion des officiers à une pensée tactique. Mais depuis 1880 une nouvelle phase s'est ouverte, celle du perfectionnement de l'armée. Elle impose d'évoluer intellectuellement et de commencer à penser la stratégie. La politique extérieure du gouvernement républicain comme l'évolution des relations diplomatiques l'impose. L'ouvrage du général Berthaut, *Principes de stratégie, études de conduite des armées*, qui paraît en 1881, doit être considéré comme l'élément intellectuel précurseur de ce changement[143]. Lewal, qui en 1878 dans sa conférence *Introduction à la tactique positive* exclut l'idée d'enseigner la stratégie à l'École de guerre, devient ministre de la Guerre en 1885. Il change alors d'avis sur ce sujet puisqu'il publie *Introduction à la partie positive de la stratégie* en 1892, puis *Stratégie de combat* en 1895. N'est-ce pas une réelle reconnaissance et un bel encouragement pour le commandant Bonneau ? Le but qu'il s'est assigné est d'apporter aux stagiaires des éléments de travail pour l'avenir tout en cherchant à donner une saine direction à leurs méditations sur la guerre[144]. Ce dernier propose une étude globale du phénomène guerre en partant de ses dimensions intellectuelles et historiques pour descendre vers son exécution.

Bonneau introduit son cours par des notions clés. Il s'appuie sur la dichotomie établit par Napoléon à Sainte-Hélène entre « *la partie la plus élevé* » et « *l'art de la guerre* » pour définir les termes de stratégie et de tactique. Le professeur montre alors combien « *il est difficile de dire où finit la stratégie pour céder le pas à la tac-*

143. Le lieutenant-colonel Grouard écrit en 1895 dans son ouvrage *Stratégie* que le général Berthaud a su reconnaître toute la valeur de la stratégie. Lieutenant-colonel Grouard, *Stratégie : objet, enseignements, éléments*, Paris, Dumaine, p. 13.

144. Commandant Bonneau, *Cours de stratégie et de tactique générale, 1890-1891*, p. 1.

tique[145]. » Ce questionnement le conduit à attribuer à la stratégie la direction des mouvements généraux des armées et à la tactique celle des opérations sur le champ de bataille[146]. En fixant ses définitions[147], l'enseignement de ce professeur entre dans le domaine de la préparation et de l'exécution de la guerre. Malgré les grades très modestes de l'enseignant et des enseignés, il s'agit d'étudier la guerre de demain et de ne pas hésiter à aborder les questions les plus élevées de la stratégie et de la tactique générale. Le cours de Bonneau commence par aborder la notion et les caractères de la guerre. Il livre alors une réflexion philosophique sur la guerre afin d'en proposer une définition : « *La guerre est un acte de la force par lequel un peuple cherche à en contraindre un autre à se soumettre à sa volonté*[148]. » L'historien entre alors en scène. Il propose une longue chronologie qui permet de montrer son évolution. Elle aborde les périodes suivantes : les invasions des barbares, les grands conquérants, le Moyen-Âge, la première moitié du XVIIIe siècle, la période de Frédéric II, la Guerre de Sept Ans, la Révolution française, la période napoléonienne et la période de 1815 à 1870. Ensuite la préparation politique et des moyens de guerre sous l'angle constitutionnel sont développés. La puissance militaire de la France est alors étudiée par le biais de ses effectifs (troupes et cadres), de l'organisation du commandement comme de ses grandes unités puis de ses états-majors. La dimension logistique englobe la mobilisation, les chemins de fer et les approvisionnements. Bonneau consacre une partie particulièrement importante à la préparation des opérations. Huit plans de campagne sont tour à tour disséqués[149]. Cette étude historique permet alors de faire de

145. *Ibid.*, p. 3.

146. *Ibid.*, p. 4.

147. Bonneau fait également remarquer qu'il est aussi très difficile de tracer une limite stricte entre la tactique générale et les tactiques d'armes.

148. *Ibid.*, p. 9.

149. Il s'agit du plan de campagne de Napoléon en 1805 et 1809, de celui de l'Archiduc Charles en 1809, de ceux de la guerre turco-russe, de celui de campagne

la prospective stratégique dans la mesure où le professeur propose des « *Éléments d'un plan de campagne pour la guerre de demain*[150]. » Les hypothèses d'une concentration allemande ne font aucun doute sur l'appréciation de la menace stratégique en 1890. C'est à partir de « *l'hypothèse d'un projet d'opérations allemand pour la guerre de "Demain"* » que Bonneau peut maintenant décrire la phase d'exécution de la guerre. De manière très classique, l'étude de la tactique générale commence par le débouché principal et se termine par la bataille décisive[151].

L'avènement du cours d'histoire militaire de stratégie et tactique générale

Le rigoureux et méticuleux travail d'historien consenti par Bonneau dans la préparation de ses cours depuis 1884 permet au cours de stratégie et de tactique générale de devenir définitivement le cours de référence de l'École supérieure de guerre. En 1891, alors que Maillard vient de quitter son poste, Bonneau dispense pour la deuxième fois son nouveau cours à la promotion du lieutenant Alfred Dreyfus, la 16e. La qualité des conférences de Bonneau ne doit pas pour autant occulter l'enseignement dispensé par le colonel Thiroux. Responsable de la chaire d'histoire militaire, de stratégie et de tactique générale entre 1888 et 1891, il forme durant cet intervalle avec son adjoint un binôme très stable. La partie du cours dispensée par Thiroux semble en apparence classique et conventionnelle. En effet le libellé de ce cours d'histoire militaire organisé en deux parties distinctes est

---

prussienne en 1866, de celui de campagne autrichienne en 1866, du plan de campagne allemand en 1870 et du plan de campagne français en 1870. *Ibid.*, pp. 92-134.

150. *Ibid.*, pp. 135-153.

151. Bonneau analyse ici successivement le débouché, la préparation des marches, la formation des colonnes de marches, le stationnement, la sué, les marches (d'armée, de flanc, et en retraite), le service de l'arrière et les mouvements stratégiques par voie ferrée.

consacré à la guerre franco-allemande. L'historien le qualifie de classique parce que sa première partie, *Armée du Rhin-Armée de Châlons*, a été traitée depuis déjà quinze années par l'ensemble de ses prédécesseurs. Dans leur récit historique, les différents professeurs ont tous arrêté le récit de la guerre au soir de la bataille de Sedan. Y aurait-il donc un tabou doctrinal ou psychologique à l'École supérieure de guerre qui limiterait l'étude de la guerre franco-allemande à la seule période de guerre livrée par les armées de Napoléon III ? Si tabou il y a, Thiroux a le courage intellectuel de le lever car il est le premier professeur à enseigner de manière cohérente et logique les principaux épisodes des armées de la Défense nationale, entre le mois d'octobre 1870 et la signature de l'armistice le 28 janvier 1871. Dans la conclusion de la première partie de son cours, il explique que si « *Napoléon III avait rendu son épée au roi Guillaume, prisonnier des Allemands, il avait refusé de traiter donc la guerre continuait*[152]. » La direction politique de la guerre échoit alors à un nouveau gouvernement et il affirme que le Gouvernement de la Défense nationale a déployé « *l'activité et l'énergie que réclament le péril national, réunir toutes les forces vives du pays et improviser d'immenses ressources qui lui permettront de soutenir pendant cinq mois ce qu'on a appelé avec raison une lutte pour l'honneur*[153]. »

La seconde partie du cours du colonel Thiroux a pour titre *Trois épisodes de la lutte des armées de la Défense nationale*. L'auteur commence par montrer les difficultés liées à la réorganisation d'une armée française défaite à partir des forces restantes sur la Loire par la délégation du gouvernement établi à Tours. Dans ce cadre, il met en exergue le rôle joué par Léon Gambetta dès le 9 octobre lorsqu'il écrit : « *Quelle que soit l'opinion que l'on professe sur les chances de succès que présentait la lutte à outrance dans laquelle le ministre de la guerre et son délégué entraînaient le*

152. Cours du colonel Thiroux, 1890-1891, première partie, p. 303.

153. *Ibid.*, p. 303.

pays, on ne peut méconnaître la grandeur et le patriotisme de leur entreprise. Pour la juger sainement aujourd'hui il faut, comme l'a écrit monsieur de Freycinet, songer que dans cette période extraordinaire il ne s'agissait pas seulement de produire, mais encore de créer l'instrument de production[154]. » Certes, l'historien se plaît à souligner ici qu'au moment où Thiroux dispense son cours, le jeune ingénieur des mines, délégué à la guerre, est devenu ministre de la Guerre du président Sadi Carnot[155]. Néanmoins, cette deuxième partie du cours d'histoire militaire constitue un fait capital dans l'enseignement de la guerre comme dans l'œuvre de républicanisation des officiers « brevetés. » La guerre livrée par le Gouvernement de la Défense nationale n'est plus passée sous silence par l'historien militaire. Elle est pleinement étudiée, sans condescendance, à travers trois épisodes clés de cette lutte « à outrance » : les opérations sur la Loire, les opérations dans l'Est de la France et le siège de Paris. Ainsi l'épilogue d'une capitale parisienne qui succombe après quatre mois et demi de siège permet à Thiroux d'écrire dans sa conclusion : « *Qui aurait pu croire en effet que des masses d'hommes sans instruction militaire, sans armes mêmes, réunis dans Paris à la fin du mois d'août constitueraient en novembre des divisions, des corps d'armée pourvus d'un immense matériel d'artillerie fabriqué sur place ; livreraient des batailles, infligeraient des échecs partiels à un ennemi supérieur en nombre, très aguerri et occupant des positions formidables*[156]. » Ce cours dédié à la guerre franco-allemande est dispensé jusqu'en 1892. Puis le tandem qui dirige la chaire, Thiroux-Bonneau, est remplacé par un trinôme : Bonnal-Bonneau-Lanrezac. Entre 1892 et 1896, sous l'égide du colonel Bonnal et de ses remarquables adjoints, Bonneau, Lanrezac, Coutenceau puis Foch, le cours d'histoire

154. Thiroux, *op. cit.*, deuxième partie, p. 5.

155. Freycinet occupe la fonction de ministre de la guerre du mois d'avril 1888 au mois de janvier 1893. Il a, devant le général de Cissey, la plus longue longévité à ce poste sous la Troisième République.

156. Thiroux, *op. cit.*, deuxième partie, p. 181.

militaire, de stratégie et de tactique générale devient le pôle de rayonnement intellectuel et doctrinal de l'armée française. L'ère Bonnal est alors synonyme d'apogée pour l'École supérieure de guerre et son enseignement théorique de la guerre, c'est pourquoi l'historien a choisi de l'aborder dans le prochain chapitre.

Conclusion du quatrième chapitre

Le cadre de ce chapitre a permis de suivre l'évolution de l'enseignement théorique de la guerre entre la nomination du général Jules Lewal, son premier directeur, et l'année 1895, nouveau tournant pour le questionnement de l'étude de la guerre. Alors que la France est stratégiquement isolée en Europe, en une dizaine d'années à peine, l'École supérieure de guerre a réussi à mettre en place un enseignement singulier ; il est en phase avec les profondes transformations de l'armée française et les évolutions des idées politiques, sociales, scientifiques et militaires. Sous l'impulsion du général Jules Lewal et du premier corps professoral, celui qui instruit les promotions portant les numéros 1 à 10, l'historien considère qu'avec l'ensemble de ces officiers, auxquels il faut inclure les « écrivassiers », une première génération militaire s'est constituée. Est-ce déjà pour autant la génération de la revanche ? Elle caractérise la période constructive de l'École supérieure de guerre. En réaction à la défaite, ces officiers qui ont tous connus la captivité (re)prennent l'ascendant intellectuel en créant un enseignement militaire supérieur nouveau. Les pionniers de cette génération sont intellectuellement guidés par les ouvriers de la première heure, les seuls qui disposent d'une instruction militaire supérieure. Ils sont tous issus du Corps impérial d'état-major. Lewal, d'Andlau, Vanson, Fay, Campenon… Et si l'ex-Corps porte alors toutes les responsabilités des fautes qu'il n'a pas commises, ce sont les plus brillants des officiers d'état-major qui préparent la « Revanche » à laquelle on croit alors. Ainsi autour du général Lewal, véritable guide de la pensée militaire française, cette cohorte d'officiers « intellectuels » rassemble les Lerclaux, les Pierron, les Vaucheret, les Niox, les Robert, les Canonge, les Saint-Georges, les Derrécagaix… Tous contribuent à progressivement structurer l'enseignement de l'École. En puisant aux sources historiques, cette génération consolide une « école de pensée » encore balbutiante dont la finalité est l'étude de la guerre. Elle s'exprime par différentes approches méthodologiques. Bien que petit à petit une certaine école historique semble se dégager, la place de la géographie dans l'enseignement montre la nécessaire compénétration des deux disciplines pour étudier puis enseigner la guerre. Au cœur de cet enseignement qui copie les méthodes et les idées du vainqueur, l'étude de la langue allemande occupe une place non négligeable.

Puis arrive une deuxième génération. En bénéficiant des dix premières années d'expérience, les Maillard, les Millet, les Bonneau, les Thiroux, les Bonnal, les Langlois, les Cherfils vont contribuer à la consécration de l'École supérieure de guerre. Grâce à ces illustres professeurs la renommée de l'École attire désormais l'élite des officiers français, *modulo* ceux tentés par l'aventure coloniale. La compréhension de l'enseignement dispensé par cette autre génération militaire, 1885-1895, est fondamentale. En effet, elle forme une génération singulière de « brevetés. » Ne s'agit-il pas de la pépinière des maréchaux et généraux vainqueurs de 1918 ? Les maréchaux[157] Foch, Pétain et Fayolle, les généraux de Langle, Maistre, Debeney et consorts… Elle définit aussi une réception de la pensée militaire française, qui s'illustre par une dialectique « maîtres et disciples. » Dès la fin de la décennie 1880, la réputation de l'École est solidement établie en France. En 1884, son rayonnement dépasse les frontières de l'hexagone puisque des officiers étrangers, en petit nombre, sont admis à suivre ces cours. Ils sont japonais, russes et balkaniques. L'École incarne désormais ce qui a manqué à l'armée française du Second Empire au cours de l'été 1870. Il s'agit du service d'état-major qui « *forme avant*

157. Le futur maréchal Franchet d'Esperey quitte l'École en 1884.

tout la véritable école du commandement[158]. » Finalement, la mission et l'enseignement de la guerre en temps de paix deviennent les deux piliers fondateurs de cette Académie militaire. Sa mission est double, c'est pourquoi le service d'état-major doit être compris non seulement comme l'auxiliaire du commandement mais aussi comme l'école du commandement. Derrière l'enseignement de la guerre se dessine la préparation de « Revanche », qui doit rendre au pays ce qu'il a perdu lors du traité de Francfort. Dans cette période où la France mutilée reconstruit pas à pas son identité stratégique, l'ascendant intellectuel de ces deux premières générations d'officiers a façonné avec application une École supérieure de guerre, dont la définition la plus contextualisée permet à Paul Déroulède d'écrire : « *C'est une sorte de grande faculté, d'institut si l'on préfère, où les officiers viennent prendre leur diplôme de docteur ès sciences militaires*[159]. »

158. Paul Déroulède, *Avant la bataille*, Paris, Levy, 1887, p. 120.

159. *Ibid.*, p. 122.

La matrice intellectuelle de l'École supérieure de guerre

« *Alors, pensais-je, pourquoi, si nous admirons tant l'Allemagne, ne l'imitons-nous pas* ? »

André Bellessort, *Les intellectuels et l'avènement de la Troisième République*

La deuxième partie de ces recherches couvre la période 1878-1894. Elle voit l'École supérieure de guerre sortir du stade de l'enfance pour atteindre celui de la maturité. Au cœur de ce cheminement chronologique, l'historien des idées peut maintenant analyser la matrice intellectuelle qui sous-tend l'enseignement théorique de la guerre. Y a-t-il d'ailleurs unicité de cette matrice ? L'historien ne doit-il pas plutôt chercher les contours d'une matrice duale et ambivalente ? En paraphrasant le titre du livre déjà cité d'André Bellessort, la complexité de cette nouvelle interrogation s'inscrit dans une dialectique particulière : les intellectuels « militaires » et l'avènement de l'École supérieure de guerre. Elle est intrinsèquement liée aux courants d'idées qui émanent de l'état du pays après la tragédie de la Commune et de l'humiliation de Francfort. C'est l'affermissement d'un nouveau régime politique et la « républicanisation » des officiers d'une *Armée nouvelle*. Ce courant d'idées est porté par les « *philosophes, his-*

toriens, essayistes, romanciers, hommes de théâtre qui représentaient le mieux l'esprit national[1]. » Ici, la démonstration de l'historien souhaite placer l'idée au-dessus des hommes. En effet, si en temps de guerre l'action militaire est incarnée par l'officier en charge d'un commandement, en temps de paix c'est l'idée qui sous-tend la réflexion du professeur qui étudie et enseigne la guerre. C'est pourquoi, à l'heure de la préparation de cette « Revanche » tant espérée par le caporal Chauvin, la compréhension des idées comme des modes de raisonnement sont plus importants que les conférenciers de l'École supérieure de guerre. Le colonel Pierre Devoluy écrit en 1922 « *Les idées surtout comptent : si elles sont fausses, le premier coup de canon les rend criminelles ; et leur application par des hommes moyens que nous sommes détermine ou la défaite ou les hécatombes « en surcroît » et les dévastations dont il faut payer la victoire*[2]. » Ainsi, l'analyse des idées portées par la première et deuxième génération d'officiers qui caractérisent l'École est déterminante. En effet, elles ont eu rétrospectivement la responsabilité de former l'échelon de commandement, les chefs de la Grande guerre. Cette analyse concluant cette partie permet de s'affranchir de la critique des hommes du temps de guerre, pour comprendre comment la pensée militaire française de cet autre entre-deux-guerres évolue avant d'atteindre un niveau de réflexion inégalé.

Les idées que l'historien souhaite analyser et comprendre sont liées à la chose militaire. La génération d'un « système d'idées », porté par les professeurs de l'École supérieure de guerre, qui incarne la pensée militaire française de cette période, utilise un type « histoire » comme vecteur pédagogique et doctrinal. En ce sens, la construction progressive de ce « système d'idées » représente la matrice intellectuelle de l'École de guerre. C'est une « *doxa* » qui

1. André Bellesort, *Les intellectuels et l'avènement de la Troisième République*, Paris, Grasset, 1931, p. 8.

2. Pierre Dévoluy, *La connaissance de la guerre*, Paris, Librairie nouvelle nationale, 1922, p. 6.

représente la marque de fabrique des officiers « brevetés. » En fin de compte, cet examen devient maintenant l'histoire de l'histoire de l'enseignement théorique de la guerre entre 1878 et 1894. Ce « fragment » d'histoire s'éloigne des crises, des affaires judiciaires et des hommes qui caractérisent tant l'étude de la Troisième République. Cette histoire est-elle pour autant un *no man's land* de la connaissance historique ? Sur fond de relèvement militaire et diplomatique, son cadre s'inscrit dans les grands courants intellectuels. L'histoire, discipline universitaire, et le « positivisme », courant d'idées encore dominant, caractérisent ce contexte intellectuel. C'est encore les deux premiers directeurs de l'École supérieure de guerre, les généraux Jules Lewal et Sarvin de Larclause qui scellent deux orientations différentes de l'étude et de l'enseignement de la guerre. A travers le corps professoral, si différentes approches méthodologiques se dessinent, toutes ont pour finalité de faire adopter aux officiers stagiaires un raisonnement dit par « principes ». Au cœur de cette cité intérieure, l'École supérieure de guerre se caractérise donc par son enseignement de la guerre. Elle fait finalement apparaître une filiation intellectuelle entre maître et disciple. Ce lien intergénérationnel entre professeur et élèves devient l'élément de continuité historique, didactique et doctrinal. Un tel lien est-il cependant suffisant pour « vaincre la défaite » de 1870 ?

Un paysage intellectuel marqué par la naissance de la discipline histoire et la réception du comtisme

Pour la France, le paysage intellectuel post-1870 est marqué par l'influence du développement de l'esprit scientifique. Les officiers français se rangent alors derrière une idée dominante et réductrice qui prouve leur infériorité dans ce domaine. Puisque la France semble avoir été vaincue par le maître d'école allemand, le culte de la science d'une part et d'autre part celui de la supériorité de la science allemande deviennent les idées dominantes de la plupart des intellectuels de la Troisième République. Dans ce cadre, l'histoire, discipline universitaire, doit trouver ici une place centrale car il a été montré qu'elle constitue l'élément déterminant de l'enseignement théorique de la guerre. Puisqu'au sein de l'École supérieure de guerre, cet enseignement se confond avec un type d'enseignement de l' « histoire », l'histoire de l'histoire devient l'élément discriminant de ce contexte intellectuel. Les bibliothèques de la Troisième République évanescente font honneur à l'histoire et à ces historiens. L'auteur de *L'histoire du Consulat et de l'Empire,* tant adulé par les officiers du Second Empire, est alors balayé par ceux que Charles-Olivier Carbonnell nomme les *faux maîtres d'école : Taine, Renan et Fustel de Coulanges*[3]. La mise en place de l'École supérieure de guerre s'inscrit intellectuellement au cœur de cette « *mutation des historiens français.* » Lorsque la promotion qui porte le numéro 1 entre dans cette nouvelle École, la *Revue historique* dirigée par Monod et Fagniez[4] publie le tome premier de sa première année d'existence. Pour les historiens de la discipline histoire, Gabriel Monod et Ernest Lavisse sont les fondateurs de l'école méthodique, longtemps appelée « école positiviste[5]. » L'avant-propos de la *Revue Historique* définit l'ambition d'une histoire s'adressant à un large public et élargie à des questions variées où « *la même sévérité de méthode et de critique et la même impartialité d'esprit* » s'appliquent. Le mot « *méthode* » se retrouve ensuite au cœur du texte fondateur, *Des progrès des études historiques en France depuis le XVI*[e] *siècle*. Puis, une vingtaine d'années plus tard, la rédaction de la « *doxa* » de cette école historique est alors portée par l'ouvrage de Charles-Victor Langlois et Charles

3. Charles-Olivier Carbonell, *op. cit.*, pp. 295-323.

4. *Revue historique*, G. Monod et G. Fagniez, Première année, tome premier, janvier à juin 1876, Paris, Librairie Germier Baillière et Cie, 690 p.

5. Charles-Olivier Carbonell a montré le caractère impropre de ce qualificatif dans la quatrième partie de sa thèse (chapitre III et IV). Ce point est à nouveau développé par l'historien dans son étude « L'histoire dite « positiviste » en France ». Référence : Charle-Olivier Charbonell, *L'histoire dite « positiviste » en France*, in *Romantisme*, n° 21-22, 1978, « Les positivismes », pp. 173-185.

Seignobos, *Introduction aux études historiques*[6]. Dans ce contexte intellectuel, les stigmates de la Commune sont toujours présents dans la mémoire collective d'une France sociale politiquement divisée. Cette situation n'impose-t-elle pas alors à Monod d'écrire que l'histoire ne doit pas être une arme de combat pour la défense des idées religieuses ou politiques[7] ? À partir du moment où l'histoire se professionnalise, l'histoire de France connaît une situation de « *guerre civile en permanence.* » Ainsi à travers l'enseignement et les publications de l'histoire, la France apparaît idéologiquement divisée entre ceux qui se réclament encore de l'Ancien Régime[8] et ceux qui se reconnaissent dans la Révolution[9]. Dès 1880, la mise en place de l'organisation des études supérieures et d'un corps de chercheurs est à porter au crédit du pouvoir politique français. C'est pourquoi Gérard Noriel définit très justement un « *contrat civique* » entre la Troisième République et les historiens méthodiques[10]. Finalement, si l'émergence d'une communauté d'historiens professionnels dotés de méthodes nouvelles bénéficie grandement de l'aide des différents gouvernements républicains, en contrepartie, les historiens méthodiques contribuent à produire « *une mémoire nationale vérifiée*[11] » qui assoit la République dans le prolongement logique de l'histoire de France[12].

---

6. Olivier Levy-Dumoulin, *Les « Écoles historiques » à l'épreuve de Gabriel Monod, Un historien célébré et méconnu*, in *Revue Historique*, 2012/4, n° 664, pp. 781-801.

7. Monod écrit dans l'avant-propos : « *Nous voudrions offrir un champ de travail commun à tous ceux qui, quelles que soient leurs tendances particulières, aiment l'histoire pour elle-même et n'en font pas une arme de combat pour la défense de leurs idées religieuses ou politiques* ».

8. C'est par exemple la position de Taine qui dans *Les origines de la France contemporaine* affirme que « Le pays a contracté une maladie avec la Révolution et qu'il n'en est toujours pas guéri ».

9. C. Delcroix, F. Dosse, P. Garcia & N. Offenstadt, *Historiographies, I, concepts et débats*, Paris, Folio Histoire, p. 448.

10. Gérard Noriel, *Sur la « crise » de l'histoire*, Paris, Folio, 2005, p. 11.

11. Pierre Nora.

12. C. Delcroix, F. Dosse, P. Garcia & N. Offenstadt, *op. cit.*, p. 448.

Néanmoins, si Gabriel Monod pense que « *Notre siècle est le siècle de l'histoire*[13] », le mouvement intellectuel qui s'amorce dès le début de la seconde moitié du XIXe siècle est d'abord porté par la foi dans la science. Renan écrit dès 1848 : « *La science est une religion ; la science seule fait résoudre à l'homme les éternels problèmes dont sa nature exige impérieusement la solution*[14]. » La guerre franco-prussienne devient alors l'élément déclencheur et accélérateur de la large diffusion du « scientisme » dans la société française. Georges Sand écrit le 8 septembre 1871 : « *Pour que la France se relève, il faut qu'elle passe de l'inspiration à la science, qu'elle abandonne toute métaphysique, qu'elle entre dans la critique, c'est-à-dire dans l'examen des choses*[15]. » Sous la Troisième République, l'influence du positivisme a été considérable[16]. Avec le cours d'Auguste Comte, le courant d'idées dominant qui caractérise la période 1878-1894 représente une certaine vulgarisation du positivisme. Le sens de l'adjectif « positiviste » signifie alors, peu ou prou, la même chose que « scientiste. » Le scientisme impose donc à son tour sa marque sur les penseurs militaires français qui étudient la guerre. En ce sens, la réception du positivisme au sein de la pensée militaire française représente ici un cas particulier. L'analyse des écrits de Lewal permet d'affirmer que le terme « positif » est central à l'ensemble de sa pensée. Charles-Olivier Charbonnel en rappelle la définition : « *positif, qui s'appuie sur les faits, sur l'expérience, sur les notions a posteriori par rapport à ce qui s'appuie sur des idées a priori*[17]. » La renommée

13. G. Monod, *Du progrès des sciences historiques*, in *Revue Historique*, Première année, tome premier, janvier à juin 1876, Paris, Librairie Germier Baillière et Cie, p. 27.

14. Ernest Renan, *L'avenir de la science, pensées de 1848*, Paris, Calmann-Lévy, 1890, p. 91.

15. Gustave Flaubert, *op. cit.*, p. 152.

16. P. Barral, *Les fondateurs de la Troisième République*, Paris, Armand Colin, 1968, 309 p. L Legrand, *L'influence du positivisme dans l'œuvre scolaire de Jules Ferry*, Paris, M. Rivière, 1961, 390 p.

17. Charles-Olivier Charbonell, *op. cit.*, p. 183.

du penseur militaire, qui devient directeur de l'École de guerre, contribue à diffuser le positivisme comme élément structurant de l'enseignement théorique de la guerre. Or, Charles-Olivier Charbonnel a montré que l'historiographie positiviste est une doctrine sans praticiens. En effet, « *les grands maîtres de la rigueur méthodologique* » sont aux antipodes du comtisme dans la mesure où les lois sont bannies de l'histoire. *A contrario*, l'étude de cours d'histoire militaire, de tactique générale et de stratégie montre que depuis la mise en place des directives du général Lewal, le but de l'enseignement est de dégager des principes. Pour l'auteur de *La Réforme de l'armée,* seule la doctrine positive permet de déterminer des principes[18]. Ainsi, les idées formulées par Lewal contribuent à structurer l'étude de la guerre en généralisant la formulation desdits principes de la guerre. La recherche des principes devient *de facto* le marquant d'une « École » d'historiens amateurs qui enseignent la guerre. Il s'agit de l'ensemble des professeurs de la chaire d'histoire militaire, de tactique générale et de stratégie, dont la finalité est de « *présenter un petit nombre de principes sûr, des règles fixes*[19]. » Pourtant, si l'on accepte comme définition qu'un « principe » est une loi à caractère général, les professeurs évoqués ne deviennent-ils pas en fin de compte les seuls véritables « historiens » positivistes ?

L'empreinte des deux premiers directeurs : Deux « Écoles » de pensée

Bien que les officiers qui enseignent la guerre soient vraisemblablement en marge des historiens universitaires de l'époque, l'histoire « enseignée » à l'École de guerre a néanmoins beaucoup de similitude avec celle dispensée dans le monde civil. D'abord parce que sur le fond, on retrouve la même démarche intellec-

18. Desfontaines, *op. cit.*, troisième partie, p. 41.

19. Introduction du premier cours d'histoire militaire, de tactique générale et de stratégie. Colonel Ruyneau de Saint-Georges, *op. cit.*, p. 7.

tuelle cherchant à mettre en place une histoire qui se définit comme scientifique. Ensuite sur la forme : si dans le monde scolaire et universitaire, l'histoire enseignée se perd dans les détails factuels avec des manuels « *volumineux, massifs, pauvres en images et autres documents*[20] », l'enseignement de l'histoire militaire et les cours autographiés de l'École supérieure de guerre s'accommodent de la même critique[21]. L'historien de l'histoire relève encore que ces deux types d'histoire disjoints subissent conjointement l'influence du modèle allemand. Mais leur plus grande parenté n'est-elle pas de développer une histoire au service d'une institution ? D'un côté, des historiens universitaires, dont les publications affermissent la légitimité de la Troisième République, de l'autre, des historiens militaires dont les cours autographiés deviennent l'alpha et l'oméga de la pensée militaire. Ainsi la compréhension de la naissance de l'histoire « positiviste », « *moment fondateur de l'histoire en tant que discipline en France*[22] », représente le substrat sur lequel jaillit un enseignement militaire en cours de structuration. Cependant, ce réveil intellectuel n'est pas monolithe. L'École supérieure de guerre, centre intellectuel, exprime les divergences de vues et la pluralité des formations des écrivains militaires comme de leurs opinions. Ces différences permettent alors de présenter l'enseignement théorique de la guerre comme une matrice intellectuelle duale. Puisque l'historiographie de cette période a caractérisé les historiens français par leur appartenance à une, voire à des « écoles » historiques, la catégorie socioprofessionnelle qui intéresse ces recherches se prête idéalement à une tentative de classification analogue[23]. Doit-on pour

20. C. Delcroix, F. Dosse, P. Garcia & N. Offenstadt, *op. cit.*, p. 128.

21. Le cours du lieutenant-colonel Pierron en est le plus bel exemple. Il peut ici être qualifié de monument de l'histoire militaire du moment. Il représente une énorme compilation indigeste d'extraits de textes et d'ordres sans ordre chronologique ni fil conducteur.

22. C. Delcroix, F. Dosse, P. Garcia & N. Offenstadt, *op. cit.*, p. 452.

23. Olivier Levy-Dumoulin, *op. cit.*, p. 799.

autant qualifier cette catégorisation de courant ou d' « École » de pensée ? Cela constitue d'ailleurs une nécessité car dans le cadre de sa thèse, Charles-Olivier Carbonell n'a pas étudié les cours de la micro-population constituée par les différents directeurs et professeurs de l'École qui enseignent la guerre[24]. Formant un corps professoral très confiné, ce petit vivier d'officiers doit être néanmoins qualifié à la fois d'historiens, d'écrivains, de penseurs et de traducteurs. Leurs productions d'historiens ne disposent pas d'une revue spécifique. Néanmoins, elles sont représentées par leurs cours autographiés au sein de l'École militaire et à usage interne, ensuite par leurs publications chez des éditeurs spécialisés, lorsqu'ils en ont fait le choix.

Or, lorsque l'on analyse la mise en place de l'École supérieure de guerre, on constate que les deux premiers directeurs ont joué un rôle déterminant sur les orientations intellectuelles qui caractérisent l'étude et l'enseignement de la chose militaire. En effet, leurs origines, leurs sensibilités politiques, leurs expériences opérationnelles, leurs écrits antérieurs et leurs directives auprès des professeurs, scellent deux courants de pensée distincts et complémentaires. Une première « École » est incarnée par le général Jules Lewal. L'auteur de *La Réforme de l'armée* possède intrinsèquement la dimension d'un « Maître d'école. » Lewal est le précurseur du réveil de l'intellectualisme militaire. D'abord parce que dès la fin du premier semestre 1871, ses prises de position et ses propositions agitent et dominent le renouveau intellectuel de l'armée[25]. Entre 1871 et 1876, l'officier développe une production intellectuelle hors norme, tant par la richesse et l'originalité des idées présentées que par le volume de ses productions. Jusqu'au début des années 1890, tous les professeurs de la chaire d'histoire

24. Le chapitre consacré aux « Officiers historiens » par Charles-Olivier Charbonnel est d'une part particulièrement incomplet et d'autre part centré sur la période 1865-1875, c'est-à-dire avant la naissance de l'École supérieure de guerre. Charles-Olivier Charbonnel, *op. cit.*, pp. 283-290.

25. Eugène Carrias, *op. cit.*, p. 273.

militaire, de tactique générale et de stratégie, font constamment référence à sa quadrilogie, *Études de guerres*. Ce courant de pensée se caractérise par trois éléments. Premièrement, il s'appuie sur une exceptionnelle culture grecque et latine : alors qu'il vient de participer à la guerre d'Italie[26], il a, par exemple, le loisir de publier quatre études littéraires dans la *Revue contemporaine.* Ces dernières montrent toute l'étendue de son érudition[27]. Lorsqu'il définit les fondements de l'art de la guerre, c'est en tant qu'helléniste et latiniste chevronné qu'il utilise les racines et les concepts de termes spécifiques. Ils caractérisent alors « *la science militaire ou sciences des armes*[28]. » Deuxièmement, la pensée de Lewal épouse l'étude des œuvres du suisse Jomini, dont le *Traité des grandes opérations* est longuement cité. Troisièmement, l'étude de la tactique occupe la place centrale de cette réflexion militaire[29]. Toutefois, cet officier républicain, estimé par Léon Gambetta[30], subit la concurrence directe des officiers bonapartistes, majoritaires à l'échelon parisien. C'est donc dans un contexte politiquement tendu et doctrinalement conflictuel que Lewal quitte subrepticement l'École de guerre. Nous émettrons ici l'hypothèse qu'il choisit de quitter son poste car ses vues divergent avec celles du comité

26. Le chef d'escadron Lewal est aide-de-camp de Canrobert durant la campagne d'Italie puis il devient secrétaire de la commission de délimitation de la frontière franco-sarde. C'est donc au cours de l'année 1860 qu'il commence à publier dans la *Revue Contemporaine.*

27. Annibal à Magenta, Catulle à Sermione, Virgile et Mantoue, Le lac de Côme ou Pline le jeune.

28. À partir des étymologies grecques puis latines, le colonel Lewal définit les termes de stratanomie (science ou routine de la guerre) de polémique (science militaire ou des armes), de stratégie, de stratège et de tactique. Jules Lewal, *Études de guerre, Tactique de mobilisation, tactique de combat*, Paris, Dumaine, 1875, pp. 29-31.

29. Jusqu'à la publication d'*Introduction à la partie positive de la Stratégie*, l'œuvre de Lewal est essentiellement une pensée de l'emploi de la force au niveau tactique. Il écrit en ce sens : « *L'étude de la tactique doit conséquemment précéder celle de la stratégie.* » Jules Lewal, *op. cit.*, p. 31.

30. Léon Gambetta, Mémorandum 2, p. 96.

d'état-major qui détient la délégation du ministre, pour définir les directives d'enseignement de l'École supérieure de guerre[31]. Ce départ amorce la mise en place d'un second courant d'idées. Le général Berthaut, qui a remplacé Cissey au poste de ministre de la Guerre, est désormais membre du comité d'état-major au mois de mars 1880[32]. Cet officier doit être considéré comme le premier écrivain militaire à publier un ouvrage de stratégie, à une époque où les « écrivassiers » sont essentiellement orientés vers la réflexion tactique. Berthaut nomme alors le général Charles-Louis Savin de Larclause[33] comme remplaçant de Lewal. Les qualités du deuxième directeur de l'École supérieure de guerre sont celles d'un germanophone exceptionnel qui s'illustre depuis 1869 par ses nombreuses traductions. En effet, au cours de la décennie 1870, Larclause devient le traducteur des principaux ouvrages militaires de Wilhem Rüstow[34] dont *L'art militaire au XIXe siècle* est déjà à sa troisième réédition en 1880. Larclause, qui est entré

31. L'analyse de l'historique du lieutenant-colonel Desfontaines, les fiches « Lewal » et « Écoles militaires » du Mémorandum 2 de Gambetta permettent de formuler cette hypothèse. Cette dernière est renforcée par un autre élément. Il s'agit de l'introduction du premier cours d'histoire militaire, de tactique générale et de stratégie. Le colonel Ruyneau de Saint-Georges y livre une sévère critique de l'enseignement des deux années Lewal. Puis il affirme que son action d'enseignement, qui est en rupture avec celle établie par Lewal, représente « *les intentions du ministre et du comité d'état-major* ». L'historien souhaite encore souligner un point qui apparaît dans le Mémorandum de Gambetta. La lecture de ce document affirme que « *la lutte vigoureuse* » que Lewal a livrée contre ses adversaires bonapartistes parisiens depuis sa nomination à la tête de l'École a grandement contribué à émousser sa volonté de « réformer » l'enseignement.

32. Le dossier individuel du général Berthaut a été consulté à Vincennes. SHD : 7 YD1 527.

33. Le dossier individuel a pour référence : 9 YD 66.

34. Officier suisse qui sert dans l'armée prussienne, Wilhem Rüstow est un écrivain militaire de langue allemande. *L'art militaire au XIXe siècle : stratégie et histoire militaire*, 2 volumes, 1869, *La Guerre des frontières*, 1871. *L'art militaire au XIXe siècle : La petite guerre*, 1875.

à Saint-Cyr à 22 ans, est d'une part plus jeune que Lewal[35] et d'autre part n'appartient pas au Corps. Il a été montré dans le quatrième chapitre l'importance que prend progressivement l'enseignement de la langue allemande à partir de la nomination de Larclaux au second semestre de l'année 1880.

En somme dès le début des années 1880, deux tendances se dégagent de l'École supérieure de guerre, génératrice du foyer intellectuel d'une armée française en cours de transformation. C'est d'abord le courant d'idées porté par le général Lewal, celui des Vaincus de Sedan. Il propose selon nous, une sorte de « résistance intellectuelle » aux théories des Vainqueurs. L' « École » de Lewal est en ce sens résolument hexagonale, indépendante, « classique[36] », « positiviste » et tactico-centrée. Elle s'appuie sur l'histoire et se fait l'écho de Jomini. Elle rejette Napoléon, qui est accusé d'avoir « *conspué l'instruction des officiers*[37] ». Ensuite, celui initié par le général de Larclause s'immisce dans le domaine de la stratégie, incite à la connaissance de la culture militaire allemande grâce à l'utilisation de la langue du Vainqueur. Elle porte un refrain germaniste. Dithyrambique de l'université et de l'armée allemande, ce courant développe une approche philologique où Clausewitz va apparaître. En lisant les écrits de leurs adversaires, ils pensent retrouver les ressorts du « génie guerrier » du vainqueur d'Iéna. Berthaut comme Derrécagaix en sont les premiers représentants. Cette deuxième tendance peut être vue comme une forme de « syncrétisme de la pensée militaire » dans la mesure où elle amalgame les idées françaises et allemandes. Cependant, elle pourrait être aussi qualifiée de « collaboration intellectuelle » car le but commun à toute pensée militaire est de faire progresser l'art

35. Lewal (1823-1908) entre à Saint-Cyr en 1841, Larclause (1826-1897) en 1848. Le premier est promu colonel en 1868 et général de brigade en 1874 et le second, respectivement, en 1871 et 1878. Alors que la carrière de Lewal est marquée par des emplois d'état-major, celle de Larclaux l'est par l'horizon du corps de troupe.

36. Au sens de l'utilisation de la culture grecque et latine.

37. Jules Lewal, *Études de guerre, partie organique*, pp. 12-13.

et/ou la science de la guerre. Or, en temps de paix, les adversaires d'hier ne se nourrissent-ils pas mutuellement de leur réflexion ?

Quelles méthodes ?

Si ces deux tendances ne sont pas exclusives, une même finalité les anime. Il s'agit de chercher « *les secrets de la guerre*[38] ». Cette nécessité renvoie à nouveau le chercheur à son questionnement dual : comment enseigner la guerre ? et qu'enseigner de la guerre ? L'enseignement théorique de la guerre devrait alors correspondre à « *une unité de doctrine* », afin que l'ensemble des officiers « brevetés » dispose d'un même référentiel pour raisonner un problème de guerre. Puisque l'École de guerre a la double mission de former des officiers d'état-major et le futur haut-commandement, la recherche d'une méthode repose alors sur deux nouvelles questions : comment réfléchir à la guerre pour prévoir les conditions efficientes d'emploi des grandes unités tactiques (divisions et corps d'armée) dans la prochaine guerre ? Et comment exercer le jugement des futurs chefs des grandes unités tactiques pour leur apprendre à décider vite et bien ? La recherche et le besoin de méthode deviennent les éléments qui sous-tendent ces deux questions intimement liées. C'est pourquoi les ramifications des deux tendances de la pensée militaires s'expriment à travers toutes les méthodes employées par les professeurs qui enseignent la guerre. La première d'entre-elles est portée par Lewal. Il s'agit de la méthode rationnelle ou méthode « positive. » La méthode occupe d'ailleurs une place centrale dans tous les écrits du premier directeur de l'École de guerre. Elle voit le jour dès 1869 dans sa conférence « très technique » dont le sujet est la marche d'un corps d'armées. La méthode s'efforce de rompre avec « *la période de tâtonnement empirique* » et utilise des données scientifiques. Il la généralise ensuite en inventant le terme de « tactique posi-

38. Jules Lewal, *Introduction à la partie positive de la stratégie*, Paris, Baudouin, 1892, titre du chapitre XII.

tive. » La méthode que prône Lewal en 1878 à l'École supérieure de guerre est une méthode composite. En effet, ses recherches ont déjà montré qu'elle devait suivre successivement plusieurs étapes : la méthode rationnelle[39] ou enseignement théorique, l'enseignement historique, l'enseignement critique et l'enseignement pratique. Si le directeur de l'École de guerre rejette alors l'enseignement de la stratégie[40], sa prise de position évolue. En effet, son *Introduction à la partie positive de la stratégie* propose à partir de 1892 l'étude des parties hautes de la guerre où seule la méthode rationnelle doit être utilisée[41].

Si le général en retraite Lewal affirme dès 1892 que « *la guerre exclusivement déduite de l'histoire s'est trop imposée jusqu'ici* », c'est pourtant l'histoire qui demeure le guide et le substrat d'un professeur comme Maillard. La méthode, employée par l'auteur des *Éléments de guerre*, est appelée « méthode des cas concrets. » Son auteur la définit de la manière suivante :

> « *La méthode pratique dite « des cas concrets » conduit à ce résultat ; elle consiste, après avoir mis l'élève en présence d'une situation de guerre vraisemblable sur le terrain ou sur la carte, à lui faire prendre une décision, comme chef à tel ou tel degré, en appliquant judicieusement et sans hésitation les principes admis : puis à exécuter cette décision avec les formations et les évolutions que réclament les circonstances. Cette méthode contribue largement à former le coup d'œil et le jugement militaire, elle est, pour l'esprit, la meilleure des préparations à la guerre, et elle ne tend à rien moins qu'à assurer, dans l'armée qui l'applique, la communauté de pensée*[42]. »

39. Pour Lewal, la méthode rationnelle a pour but de suivre un raisonnement propre qui repose sur des « *éléments théoriques* » : but, calcul de distance et de temps. Ceux-ci sont les données fixes. Ils sont ensuite complétés par des « *éléments variables* » : le terrain, l'ennemi.

40. Jules Lewal, *Introduction à la tactique positive*, p. 15.

41. Jules Lewal, *Introduction à la partie positive de la stratégie*, titre du chapitre XX.

42. Lieutenant-colonel Maillard, Cours 1886-1887, p. 10.

Cette méthode repose principalement sur la connaissance et l'étude de l'histoire militaire. Pour Maillard, l'histoire représente la grande institutrice des sociétés humaines. La méthode à suivre s'articule autour d'un diptyque méthodologique. En effet, l'étude de la tactique repose selon lui exclusivement sur deux méthodes : « la méthode historique » et « la méthode positive. » La méthode historique prend un fait dont elle connaît le résultat : elle l'étudie dans ses causes, dans ses développements et dans ses effets pour en tirer des conclusions[43]. La méthode positive consiste à étudier *a priori* les forces dont on dispose, leur sphère d'action et à poser une conclusion. Cette approche méthodologique repose sur un ordre à suivre. Il s'agit premièrement d'étudier la bataille, « *les faits de guerre.* » Ils déterminent les principes de la tactique, c'est la première partie du cours qui utilise la méthode historique. Deuxièmement, ces principes doivent être appréhendés par le raisonnement. L'étude appréhende alors « *les éléments de la guerre.* » Ceux sont les facteurs but, temps et espace. C'est la deuxième partie du cours qui utilise la méthode positive. Avec Maillard, il y a bien une complémentarité des deux méthodes : « *c'est l'expérience d'une part et le raisonnement de l'autre*[44]. »

Une incursion outre-Vosges devient maintenant nécessaire pour établir une filiation de ces méthodes entre « qu'enseigner de la guerre ? » et le « comment enseigner la guerre ? » Grâce aux publications des auteurs militaires allemands, professeurs à l'Académie de guerre de Berlin, ne cherche-t-on pas ce qui a manqué aux officiers généraux et supérieurs français de 1870 ? En ce sens, le secret de la victoire ne réside-t-il pas, comme le commandant Colin l'affirme, dans une de ses conférences sur Moltke[45], dans l'organisation des études militaires ? Idée iconoclaste pour l'époque ! Mais pourtant, l'influence allemande

43. *Ibid.*, p. 11.

44. Lieutenant-colonel Maillard, *op. cit.*, p. 12.

45. Commandant Colin, Cours de l'année 1910, Moltke, 5e conférence, p. 110.

s'installe d'emblée à l'École supérieure de guerre. Et c'est dans cette filiation que l'historien des idées voit la trace de la défaite intellectuelle. Ce sont les idées du général von Peucker, général inspecteur des établissements militaires d'instruction, qui met en place une réforme de l'enseignement dans lequel l'enseignement militaire prime sur l'instruction générale. Dans ce cadre, il affirme que « *c'est incontestablement la tactique qui occupe la place la plus importante parmi les sciences militaires*[46]. » Et il ajoute que « *la tactique appliquée constitue la meilleure et la plus solide préparation à la pratique de la guerre*[47]. » Cette « tactique appliquée », le « qu'enseigner de la guerre ? » doit méthodologiquement être conceptualisé en étudiant le « *développement de l'histoire de la guerre* », c'est-à-dire le « comment enseigner la guerre ? » Deux professeurs de tactique de la *Kriegsakademie* proposent deux méthodes. D'un côté, Verdy et du Vernois enseignent la guerre en analysant une situation dans sa globalité mais à un instant donné ; de l'autre, von Scherff choisit une opération de guerre qu'il décompose dans le temps. Cette différence méthodologique de l'utilisation d'une méthode historique conduit en fin de compte à questionner les différences entre celle utilisée par Maillard et celle de Bonneau. Il a été souligné que l'enseignement de Maillard se limite essentiellement à la bataille de Saint-Privat. La méthode réduit ici l'utilisation de l'histoire à une seule bataille, limitée dans le temps et dans l'espace, dont l'étude ultra détaillée conduit à la définition de principes de la guerre. À l'opposé de cette approche micro-historique et tactico-centrée, Bonneau propose une vision macro-historique qui s'étale sur près de trois siècles et qui analyse l'ensemble du spectre de la guerre pour en définir des principes.

46. *Instruction sur l'étendue et le programme de cours de l'académie royale de guerre de Berlin*, Eduard von Peucker, traduction du capitaine Timmerhans, Paris, Dumaine, 1872, p. 11.

47. Von Peucker, *op. cit.*, p. 12.

Maîtres et disciples

Quand bien même ces deux méthodes différentes utilisent la même discipline avec plus ou moins de rigueur, au cours de la période étudiée, la complexité de l'enseignement théorique de la guerre ne repose-t-elle pas sur un savant dosage entre plusieurs méthodes ? Celles de Lewal exposées en 1878 comme directives aux professeurs, que Maillard a intelligemment simplifiées en une dialectique méthodologique, « méthode historique » et « méthode positive ». Au début de la décennie 1890, le développement et l'évolution de l'enseignement théorique de la guerre au sein de l'École supérieure viennent d'atteindre un premier palier. Grâce à la filiation d'une part « maîtres-disciples » et d'autre part à l'enrichissement mutuel des deux tendances de la pensée militaire, ce centre intellectuel dispose désormais d'une cohérence au sein de son enseignement. Cette unité s'est faite progressivement à travers la mise en place d'une méthode dédiée à l'étude de la guerre. En bénéficiant des travaux et de l'expérience de ces prédécesseurs, le commandant Maillard a grandement contribué à cette cohérence en définissant la tactique générale à partir de l'étude de la tactique d'infanterie, tactique de l'arme la plus importante sur le champ de bataille. Néanmoins, pour être en phase avec les transformations de l'armée française et la situation diplomatique, les progrès liés à l'enseignement de l'École supérieure de guerre dépassent le cadre de la tactique. L'histoire militaire et la stratégie viennent alors s'agréger aux besoins de l'étude. Avec un historien comme le capitaine Bonneau, la chaire d'histoire militaire, de stratégie et de tactique générale occupe désormais le rôle central du curriculum de l'Académie militaire.

Finalement, la « doxa » ou matrice intellectuelle de l'École de guerre s'est progressivement forgée entre 1876 et 1894. Elle s'exprime par un enseignement théorique de la guerre où l'utilisation des méthodes « historiques » et « positives » interagissent entre elles. Cette matrice caractérise encore deux générations d'officiers : Celles des Maîtres et celle des disciples. Les premiers, les professeurs des promotions qui portent les numéros 1 à 16, forment les seconds, les stagiaires des promotions 10 à 18. Ces derniers, les Foch, Pétain et consorts, vont être les hérauts de la Revanche. Au cœur de cette filiation intellectuelle, cette transmission d'idées renvoie l'historien à la lecture du roman écrit par Paul Bourget, *Le disciple*. Le livre paraît en 1889. Si l'Âme française est encore « *la grande blessée de 1870* », l'auteur s'adresse à la jeunesse bourgeoise « *qui a tout accepté pour servir le pays.* » Le disciple de Taine met alors en garde la jeune génération contre les enseignements professés par leurs maîtres. Il écrit alors : « *Ne sois ni le positiviste brutal qui abuse du monde intellectuel et sentimental, ni le sophiste dédaigneux et précocement gâté qui abuse du monde intellectuel et sentimental. Que ni l'orgueil de la vie ni celui de l'intelligence ne fassent de toi un cynique et un jongleur d'idées !* » En posant le problème de la responsabilité morale et professionnelle, l'étude historique de l'École supérieure de guerre, centre intellectuel, ne dépasse-t-elle pas l'histoire des hommes ?

UN CENTRE INTELLECTUEL À L'ÉPREUVE D'UNE RUPTURE, 1895-1914

« *Pourquoi même ne pas aller plus loin, ne pas faire complètement notre mea culpa, et ne pas reconnaître qu'en France, jusqu'à la rénovation intellectuelle due à l'École de guerre, la stratégie a été laissée presque complètement de côté ? Aujourd'hui même lui donne-t-on toute la part qui lui revient* ? »

Commandant Mordacq, *Études Stratégiques*, 1910

Introduction : de la crise politico-sociale à la crise intellectuelle

« Nulle période, depuis l'établissement de la Troisième République, n'avait été marquée par des événements plus graves, par des changements plus profonds dans la dispositions des partis, par de des accords internationaux plus importants dont les conséquences se sont heureusement prolongées pendant la grande guerre. »

Abel Combarieu, *Sept ans à l'Élysée avec le Président Émile Loubet. De l'Affaire Dreyfus à la conférence d'Algésiras, 1899-1906*

1895. L'année qui ouvre le cadre historique de la dernière partie de ces recherches voit l'École supérieure de guerre être à son apogée. L'armée française aussi semble être à son apogée. C'est cette *Armée nouvelle* que le président de la République Félix Faure présente avec orgueil au Tsar Nicolas II au camp de Châlons, en 1896. Les beaux jours de l'alliance russe commencent. La 20e promotion a rejoint Paris le 1er novembre 1894. Le colonel Bonnal y est affecté depuis déjà huit ans. Il débute alors sa quatrième année à la tête de la chaire d'histoire militaire, de tactique générale et de stratégie. Pour la première fois depuis sa création, l'École supérieure de guerre est à l'honneur dans la presse nationale. *Le Petit Journal* – supplément illustré, daté du 8 décembre 1895, consacre sa quatrième de couverture à la photo pierre qui présente les 80 officiers qui compose la 19e promotion. Elle a quitté l'École militaire le 1er novembre. Les Français peuvent alors lire :

> « *Nos lecteurs, qui s'intéressent toujours aux choses militaires, verront avec plaisir le portrait des officiers composant la 19e promotion de l'École supérieure de guerre, officiers qui viennent d'obtenir à la suite des examens de sortie de 1895, le brevet d'état-major. Cette école, dont les cours ont lieu à l'École militaire, a été institué pour remplacer l'ancien corps d'état-major supprimé il y a 19 ans. Elle est destinée à généraliser les idées modernes de la tactique sans se renfermer dans aucune arme spéciale. Les officiers qui en font partie suivent donc les mêmes cours, quelle que soit l'arme à laquelle ils appartiennent. On entre à l'École supérieure de guerre comme lieutenant et capitaine, après cinq ans de grade d'officier. Les cours durent deux années. Après ces deux années d'études, les officiers font un stage de deux ans dans les divers états-majors. Après quoi, ils sont classés dans le service d'état-major, ou bien ils rentrent dans la troupe. On dit à raison que l'École supérieure de guerre est une pépinière de généraux. Peut-être s'y trouve-t-il, dans cette promotion, le futur général en chef qui nous rendra ce que nous avons perdu… il y a vingt-cinq ans déjà !* »

En scrutant tous les registres des promotions, l'historien a déjà montré que le futur général en chef de *La guerre qui vient* appartient à la 11e promotion. S'il a déjà quitté l'École, il s'apprête à y revenir dès 1896 comme professeur. Mais dans un contexte politique, social, international et militaire en pleine mutation, l'enseignement à l'École supérieure de la guerre est-il réellement tourné vers cette « Revanche » ? Ne se limite-t-elle pas à être seulement un objectif stratégique sous la plume journalistique ? En 1895, cette « Revanche » tant espérée par le cercle de Madame Juliette Adam ou par celui de Paul Déroulède n'est-elle pas devenue plus rhétorique que militaire ? La contextualisation de l'étude devient une nouvelle fois capitale pour comprendre et expliquer. En effet, les événements et les évolutions qui caractérisent *La belle époque* ont des répercussions fondamentales sur la marche de l'École supérieure de guerre. Quelles sont alors les différentes interactions entre l'École et son environnement ? Les turbulences de la société française, la politique intérieure menée par la Troisième République et ses crises puis le monde qui entre dans un nouveau siècle ? L'étude de l'École, de ses officiers-élèves et de ses cadres-professeurs s'inscrit d'abord dans « *une nouvelle étape du processus de républicanisation et de laïcisation de l'institution*[1] » militaire. Les sept années à l'Élysée par Émile Loubet, 1899-1906, sont synonymes d'une histoire intérieure des plus mouvementées pour la France. La société française change. En effet, la « Révolution » de l'affaire Dreyfus[2] et l'Affaire des fiches campent une période de crise politique et juridique qui secoue le corps des officiers durant une décennie. « *L'alliance du sabre et du goupillon*[3] » ne semble-t-elle pas avoir vécu ? C'est enfin une période où les données diplomatiques et militaires varient brusquement. Tandis que les alliances se redessinent, la guerre change aussi de caractère. Mais les maîtres d'école qui enseignent la guerre à Paris perçoivent-ils les conséquences de tous ses changements ?

Les officiers de l'*Armée nouvelle* au cœur d'un malaise social et politique

La réalité sociale d'une France gouvernée par les modérés depuis 1889 se caractérise par une série d'événements qui sont la marque d'une société bloquée. En 1891, le scandale de Panama éclate lorsque la justice intervient après la mise en liquidation

1. Xavier Boniface, *op. cit.*, p. 18.

2. Xavier Boniface, *op. cit.*, p. 251.

3. Cette expression serait attribuée à Auguste Blanqui. Il s'agit de dénoncer les liens privilégiés entre l'Armée et l'Église catholique sous le Second Empire. L'expression est utilisée par les milieux laïques lors de l'affaire Dreyfus. Xavier Boniface, *op. cit.*, p. 183.

de la société fondée par Ferdinand de Lesseps pour creuser le canal. Cette banqueroute touche 800 000 souscripteurs. La même année, le 1er mai, l'Armée chargée du maintien de l'ordre public sur le territoire métropolitain voit le 145e RI ouvrir le feu. La fusillade de Fourmies se solde par dix morts, événement terrible jamais survenu depuis la Semaine sanglante. C'est encore les grèves qui commencent autour de Carmaux. Ce contexte social facilite et accélère l'éclosion de deux mouvements distincts : le premier est porté par les anarchistes dont la haine de la société bourgeoise les pousse vers l'action directe. Ce sont les attentats perpétrés par Ravachol, Vaillant et Casario. Le président Carnot en est la victime la plus symbolique. Le second mouvement s'inscrit dans la naissance et la montée en puissance du parti socialiste comme nouvel acteur politique de la Troisième République. Le socialisme devient une force au sein du Parlement où il passe de cinquante sièges en 1893 à 101 en 1914. Ces chefs, anciens condamnés de la Commune et nouveaux théoriciens, cristallisent et fédèrent l'ensemble des revendications du monde ouvrier. Cette situation de crises intérieures permet néanmoins de dégager une majorité modérée dont le ministère Méline (avril 1896-avril 1898) se résume sur le plan de la politique intérieure à une action d'apaisement religieux et à un effort nouveau de législation sociale initié dès 1893 par les modérés[4].

Dans ce contexte de turbulences sociales, comment les officiers « brevetés » de *l'Armée nouvelle* peuvent-ils trouver une place ? Quelle est la place et le rôle du haut-commandement vis-à-vis d'un régime politique nouveau et toujours fragile ? Depuis la crise du 16 mai 1877 et l'épisode boulangiste, le spectre d'un « 2 décembre » semble avoir vécu. L'échelon parisien qui commande l'*Armée nouvelle* est désormais complètement subordonné au pou-

4. Sous la législature des modérés (1893-1899) les principales lois sociales promulgués portent sur : L'assistance médical gratuite aux indigents (1893), les caisses de secours et de retraites pour les mineurs (1894) et sur les accidents du travail qui permet d'indemniser les victimes en cas d'incapacité temporaire ou permanente.

voir exécutif. *Cedant arma togae.* Les vers de Cicéron caractérisent une situation où les républicains toujours majoritaires dictent leur volonté à une cohorte de généraux dont les mentalités sont en décalage avec l'apprentissage de la laïcité et de la République. Bien que l'articulation entre le pouvoir politique et l'échelon de commandement militaire constitue un élément de débat permanent jusqu'en 1914, les républicains réussissent à défaire le système mis en place par Napoléon III après son coup d'état. Si, en adoptant la conscription, la structure du corps d'armée et l'Académie militaire, le gouvernement français a volontairement choisi d'imiter les Vainqueurs de Sedan, l'articulation politico-militaire prussienne est d'emblée écartée. En effet la figure de Moltke, qui est à la fois le chef du Grand État-major général et de l'Académie de guerre, concentre des pouvoirs exorbitants en les centralisant sur la même personne. Cette structure originale permet ainsi à un officier général, dont le prestige est assuré par ses compétences et sa stabilité, de disposer de prérogatives plus importantes que celles données au ministre de la Guerre dans la mesure où en temps de guerre il assure la continuité de ce commandement. Cette situation représente le principe de *Feldherr*, principe monarchique où en temps de guerre, le *Kaiser* est assisté du chef du *Generalstab*[5]. Cette articulation qui imbrique deux pouvoirs, politique et militaire, trouve ses racines dans la philosophie allemande[6]. Elle pourrait être synthétisée par les mots de Fichte : « *La force prime le droit.* »

---

5. Néanmoins entre 1871 et 1914, l'organisation de l'Armée de terre allemande doit être comprise d'abord dans ses dimensions démocratiques par son recrutement, ensuite aristocratiques car le recrutement de ses officiers, les *junkers*, s'appuie sur l'aristocratie terrienne et, enfin, monarchique par le rôle joué par le *Feldherr* et son chef du grand état-major en temps de guerre.

6. Si la dialectique moderne est née en Allemagne avec Hegel c'est Karl Marx qui l'a cultivée et développée. Cette dialectique a comme postulat l'incapacité de l'homme à atteindre directement une vérité absolue et intemporelle. Le processus dialectique s'accompagne de heurt et de lutte d'idées qui sont en permanente évolution. De ce constat apparaît le caractère très relatif qui voit l'esprit allemand accorder

Cette tendance philosophique allemande se situe à l'opposé de l'esprit juridique que souhaitent mettre en place les républicains fidèles à la maxime de la République romaine. L'équilibre des pouvoirs est alors en France une obsession. Le général Iung justifie les choix d'organisation du haut-commandement fait par la Troisième République lorsqu'il écrit : « *Il peut y avoir plusieurs généraux en chef ; un seul, un généralissime, non [...]. Que pourrait faire le ministre de la guerre en temps de guerre ? Que deviendrait le gouvernement, que serait la nation, l'État républi*cain[7] ? » En fin de compte, si Freycinet, premier ministre civil de la Guerre depuis 1871, réforme dès 1888 le haut commandement en réorganisant le CSG au cours de cette période, l'Armée de terre française devient « pluricéphale. » Après le départ de Mac-Mahon, les différents présidents de la République n'ont plus aucune culture militaire. La fonction de ministre de la Guerre est sapée par l'instabilité ministérielle. Le Conseil supérieur de la guerre rénové permet à son vice-président[8] d'assurer le commandant du groupe d'armées du Nord-Est dès la mobilisation. Cette situation le fait *de jure* devenir généralissime[9]. Le 6 mai 1890, Freycinet crée la fonction de chef d'état-major général. En en temps de paix, cet officier général assure l'organisation, l'instruction et la mobilisation de l'Armée de terre. Puis, en temps de guerre, sous les ordres du généralissime, il assure la fonction de major général. Il

---

la primauté à l'agent de toute évolution, la force. C'est encore Goethe, pourtant imprégné de classicisme qui fait dire au docteur Faust : « *Au début était le Verbe ? Non ! Au début était l'action.* » Le Verbe, c'est-à-dire l'idée pure et transcendante de Platon est détrônée par l'action qui trouve sa légitimation en affirmant son pouvoir sur les choses et les êtres. Le pouvoir de l'action est synonyme d'efficacité. Si Clausewitz est le penseur militaire d'outre-Rhin le plus connu en appliquant cette notion à la guerre, c'est Nietzsche qui porte au paroxysme cette volonté de puissance qui a influencé plusieurs générations de chefs politiques et militaires à partir de 1880.

7. Général Th. Iung, *op. cit.*, p. 116.

8. Le président de la République est de droit le président du Conseil.

9. Le général Saussier assure cette fonction de la création du poste en 1888 à 1898.

faut également ajouter le rôle que joue le Parlement dans le cadre des allocations budgétaires comme des lois de recrutement liées à la conscription. Ce *malström* organisationnel, préjudiciable au fonctionnement de l'armée, permet ainsi à un publiciste d'écrire en 1891 un livre particulièrement pertinent, *L'Armée sans chef*[10]. Président, ministre, parlement, généralissime, major-général, qui, au cours de cette période, commande et assure la cohérence d'ensemble ? Grâce à une organisation du commandement que l'historien souhaite qualifier d'acéphale, les officiers « brevetés » sont prêts pour voir s'achever l'ultime étape de leur mise au pas démocratique.

Une décennie de crise qui débute par la condamnation d'un officier « breveté »...

Si, en 1900, dans *L'officier et la crise*, un capitaine anonyme écrit qu' « *il y a des événements qui sont des révolutions*[11] », la période 1894-1907 constitue une véritable « révolution » pour un haut-commandement et des officiers « brevetés », globalement conservateurs et peu perméables aux idées républicaines. Cependant, puisque depuis 1872 les officiers sont soumis du point de vue politique à un régime d'exception qui les exclut de la participation aux affaires du pays, ils n'ont aucun intérêt à manifester de quelconques velléités. Bien qu'ostracisés, ils demeurent néanmoins loyaux à la République. Alors qu'il est affecté au deuxième bureau sous les ordres du colonel Sandherr au moment où l'affaire Dreyfus est dévoilée, le comte de Puymodan brosse un portrait tout en nuance des mentalités des officiers qui servent de l'état-major de l'armée. « *Pour eux* [les officiers], *le boulangisme était oublié, les anciens partis monarchiques réduits à l'état de souvenirs. Ils désiraient uniquement servir la France et son gouvernement légal, sous la seule réserve qu'on respectât leurs*

10. *L'Armée sans chef*, Paris, Librairie Champion, 1891, 291 p.
11. ***, *L'officier et la crise française*, Paris, p. 282.

sentiments intimes et qu'on n'exigeât d'eux aucun acte pouvant, selon l'expression chinoise, leur faire perdre la face[12]. » Puis l'Affaire surgit. Elle passionne l'Europe. Elle bouleverse la France. Soudain elle clive aussi politiquement les officiers. C'est pourquoi sa trame et ses conséquences deviennent éminemment politiques. En ce sens, le cadre historique de cette dernière partie doit être assimilé à « *une mise au pas laïque et républicaine de l'armée au temps de la République radicale*[13]. » En reprenant l'idée force du successeur du général Galliffet au poste de ministre de la Guerre, il s'agit d'« *adapter l'armée aux idées, aux mœurs et aux institutions modernes*[14]. » André justifie *a posteriori* son « Objectif », qui est aussi surtout celui de Waldeck-Rousseau, en l'inscrivant dans un clivage politique. Il écrit ainsi en 1907 dans son livre – bilan et justificatif – *Cinq ans de ministère* : « *Mais bientôt j'eus la vision très nette de l'œuvre à accomplir. Je pensais à ces camarades, plus jeunes, moins protégés par le grade et plus nombreux qu'on ne l'imagine, qui, Républicains, sont dans l'armée les parias de la République. J'en avais tant vu de ceux-là, meurtris, rejetés, privés de tout avancement, tenus à l'écart, contraints à se faire un front de marbre pour murer leur pensée. Parce qu'ils s'avouaient Républicains ? Non. Simplement parce qu'ils ne manifestaient pas d'hostilité au régime*[15]. » Ainsi entre 1894 et 1906 trois événements majeurs dominent tristement la vie domestique française. Cette période dure environ douze années. Elle devient une période de crise voire de tourmente existentielle pour l'armée française. Une période de doute profond s'ouvre alors pour ses officiers. Elle induit des répercussions directes sur le fonctionnement de l'armée française en général, et celui de l'École supérieure de guerre en particulier.

---

12. Puymodan, *op. cit.*, p. 232.

13. Xavier Boniface, *op. cit.*, p. 249.

14. Général André, *Cinq ans de ministère*, Paris, Éditions Louis Michaud, 1907, 403 p.

15. *Ibid.*, p. 9.

Le premier de ces trois événements débute en 1894 par le procès du capitaine Alfred Dreyfus. Un premier conseil de guerre le condamne à l'unanimité à « *la détention perpétuelle dans une enceinte fortifiée sans circonstance atténuante*[16]. » Avant d'être envoyé en Guyane, dans la cour d'honneur de l'École supérieure de guerre, devant 4 000 soldats en armes et une foule de parisiens vociférant leur haine, il est dégradé le 10 janvier 1895. Entre 1895 et 1899, la France et son armée se divisent sur une affaire judiciaire qui réveille toutes les passions. Dans *Souvenirs de l'Affaire* Léon Blum écrit : « *La passion était extrême... On se battait pour ou contre la République, pour ou contre le militarisme, pour ou contre la laïcité de l'État*[17]. » Si l'historien peut schématiser la situation en mettant d'un côté les partis de l'ordre et de l'autre tous les adversaires de ces partis, quelle que soit leur origine, la situation est bien plus complexe. Chez les Dreyfusards par exemple, outre ceux qui sont convaincus de l'innocence du condamné, se rangent les antimilitaristes et ensuite les adversaires de l'Église. Les passions antimilitaristes et anticléricales se réveillent. Rapporté à « *une armée largement ouverte à l'antidreyfusisme* », le professeur Xavier Boniface a montré avec justesse et précision les positions représentées par les officiers[18]. Elles se caractérisent d'abord par le silence : « *Surtout ! Ne parlons pas de l'Affaire Dreyfus !* » Puis les positions représentent une majorité d'officiers antidreyfusards. Néanmoins cet antidreyfusisme peut tour à tour être marqué par des nuances : modérées, antisémites et nationalistes. Elles doivent aussi rappeler qu'une minorité d'officiers est dreyfusarde. L'Affaire engendre quatre années de polémique violente qui causent la chute de six gouvernements[19] dont onze ministres de la Guerre, et qui se soldent par l'arrivée de Galliffet au ministère de la

16. Combarieu, *op. cit.*, p. 37.

17. Léon Blum, *Souvenirs de l'Affaire*, Paris, Gallimard, 1935, p. 71.

18. Xavier Boniface, *op. cit.*, pp. 251-290.

19. Il s'agit des gouvernements Ribot III (janvier à octobre 1895, Bourgeois (novembre 1895 à avril 1896, Méline (avril 1896 à juin 1898) Brisson II (juin à octobre

guerre. En 1899, l'Affaire est à son paroxysme. Au mois de juin 1899, Waldeck-Rousseau inaugure la politique radicale[20]. Pour le nouveau ministre de la Guerre, la Défense républicaine c'est d'abord la défense de l'armée. Quelles que soient les convictions de général-marquis au sujet de Dreyfus, la liquidation de l'Affaire demeure absolument nécessaire afin de calmer l'Armée et de tourner la page. Dans ce sillage, au mois d'août 1899, à Rennes, un second conseil de guerre condamne une nouvelle fois le capitaine Alfred Dreyfus. Cette fois-ci, « *par 5 voix contre 2, avec admission à l'unanimité, de circonstances atténuantes*[21] », la peine est réduite à dix ans de détention. Le ministre de la Guerre doit alors s'incliner devant ce que le professeur Jean-Charles Jauffret qualifie d' « *ubuesque deuxième condamnation.* »

Dans une lettre adressée à son amie et confidente la princesse de Radziwill, Galliffet écrit le 9 septembre 1899 : « *L'armée a condamné Dreyfus deux fois, je ne puis combattre l'armée. En 1894 il y avait des irrégularités, cette fois il y a un jugement dans les conditions ordinaires et normales. J'arrive à un tournant et je prendrai la voie de la raison*[22]. » Cependant dans un souci de pacification du pays, le ministre de la Guerre propose le 10 septembre au président de la République de faire un rapport et un projet de décret. Il s'agit par « *un acte de haute humanité de donner le premier gage de l'œuvre d'apaisement que l'opinion réclame et que le bien de la République commande*[23]. » Après une longue hésitation,

1898), Dupuy IV (novembre 1899 à février 1899) et Dupuy V (de février à juin 1899).

20. Pour défendre la République Waldeck-Rousseau forme le bloc des gauches qui joint aux groupes de gauches la centaine de républicains de gauche. Ces deux axes sont d'une part, la luttes contre les nationalistes et les monarchistes et d'autres part la lutte contre les moines ligueurs et moines des affaires.

21. Combarieu, *op. cit.*, p. 37.

22. Cité par Georges Gugliotta. Georges Gugliotta, *Le général de Galliffet, Un sabreur dans les coulisses du pouvoir, 1830-1909*, Paris, Bernard Giovanangeli Éditeur, p. 298.

23. *Ibid.*, p. 299.

Émile Loubet signe le décret de grâce le 19 septembre 1899. Le lendemain, le général de Galliffet adresse à l'armée un ordre du jour historique : « *L'incident est clos. Les juges militaires entourés de tous les respects se sont prononcés en toute indépendance. Nous sommes, sans arrière-pensée aucune, inclinés devant leur arrêt ; nous nous inclinons, de même, devant l'acte qu'un sentiment de profonde pitié a dicté au Président de la République [...] Je vous demande, et, s'il était nécessaire, je vous ordonnerais d'oublier ce passé, pour ne songer qu'à l'avenir. Avec vous tous, mes camarades, je crie de grand cœur : Vive l'armée ! Celle qui n'appartient à aucun parti, mais seulement à la France*[24] *!* » En réussissant à faire imposer la grâce, l'idée sous-jacente à la manœuvre particulièrement politicienne de Galliffet n'est-elle pas d'une part d'éviter une épuration au sein de l'armée et, d'autre part, d'endiguer la contagion de la démocratie ? La question doit être posée car le ministre a évoqué dans son ordre du jour le spectre de « r*eprésailles*[25]. »

De l'Affaire des fiches à la loi de séparation des Églises et de l'État

Ainsi, la grâce présidentielle, « *solution en justice, en morale, en équité* », permet selon Abel Combarieu d'une part de ne pas démentir la décision du conseil de guerre, et d'autre part de se défendre en droit comme en équité[26]. Bien que la position de l'Élysée s'oppose au « *collectif des intellectuels*[27] », Dreyfus est maintenant gracié. L'absence de représailles au sein du haut-commandement est avérée. L'ouverture de l'Exposition universelle le 14 avril 1900 marque un court apaisement dans la vie politique française et dans l'épisode hautement crisogène que traverse

24. *Ibid.*, p. 300.

25. « *Il ne saurait plus être question de « représailles » quelles qu'elles soient !* »

26. Combarieu, *op. cit.*, p. 39.

27. Michel Winock (dir.), *L'Affaire Dreyfus, vérités et mensonges*, Paris, Seuil, « Points histoire », 1997, 351 p.

l'armée. Le calme avant une nouvelle tempête. L'Affaire est loin d'être close. Et de surcroît elle ouvre la boîte de Pandore. Le 1er juin 1900, le général André remplace Galliffet. Ce dernier qualifie son successeur de peu militaire, de franc-maçon, de sectaire, de dreyfusiste et de brissoniste[28]. Deux visions de l'articulation des relations entre l'Armée et la République opposent alors ces deux officiers généraux. Pour le général-marquis, à travers ses idées développées dans *L'Armée et la démocratie,* l'échelon politique ne doit pas intervenir dans les rouages et le fonctionnement de l'Armée. L'année passée à la tête du ministère doit être comprise comme une remise en ordre de la discipline intellectuelle chez les officiers. Cette analyse est également partagée par les professeurs Jauffret et Guigliotta. *A contrario*, André est recruté par Waldeck Rousseau pour accentuer l'action du cabinet dit de la Défense républicaine. En effet le chef du gouvernement pense que l'armée est « *en état virtuel de révolte* » et que « *l'esprit de rébellion* » y persiste[29]. Lorsque André prend ses fonctions, il scelle en définitive avec Waldeck-Rousseau un pacte tacite dont le but est de « républicaniser » une armée « *désorientée et malheureuse*[30]. » En revêtant la fonction de ministre de la Guerre, chef de l'armée et constitutionnellement responsable devant les Chambre, son action rencontre d'emblée l'hostilité de « *la chapelle cléricale.* » L'ambition d'André est de « *créer un corps d'officiers animés de l'esprit vivifiant de la République*[31]. » Pour essayer « *d'éclairer le*

28. *Ibid.*, p. 315. Combarieu écrit du général André : « *républicain affiché et intransigeant, esprit absolu et sans nuances.* Combarieu, *op. cit.*, p. 75.

29. André, *op. cit.*, p. 11.

30. À la fin de son entretien initial avec Waldeck-Rousseau qui lui présente le cadre de son action politique, André écrit : « *Sans remerciement de convention, sans protestations inutiles, d'une simple étreinte, le pacte fut scellé. Nous allions à tous risques, sans faiblesse et jactance, travailler à conjurer la désagrégation de ce grand pays, de son admirable armée, pour l'instant désorientée et malheureuse.* » André, *op. cit.*, p. 15.

31. André, *op. cit.*, p. 305.

degré de loyalisme des officiers envers la République[32] », des fiches affublées de Carthage ou Corinthe aide à les discriminer.

L'Affaire des « fiches » engendre le phénomène de délation qui sert à alimenter des sources de renseignement de deux natures. Les premières officielles sont le fait des préfectures ; les secondes, officieuses, celles de la franc-maçonnerie[33]. Une nouvelle fois la situation au sein du corps des officiers devient délétère. Puymodan aide l'historien à saisir le poids psychologique de ce climat lorsqu'il écrit : « *Même entre officiers, on ne parlait plus à cœur ouvert que toutes portes closes. Arrivait-il un nouveau venu, chacun l'examinait à la dérobée, le flairait pour éventer ses opinions, juger la confiance qu'on pouvait lui accorder*[34]. » Néanmoins au moment où l'affaire des « fiches » s'éteint, la première affaire obtient son dénouement définitif lorsque le général Picquart prend ses fonctions de ministre de la Guerre dans le premier gouvernement Clemenceau. Par arrêt du 12 juillet 1906, la Cour de Cassation, saisie d'une demande en révision du jugement du conseil de guerre de Rennes, casse le jugement. Dreyfus est déclaré innocent du crime dont il avait été accusé. En ce début de septennat du président Fallières, les conséquences du vote de la loi de séparation des Églises et de l'État le 9 décembre 1905 plongent une dernière fois les officiers dans la tourmente. En effet, l'armée doit participer au maintien de l'ordre public lors des expulsions des congrégations et des inventaires des biens ecclésiastiques. A l'instar du lieutenant-colonel de Puymodan, commandant en second du 4e Régiment de cuirassiers à Cambrai, des officiers choisissent de briser leur épée plutôt que d'obéir aux ordres de réquisitions rédigés par les préfets. L'historien entre alors véritablement dans cette tragédie à trois personnages – la République, l'Armée et l'Église – objet des recherches de Xavier Boniface. Cette confrontation doit être comprise par cette mis-

32. André, *op. cit.*, p. 308.

33. André, *op. cit.*, pp. 297-310. Xavier Boniface, *op. cit.*, pp. 322-346.

34. Puymodan, *op. cit.*, p. 350.

sion très spécifique du concourt de l'Armée pour assurer l'ordre publique à l'intérieur du pays. Les stigmates de la grève des mineurs en 1902 dans les départements du Nord et du Pas-de-Calais sont encore brûlants. En employant l'armée métropolitaine à de telles missions, les officiers ne sont-ils pas soustraits de leur mission première qui serait de défendre le territoire et préparer la Revanche ? Alors que les fondements de la Troisième République reposent sur un pacte tacite entre le haut-commandement qui accepte la non-ingérence de l'Armée dans la vie de la cité et la République, le Président Loubet ne se trouve-t-il pas ici dans une situation paradoxale ? Ou bien l'échelon politique ne cherche-t-il pas habilement à éprouver la loyauté du corps des officiers usés par la routine de la vie de garnison ?

Dans un tel contexte, celui d'une « Affaire » ou d'une série d'affaires qui « *modifie radicalement les idées et les mœurs des officiers*[35] », quel est l'horizon d'attente d'un jeune polytechnicien ou saint-cyrien qui vient de subir le vent de démocratisation des écoles militaires ? Celles qui campent l'officier comme un instructeur militaire et un éducateur social ? Est-ce l'aventure humaine et opérationnelle d'une carrière coloniale dont le commandant Marchand pourrait être le héraut ? Est-ce les sacrifices et la rude préparation intellectuelle pour réussir le concours d'entrée à l'École supérieure de guerre qui enferment le futur « breveté » dans un parcours professionnel hexagonal et tourné vers la ligne bleue des Vosges ? Pour répondre à ces questions, l'analyse des nombres de candidats qui présentent annuellement le concours est révélatrice. En effet entre 1895 et 1907, le graphique (voir schéma *infra*) montre que le recrutement des officiers « brevetés » devient irrégulier et peu sélectif. La crise que traverse l'armée entre la divulgation de l' « Affaire » et la période des inventaires agit donc directement sur le recrutement de l'institution. Alors qu'en 1893 le nombre de candidats ayant

35. D'Arbeux, *L'officier contemporain, la démocratisation de l'armée, 1899-1910*, Paris, Grasset, 1911, p. 9.

concouru atteint le chiffre record depuis la création de l'École, 490, lorsque l' « Affaire » Dreyfus commence à déchaîner les passions en 1895, il baisse de plus de la moitié, 220. Un tel chiffre fait revenir le recrutement de l'École à plus d'une décennie en arrière. De plus si à partir de 1887 le taux de sélection au concours avoisine la moyenne de 1 pour 4[36], il frôle le ratio de 1 pour 2 en 1895 et reste à 1 pour 3 tout au long de cette période. La courbe de l'évolution du nombre d'officiers ayant concouru entre 1876 et 1913 montre que la période 1895-1906 constitue un intervalle ponctué de trois accidents statistiques-inversions des tendances. Cette série de trois inflexions de courbe peut être analysée d'une part à l'aune d'un facteur exogène, la dimension politico-sociale liée à la situation intérieure de la France, et d'autre part à un facteur endogène, l'intérêt professionnel qui est sous-tendu par l'attrait pour des jeunes officiers polytechniciens et saint-cyriens pour une carrière aux colonies. Malencontreusement pour l'École supérieure de guerre, cette période de crise politico-sociale se prolonge par un autre type crise : Il s'agit d'une crise intellectuelle. Elle est l'émanation d'une pensée militaire qui cherche à se renouveler à l'aune des transformations de la guerre. Elle exprime les divergences d'opinions d'officiers face aux enseignements que l'on doit tirer des deux nouveaux conflits : la deuxième guerre anglo-boer et la guerre russo-japonaise.

36. Pour quatre officiers ayant concouru, un seul est admis.

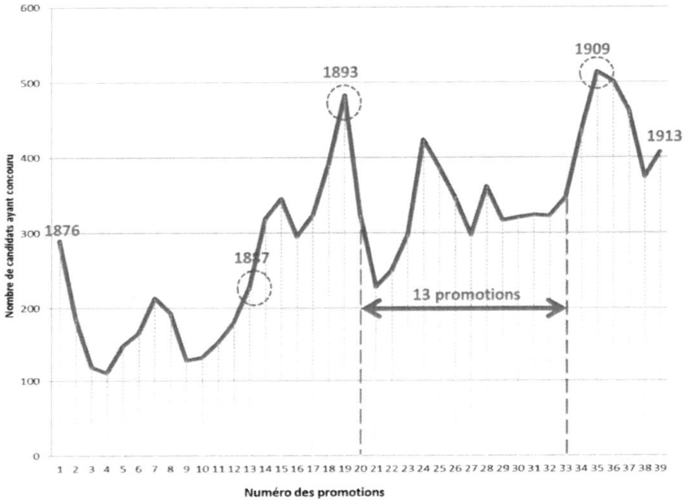

Lorsque s'ouvre la dernière partie de ce mémoire inédit, l'École supérieure de guerre a atteint l'apogée de son rayonnement. En deux décennies, l'institution a réussi à fédérer et à cristalliser dans ses murs le cœur de la pensée militaire française. Un tel statut conduit l'historien à constater qu'elle est désormais *L'École de la doctrine*. Ce cinquième chapitre présente le rôle primordial joué par Bonnal. Il contribue à faire évoluer l'enseignement de la guerre et il oriente considérablement la doctrine de l'armée française. Dans le prolongement de cette action pédagogique apparaît le lieutenant-colonel Foch. Ce dernier hérite intellectuellement de la sédimentation du travail de l'ensemble de ces prédécesseurs au sein de la chaire d'histoire militaire, de tactique générale et de stratégie. Cet héritage permet la formalisation des principes de la guerre. Dès lors, lesdits principes doivent être compris comme la représentation des fondements épistémologiques de l'École supérieure de guerre en France. Néanmoins si la chaire est d'abord incarnée par ses chefs, les professeurs adjoints, comme Lanrezac, Stoffel, Maistre ou encore Toulorge montrent toutes les nuances que comporte l'enseignement de la guerre. En outre, bien que la chaire demeure l'élément le plus prestigieux de l'École, elle ne doit pas occulter les autres pôles de l'enseignement théorique de la guerre. Dans ce cadre, le rôle de la marine nationale et la guerre coloniale font leur apparition dans son curriculum. C'est encore la place de la cavalerie dans la manœuvre terrestre qui est questionnée. Enfin, l'étude de l'évolution de l'artillerie voit l'École supérieure de guerre subitement impliquée dans le dernier acte de l'Affaire Dreyfus.

Le sixième chapitre, *L'enseignement face aux transformations de la guerre*, montre comment l'École supérieure de guerre évolue au cours de la période 1906-1913. Face aux transformations de la guerre révélées par les théâtres d'opérations du *veldt* sud-africain et de la Mandchourie, l'enseignement laisse apparaître d'importantes divergences au sein du corps professoral. Cette situation est d'abord incarnée par le rôle joué par « *La pléiade* », c'est-à-dire les Pétain, Debeney, Maud'huy et consorts. Avec ces professeurs, le cours infanterie reprend l'ascendant sur le cours d'histoire militaire, de stratégie et de tactique générale. Ensuite, d'autres divergences apparaissent avec le cours de fortification du commandant Pierron de Mondésir. Ce dernier devient le deuxième professeur à faire de l'histoire immédiate pour bâtir son enseignement de la guerre à partir des premiers enseignements tirés du conflit russo-japonais. Une telle situation ne doit pas faire oublier que la mission de l'École est de former des aides-au-commandement. Cette nécessité voit le cours d'État-major occuper une place de plus en plus grandissante. Dans ce cadre, la conduite de la guerre doit d'abord être enseignée sous le prisme du rôle et des missions dévolues aux officiers « brevetés » d'état-major. Enfin, alors que le général Ferdinand Foch prend le commandement de l'École supérieure de guerre en 1908, le spectre d'une nouvelle guerre contre l'Allemagne pose à nouveau la question : « *Qu'enseigner de la guerre ?* » Le Béarnais confie alors la mission au commandant

Mordacq de créer un cours spécifique à l'enseignement de la stratégie. Les meilleurs élèves de la 33e promotion expérimentent ainsi une troisième année étude.

L'école de la Doctrine

> « *Cependant, il est un certain nombre de faits d'expérience constatés par les hommes de guerre les plus éminents, qui forment des points de doctrine auxquels on peut accorder la valeurs de vérités scientifiques.* »
>
> Henri BONNAL, L'École de la doctrine

Les événements intérieurs qui secouent la France entre 1899 et 1906 ne peuvent pas occulter la mentalité dominante du pays. *La Belle Époque* est toujours marquée par l'espoir inavoué de la Revanche. Si la mémoire nationale a déjà évacué Waterloo, les Français pourraient-ils oublier Sedan ? Les paroles de Léon Gambetta ne sont pas confinées au cercle de Madame Juliette Adam. Elles ne raisonnent pas seulement dans la conscience collective. « *Ne jamais en parler. Mais toujours y penser.* » Depuis 1875, tous les plans de mobilisation de l'armée française n'ont-ils pas la même hypothèse de planification stratégique, une guerre contre l'Allemagne ? C'est pourquoi, lorsque paraît au début de l'année 1892 le dernier *opus* de la saga des Rougon-Macquart, la revanche est aussi une réalité littéraire. Elle a pour titre *La débâcle*. Zola propose un document d'histoire. Il provoque aussi le débat et la réflexion. Il clive à nouveau les partisans de la République à ses détracteurs. Dans un article publié dans la *Revue des deux mondes* Eugène-Melchior de Vogüé écrit : « *La Débâcle ne reflète pas un instant la physionomie vraie de cette résistance, follement conduite sans doute, maudite par les gens à courte vue, mais infiniment sage dans son principe et à jamais bénie, car tout ce que nous sommes aujourd'hui dans le monde, nous le devons à cette heure, à l'opinion que nous avons prise de nous-mêmes et donnée aux autres*[1]. » Vogüé poursuit sa critique lorsque, prenant la défense de Gambetta il constate que « *cette page décisive* [la poursuite des combats par le Gouvernement de la Défense nationale] *ne figure pas au compte des profits et des pertes dans le bilan dressé par Monsieur Zola*[2]. » La critique paraît alors sévère. En effet dans la conclusion du roman, Zola propose une profonde réflexion philosophique. Près d'un quart de siècle après Sedan et la chute du Second Empire, l'interrogation revient à nouveau sur la notion centrale de défaite. La défaite est-elle alors acceptée ou refusée ? Mais Vogüé n'a peut-être pas suffisamment apprécié toute la finesse et le paradoxe de la réflexion proposée. Zola conclut son livre par une métaphore : « *Le champ ravagé était en friche, la maison brûlée était par terre ; et Jean, le plus humble et le plus douloureux s'en alla, marchant à l'avenir, à la grande et rude besogne de toute une France à refaire*[3]. »

Or, Jean Macquart devient pour l'historien un repère sociologique et idéologique, celui de la génération de Français qui a 20 ans en 1870 et qui entre dans l'âge de la maturité professionnelle et intellectuelle de cette décennie 1890. Jean représente la France « séculaire », celle des hommes qui inscrivent leur action dans la durée grâce à l'accumulation des biens et des idées sous-tendues par des valeurs liées au travail comme à l'héritage et la transmission. Mais Jean a aussi un jumeau militaire. Il épouse sa représentation sous l'uniforme des officiers « brevetés » de la Troisième République. Ce jumeau, c'est Henri Bonnal. Le jeune

---

1. Eugène-Melchior de Vogüé, « *La débâcle* », in *La Revue des deux mondes*, 15 juillet 1892, p. 23.

2. *Ibid.*, p. 24.

3. Émile Zola, *La débâcle*, Paris, Folio, 1994, p. 352.

lieutenant est légèrement blessé par un éclat d'obus sur le champ de bataille de Sedan. Puis il est interné à Francfort avant de participer à la répression de la semaine sanglante. Si en 1892, le lieutenant-colonel prend la direction de la chaire d'histoire militaire de stratégie et de tactique générale, il appartient à la première promotion de l'École supérieure de guerre. Jean Macquart et Henri Bonnal symbolisent alors cette génération de la Revanche. Ils expriment tous les deux une part de l'idéologie républicaine née sur les cendres de la défaite militaire[4]. Ainsi dans le cadre temporel de ce chapitre, 1895-1905, Bonnal devient un autre symbole. D'abord parce que sa longévité à l'École supérieure de guerre lui permet de diffuser ses idées auprès de ses élèves, de ses pairs, de l'ensemble des professeurs de l'École comme au sein de l'État-major général. Ensuite, parce qu'il incarne « la défaite acceptée. » Il devient l'intellectuel militaire qui emploie toute ses énergies pour conceptualiser une philosophie de guerre, celle qui doit rendre à la France ses provinces perdues. Toute l'œuvre intellectuelle de Bonnal n'a qu'une seule finalité : conceptualiser un nouvel affrontement militaire contre l'Allemagne. Forte de cette polarité stratégique qui définit l'ennemi, l'analyse des rapports franco-allemands entre 1871 et 1905 module pourtant l'obsession de la revanche sous-jacente à la pensée militaire développée au sein de l'École de guerre. En effet, la nature de l'antagonisme alterne entre des moments de détente et de crise.

4. Paradoxalement, Bonnal n'a rien d'un républicain mais il en sert cependant la cause militaire.

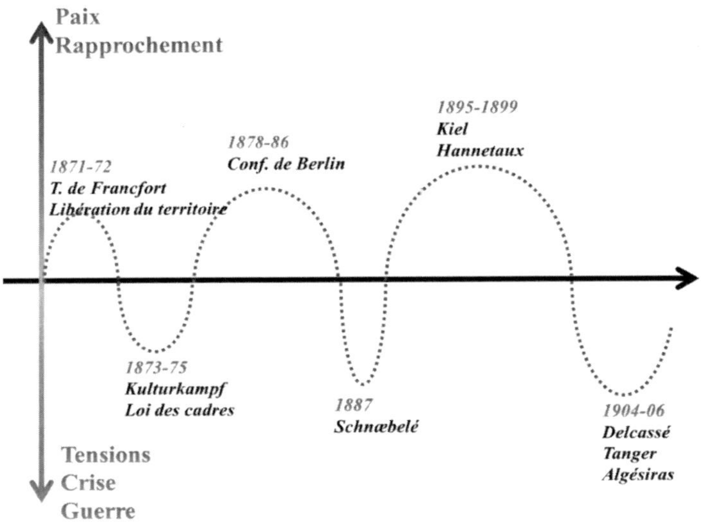

Les premiers sont marqués par l'année 1872, la période 1878-1886 ou encore la politique conduite par Hanotaux de 1895 à 1899. Les seconds par la période 1873[5]-1875,[6], l'affaire Schnæbelé en 1887 et l'alerte de Tanger en 1905 puis la conférence d'Algésiras en 1906. Alors si en 1871, l'armée française n'a pas eu le mauvais goût de copier aussi la coupe des uniformes prussiens, après avoir adopté les modèles de la conscription, du corps d'armée et de la *Kriegsakademie*, l'enseignement de la guerre, au temps du colonel Bonnal, est toujours teinté par une couleur singulière, le *feldgrau*.

Bonnal, le « Maître » incontesté

Bonnal devient le héraut d'une génération qui atteint son heure de gloire autour des années 1895-1896. Affecté à l'École

5. *Kulturkampf.*
6. Loi des cadres votée en France.

depuis 1886, il est à la tête du cours phare de 1892 à 1896. Puis il est nommé commandant de l'École supérieure de guerre en 1901. Henri Bonnal totalise ainsi onze années de présence dans les murs de l'École militaire. Cette longévité est presque inégalée au cours de la période 1876-1913. En découvrant la personnalité de l'officier et l'influence que Georges Gilbert a eue sur lui, l'historien permet d'accéder à une partie de la dimension intellectuelle du personnage. Ensuite, l'analyse de son enseignement théorique, doublée de l'étude du « testament » qu'il laisse lors de son éviction inattendue de son commandant en 1902, permettent de mieux comprendre en quoi l'œuvre de Bonnal a déterminé la doctrine de l'armée française entre 1895 et 1902.

Cinq années pour préparer un enseignement nouveau

Bonnal, Saint-cyrien et officier de troupes n'est pas prédestiné à devenir la *prima donna* de la pensée militaire française de la fin du XIXe siècle. En 1887, alors qu'il est à la tête d'un bataillon d'infanterie à Périgueux, le général Dionne, commandant l'École, lui offre le poste de professeur adjoint de tactique générale. Hésitant et se sentant peu apte à l'enseignement, il accepte cependant sa mutation mais au poste d'adjoint à la direction des études. Un tel emploi lui permet de disposer d'une longue période nécessaire à la préparation de son futur enseignement. Le lieutenant de Puymodan, stagiaire de la 15e promotion, en dresse un premier portrait alors que Bonnal est depuis deux ans dans ses fonctions :

> « *Le commandant Bonnal, sous-directeur des études, faisait avec un débit inégal et un accent rocailleux des conférences très intéressantes, très substantielles, d'une grande puissance déductive et d'une belle philosophie, mais abstruses, touffues, compliquées de raisonnements métaphysiques. Néanmoins, on sentait en lui une supériorité conquérante et, bien qu'une gangue de brusquerie*

> *le fit un peu craindre, l'opinion générale lui demeurait très favorable dans le présage des hautes destinées*[7]. »

Durant cette période, Bonnal travaille de concert avec Maillard. Le binôme organise les premiers *Kriegsspiel* et fait évoluer les voyages d'études. L'analyse du commandant Millet, un de ses pairs au sein de l'École, aide l'historien à compléter et à mieux comprendre un personnage dont la dimension intellectuelle est encore en cours de construction. L'adjoint de Maillard écrit :

> « *Bonnal est l'esprit déductif par excellence. D'un fait il saisit les causes, les conséquences, les résultats avec une remarquable lucidité. Capable d'étudier le détail et de saisir l'ensemble, c'est lui le premier qui, passant de la tactique à la stratégie, a su considérer une campagne dans son ensemble et l'encadrer, ou mieux la résumer, dans une manœuvre. C'est ainsi qu'il nous a donné la manœuvre d'Austerlitz (le mot fit grand effet et eut une énorme influence sur les idées de tous, qu'il condensa), celle d'Iéna, celle de Wagram, etc. C'était faire un pas décisif que de montrer une pensée unique présidant à tout le détail d'opérations en apparence si diverses.* »

Ainsi durant cinq années, le commandant Bonnal va très consciencieusement bâtir son enseignement à partir de l'étude des campagnes de Napoléon. De plus, sa position d'adjoint à la direction des études doit être vue comme le premier professeur qui d'une part effectue la synthèse des dix premières années d'enseignement de la guerre et d'autre part comme celui qui approfondit l'œuvre de Maillard. En définitive, depuis la création de l'École, le commandant Bonnal est le seul professeur à qui l'institution laisse le temps de bâtir patiemment son enseignement. C'est pourquoi lorsque en 1892 il est désigné pour occuper la direction de la nouvellement créée chaire d'histoire militaire de stratégie et de tactique générale les appréciations du général commandant

7. Puimodan, *op. cit.*, p. 183.

l'École supérieure de guerre sont d'emblée dithyrambiques. Pour le premier semestre 1892 le général écrit dans sa notation :

> « *Le cours de tactique générale et de stratégie professé pour la première fois par le Lieutenant-Colonel Bonnal, sans avoir atteint je crois de forme définitive, donne déjà une très haute idée de ce que pourrait produire ce professeur. Son enseignement reprend tout à fait, suivant moi, et au service de l'École supérieure de guerre ; non seulement il résume et complète les cours de tactique d'armes, mais il habitue les officiers à réfléchir, à rapporter à des cas concrets les leçons tirées de l'histoire des grandes guerres ; les exercices sur la carte semblent par suite devoir donner de remarquables résultats.* »

Puis, pour l'année 1893, on peut lire :

> « *Officier hors ligne et professeur tout à fait exceptionnel. Le cours de tactique générale professé par le Lieutenant-colonel Bonnal est très remarquable par l'itération et la justesse des critères que par son originalité. Les officiers en tirent d'autant plus de profit que la doctrine enseignée se double et se précise dans les applications que le professeur dirige avec une haute compétence.* »

Le Gilbertien

Bien que Bonnal bénéficie des remarquables travaux historiques réalisés par le capitaine Bonneau et une bibliothèque qui suit le rythme des publications militaires et historiques, son enseignement de la guerre doit également être vu à l'aune des écrits du capitaine Georges Gilbert. En effet le jeune lieutenant du régiment d'infanterie est admis à l'École supérieure de guerre au mois de mai 1876. Il fait donc partie de la première promotion. Elle a comme major de promotion le lieutenant Gilbert avec qui Bonnal est très lié[8]. Ecarté dès 1884 du service à cause

8. Desfontaines, *op. cit.*, p. 89.

de sa maladie[9], Gilbert consacre l'ensemble de sa vie à l'étude de l'histoire militaire. Son réseau d'influence repose principalement sur ses publications qui paraissent dans la *Nouvelle Revue*[10]. La trentaine d'études qu'il publie entre le 1er août 1887 et 15 juillet 1901 sont lues par la plupart des éminents professeurs de l'École : Maillard, Niox, Cherfils, Fayolle, Langlois. Elles sont par ailleurs consultables au sein de la bibliothèque de l'École. Le 31 octobre 1902 à Nancy, en tête du cortège funéraire, trois généraux – Bonnal, Langlois, Pistor – et un colonel de Cavalerie – Cherfis – « *tenaient les cordons du poêle* » lors de son enterrement. L'influence qu'exerce les écrits de Gilbert sur Bonnal apparaissent distinctement dans cette lettre écrite le 28 décembre par ce dernier :

> « *Mon Cher Ami, je vous remercie de m'avoir envoyé, avec une affectueuse dédicace, votre nouveau livre sur les Lois et les institutions militaires. Outre que j'avais lu les dix études dont il se compose dans la Nouvelle Revue, je m'étais procuré l'ouvrage dès son apparition. L'œuvre que vous offrez au grand public est des plus remarquables dans le fond et sur la forme, mais ne craignez-vous pas de fournir des armes à nos ennemis ? L'École supérieure de guerre actuelle constitue un centre intellectuel très vivace, une couveuse artificielle qui donne la vie à des germes susceptibles de prendre un grand développement et de produire dans un avenir plus ou moins éloigné de grandes actions de guerre. C'est ce qui me fait redouter l'exportation de nos idées, sachant combien les Allemands, dépourvus de l'esprit d'innovation, sont avides d'idées neuves et à quel point ils savent les exploiter*[11]… »

---

9. Capitaine Gilbert, *l'homme, le militaire, l'écrivain par Atalone*, in *La Nouvelle Revue*, pp. 449-566.

10. Gilbert a donné à la Nouvelle Revue, du 1er aout 1887 au 15 juillet 1901 une trentaine d'article. Voir Tome 2.

11. Cité par Juliette Adam. Juliette Adam, Le Capitaine Georges Gilbert, Berger-Levrault, Paris, 1924, p. 70.

Cette influence apparaît encore dans *La connaissance de la guerre*, sous la plume du colonel Gros-Long lorsqu'il écrit : « *Il* [Gilbert] *devint très vite un oracle et jouit dans les milieux militaires dirigeants d'une autorité quasi absolue*[12]. » À partir du milieu de la décennie 1880, Gilbert devient le principal commentateur de la pensée de Clausewitz dont *Vom Kriege* est traduit entre 1887 et 1889 par le lieutenant-colonel Vatry. Pour Guilbert comme pour Maillard et Bonneau, le maître de la pensée militaire est Napoléon. L'idée centrale de la pensée gilbertienne, qui devient ensuite le cœur de l'enseignement de Bonnal, apparaît soudain. Le principal enseignement que les officiers français doivent tirer de la guerre de 1870 devient fort simple : « *L'ennemi avait recueilli notre patrimoine tombé en déshérence*[13]. » Dans le sillage intellectuel de Lewal et de Maillard, Gilbert a conscience que les Prussiens ont adopté les principes de guerre napoléoniens sans pour autant comprendre l'essence de leur pensée militaire. A l'instar de Guibert, il milite aussi contre *« une sorte de prussomanie*[14] » qui apparaît dans le nouveau règlement de service en campagne de 1883. Pour Guibert, le propre du génie militaire allemand est de perfectionner plutôt que d'innover. Dans sa pensée, l'œuvre de Clausewitz permet d'expliquer et comprendre Bonaparte. Ce dernier aurait aussi été la source d'inspiration de Moltke. Avec l'étude du maître prussien, on découvre la théorie militaire allemande qui est : « *simple, saine, virile, qui pouvait se résumer en trois lois : agir simultanément avec toutes les forces, toutes ses forces concentrées ; agir vite et le plus souvent par un coup droit ; agir vite avec continuité et sans temps d'arrêt*[15]. » Par son *Essai de Critique militaire* qui repose principalement sur l'étude de Clausewitz, Gilbert participe

12. Colonel Gros Long, *La connaissance de la guerre, essai de critique positive*, Paris, Nouvelle Librairie Nationale, 1922, p. 72.

13. G.G. (Capitaine Georges Gilbert), Paris, *Essais de critique militaire*, 1890, p. 20.

14. *Ibid.*, p. 273.

15. *Ibid.*, p. 21.

à hisser l'enseignement que conceptualise Bonnal dans le domaine de la stratégie.

Enseigner la tactique générale et de la stratégie

Lorsque Bonnal met en place ce nouvel enseignement le 6 novembre 1892 devant les stagiaires de 18e promotion, il s'inscrit dans le prolongement de son « *maître et ami.* » C'est le fruit de l'expérience de huit années et dont le titre est *Les éléments de la guerre*. Non seulement Bonnal continue et prolonge l'œuvre de Maillard, mais il les étend aux connaissances que Napoléon désigne par les hautes parties de la guerre. Si avec Maillard l'enseignement théorique de la guerre se limite aux opérations du champ de bataille, c'est-à-dire à la tactique générale, désormais l'École supérieure de guerre se hisse dans le domaine de la stratégie théorique. Cette évolution est doctrinalement capitale pour l'Armée de terre française. En effet d'une part, le mot stratégie se diffuse largement grâce à de nombreuses publications[16] et d'autre part, après un quart de siècle de lente reconstruction, le haut-commandement de l'armée française a enfin atteint un tel niveau de réflexion. Bonnal articule alors son cours autour des deux principales notions : la stratégie et la tactique. Selon lui, si pour « *Clausewitz la tactique est l'emploi des troupes au combat et la stratégie l'emploi de la bataille à la guerre*[17] », il propose comme nouvelles définitions : « *La stratégie est l'art de concevoir ; la tactique est la science de l'exécution*[18]. » À partir de ses deux acceptions, il divise son cours en deux parties qu'il nomme « *titres* » : l'esprit de la guerre et la technique de la guerre. Dans une dimension un peu « mystique », le personnage Bonnal affirme être le seul à avoir découvert la stratégie de l'Empereur. Le titre premier se divise en

16. Il a déjà été souligné que le général Berthaut doit être ici considérer comme le précurseur de la diffusion du terme stratégie à partir de 1881.

17. Lieutenant-colonel Bonnal, Cours 1992-1996, p. 25.

18. *Ibid.*, p. 26.

trois parties : l'art militaire au XVIIIe, la stratégie de Napoléon et la stratégie de Moltke. Dans la première partie, Bonnal le stratégiste développe les idées sur la guerre au temps de Frédéric. Puis il montre la transformation des méthodes de guerre imprimée par la Révolution avant de discuter des entrées en campagne de Bonaparte en 1796. Dans la deuxième partie du titre I, il étudie la stratégie de l'Empereur à partir de sept manœuvres principales : la manœuvre de Marengo (1800), la manœuvre d'Ulm (1805), la manœuvre d'Iéna (1806), la manœuvre de Landshut (1809), la manœuvre de Vilna (1813) et la Rothière et Montmirail (1814). Enfin, la troisième partie du cours de stratégie s'oriente vers la connaissance du vainqueur de 1870. Elle comporte la manœuvre de Sadowa (1866), la manœuvre de Saint-Privat (1870) et la manœuvre de Sedan (1870)[19].

Quant au titre second, la technique de la guerre, il s'inscrit exclusivement dans l'étude du conflit franco-prussien. Il aborde également trois thématiques : La tactique générale en 1870-1871, les tactiques d'armes actuelles et la préparation des moyens actifs. En se limitant au prisme de l'histoire militaire, la première partie du titre II aborde chronologiquement quatre types d'opérations différentes : les opérations de la IIIe Armée allemande et de l'armée du maréchal de Mac-Mahon du 11 juillet au 12 août 1870 ; les opérations de la Loire au mois de novembre et décembre 1870 ; les opérations de l'Est et du corps Werder en janvier 1871 et les opérations de l'arrière, côté allemand pendant les mois d'août à novembre 1870. Au cœur de ce nouvel enseignement le génie de Napoléon permet de dégager trois éléments clés : Armée d'avant-garde, Bataillon carré et Défensive stratégique. Pour Bonnal : « *la question d'avant-garde domine toutes les questions de doctrine relatives à la conduite de la guerre*[20]. » Et de manière un peu caricaturale, il conclut par cette

19. L'étude de cette manœuvre ne sera jamais réalisée dans l'enseignement de Bonnal.

20. Bonnal, *op. cit.*, p. 31.

phrase : « *L'avant-garde générale, voilà notre salut !* » Il est alors intéressant de noter que pour être sûr qu'aucun autre professeur ou « écrivassier » vient lui voler son concept, il prend le soin d'ajouter une note de bas de page édifiante dans la conclusion du deuxième chapitre – « La manœuvre de Saint-Privat » – de son cours *La stratégie de Moltke*. En effet, la note liée au terme « *avant-garde inconsciente* » permet de lire : « *Les idées sont un peu comme les enfants abandonnées. Bien malin est celui qui peut faire valoir plus tard ses droits à la paternité, à moins d'une marque que le père adoptif a omis d'effacer*[21]. » Ainsi en moins de dix années, grâce à sa forte personnalité, une aura exceptionnelle et à un travail d'écriture acharné, l'influence de Bonnal devient considérable. Ses idées sont disséminées par les stagiaires de l'École affectés à l'état-major comme par les autres professeurs inoculés par ces conceptions. Néanmoins, en plaçant la stratégie, c'est-à-dire la dimension intellectuelle de conception de la guerre, au-dessus de tout, Bonnal refuse d'admettre que le terrain peut aussi commander. Les analyses des géographes comme Niox et Leblond, mais aussi l'étude réalisée par le général de Méribel au sein du 3e bureau montrant les avantages des lignes naturelles de défense des frontières Est de la France et les possibilités de résistances qu'elles offrent à l'infanterie sont considérées par Bonnal « *comme la conception d'un esprit rétrograde, ne pouvant pas avoir d'autres effets que d'amoindrir la valeur de l'élite de nos officiers et de les empêcher à devenir des chefs dignes de ce nom*[22]. »

L'apogée : Du plan XIV au commandement de l'École

Au cours de la décennie 1890, la chance et le prestige du colonel Bonnal résident dans deux facteurs principaux. Le premier est lié à l'organisation et à la mission de l'École supérieure de

21. Bonnal, *La stratégie de Moltke*, Chapitre 2, « Saint-Privat », p. 261.

22. Arthur Boucher, *Les lois éternelles de la guerre, les doctrines dans la préparation de la grande guerre*, Paris, Berger-Levrault, 1925, p. 111.

guerre. En effet après vingt d'années d'existence, elle dispose d'un corps professoral de grande qualité. Cette pépinière d'officiers a pour activité principale d'étudier puis d'enseigner la guerre. Et leur autorité professorale repose aussi sur leur longévité passée au sein de l'École Militaire. Le second facteur est d'ordre structurel. Jusqu'à la création du centre des hautes études militaires en 1910, le ministre de la Guerre ne dispose d'aucune structure *ad hoc* pour générer des philosophies de guerre ou des éléments doctrinaux. C'est pourquoi « *le centre intellectuel* » dont parle Bonnal à son ami Guilbert souffre d'aucune concurrence hiérarchique au sein de l'institution. Les effectifs en officiers « *brevetés* » et autres stagiaires du 3e bureau sont alors largement insuffisants pour pallier ce déficit. Dans une telle situation, l'enseignement de Bonnal et des autres cadres professeurs de l'École supérieure de guerre doit être compris comme l'unité de doctrine qu'il manque encore à l'Armée de terre française. Il s'agit tout simplement du « *vide doctrinal que n'ont pu combler les officiers du ministère ou des corps d'armées*[23]. » Bonnal et les jeunes « brevetés » affectés au 3e bureau symbolisent ce courant d'idées nouvelles sous-tendues par la notion « *d'armée d'avant-garde.* » Bien que ce mouvement d'opinion, reflet d'un intellectualisme exclusivement centré sur l'École voire ses « brevetés » mais qui compte déjà des détracteurs, le général en chef et le Chef d'état-major des armées, laisse à Bonnal le soin de conceptualiser un nouveau plan de concentration[24]. Cet officier à la « *personnalité tout à fait exceptionnelle*[25] » quitte l'École avec la 19e promotion. Il est donc à la tête du 2e bureau lorsque le Plan XIV, validé par le Conseil supérieur de la guerre en 1897, entre en service en 1898[26]. Comme le souligne le général Boucher, « *dans*

23. Michel Goya, *op. cit.*, p. 83.

24. Arthur Boucher, *op. cit.*, pp. 112-113.

25. Notation de Bonnal au second semestre 1895.

26. Cinq armées doivent être formés dont l'une constitue l'avant-garde générale se rassemble dans la région de Nancy ; le corps de bataille comprend trois armées sur le front Epinal, Mirecourt, Commercy. Enfin une armée est placée en réserve vers

ce plan, Bonnal a mis en œuvre toutes les particularités du secret qu'il a découvert : à l'offensive de l'ennemi, il répond par la défensive stratégique, telle que la comprenait Napoléon, par ce mode d'action qui a tous les avantages de l'offensive, en permettant au défenseur d'imposer sa volonté à l'ennemi[27]. »

Si l'introduction de cette dernière partie a déjà montré que la période 1898-1903 constitue une période crise et de trouble pour la France, elle représente aussi la période durant laquelle le Plan XIV reste en vigueur. C'est donc dans un contexte où le nouveau ministre de la Guerre désorganise le haut-commandement et l'état-major que Bonnal est désigné par le général André pour prendre le commandement de l'École supérieure de guerre le 18 février 1901. La 25e promotion a quitté l'École. Alors que ses pairs commencent déjà à être victimes de la vindicte « *des fiches* », n'est-ce pas alors l'instant de la consécration ? Le commandant de l'École supérieure de guerre est l'auteur du plan qui assure la défense de la France contre son ennemi principal. Il y a à ce moment de l'histoire de l'Armée de terre et de la pensée militaire française un phénomène unique : l'intégration de l'étude et l'enseignement de la guerre, qui permet la conception puis l'élaboration de la doctrine de l'emploi des forces. Et, l'influence des idées de Bonnal apparaît jusqu'au Plan XVI adopté en 1909. En cette année 1901, le commandant de l'École se préoccupe des enseignements tirés de la guerre sud-africaine qui est toujours en cours. Il préface alors le livre posthume du capitaine Gilbert en insistant sur le rôle prépondérant joué par l'artillerie. Pour Bonnal, les idées du général de Langlois, développées dans *L'Artillerie de campagne en liaison avec les autres armes*, doivent être la « *base inébranlable* » de la réflexion stratégique confrontée à l'analyse d'une guerre nouvelle. Malheureusement pour l'École supérieure, le général de brigade Henri Bonnal est à son

Chaumont. Il s'agit d'un dispositif d'attente propre à permettre l'adoption de toutes les solutions pouvant être envisagées en cas de guerre contre l'Allemagne.

27. Arthur Boucher, *op. cit.*, p. 115.

tour victime du général « *des fiches* » qui l'a lui-même nommé. Situation paradoxale. Comme l'a souligné Henri Contamine, le prétexte est une affaire de captation d'héritage[28]. En effet, l'étude du dossier Bonnal permet de découvrir une lettre de la famille qui apporte les preuves du délit commis par le commandant Bonnal[29]. Si le ministre juge que le délit commis nuit gravement au renom de l'armée, la commission disciplinaire chargée d'instruire le dossier ne partage pas complètement l'avis du général André. La lecture du procès-verbal de la commission montre que les pairs de Bonnal ne souhaitent pas lui infliger une sanction trop lourde. Face à un tel désaveu, le ministre fait alors intervenir le président de la République pour sursoir à la décision de la commission. Sur ordre présidentiel, le général Henri Bonnal est alors placé « *en non activité par retrait d'emploi* » le 17 juin 1902. Terrible décision ! Quel véritable motif peut donc motiver l'acte du ministre ? Ramené au contexte « *des fiches* », est-ce la position politique de Bonnal par rapport à ses amis de l'Action française qui indisposent les Républicains du gouvernement ? Rapporté à la loi sur la durée du service militaire à deux ans qui débute le 19 juin 1902 au Sénat, n'est-ce pas le « Maître » de la pensée militaire française que l'on souhaite écarter du débat public ? La réhabilitation de Bonnal le 25 juin 1905 au sein de la première section des officiers généraux, c'est-à-dire après que la loi soit votée au mois de mars 1905, pourrait être la base d'une autre hypothèse.

28. Henri Contamine, *op. cit.*, p. 87.

29. Dans cette lettre datée du 21 avril 1902 écrite par le fils de sa tante qu'il a spoliée, on peut lire : « *Cet officier fut accusé et condamné, pour avoir tenté de s'approprier une somme de deux cent quarante mille francs, à mon détriment, et au détriment de ma famille ; sur les nombreuses preuves qui déterminent la condamnation, par des jugements rendus par le tribunal de premier instance, puis par la cour d'appel d'Agen. Ces jugements sont ceux de 1881,1882, 1884, 1885, 1888 et 1889...* » Dossier personnel de Bonnal consulté au SHD.

Foch et l'avènement des principes de la guerre

Bonnal évincé de ce prestigieux commandement, la chaire d'histoire militaire de tactique générale et de stratégie continue à suivre son chemin grâce aux orientations qu'il lui a insufflées. En effet, dès son arrivée à la tête de la chaire, Bonnal est dominé par l'ambition de placer sa chaire au-dessus des autres chaires dédiées aux tactiques d'armes. Il souhaite que son enseignement domine tous les autres cours. Ainsi, il arrive à faire créer un poste de troisième adjoint dès 1892 alors que toutes les autres chaires de l'École supérieure de guerre disposent seulement de deux officiers. Avec les départs consécutifs de Bonneau puis en 1895 de Coutenceau, une place d'adjoint au cours d'histoire militaire, de stratégie et de tactique générale est vacante. Foch, alors officier au sein du 3e bureau, accepte le poste. En 1896, lorsque le colonel Bonnal quitte l'École, Foch évince Lanrezac et prend la direction de la chaire. Mais lorsque le Béarnais prend ses fonctions, est-il suffisamment préparé pour remplacer le « Maître » Bonnal ? L'École supérieure de guerre a atteint sa majorité. La 21e promotion y est entrée en 1895. Après cinq années passées à côté de Maillard, Bonnal a déjà effectué une première synthèse des fondements intellectuels de l'École. En fin de compte, à partir de 1896, quel peut être pour Foch l'espace de respiration intellectuelle pour combler le vide laissé par neuf années de présence de son prédécesseur au sein de l'École supérieure de Guerre ?

Rivalités intellectuelles et professionnelles

Cette nouvelle question permet de parfaire les connaissances liées à la pensée miliaire française. Elle occupe pour l'historien des idées une place centrale dans le domaine de l'étude et de l'enseignement de la guerre. Son importance nous oblige peut-être à la reformuler : après vingt-cinq années de réveil, puis d'épanouissement de l'intellectualisme militaire français, sur quels fondements méthodologiques et épistémologiques ce nouveau professeur peut-il bâtir son enseignement ? L'historien émet ici l'hypothèse que l'enseignement de Foch est né d'une double rivalité. Le premier rival de Foch, c'est Lanrezac. Ce dernier stagiaire de la 3e promotion est beaucoup plus ancien que Foch. Après deux années passées à seconder directement Bonnal, il semble logique qu'il lui succède. Lanrezac et Foch sont donc les deux concurrents directs pour prendre la place du « Maître. » N'est-ce pas alors son mentor, ancien professeur du cours infanterie, le général Millet, qui lui permet d'obtenir la place[30] ? Cependant, Lanrezac se maintient onze années consécutives au sein de l'École militaire. Si ce dernier reste d'ailleurs adjoint de Foch en 1896, il est encore adjoint du général commandant l'École supérieure de guerre lorsque Bonnal en prend la tête en 1901 ! Mais le second et véritable rival intellectuel de Foch est Bonnal. Dans ses *Mémoires pour servir à l'histoire de la guerre de 1914-1918,* le lecteur ne trouvera pas une seule fois le nom de Bonnal. En revanche, lorsque Foch évoque son passage au sein du 3e bureau dirigé par le général de Miribel, l'historien comprend que la rivalité entre les deux hommes naît à ce moment précis de l'histoire de la pensée militaire. Cette rivalité doit être comprise comme l'opposition doctrinale entre deux manières différentes d'étudier la guerre. En effet sous les ordres du Chef du 3e bureau, Foch participe à l'étude qui doit conduire à la rédaction du nouveau Plan français.

Une telle étude le conduit à « *connaître les dispositions prises par notre état-major pour mobiliser, concentrer, approvisionner les armées françaises dans la guerre, comme aussi les idées qui constituaient notre doctrine de guerre*[31]. » Quand bien même l'étude du général de Miribel a « *une portée d'une valeur indiscutable*[32] », face

30. « *De ces professeurs de l'École de guerre, l'un, le commandant Millet, appelé à tenir par la suite les plus hauts grades dans notre armée, voulut bien me suivre et s'intéresser à moi tout au long de ma carrière.* » Maréchal Foch, *Mémoires*, Paris, Plon, tome premier, p. XVII.

31. *Ibid.*, p. XIX.

32. *Ibid.*, p. XIX.

aux idées et au prestige de Bonnal, le projet du 3e bureau fait long feu. Tel est le commencement de l'opposition doctrinale entre les deux hommes. Cette opposition se transforme ensuite en rivalité intellectuelle puisque Foch intègre une équipe où le tandem Bonnal-Lanrezac est déjà rodé par deux années d'enseignement et de travail en commun. Comment, « *simplement pourvu des notions du général Millet*[33] », Foch peut-il alors faire œuvre d'originalité et d'innovation ? Dès 1896, l'enseignement de Foch s'inscrit dans le prolongement d'une idée dominante répandue par Lewal. Pour le premier directeur de l'École, « *Moltke était l'élève de Napoléon et avait été très inférieur à son maître*[34]. » Cette idée peut d'ailleurs être vue comme le dogme absolu de l'École supérieure de guerre entre 1876 et 1914. Elle est reprise par Pierron, Canonge, Maillard, Bonnal, Lanrezac et consorts. Or, dans *La pensée militaire française,* le colonel Eugéne Carrias rapporte que Foch a déclaré au capitaine Richert, professeur d'allemand à l'École, « *qu'il n'y avait pas grand avantage à traduire les livres publiés par des officiers allemands parce que nous leur étions supérieurs*[35]. » Foch est très peu porté sur l'étude de la langue allemande. Néanmoins, avant de prendre ses fonctions de professeur de tactique générale, au cours d'une permission à Pâques 1896, il effectue sa propre synthèse des 525 pages de l'ouvrage « à la mode », *Théorie de la grande guerre*[36]. Mais la matrice intellectuelle de Foch est ailleurs. Avant d'entrer à l'X il s'est déjà forgé une double culture. Il dispose d'abord d'un baccalauréat ès lettres. Ensuite il suit une formation dite scientifique. Cette association a donc d'une part, grâce aux mathématiques, façonné son esprit « *à une méthode de raisonnement des plus rigoureuse* » et, d'autre part, l'étude de la philosophie et de l'histoire, « *en quittant le monde de l'observa-*

33. *Ibid.*, p. XX.

34. Eugène Carrias, *op. cit.*, p. 287.

35. Carrias tient cette anecdote du lieutenant-colonel Richert, qui lui a été racontée par son père. Eugène Carrias, *op. cit.*, p. 287.

36. Jean Autin, *op. cit.*, p. 60.

tion, de faire naître et de créer des idées sur le monde vivant, par là d'assouplir et d'élargir l'intelligence. » Cette dualité de sa formation intellectuelle permet de voir le professorat de Foch comme le développement d'une philosophie de la guerre. Elle repose sur la conjonction entre des études spéciales, c'est-à-dire un savoir professionnel lié aux connaissances de la guerre du moment, et de vastes connaissances générales, celles liées aux savoirs de l'homme en société.

L'adjoint de Bonnal

Lorsque Bonnal finalise son dernier cours du cycle 1892-1896[37], il déclare doctement dans sa conférence introductive : « *Les principes de la guerre, écrit Napoléon, sont ceux qui ont dirigé les grands capitaines dont l'histoire nous a transmis les hauts faits.* » Puis après avoir énuméré lesdits principes de la guerre, il affirme que « *cette brève énumération des principes essentiels de la guerre ne constitue pas, on le voit, un enseignement pratique.* » Voilà la niche intellectuelle dans laquelle Foch bâtit lentement son enseignement dont la finalité est « *la recherche d'une vérité guerrière*[38]. » Mais après ces six années passées à enseigner la théorie de la guerre, ne s'est-il pas intellectuellement et professionnellement construit en opposition à Bonnal, à qui il a pris la place ? Pourquoi, en 1901, le général commandant l'École supérieure de guerre, Bonnal, rend compte à son ministre des agissements du professeur de tactique générale lors de la commission d'examen de fin d'année ? Ce dernier est accusé de favoriser les anciens élèves de la rue des postes. Dans un contexte d'anticléricalisme, Foch le jésuite est donc écarté de son enseignement par Bonnal sous prétexte de respecter « *une prescription ministérielle qui fixe à*

37. Bonnal, Cours 1895-1896, p. 7.

38. Foch, *op. cit.*, p. XX.

quatre années le séjour des officiers dans les écoles militaires[39]. » Foch singularise son éviction par une publication. Après « *six ans d'un travail opiniâtre* », il peut faire paraître chez Berger-Levrault son premier cours, 1re à 19e conférence, sous le titre *Les Principes de la guerre* alors que Bonnal vient de publier *De la Méthode dans les Hautes Études militaires en Allemagne et en France*[40]. L'antagonisme et la divergence intellectuelle deviennent alors flagrants. Il repose selon nous sur deux approches différentes de l'enseignement de la guerre : La première est portée par Bonnal. Elle adopte la méthode des cas concrets, copiée à la *Kriegsakademie*. L'approche de Bonnal est méthodologique. La seconde, celle de Foch, rompt avec la filiation intellectuelle prussienne. Elle prend racine dans la philosophie de Descartes. Chez le Béarnais, le prisme d'enseignement devient épistémologique. Si les deux approches sont distinctes, elles sont complémentaires.

Finalement, lorsque Foch propose *Les Principes de la guerre* comme titre définitif à ses cours, 1re à 19e conférence, il s'inscrit dans une double filiation intellectuelle, celle de la philosophie, c'est-à-dire celle de la réception de la pensée de Descartes[41] en France, mais encore celle du « Maître » de la pensée militaire de la décennie 1870, Jules Lewal. Chez le philosophe, le raisonnement par principe doit être vu comme une attitude épistémologique. En effet, Descartes propose de détenir une connaissance, de disposer de normes ou de principes plus certains que leurs conséquences, et ainsi de « fonder » ladite connaissance sur du stable[42].

39. Jean Autin, *Foch*, Paris, Perrin, 1987, p. 71. L'étude de l'annexe 10, Les cadres professeurs de l'École supérieure de guerre de 1876 à 1914, montre que cette directive n'est pas réellement respectée lors du passage de Bonnal à la tête de l'École.

40. Général Henri Bonnal, *De la méthode dans les Hautes études militaires en Allemagne et en France*, Paris, Albert Fontemoing, 1902, 36 p.

41. Descartes comme Foch ont passé de nombreuses années de collège où leur enseignement a été dispensé par de Pères jésuites.

42. Descartes, *Méditation métaphysiques*. Émile Berthier, *Histoire de la philosophie*, tome 2. Alexis Philonenko, *Relire Descartes, Le génie de la pensée Française*, Paris,

C'est pourquoi, si Descartes raisonne par principe, c'est au sens où toute sa philosophie est fondée sur la notion de certitude. Dans son *Discours de la Méthode,* Descartes affirme que « *pour être un savant il ne faut partir que de principes évidents et sûrs qu'il faut analyser, et réduire en éléments simples toute question à résoudre*[43]. » La pensée du philosophe reste dans le domaine des principes élémentaires. À partir de ces principes philosophiques, le colonel Lewal construit ses *Études de guerre*. L'ambition de ce dernier est de dépasser l'empirisme et l'expérience pour bâtir une science de la guerre. Il fait alors appel à Descartes pour construire son raisonnement. Chez l'auteur de *De la direction de l'esprit,* « *Toute science est une connaissance certaine et évidente ; l'homme qui doute beaucoup n'est pas plus savant que celui qui n'a jamais pensé ; et même je le regarde comme moins savant, s'il s'est formé de fausses idées sur certaines choses*[44]. » L'étude de Descartes faite par Lewal conduit à asseoir solidement « *la science militaire positive*[45]. » Dans cette recherche de scientificité, l'idée force du premier directeur de l'École supérieure de guerre est d'« *établir les principes, rechercher les axiomes, les fondements de toute argumentation*[46]... »

Le « cartésianisme militaire » des professeurs de l'École supérieure de guerre

Ainsi, dans l'acception philosophique de Descartes, Lewal souhaite fonder son enseignement sur l'établissement de principes. Il écrit alors : « *Les principes de la science des armes sont sérieux et réels. Ces vérités, découvertes par des hommes éminents, quelques fois fortuitement, puis étudiées, discutées par d'autres*

Jacques Granger, 1994, 457 p. Denis Huisman et André Vergez, *Court traité de philosophie*, Paris, Fernand Nathan, 1963, 353 p.

43. Denis Huisman et André Vergez, *op. cit.*, p. 63.

44. Cité par Jules Lewal. Jules Lewal, *Études de guerre, partie organique*, Paris, Dumaine, 1873, p. 102.

45. *Ibid.*, p. 104.

46. *Ibid.*, p. 104.

esprits érudits, ont reçu enfin une démonstration claire, évidente, qui les a fait passer à l'état de certitude, et auxquelles on donne le nom de principes[47]. » Cette approche épistémologique de l'étude et de l'enseignement de la guerre est prégnante dans le projet d'organisation de l'École supérieure de guerre que le général Lewal adresse au ministre au mois d'octobre 1877. Pour préparer les officiers pour le service d'état-major et leur donner les connaissances générales au commandement, le directeur souhaite qu'ils soient placés en face de chacun des problèmes de guerre en vue « *de leur apprendre les principes et les déductions qui mènent à leur solution*[48]. » Dès lors, la notion de « principe » est centrale à toutes les directives pédagogiques rédigées par Lewal. L'approche de ce dernier pourrait alors être considérée comme un véritable « cartésianisme militaire » que suivent successivement tous les professeurs de la chaire d'histoire militaire, de tactique générale et de stratégie. Un tel fondement épistémologique devient pour l'historien des idées une grille de lecture. Sous ce prisme, Foch, stagiaire de la 11e promotion, n'est-il pas intrinsèquement l'élève en quête de savoir qui a assisté aux conférences données par le commandant Cardot et son compère le commandant Maillard ? D'abord, l'étude du Résumé des conférences sur la tactique générale montre que l'auteur d'*Hérésies et apostasies militaires de notre temps* développe longuement le principe de concentration des forces et des efforts sur un point où l'adversaire n'est point en mesure de répondre par un égal déploiement, de forces et d'efforts[49]. Chez Cardot, deux principes de guerre se dessinent : « *Le principe de concentration des efforts et des masses sur un point choisi, de la surprise, la véritable économie des forces a visiblement toutes les opérations de Napoléon dès le début de sa carrière*[50]. »

47. *Ibid.*, p. 104.
48. Desfontaines, *op. cit.*, p. 31.
49. Cardot, *op. cit.*, pp. 4-7.
50. Cardot, *op. cit.*, p. 8.

Ensuite, l'étude du cours de Maillard souligne une nouvelle fois la dimension du « cartésianisme militaire ». En effet dans le but d'effectuer une synthèse et d'apporter une conclusion à son enseignement, l'auteur des *Éléments de la guerre* propose *Des Principes généraux*. Il s'agit « *des grandes lignes théoriques* » qui servent de points de repères à la réflexion de l'officier « breveté. » L'enseignement de Maillard repose sur ces principes qui irriguent les idées sur lesquelles repose « *la pensée militaire directrice.* » Maillard définit alors huit principes[51] : le but de l'armée est le combat ; de l'ordre militaire ; de la préparation ; de la liberté d'action ; il faut avoir un but ; la concentration des efforts ; dans la bataille ou le combat ; solidarité-initiative ; solidarité-initiative ; activité-sentiment de l'action. Il est néanmoins important de souligner que cette série de principes se double d'un principe supérieur. Il s'agit des Principes en vertus desquels les Français se dirigent quand ils font la guerre[52]. Néanmoins, ce qu'il y a de commun dans les conclusions « des principes » de Cardot et de Maillard, c'est l'importance de la supériorité morale. Si le premier utilise longuement la pensée de Joseph de Maistre pour la caractériser, le second la définit comme « *le sentiment que chacun a de se croire supérieur à l'adv*ersaire[53]. » Cette thématique centrale à la pensée de Foch dans ses conférences entre 1896 et 1901 permet d'établir l'influence que ces deux professeurs ont exercée sur le stagiaire de la 11e promotion. Pour ce dernier : « *l'École supérieure de guerre, où je rentrais en 1885, fut une véritable révélation... Elle comprenait, il est vrai, une réunion d'hommes supérieurs : les Cardot, les Maillard, les Millet, les Langlois, les Cherfils notamment, remarquables par leur conscience passionnée, leur expérience, leur jugement*[54]. » Entre son départ de l'École militaire en 1887 et son retour en 1996, le jeune commandant n'a vraisemblablement pas

51. Maillard, *op. cit.*, pp. 358-374.

52. Maillard, *op. cit.*, pp. 375-380.

53. Maillard, *op. cit.*, p. 395.

54. Foch, *op. cit.*, p. XVI.

le loisir d'approfondir l'enseignement dispensé à l'École[55]. Que reste-t-il alors à Foch si ce n'est ses cours autographiés de l'École supérieure de guerre ?

La réception des conférences de Foch, 1897-1913

Quant Foch prépare son enseignement, 1re à 19e conférence, il s'inscrit dans la continuité de ses prédécesseurs. Bonnal par exemple a longuement défini les points de doctrines qu'il juge peu nombreux. Pour Bonnal, ils ont la valeur de principes généralement vrais en toute armée. Le cours de Bonnal 1895-1896 en présente trois principaux : conserver sa propre liberté d'action et limiter celle de l'ennemi ; imposer sa volonté à l'adversaire et faire en sorte de ne pas subir la sienne ; économiser ses forces en faveur de la masse à faire agir sur un point convenablement choisi et au moment favorable, en vue de produire l'événement décisif[56]. Un quatrième principe, le principe d'économie des forces, est conceptualisé par le commandant Coutenceau, deuxième adjoint de Bonnal en 1894. Pour ce professeur, « *au frontispice de la doctrine de l'École de guerre se trouve le principe de l'Économie des forces*[57]. » En s'appuyant sur la notion mathématique de force, Coutenceau présente la force militaire comme une fonction de trois variables : la masse, l'espace et le temps. Il s'approprie alors la loi de Napoléon qui dit que la force d'une armée comme la quantité de mouvement en mécanique s'évalue par la masse multipliée par la vitesse. Si le facteur vitesse est une fonction liée aux variables temps et espace, doivent aussi être pris en compte les éléments matériels des forces militaires qui ne peuvent ni se peser, ni même se mesurer. Un dernier élément, le moral, dont

55. Au cours de cette période, il effectue son stage d'état-major au sein du XVIe corps, puis il est affecté durant deux années à l'état-major de la 31e division du même corps et enfin, au mois d'août 1890, il prend ses fonctions au sein du prestigieux 3e bureau de l'état-major de l'armée.

56. Bonnal, *op. cit.*, pp. 28-29.

57. Coutenceau, Cours 1893-1894, p. 26.

l'influence peut être considérable, rentre alors dans ses calculs. L'équation de la conduite de la guerre devient alors celle de deux forces militaires opposées. Pour Coutenceau, la victoire militaire correspond à une action mécanique. Cet état est atteint « *lorsqu'un des deux adversaires, par un artifice quelconque, par une combinaison basée sur la supériorité morale de la troupe aidée par le terrain, peut économiser sur la majeure partie de son espace sans y rompre l'équilibre, une partie de sa masse pour la reposer sur le reste de l'espace, il est certain qu'il triomphera sur ce dernier espace de la masse ennemie uniformément répartie*[58]. » Ainsi, Coutenceau bâtit l'ensemble de son cours sur le principe de l'économie des forces qui « *domine toute la doctrine de l'École de guerre dont il est l'essence même, mais encore tout le système militaire : organisation, stratégie et tactique*[59]. »

Finalement, avant même de lire la 1re conférence du lieutenant-colonel Ferdinand Foch, *L'enseignement de l'École*[60], les principes de la guerre sont déjà enseignés et connus par les professeurs et leurs stagiaires depuis au moins 1885, c'est-à-dire l'année où il était élève. Alors, comment sont reçues les conférences de ce nouveau professeur ? Le futur ministre puis général Messimy, stagiaire lors de la 20e promotion, qualifie son enseignement comme « *une étude non seulement stratégique et tactique mais psychophysiologique des guerres antérieures*[61]. » Mordacq, stagiaire de la 24e promotion et professeur de stratégie en 1909, n'évoque pas *Les Principes de la guerre* dans sa publication *Études Stratégiques*[62]. Lorsqu'il définit les principes de la stratégie, il rappelle néanmoins qu'une école française représentée par Maillard, Langlois, Bonnal et Foch a défini « *ces grandes lois de la guerre.* » Le lieutenant-colonel Émile

58. *Ibid.*, p. 27.

59. *Ibid.*, p. 28.

60. Lieutenant-colonel Foch, Cours de stratégie et de tactique générale, 1899-1900.

61. Général de Messimy, *Mes Souvenirs*, Paris, Plon, 1937, p. 23.

62. Ni dans le corps du texte, ni même dans sa bibliographie.

Mayer, « *vieux camarade et bon ami* », est beaucoup plus sévère sur l'enseignement de l'École de guerre en général et sur celui de Foch en particulier[63]. Foch, professeur de tactique, abuserait alors « *des notions vagues* » et transporte son auditoire « *dans un monde idéal.* » Pour Mayer, son camarade est tout sauf un théoricien. Le directeur de l'École de guerre affirme dans les notations de Foch du premier semestre 1901 que « *son enseignement serait parfait si la mathématique et la métaphysique ne venaient s'y mêler au détriment de la clarté des idées exprimées*[64]. » Si Henri Bonnal nuance ensuite l'appréciation en ajoutant « *ce ne sont là que critiques de détails* », l'adjectif « *métaphysique* » qualifiant l'enseignement de Foch a une connotation négative. Est-ce alors la dimension très philosophique du fameux « *De quoi s'agit-il ?* », emprunté à Verdy du Vernois, qui dérange Bonnal ? Ou alors est-ce parce que Bonnal reproche à Foch de délaisser l'étude de Napoléon afin de se rapprocher des exigences de la guerre moderne, dictées par les progrès de la science et de l'industrie ? A ce stade du récit, on peut constater que l'enseignement des *Principes de la guerre* manque un peu d'originalité. Néanmoins, dans cet effort de conceptualisation, Foch montre que la discipline intellectuelle lui « impose » inconsciemment la direction que son enseignement doit suivre. En effet, chez les officiers « brevetés », cette discipline intellectuelle implique l'adhésion à une « vérité hiérarchique » et se manifeste par une obéissance passive. Cette dimension, qui caractérise les mentalités des officiers au cours de cette période, est parfaitement illustrée par leur comportement vis-à-vis de l'Affaire Dreyfus[65]. En fin de compte, au travers de *Les Principes*

63. Lire par exemple *Nos Chefs ceux de 14* et *La Théorie de la guerre et l'étude de l'art militaire.*

64. Dossier Foch 9YD 528 consulté à Vincennes.

65. Eugène Carrias écrit en ce sens que les officiers, après s'être laissés tromper par leur service de renseignement, ne voulurent pas reconnaître leur erreur, leur obstination fut complète, ils persévèrent à affirmer la culpabilité de Dreyfus bien qu'il eût été prouvé que les pièces défavorables à l'accusé étaient des faux ; ils estimaient que

de la guerre, l'enseignement du lieutenant-colonel Foch doit être compris comme une œuvre de synthèse de ses prédécesseurs, qu'il qualifie lui-même comme une « *œuvre de foi plutôt que de science.* » Le lieutenant-colonel Foch n'a donc pas fait œuvre de création mais il a l'intelligence de situation de consolider l'enseignement qui existait déjà à l'École.

Le cours d'histoire militaire, de tactique générale et de stratégie

Le professeur Foch, comme Bonnal, n'est pas le seul à avoir « *la grave responsabilité du fait même qu'il est chargé de façonner d'autres âmes, d'autres esprits que le sien*[66]. » Le cours d'histoire militaire, de tactique générale et de stratégie devient une entité complexe qui repose sur les professeurs qui le composent et les cours qu'ils dispensent. Au cœur du fonctionnement de la chaire, d'autres aspects méritent d'être approfondis. En soulignant l'importance de l'enseignement pratique comme le rôle joué par les adjoints des professeurs titulaires de la chaire, la granularité de l'analyse devient plus fine et rend le récit plus intelligible.

L'enseignement pratique de la guerre

Si dès son arrivée à l'École Foch juge l'enseignement dispensé beaucoup trop théorique,[67] la pratique est conduite par l'ensemble des trois professeurs qui travaillent en équipe. Au cours de l'année 1895-1896, le trinôme Bonnal-Foch-Lanrezac officie alors de concert. Lors de l'arrivée de Foch, Lanrezac est à ce moment l'adjoint de Bonnal depuis 1892. Ce dernier lui a confié l'enseignement de deux des sept manœuvres napoléoniennes dispensées dans la deuxième partie du cours de stratégie. Il s'agit de la

l'on devait leur faire confiance et qu'en maintenant leur point de vue ils défendaient l'honneur de l'armée. Eugène Carrias, *op. cit.*, pp. 264-265.

66. Le Goffic, *op. cit.*, p. 76.

67. Le Goffic, *op. cit.*, p. 67.

manœuvre de Lützen et celle de la Rothière et Montmirail. Émile Mayer, qui les étudie dès 1902, qualifie le travail de Lanrezac de « bon écolier. » Selon lui, de telles monographies mises à la mode par le général Lewal dès 1876 sont dénuées d'originalité et dépourvues de sens critique. De plus, elles montrent que l'officier qui les a rédigées n'est pas un historien de valeur. L'analyse des deux textes de conférences conduit à effectuer les mêmes remarques que celles faites à l'encontre du premier cours d'art militaire professé par Pierron. Le cours de Lanrezac se caractérise par une érudition extraordinaire mais cependant les officiers stagiaires ne peuvent malheureusement pas y trouver des aperçus personnels du conférencier, ni l'originalité d'une analyse qui permettrait une réelle hauteur de vue. Lanrezac s'attache aux détails. En revanche, il doit être noté que Lanrezac est le premier officier de la chaire qui, après la chute de Sedan où il est enfermé avec son régiment, le 13e régiment d'infanterie, a continué le combat au sein des armées du Gouvernement de la Défense nationale. Affecté au 15e corps d'armée commandé par le général d'Aurelle de Palladines, il participe le 24 novembre à la bataille de Coulmiers.[68] Il est donc logique que son expérience de la guerre franco-allemande lui permette de diriger les voyages d'histoire des théâtres d'opérations de 1870 et 1871. Le trinôme Bonnal-Foch-Lanrezac effectue alors trois voyages d'études. Le premier entre Reviginy et Sedan. Le deuxième entre Vesoul et Lisaine. Le dernier entre Montargis et Coulmiers.

En focalisant l'attention des officiers stagiaires sur l'étude des cas concrets historiques puisés sur les champs de bataille du duel franco-prussien, l'enseignement pratique de la guerre marque la génération de ces officiers qui tiennent la chaire d'histoire militaire, de tactique générale et de stratégie. En comparant l'enseignement de Foch à celui de Lanrezac, Émile Mayer écrit : « *L'un et l'autre de ces professeurs, – comme du reste, notre géné-*

68. Après l'Armée de la Loire, au mois de janvier 1871, le lieutenant Lanrezac rejoint l'armée de l'Est du général Bourbaki.

ration toute entière, qui avaient vu la guerre de 1870, ou qui y avaient pris part et qui avaient connu l'amertume de la défaite – tous les deux avaient été élevés dans la crainte des aventures[69]. » C'est pourquoi l'enseignement pratique de la guerre, principalement les travaux d'études et les manœuvres sur carte, ont pour thématique le cadre de la Revanche. L'ennemi étudié, le parti rouge est toujours campé par une armée de l'Est qui est entrée sur le territoire national. La situation générale expose aux stagiaires que « *la guerre vient d'être déclarée. Des postes de cavalerie signalés à la frontière française, au sud de Metz, depuis la Moselle jusque vers la route de Strasbourg*[70]. » Mais régulièrement le contexte ennemi dédié à la manœuvre sur la carte de tactique générale est encore plus explicite. Les officiers stagiaires qui jouent le parti bleu se contente de lire : « *La situation générale est analogue à celle de la IIe Armée allemande le 15 août 1870*[71]. » Si jusqu'en 1892 le niveau d'étude est celui de la division puis du corps d'armées, au cours de l'ère Bonnal, l'enseignement pratique de la guerre cherche à aborder celui de l'armée.

Les écrits du colonel Millet

Au cours des années 1890, l'enseignement de l'École supérieure de guerre est en parfaite cohérence avec les vues de l'état-major et du ministre. Autour de professeurs comme Maillard puis Bonnal, l'institution a finalisé l'unité de son enseignement. Et l'unité de cet enseignement devient le miroir de l'unité de doctrine des armées françaises. Puisque les professeurs de la chaire d'histoire militaire, de tactique générale et de stratégie se doivent d'enseigner la doctrine, il est donc pertinent qu'ils en soient les instigateurs. Si le rôle joué par Henri Bonnal dans le

69. Émile Mayer, *Nos Chefs, ceux de 14*, p. 75.

70. Travaux d'études, 1893-1894, non paginé, Manœuvre sur la carte des 17 et 18 novembre 1893.

71. *Ibid.*, Manœuvre sur la carte des 4 et 5 décembre 1893.

domaine doctrinal a déjà été souligné, les professeurs doivent être considérés comme les principaux animateurs de la réflexion militaire française. Le colonel Millet, sous-directeur des études, propose en 1892 un *Avant-projet d'instruction sur la conduite d'une troupe de toutes armes dans le combat*[72]. Cette étude serait qualifiée aujourd'hui comme un concept d'emploi des forces de l'Armée de terre. Elle préfigure surtout le Règlement de manœuvre de 1894 et le Règlement de service en campagne de 1895. Ce document novateur montre que le niveau de réflexion atteint par les professeurs de l'École domine et rayonne largement celui du 3e bureau. Dans ce document de doctrine, à l'état de projet, Millet se propose de rappeler l'ensemble des principes qui doivent présider à la direction de tout combat et d'en déduire les règles générales qui assurent l'emploi et le concours des différentes armes pendant toute la durée d'un engagement[73]. Pour Millet, le principe fondamental du combat est de réussir à briser la volonté de l'ennemi par un coup de force. Le combat est alors vu comme l'acte physique qui impose par la force une volonté à l'ennemi. Son résultat réside dans la défaite matérielle et morale de l'adversaire.

L'acte de force qui produit la désorganisation et la terreur se décompose toujours en trois phases distinctes : la préparation, l'exécution et l'achèvement. Le principe d'exécution se conçoit dans le cadre d'une attaque décisive comme d'une contre-attaque. L'emploi de la force n'est donc pas dogmatique puisqu'il est alternativement étudié dans l'offensive[74] puis en défensive[75]. L'idée directrice du colonel Millet est de souligner l'importance de l'unicité d'une manœuvre où la liaison tactique devient le pivot du combat. Selon lui, pour assurer *« la liaison tactique entre toutes*

72. Colonel Millet, *Essai d'étude stratégique sur la concentration allemande en 1870 et Avant-projet d'instruction sur la conduite d'une troupe de toutes armes pendant le combat*, 1892.

73. *Ibid.*, p. 1.

74. *Ibid.*, pp. 19-30.

75. *Ibid.*, pp. 31-37.

les unités qui concourent au même but sur le champ de bataille, c'est-à-dire qu'il y ait chez tous les combattants communauté de pensée, de sentiment et d'action, tous, officiers et soldats, doivent s'inspirer de la pensée du chef, afin de s'assurer de la coordination et de la convergence des efforts individuels. » Néanmoins, l'originalité de cette pensée doctrinale passe aussi par une libre réflexion que Millet propose dans un second document : *Essai d'étude stratégique*. À partir de la critique constructive de Jomini, il utilise les écrits du maréchal de Moltke[76] pour comprendre le projet d'opérations proposé au cours de l'hiver 1868 au roi Guillaume avant son exécution en 1870. Le but de cette remarquable étude est de montrer le déroulement de la concentration stratégique. En effet, les positions de concentration des troupes allemandes en 1870 contenaient « *le germe de toutes les visées ultérieures de la campagne*[77]. » Alors que la dimension stratégique de l'armée française repose essentiellement sur la rédaction des Plans de concentration, en établissant le lien direct entre la concentration stratégique et le stationnement tactique, Millet permet à la pensée militaire française de poursuivre son redressement. De plus, il montre à nouveau que l'École supérieure de guerre est un centre doctrinal.

Le commandant Maistre, adjoint de Foch

La dimension doctrinale marquée par la forte personnalité d'un Bonnal rayonnant de ses convictions et d'un enseignement centré sur la notion d'avant-garde générale n'est néanmoins pas figée. Certes, l'enseignement de son successeur engerbe un élément de continuité avec le Maître. En ce sens, Foch subit l'influence directe de Bonnal avant de chercher à s'en émanciper. En effet, la notion d'avant demeure toujours les fondements de

76. Il est ici intéressant de noter que Moltke meurt en 1891 et que dès 1892 de nombreuses publications paraissent à son sujet.
77. *Ibid.*, p. 52.

la réflexion. Elle assure un triple rôle : reconnaître, couvrir et préparer. De plus, en comparant les stratégies de Moltke et de Napoléon, le Béarnais affirme la supériorité du premier sur le dernier, principalement parce que l'avant-garde napoléonienne « *permet de frapper où l'on veut, comme on veut et quand on veut, en parfaite connaissance de cause*[78]. » À l'instar de ses prédécesseurs, Maillard et Bonnal, il adopte la méthode historique empruntée au général prussien Von Peucker. Foch a la conviction que pour enseigner la guerre il est incontournable de faire ses humanités militaires, c'est-à-dire résoudre une multitude de cas concrets. Au-delà de ces éléments de continuité entre le cours de Bonnal de Foch, le départ de Bonnal en 1896 permet à l'enseignement théorique de la guerre d'évoluer. La nouvelle orientation donnée par Ferdinand Foch s'inscrit maintenant dans une dynamique positive. Ce dernier se tourne vers l'étude de la guerre de 1870 pour questionner les différentes situations stratégiques. Les conférences de Lanrezac deviennent *de facto* caduques. Il est alors remplacé par le commandant Maistre. Le nouvel adjoint de Foch se charge alors d'étudier la Bataille de Spicheren. C'est le combat qui a lieu le 6 août 1870 en Lorraine à l'autre extrémité du front et de la bataille de Woerth-Froeschwiller qui a lieu le même jour.

Pour Maistre, « *Spicheren, m'écrivait un ancien professeur de l'École, est pour moi une bataille fort intéressante parce qu'elle présage et explique à elle seule toute la campagne. Un esprit clairvoyant et dégagé de toute préoccupation politique ou dynastique devait faire la paix le lendemain, car il était évident qu'une armée ainsi commandée était vouée à une irrémédiable défaite*[79]. » Ce monumental cycle de conférences est fidèle aux précédentes monographies. C'est aussi la dernière du genre qui étale 486 pages de rigoureux détails. On y retrouve toujours la même idée maîtresse qui voit dans l'étude de la guerre de 1870 la tradition de Napoléon abandonnée par les

78. Lieutenant-colonel Ferdinand Foch, cours 1900-1901, *La manœuvre pour la bataille*, p. 5.

79. Commandant Maistre, Cours de tactique générale, 1904, p. 9.

officiers français et reprise par leurs adversaires. Dans ces dimensions historiques et didactiques, Spicheren est largement au-dessus des conférences dispensées par Lanrezac. L'enseignement de Maistre cherche à répondre à une seule question : « *Pourquoi avant-nous succombé en 1870*[80] *?* » En utilisant l'histoire, dont le devoir est pour le conférencier de rechercher les causes vraies des événements, la défaite française est due à la culture de l'état-major et de ses officiers, « *produits du travail silencieux et patient de quarante années de paix*[81]. » Le cours de Maistre devient une critique constructive des actes des généraux français dont « *l'unité de doctrine est complète, mais la doctrine pitoyable*[82]. » En maniant avec pertinence une très grande diversité des sources, allemandes et françaises comme celle de généraux ou de jeunes officiers, mais en se plaçant toujours au-dessus du combat sans chercher à choisir un camp à adopter, Maistre offre une analyse absolument libre. L'esprit critique domine alors l'ensemble de la réflexion et l'étude. Avec Spicheren, Maistre devient le fidèle adjoint de Foch dans la mesure où l'importance des forces morales est toujours questionnée. Dans la dernière partie de sa conclusion, l'ultime leçon de ce combat éclairant devient : « *Puis recueillons-nous un instant, et demandons-nous encore si les forces morales n'ont pas l'avantage de la certitude*[83] ? »

Le professorat du lieutenant-colonel Verraux

La cohérence et la continuité du cours d'histoire militaire, de tactique générale et de stratégie sont marquées par la relative stabilité de ses équipes enseignantes. Au trio Bonnal-Lanrezac-Bonneau (1892-1894) succède Bonnal-Foch-Lanrezac (1895-1896) et encore Foch-Taverna-Lanrezac (1896-1898.) Puis le

80. *Ibid.*, p. 1.
81. *Ibid.*, p. 6.
82. *Ibid.*, p. 7.
83. *Ibid.*, p. 486.

trinôme Foch-Maistre-Stoffel enseigne entre 1899 et 1901. Le successeur de Foch, le lieutenant-colonel Verraux, a la chance de pouvoir conserver les deux adjoints de son prédécesseur, prétendue victime de l'intransigeance d'André. Quand bien même Maistre se complaît à citer Danton ou Gambetta dans son Spicheren, peut-on pour autant affirmer que le professorat de Verraux est marqué du sceau républicain ? Au cours des années 1902-1905, l'orientation de l'enseignement est véritablement portée sur les études de stratégie pure. Ce nouveau cycle de conférences est préparé et dispensé par le lieutenant-colonel Stoffel. Officier de cavalerie et stagiaire de la 12e promotion Stoffel totalise, après le capitaine Bonneau, la plus grande longévité passée à enseigner au sein de la chaire d'histoire militaire, de stratégie et de tactique générale. Il a ainsi pu disposer de cinq années pour préparer le cours de stratégie qu'il dispense à partir de 1905. Ce cours particulièrement abouti dépasse celui de Bonnal dans la mesure où l'on peut le considérer comme la synthèse de deux enseignements : ceux de Bonnal et de Foch.

L'enseignement de Stoffel s'articule autour de treize conférences. Elles ont respectivement pour titre : la préparation de la guerre ; la création des moyens organisation des forces ; l'organisation du commandement ; le plan de guerre ; offensive et défensive, caractéristiques ; les projets d'opérations de Napoléon ; les projets d'opérations de Moltke (deux conférences) ; les éléments de la stratégie moderne ; les projets d'opérations dans la guerre moderne ; direction de l'offensive, la manœuvre ; les choix de la zone et la forme de la concentration ; la concentration et la couverture. Les sources utilisées dans les textes autographiés sont d'une part les correspondances de Moltke et la théorie de la grande guerre de Clausewitz et d'autre part, Ardant du Picq, Lewal, Gilbert, les principales publications de Bonnal et *La conduite de la guerre* de Foch. Stoffel développe un nouveau vocabulaire lié aux études stratégiques. Les officiers stagiaires se familiarisent alors avec les bases d'opérations, les lignes d'opérations, le front d'opérations, le front stratégique, les lignes de communications ou encore la ligne de retraite. Les éléments de la stratégie moderne reposent ainsi sur la direction de l'offensive, la manœuvre, la concentration et la couverture. Cet enseignement encourage l'offensive stratégique car « *la défensive stratégique veut agir d'après des renseignements, fatale erreur ! qui accuse déjà une disposition à subir la loi de l'adversaire, à modeler ses mouvements sur les siens*[84]. » À partir de l'étude des écrivains militaires allemands comme Von der Goltz et Bernhardy, l'effort de théorisation de Stoffel permet de définir la possible manœuvre stratégique allemande. Selon lui, elle tend à l'enveloppement en employant des forces considérables sans pour autant démunir le centre de leur dispositif. Pour s'opposer à l'enveloppement stratégique, Stoffel pense qu'il faut concevoir une manœuvre contre le groupe principal des armées adverses tout en s'assurant de l'imperméabilité du centre français. Ce cycle de conférences dédié à la stratégie théorique, particulièrement aride et absconse pour les officiers stagiaires, est arrêté en 1906. Néanmoins, il constitue une rupture dans l'enseignement dans la mesure où la stratégie théorique est désormais ancrée dans le curriculum de l'École.

Les autres axes de l'enseignement de la guerre

Il serait cependant réducteur de penser qu'au cours de cette période, l'enseignement de la guerre se limite au cours d'histoire militaire, de tactique générale et de stratégie. Si la chaire semble avoir atteint son sommet lorsque Henri Bonnal et remplacé par Ferdinand Foch au mois d'octobre 1896, elle est loin d'avoir l'exclusivité des choses de la guerre. En effet, les éléments de contexte aident à resituer cet enseignement souvent trop théorique. Si Bonnal pense encore et toujours à la Revanche, en 1898, la guerre devient une éventualité. C'est la crise de Fachoda qui

84. Lieutenant-colonel Stoffel, Cours 1905, 6e conférence, « Offensive et défensive », p. 19.

retient l'attention des français. Cette année marque donc d'une part une inflexion de la politique extérieure de la France avec la possibilité d'une nouvelle guerre et d'autre part, au sein de l'École supérieure de guerre, les professeurs des cours cavalerie et artillerie enseignent aussi la guerre avec leur particularisme d'arme. C'est pourquoi Bonnal et son cours doivent maintenant être contextualisés par rapport à la politique de défense du moment, et par des pairs qui enseignent différemment la guerre.

Le cours de tactique navale

1898. L'incident de Fachoda voit les esprits français bouillonnants. Dans *La Guerre fatale,* le capitaine Danrit pose la question, dès 1897, dans l'introduction de son premier chapitre : « *Avec qui aurons-nous la première guerre européenne ? Avec l'Allemagne, répondait-on jusqu'ici sans hésiter. Il y a un doute aujourd'hui*[85]. » Cependant lorsque l'on étudie les conférences prononcées par le capitaine de Frégate Degouy devant les 22e et 23e promotions, il n'y a pas de doute. Bien que le responsable du cours de tactique navale commence par analyser la dimension navale d'une guerre contre la triple alliance en général et contre l'Allemagne en particulier, un chapitre entier est ensuite consacré à une guerre contre l'Angleterre. L'idée maîtresse de cours est de démontrer aux officiers stagiaires la nécessité pour la France de développer une marine de guerre. Degouy cherche alors à contrecarrer les idées développées dans une brochure anonyme qui affirme que puisque « *la marine de guerre est inutile*[86] », il serait alors opportun de la supprimer. Cette affirmation s'inscrit dans la lutte d'un effort budgétaire qui devrait être consacré soit au développement de la marine liée à l'expansion coloniale de la France, soit à la posture de l'Armée de terre qui prépare toujours la *Revanche.* Bien que la flotte anglaise soit numériquement supérieure à son homologue

85. Capitaine Driant, *La guerre fatale*, Paris, Flammarion, 1897, 424 p.
86. Capitaine de frégate Degouy, Cours 1896-1898, p. 231.

française, Degouy affirme « *que la guerre navale est justement celle où la supériorité du nombre a le moins d'influence pour aussi, bien entendu, que la marine la moins favorisée de ce côté se soit préoccupée de racheter ce désavantage par une plus parfaite adaptation des moyens*[87]. » Le professeur conçoit d'ailleurs l'action de la Marine française uniquement dans le cadre d'une coalition maritime[88]. Degouy explique que la méthode de guerre navale entre un duel entre la France et l'Angleterre, sera une combinaison de guerres, c'est-à-dire de guerre d'escadre, de guerre de côtes, de guerre sur les côtes, de guerre du large, de guerre de course et enfin de guerre de croisière[89]. Cette vision de la guerre s'appuie également sur l'intimidation des bâtiments neutres et sur la nécessité d'établir un blocus hermétique des ports de la Grande-Bretagne.

Le cours de tactique navale est mis en place en 1889 avec le lieutenant de vaisseau Degouy comme premier professeur. Ces nouvelles conférences sont le vœu du ministre de la Guerre. Dans la lettre du 30 mars 1888, de Freycinet donne ses directives en écrivant : « *Ces conférences auraient notamment pour objet d'initier les officiers détachés à l'École aux principes de la tactique et aux différentes opérations de guerre exigeant le concours de la flotte, de les instruire sur le recrutement, l'organisation et le fonctionnement des divers corps de la Marine ou des services de votre département ; enfin, de leur donner des notions sur le matériel naval, sur l'armement et la mobilisation de l'armée de mer*[90]. » Entre 1889 et 1891 le cours s'articule autour de neuf conférences. Ces modules abordent respectivement les thèmes suivants : les définitions et les explications spécifiques à la marine de guerre ; l'armement ; le personnel ; la stratégie et la tactique navales ; les opérations combinées entre

87. Degouy, *op. cit.*, p. 254.

88. Il développe ici l'exemple de la guerre d'indépendance américaine où la marine française a combattu la flotte anglaise aux côtés des marines espagnoles et hollandaises.

89. Degouy, *op. cit.*, pp. 256-257.

90. Lieutenant de vaisseau Degouy, Cours de tactique navale 1889-1890, p. 1.

les deux armées ; les opérations mixtes et un aperçu général de la défense des côtes. Le lieutenant de vaisseau Roppert qui dirige le cours entre 1895 et 1896 reprend *in extenso* les fondamentaux définis par ses deux prédécesseurs. Roppert définit les opérations combinées entre l'Armée de terre et l'armée de mer comme « *celles où des forces de terre et de mer, s'appuyant mutuellement, unissent leurs efforts pour atteindre un but commun, déterminé à l'avance*[91]. » Selon lui, la complémentarité des forces terrestres et maritimes ne doit pas se limiter au transport de troupes par mer puis à leur débarquement. Un scénario où une armée française marche le long d'un littoral flanqué par une flotte se tenant à sa hauteur doit également être étudié[92]. En définitive, les professeurs qui se succèdent à la tête du cours de tactique navale cherchent à montrer l'importance de la marine pour la Troisième République. Pour ces officiers de marine, le constat est simple. Puisque depuis la bataille de Trafalgar et « *les grandes luttes du commencement du siècle, il n'y a pas eu, à proprement parler, de guerre exclusivement maritime. De ce fait la stratégie navale est tombée dans l'oubli*[93]. »

La guerre coloniale

En suivant les conférences du cours de tactique navale, les officiers stagiaires comprennent que le duel *Royal Navy*-Marine de guerre française est une réalité dont le *Two Power's Standard*[94] tourne à l'avantage des Britanniques. Si ces considérations les éloignent momentanément de la théorie de la guerre « terrestre »

91. Lieutenant de vaisseau Roppert, Cours 1895-1896, p. 271.

92. *Ibid.*, p. 271.

93. *Ibid.*, p. 286.

94. En 1889, lorsque cette règle est édictée, cela signifie que le tonnage de la flotte britannique doit être l'équivalent de l'addition des deux autres flottes les plus puissantes. En 1910 il est ajouté une sécurité de 10 % lorsque Winston Chruchill devient *First Sea Lord*. En 1912, cette clause devient une supériorité de 60 % sur la flotte allemande, seule ennemie potentielle puisque les marines russes et françaises sont désormais alliées. Olivier Entraygues, Thèse de doctorat, *Comprendre la guerre, JFC Fuller*, p. 271.

chère à Henri Bonnal, en étant directement reliée à l'extension de son domaine colonial, la dimension maritime de la France recentre l'enseignement de la guerre dans ses dimensions telluriques. Avec l'événement de Fachoda, les stagiaires de l'École supérieure de guerre, principalement focalisés sur l'horizon « bleu des Vosges », doivent aussi se voir enseigner la guerre coloniale. Lorsqu'en 1900, le ministre de la Guerre, sur proposition du général commandant l'École supérieure de guerre, décide d'ajouter un cycle de conférence sur ce thème, l'historien peut alors constater que l'enseignement théorique de Bonnal n'a pas le monopole. En effet, les expéditions françaises dirigées par des officiers « non brevetés » montrent cruellement la décorrélation entre la réalité des faits de guerre accomplis pour conquérir un domaine colonial et la doctrine enseignée à l'École. Ainsi, l'enseignement de la guerre coloniale place d'abord l'officier stagiaire au cœur des troupes coloniales dont le sujet constitue le plus long débat politique de la Troisième République[95]. Pour le général Jules Lewal, ministre de la Guerre, cette aventure politique éloigne le pays de la Revanche. Le ministre déclare : « *10 000 hommes aux colonies sont 10 000 de moins sur le continent*[96]. » Si en offrant des débouchés économiques l'extension coloniale fait, psychologiquement, oublier la défaite militaire, les républicains sont pris dans une contradiction idéologique. En effet, alors que les fondements de la Troisième République s'appuient sur les lois liées à la conscription de 1872 et de 1889, c'est-à-dire le principe métropolitain de la nation armée, sa politique d'expansion coloniale, a néanmoins besoin d'une petite armée de métier pour guerroyer sur des territoires lointains. Ce paradoxe prend fin avec la loi du 30 juillet 1893 portant organisation de l'armée

95. *Histoire militaire de la France*, tome 3, chapitre 3, Jean-Charles Jauffret, « Les Armes de la plus grandes France », pp. 40-98.

96. Cité par Jean-Charles Jauffret dans *Histoire militaire de la France*, Tome 3, sous la direction de Guy Pédroncini, chapitre *Les armes de la plus grandes France*, p. 32.

coloniale[97]. Dès 1894, Lewal publie *Les Troupes coloniales* afin de continuer à faire partager ses idées.

En 1902, les stagiaires des 27e et 28e promotions découvrent ainsi l'horizon des guerres coloniales, guerres dont le choix de carrière qu'ils ont fait en réussissant le concours de l'École supérieure de guerre les prive définitivement. Le colonel Ditte qui assure le premier cycle de conférence sur ce sujet développe son cours autour des neuf thématiques principales. Elles sont chronologiquement : les caractéristiques de la guerre coloniale ; les transports maritimes ; les personnels européens et indigènes ; l'organisation des expéditions coloniales ; les lignes de communications ; les moyens de transport ; l'organisation des services matériels ; la conduite des opérations et la pacification. Pour Ditte, les multiples particularités des expéditions coloniales constituent dans leur ensemble « *une guerre vraiment spéciale, soumise à certaines règles bien définies, et donnant naissance à un certain nombre de principes auxquels il est indispensable de se conformer et qu'on ne peut méconnaître sans les plus graves inconvénients et sans exposer aux plus douloureuses surprises*[98]. » La guerre coloniale se caractérise principalement par l'éloignement du théâtre de guerre, l'insalubrité du pays, les difficultés du terrain, l'absence des voies de communication, la longueur des lignes d'opérations, les difficultés de transport et la nature de l'adversaire. Ditte souligne l'importance de l'utilisation des animaux de bât comme, les chameaux, les éléphants, les bœufs, les chevaux, les ânes, les poneys les mulets dans la conduite des opérations. Leurs caractères mettent « *en présence une troupe inférieure en nombre mais bien armée et régulièrement organisée, et, d'autre part, des forces irrégulières ayant une supériorité numérique considérable, mais inférieures par leur armement, leur organisation, leur discipline, n'ayant aucune méthode de combat et peu susceptibles pour toutes ces raisons d'opposer une résistance morale*

97. Lucien Thile, *Pouvoir civil et pouvoir militaire,* Paris, Arthur Rousseau, 1914, pp. 37-40.

98. Colonel Ditte, Cours guerre coloniale, 1902-1903, p. 3.

sérieuse[99]. » Cependant au-delà de la phase de conquête il est souligné l'importance que doit revêtir la combinaison de l'action militaire et de l'action politique. Ce point demeure le principe posé et appliqué par les généraux Gallieni et Pennequin au Soudan, au Tonkin et à Madagascar. Une nouvelle fois l'ensemble de cours met en valeur la nécessité de l'étude de l'histoire pour illustrer des faits. Dans ce cadre il n'est pas inintéressant de noter qu'en marge des exploits français les exemples utilisés sont aussi choisis dans les *Queen Victoria's Little War*. C'est la retraite de Kaboul vers Kandahar, le désastre d'Isandhlwana lors de la guerre des Zoulous ou encore l'expédition du Somaliland.

Le cours cavalerie

Si le colonel Ditte conclut son cours en affirmant que le théâtre des guerres futures sera vraisemblablement plus souvent qu'autrefois transporté aux colonies, il ne remet pas en cause pour autant les fondamentaux de l'École supérieure de guerre. Dans sa conclusion il affirme qu'« *elles* [les expéditions coloniales] *sont devenues ainsi non pas la pépinière ni l'école du haut-commandement, mais une admirable pierre de touche du caractère... qui constitue le tempérament de l'homme*[100]. » Ainsi, l'école du haut-commandement se décline maintenant à l'aune du cours de cavalerie. En 1895, le lieutenant-colonel commence sa dixième année d'enseignement continue, cinq années comme adjoint du cours et cinq années comme titulaire. Son dernier cours est donc l'aboutissement d'une décennie passée à étudier la guerre en vue de l'enseigner. À l'instar de Lewal, ses études, produits de « *la résurrection de l'art militaire* » et « *d'un développement intellectuel* », s'inscrivent dans le prolongement de « *ce déclin général des choses de la pensée militaire où la cavalerie a eu de toutes les armes,*

99. *Ibid.*, pp. 150-151.
100. *Ibid.*, p. 192.

l'occultation la plus sombre, la plus complète[101]. » Cherfils place la cavalerie au cœur de la conduite de la guerre. À son « humble avis » il affirme en introduction de son cours que « *la cavalerie est essentiellement un outil d'art, qu'elle soit un instrument de bataille ou l'instrument d'une stratégie qui d'ailleurs ne peut plus exister sans elle. Là où il y a de l'art militaire, apparaît une cavalerie toute puissante*[102]. » L'idée maîtresse de ce professeur repose sur l'emploi global de la cavalerie dans les opérations stratégiques. En ce sens il reprend complètement la vision du général Galliffet[103] qui voit « *la figure de l'intervention de la cavalerie, comme une arme de surprise et d'assaut dans l'acte décisif de la bataille*[104]. » Pour le théoricien de l'emploi de la cavalerie, cette arme doit être employée en masses indépendantes à l'échelon de la division ou du corps de cavalerie. En 1893, L'Empereur d'Allemagne donne l'exemple expressif de cette tendance lorsqu'il prend « *le commandement d'une masse de cavalerie et la lance à plein galop dans le flanc d'une ligne d'infanterie*[105]. »

L'objectif pédagogique de Cherfils est donc de prouver à ses stagiaires « *la résurrection de la cavalerie* ». Dans ce cadre, les missions qui peuvent alors lui être confiées sont l'exploration, l'intervention dans les préliminaires de la bataille contre la marche des colonnes ennemies et la participation à l'acte capital de la bataille. En somme ce théoricien conçoit son emploi dans « *toute*

101. Lieutenant-colonel Cherfils, Cours 1895-1896, p. III.

102. *Ibid.*, p. IV.

103. Cherflis qui a été l'aide de camp du Sabreur de la commune inscrit son enseignement dans la filiation directe des écrits de son maître. Le *Projet d'instruction sur l'emploi de la cavalerie en liaison avec les autres* (1880) et *Compte-rendu des conférences de Tours* sont les deux principaux écrits militaires du général Gallifet relatif à l'emploi tactique et stratégique de la cavalerie. Néanmoins dans l'article publié en deux parties, *La cavalerie dans la guerre moderne*, dans la *Revue des deux modes* les 15 septembre et 15 novembre 1889, la notion de principe de la tactique des masses apparaît plus nettement.

104. *Ibid.*, p. XXVIII.

105. *Ibid.*, p. XXVIII.

la lyre napoléonienne de la grande époque[106]. » Cet enseignement représente l'expression du règlement de 1882. Il met en lumière « *les idées générales, les principes vivifiants qui sont l'âme de notre règlement*[107]. » La méthode suivie par Cherfils est toujours celle des cas concrets chère à Maillard et à Bonnal. Pour cela le professeur rejette les scénarii d'une « *réalité fictive* » auxquels il préfère « *le cas saignant de la guerre de 1870* ». En fin de compte en prenant en compte les données historiques de la guerre passée, le cours de cavalerie refait « *en quelque sorte la guerre de 1870 avec la cavalerie de 1894*[108]. » Cependant, si dans la guerre de 1870 Cherfils s'occupe exclusivement de la tactique du vainqueur, qui est pour lui la plus intéressante à étudier, il faut souligner qu'il semble être l'un des rares professeurs de cette période à avoir étudié la guerre civile américaine[109]. Le cours se divise en deux parties. La première a pour titre *Le principe de liberté*. La Seconde, *Les opérations de la cavalerie indépendante ou cavalerie du généralissime*. Cet enseignement, « l'emploi stratégique de la cavalerie », repose sur trois principes. D'abord, la cavalerie indépendante qui est « *un instrument spécial d'information*[110]. » Ensuite, il s'agit de doter chaque grande unité stratégique, le groupe d'armées et l'armée, de son propre instrument de cavalerie. Enfin, en dessous de ce niveau stratégique, le corps d'armée, grande unité tactique, doit également disposer d'un instrument spécifique, la cavalerie divisionnaire. Finalement Cherfils voit dans ces trois principes les trois formes de la liberté dans l'exécution de la guerre. Elles correspondent aux trois grandes unités de la guerre moderne, « *les*

106. *Ibid.*, p. XXIX.

107. *Ibid.*, p. XXIX.

108. *Ibid.*, p. XXX.

109. Cherfils cite longuement l'étude du colonel russe Soukhotine sur « les raids et les explorations de la cavalerie » pendant la guerre d'Amérique : « *L'avenir est dans l'emploi de notre cavalerie russe pour opérer en grande masse et sur grande échelle...* ». *Ibid.*, p. IX.

110. *Ibid.*, p. 83.

deux formes intellectuelles se rapportant aux deux entités stratégiques, la forme morale ayant pour objet l'unité tactique, le cœur même de la troupe[111]. »

Le cours d'artillerie au cœur de l'Affaire Dreyfus

Si Cherfils commande à ses élèves de revenir « *aux règles que Napoléon a appliquées*[112] » quant à l'emploi de la cavalerie, le cours d'artillerie marque une autre spécificité dans l'évolution de la conduite de la guerre depuis Sedan. Durant cet autre entre-deux-guerres, le développement de l'artillerie devient le cœur de la rivalité franco-allemande. En effet, cette arme est devenue un élément essentiel pour emporter la décision dans une guerre sur le théâtre européen. La doctrine d'emploi de l'artillerie à tir rapide est conceptualisée par le lieutenant-colonel Langlois, chef du cours artillerie entre 1886 et 1891, puis général commandant l'École supérieure de guerre de 1898 à 1900. Pour Langlois, l'évolution de la conduite de la guerre passe par la création, possible et prochaine, d'un système de campagne à tir rapide[113]. Un tel objectif nécessite des transformations périodiques du matériel d'artillerie français. Or, depuis la fin des années 1870, les industriels français et allemands font porter leurs recherches sur la création d'un système d'artillerie de campagne à tir rapide. Une telle évolution se heurte à un problème technique majeur. En effet, si les tubes sont désormais en acier, rayés à chargement par la culasse et directement fixés sur l'affût, il n'existe toujours pas de lien élastique pour amortir le choc du recul. Toutes les recherches s'appliquent alors à expérimenter des solutions permettant au tube d'effectuer sur son affût, un recul élastique qui serait freiné lors de son retour sur place[114]. En 1894, pour Michel de Lombarés, ce choix

111. *Ibid.*, p. 85.

112. *Ibid.*, p. 103.

113. Colonel Langlois, Cours artillerie, 1890, première partie, pp. 283-313.

114. La France et l'Allemagne hésitent alors pour doter leurs canons de campagne, entre un dispositif à court recul qui amortit incomplètement le choc et un dispositif

technique est le problème de pointe qui anime les recherches des armées françaises et allemandes. Cette rivalité dans la course à l'acquisition d'une nouvelle pièce d'artillerie prend une nouvelle tournure lorsque l'ingénieur Konrad Haussner de la fonderie bavaroise de l'Ingolstadt propose un système à très long recul qui pourrait éviter le dépointage et permettrait un tir rapide[115]. Les recherches françaises lancées par la direction de l'artillerie en 1893 se déroulent dans le plus grand secret et elles se doublent « *d'une remarquable campagne d'intoxication faisant croire aux Allemands que la France adoptait un canon à court recul*[116]. »

Ainsi au mois de mai 1894, voyant ses essais parfaitement concluant, l'artillerie française choisit d'adopter le canon à long recul qui débouche sur l'acquisition du canon de 75 mm Modèle 1897. C'est pourquoi autour de la concurrence effrénée née du besoin technique de se doter d'un nouveau canon, l'historien souligne maintenant que le haut commandement en France et en Allemagne oriente ses efforts de recherche industrielle comme ceux de leurs services d'espionnage vers les aspects techniques de l'artillerie. Tel est le cadre d'une avancée technique fondamentale pour l'évolution de la conduite de la guerre. Néanmoins, ce cadre est encore celui de l'opposition des mentalités entre deux types de généraux français. Les premiers, « les techniciens » prônent la voie du progrès. Ils demandent un nouvel effort budgétaire pour acquérir ce nouveau matériel d'artillerie. Les seconds, « les guerriers » préfèrent conserver les canons du système Bange, encore tout neufs, et qui n'ont pas encore été confrontés à l'épreuve d'une guerre européenne. Pour l'École supérieure de guerre et le cours artillerie, le cadre c'est enfin et surtout celui de l'Affaire Dreyfus. C'est ce que nous apprend le général André

à long recul qui reduit le dépointage de la pièce. Michel de Lombarés, *Histoire de l'artillerie française*, Limoges, Charles Lavauzelle, 1984, 401 p.

115. Revue historique de l'Armée-2/1969 : « Un certain Konrad Haussner ».

116. Michel de Lombarès, *L'affaire Dreyfus, la clef du mystère*, Paris, Robert Laffont, 1972, p. 24.

lorsqu'il décide en 1901 d'ouvrir les deux dossiers Dreyfus qu'il a en sa possession dans son bureau. Le ministre confie alors la tâche à l'un de ses officiers d'ordonnance, le capitaine Targe, d'examiner avec attention les pièces du jugement de Rennes. Au cours de ses fouilles l'officier présente à son chef « *une pièce écrite tout entière de la main du premier secrétaire de cette ambassade* [Allemagne][117] ». Il s'agit de la copie d'une partie d'un cours confidentiel de l'École de guerre, le cours artillerie. Or, la note n° 32, retrouvé dans le dossier, certifie que cette copie correspond précisément à toute une série de feuilles qui manque dans le cours dont Dreyfus est le détenteur, cours qui a été saisi chez lui en 1894 par du Paty de Clam[118]. Pour approfondir cette question le ministre demande alors à Targe de se procurer les exemplaires des cours artillerie tels qu'ils ont été enseignés à la 16e promotion. De plus en lisant la pièce écrite à la main, André observe que de temps à autre « *le sens d'une phrase se trouvait coupé par les mots "École de guerre 1892-1894"*[119] ». Ce dernier en conclut que le copiste a aussi religieusement reproduit les repères que le service autographique de l'École fait figurer sur la première page de chaque feuille. Or la confrontation du cours de la 15e promotion, 1890-1892, avec la copie de 1892-1894 ne laisse plus aucun doute aux deux enquêteurs. André n'est donc pas le sixième ministre de la Guerre à affirmer la culpabilité du traître. Grâce à l'analyse de la copie des cours de l'École de guerre doublé de la déposition du greffier[120] qui accompagné du Paty de Clam, André ouvre la voie de la révision. « *La preuve était cette*

117. André, *op. cit.*, p. 245.

118. « *Cette note très explicite contenait la remarque suivante : « Alors que presque tous les cours dont Dreyfus était le détenteur ont été reliés, il n'en est pas de même de la 3e partie, dont la troisième section est introuvable.* » André, *op. cit.*, p. 245.

119. André, *op. cit.*, p. 246.

120. Lors de son entretien avec le ministre le gendarme Gribelin jure sur l'honneur que dans les cours du capitaine Dreyfus saisis chez sa mère il ne manquait aucune feuille. André, *op. cit.*, p. 248.

fois éclatante. Il ne pouvait être fait contre Dreyfus de la copie saisie à l'ambassade[121]. »

Conclusion

Ainsi « *une pièce inexactement interprétée ou matériellement altérée, c'est-à-dire un faux*[122] », a attribué au capitaine Alfred Dreyfus un acte de trahison puisqu'il a mis dans les mains d'une puissance étrangère et hostile à la France un cours de l'École supérieure de guerre. Si le dernier acte de l'Affaire commence au mois de juin 1906[123], les écrits du général André, *Cinq années au ministère*, attestent que sa découverte date de 1902. Alors à l'aune de cette enquête ministérielle confidentielle, le cas de la destitution par décision présidentielle du directeur de l'École supérieure de guerre en 1902, doit une nouvelle fois être questionné. Qu'est-il reproché au général Henri Bonnal ? Y a-t-il eu un complice au sein de l'École pour aider du Paty de Clam à se procurer le cours autographié en 1894 ? Bonnal y enseigne en 1894. Alors sa mise à pied ne représente-t-elle pas la volonté d'André de faire sanctionner l'École supérieure de guerre, au nom de son chef, pour avoir indirectement porté atteinte au renom et à l'honneur de l'armée ? C'est pourquoi puisque d'une part les accusations de captation d'héritage ne sont pas, selon l'avis du conseil de discipline suffisamment graves pour mettre un officier général en non activité, et que d'autre part, nommé par André à son poste en 1901 il ne peut s'agir ici d'un cas lié à l'Affaire des fiches, l'historien doit proposer une autre éventualité. Il émet finalement comme nouvelle hypothèse que le général Henri Bonnal a été sanctionné pour le rôle que l'École supérieure de guerre a eu dans la réalisation du faux présenté par la note n° 32 du dossier d'accusation du capitaine « breveté » Alfred Dreyfus.

121. André, *op. cit.*, p. 249.

122. André, *op. cit.*, p. 268.

123. Bertrand Joly, *Histoire politique de l'Affaire Dreyfus*, Paris, Fayard, 2010, 783 p.

Mais si dans le cadre du fonctionnement de l'École supérieure de guerre, Bonnal est la dernière victime d'André il doit aussi être rappelé que Foch est « *flanqué à la porte par la fenêtre*[124] » en 1901. En effet, après les deux carnets de Gambetta, La République des fiches sévit à nouveau au sein de l'institution. Lors des examens de sortie de la 25e promotion, il est reproché à Foch de privilégier les anciens élèves de la rue des postes[125]. Mais l'accusation vient du directeur de l'École de guerre. L'éviction de Foch est-elle donc due à son prétendu cléricalisme ou au fait qu'il est devenu le seul rival intellectuel de son chef ? Madame Julie Foch écrit alors que le directeur de l'École « *jaloux sans doute de la situation qu'il s'y était faite, de l'influence qu'il avait sur les jeunes officiers... Il ne lui pardonne pas, croyons-nous d'avoir réussi après lui*[126]. » Quant à Bonnal il notifie à Foch par écrit son départ le 19 octobre 1901 : « *Cette décision prise d'accord avec le général inspecteur ne doit pas être considérée comme une disgrâce, attendu que vous serez très certainement au tableau cette année. On a voulu se rapprocher autant que possible de la prescription ministérielle qui fixe à quatre années le séjour d'un officier dans les écoles*[127]. » Pourquoi Bonnal ne mute-t-il pas alors son adjoint Lanrezac présent à l'École depuis 1892 ? À la fin de l'année 1901, avec le départ du lieutenant-colonel Ferdinand Foch, chef du cours d'histoire militaire de stratégie et de tactique générale c'est « *tout le haut personnel de l'École*[128] » qui est subitement renouvelé. Selon Foch, André profite de son installation rue Saint-Dominique pour nettoyer l'École de guerre. « *Nettoyage à sec, mais dans le grand style : depuis Bonnal, qui avait*

124. Charles Le Goffic, *op. cit.*, p. 77.

125. SHD. Dossier personnel de Foch consulté à Vincennes, 9YD528, note du 3 octobre 1908 du cabinet de Clemenceau, président du Conseil.

126. AN 414 AP 13-Carnet de la maréchale, note du 3 novembre 1901.

127. AN 414 AP 2-Lettre du colonel Bonnal au lieutenant-colonel Foch du 19 octobre 1901.

128. Charles Le Goffic, *op. cit.*, p. 77.

succédé comme directeur au général Langlois, jusqu'à votre serviteur, tous y passèrent – ou presque tous[129]. »

En analysant la liste des cadres de l'École supérieure pour l'année 1902, on constate que c'est encore le lieutenant-colonel Rousset[130], chef du cours infanterie, le lieutenant-colonel Huguet[131], chef du cours cavalerie, le lieutenant-colonel Ancelle[132], chef du cours fortification, et le lieutenant-colonel Chailley[133], chef du cours état-major, qui accompagnent Foch. Seuls trois professeurs titulaires restent à leur poste. Il s'agit du futur maréchal Fayolle[134], chef du cours artillerie, de Leblond[135], chef du cours de géographie et de l'intendant Joudou, chef du cours administration nouvellement affecté à l'École. En fin de compte, à l'automne 1901, en remplaçant au même moment et sans préavis les cinq titulaires assurant les huit cours principaux[136] le corps professoral de l'École est pour la première fois depuis 1877 entièrement renouvelé. C'est pourquoi, si l'introduction du chapitre a montré que l'Affaire Dreyfus et le ministère André ont eu des conséquences néfastes sur le recrutement des officiers « brevetés », certaines fiches du capitaine Rollin ont aussi eu des répercussions sur l'enseignement de l'École supérieure de guerre. En effet, jusque-là la force de l'enseignement de l'École supérieure de guerre réside dans la longévité de ses professeurs qui ont le temps d'étudier la guerre avant de pouvoir l'enseigner. Les Maillard, Vaucheret, Cherfils, Bonneau, Niox, Bonnal… en sont les principaux exemples. Si l'on ajoute qu'entre 1903 et 1907, les

129. Charles Le Goffic, *op. cit.*, p. 88.

130. « Fiché Carthage » et huit années de présence à l'École.

131. Trois années de présence à l'École.

132. Trois années de présence à l'École.

133. Dix années de présence à l'École. Le lieutenant-colonel Jardin qui est son adjoint et successeur est « Fiché Corinthe ».

134. Affecté à l'École en 1898.

135. Affecté à l'École en 1891.

136. Les cours d'allemand et d'équitation ne sont pas pris en compte ici.

généraux Brun et Valabrèque sont nommés à la tête de l'École selon des critères essentiellement politiques, l'historien pose alors la question de la pertinence de l'intrusion de la politique dans le haut enseignement militaire au cours de la *Belle Époque*. Cette situation qui doit être qualifiée de crise conjoncturelle pour l'École supérieure de guerre va maintenant être aggravée et se prolonger par une profonde crise doctrinale.

L'École face au déséquilibre du monde

« As the nineteenth century passes away we enter an age of contradiction,
of blood-red sunsets and glimmering false dawns ;
of disquisitions on peace and war, wealth and poverty, socialism and capitalism
and this thing and that thing, all girt about and riveted loosely together by ignorance and opportunism,
and fused into an amorphous mass of venal, sensation-loving Press
which stood for the spirit of democracy,
and this fact fairly represents it, since it howled for action
with one voice and condemned it with the other. »

J.F.C. Fuller, *War and Western civilization,* Chapter X – « The Turmoil of the Nations », 1899-1913

Les événements intérieurs qui secouent la France entre 1899 et 1906 viennent s'insérer dans une période charnière des relations internationales. D'abord parce que depuis 1894 un vent de pacifisme semble vouloir modifier les mentalités des dirigeants européens. En 1896, les premiers Jeux Olympiques de l'ère moderne sont le premier exemple de cet apaisement dans relations diplomatiques. L'année 1898 rompt avec l'esprit de paix puisqu'un incident particulièrement grave fait entrapercevoir le risque d'un conflit armé. Le chapitre précédent a souligné que, alors que la France proteste toujours contre l'occupation anglaise de l'Égypte, un incident se produit au moment où Lord Kitchener termine la conquête du Soudan. Le commandant Marchand, parti du Congo, arrive au mois de juillet 1898 à Fachoda. Il en prend possession au nom de la France. Cependant c'est la recherche de dispositions en vue de restreindre les occasions de guerre qui apporte une nouveauté à cette période. En 1899, sur l'initiative du Tsar Nicolas II une première conférence de la paix a lieu à La Haye. Son résultat est l'établissement de trois conventions relatives au règlement pacifique des conflits, aux lois et coutumes de la guerre et à l'extension de la convention de Genève de 1864 à la guerre maritime. Pourtant, cette même année, le président Kruger ne parvient pas à faire porter le litige qui l'oppose à la couronne britannique à un arbitrage international. Et le 11 octobre débute la seconde guerre anglo-boer. Alors que Lord Roberts lutte toujours contre la *guérilla* conduite par les *kommando boers*, la révolte des Boxers éclate en chine. Son corrolaire est la mise en place de la première expédition internationale post-congrès de Vienne. Elle est placée sous commandement allemand. Le maréchal comte von Waldersee assure ainsi l'unité de direction d'un corps expéditionnaire qui compte plusieurs nations[1].

Néanmoins lorsque le 31 mai 1902 le gouvernement britannique signe le traité de Vereeniging[2] une double rupture apparaît dans la conduite de la guerre. Cette rupture est diplomatique et militaire. Sa première dimension devient le point d'inflexion dans une marche à la guerre. C'est le moment où « *les groupements d'ententes et d'alliances se forment*[3] ». Cette fracture représente un tournant dans la *Pax Britannica.* A Londres la guerre sud-africaine provoque une crise de conscience générale. Le *jingoïsme* et l'impérialisme semblent des idées momentanément dépassées. L'Angleterre

1. Pour la France le général Voyron commande la brigade envoyée en Chine.

2. Il met fin à 32 mois de guerre entre le gouvernement britannique et les troupes du président Krüger.

3. Pierre Renouvin, *La crise européenne et la grande guerre*, Paris, Libraire Félix Alcan, 1934, p. 2.

cherche désormais à s'entendre avec les pays qui menacent ses intérêts dans le monde. Dans le Pacifique, elle signe une alliance avec le Japon en 1902. Ensuite, puisque le programme naval allemand lancé par Guillaume constitue une menace, Edouard VIII comprend qu'un rapprochement anglo-allemand devient impossible. La rivalité coloniale anglo-française se solde alors par l'accord du 8 avril 1904. Soudain les velléités politiques allemandes se réveillent. Le 31 mars 1905, le Kaiser débarque à Tanger. C'est la préface des interventions marocaines allemandes. Sa pression sur le premier ministre Rouvier lui fait obtenir la démission de Delcassé au mois de juin de la même année. En 1905, la défaite des Russes dans le conflit qui les a opposés aux Japonais les affaiblit. Au mois de juillet, l'Allemagne essaye alors de tirer profit de cette situation pour, d'une part, établir un pacte avec la Russie afin d'asseoir son hégémonie en Europe, et d'autre part, essayer de voir la France rompre son alliance avec l'Angleterre. En Asie, c'est-à-dire en Perse, en Afghanistan et au Tibet, l'allié de la France est à couteaux tirés avec Albion. L'action de Delcassé favorisée par l'esprit pacifique de Nicolas II permet des arrangements qui aboutissent à la convention anglo-russe de 1907. La triple entente est alors scellée. Cette période correspond à une phase de rupture stratégique. Elle induit une nouvelle crise au sein de l'armée française, une crise de la pensée militaire. Si l'étude des cours infanterie, cavalerie, artillerie, mais surtout fortification montrent que l'enseignement de l'École supérieure de guerre évolue, c'est désormais le poids du fonctionnement de l'État-major qui recueille toutes les attentions. Enfin, en 1908, la désignation par Georges Clemenceau du général de division Ferdinand Foch pour prendre le commandement de l'école marque une autre rupture dans cette investigation historique.

La crise de la pensée militaire

Entre 1902 et 1907, la redistribution des cartes au sein d'un jeu diplomatique complexe met en place le système d'alliances qui préfigure déjà la guerre qui vient. Le bouleversement diplomatique qui ouvre la période entre le départ de Delcassé et l'entrée en fonction du général Joffre débute dans le domaine militaire par le vote du service militaire à 2 ans. La période doit maintenant être comprise par une rupture stratégique car elle induit des transformations importantes dans la conduite de la guerre. De tels changements doivent être étudiés, assimilés et enfin enseignés afin que les « élites » militaires puissent se préparer intellectuellement à la prochaine guerre. Néanmoins parce que les enseignements tirés de la guerre sud-africaine et la guerre russo-japonaise donnent lieu à des interprétations divergences, une période d'anarchie doctrinale s'empare de l'Armée de terre française.

Les transformations de la guerre

Si le colonel Fuller qualifie le second duel anglo-boer par l'expression *The Last of The Gentlemen's Wars*[4] c'est principalement parce que cette guerre met définitivement fin à une époque. La guerre se transforme. Cette mutation de la guerre moderne s'inscrit dans le continuum des *Queen Victoria's Little Wars.* Les changements des relations diplomatiques viennent d'être soulignés. L'équilibre européen né du Traité de Francfort puis du congrès de Berlin vole définitivement en éclats à partir de 1909. Ensuite il s'agit d'une mutation technique. Lewis Mummford qualifie cette période de « néotechnique ». La dimension technique contribue à bouleverser les conditions d'existence des hommes en provoquant de profondes transformations sociales. L'accélération des progrès scientifiques et techniques a aussi ses répercussions dans le domaine militaire. Les progrès de la chimie organique vont rendre obsolète la poudre noire. Les explosifs brisants dérivés de la nitroglycérine[5] font leur apparition. Pour l'infanterie, l'entrée

4. J.F.C. Fuller, *The Last of the gentlemen's wars*, Londres, Faber and Faber Limited, 1937, 304 p.

5. La dynamite, nitro-glycérine sous sa forme solide est inventé par Nobel en 1867.

en service du fusil Lebel[6], l'adoption de la poudre sans fumée et la mise en place de la mitrailleuse[7] au sein des grandes unités accroissent substantiellement la puissance de feu et la portée de tir. L'expansion des réseaux ferrés et le développement du moteur perfectionnent les déplacements des convois tactiques et stratégiques. L'apparition de la télégraphie sans fil et du téléphone de campagne modifient l'organisation du commandement. Mais c'est surtout l'impact du canon à tir rapide et à goniomètre qui permet des tirs indirects avec des projectiles et des explosifs au rendement toujours plus efficace et puissant. L'artillerie, fleuron de l'industrie lourde, est le premier indicateur de la course aux armements. Il augure aussi la dimension économique qui impose son *diktat* au caractère de la guerre. Cette mutation technique époustouflante et au rythme effréné pose une multitude de questions aux officiers « brevetés ». L'impact d'une telle rupture technologique confirme-t-elle ou infirme-t-elle les idées enseignées à l'École supérieure de guerre ? Cette transformation s'accompagne d'une autre évolution dans le domaine humain. En effet la loi de 1905 qui rend le service militaire obligatoire et universel, voit la nation française se transformer en un réservoir de combattants inégalé. Désormais la masse mobilisable dépasse en France comme en Allemagne un million d'hommes que le volume de complément apportés par les réservistes âgés augmente encore.

Face à ces changements diplomatiques, techniques et humains, les officiers français deviennent des spectateurs perplexes, *fence-sitters*, de deux conflits qui transforment radicalement la conduite de la guerre. L'étude des deux guerres place la pensée militaire face à un double défi. Le premier est de définir comment les armées doivent se réorganiser autour de l'arme dominante sur le futur champ de bataille, l'artillerie. Le second est de prévoir le caractère de la guerre qui vient. Ainsi dans les provinces du

6. 1886.

7. Le prototype de la mitrailleuse Maxim naît en 1884.

Transvaal comme de l'État libre d'Orange puis en Mandchourie des officiers appartenant aux missions d'observations françaises, allemandes, anglaises produisent des rapports sur les combats qu'ils observent. Cette démarche est capitale car depuis trois décennies la majorité des officiers français a étudié la guerre de manière théorique en s'éloignant progressivement de ses réalités. En fin de compte c'est en étudiant, le conflit qui, entre 1904 et 1905, oppose russes et japonais que l'on comprend que la guerre change. Ce conflit constitue d'abord un choc psychologique au retentissement international. C'est la première fois dans l'histoire de la guerre que la suprématie militaire de « l'homme blanc » est remise en question[8]. En laissant de côté la dimension navale du conflit, le conflit russo-japonais mérite une attention particulière car la guerre change brutalement d'échelle. La mitrailleuse et l'artillerie lourde de campagne deviennent les deux pièces maîtresses du champ de bataille. Dans un climat hostile, des troupes aguerries livrent des combats acharnés[9]. En établissant un parallèle entre la bataille de Sedan et la bataille de Moukden l'historien de la guerre montre que ce changement d'échelle touche toutes les dimensions de la guerre. C'est d'abord les effectifs engagés sur le champ de bataille. Ils sont multipliés par quatre. C'est encore les dimensions du champ de bataille. Alors que celui de Sedan se

---

8. C'est une idée-maîtresse développée par J.F.C. Fuller dans l'ensemble de son corpus. Néanmoins il faut noter que la bataille d'Isandlawana qui oppose les troupes britanniques aux Zulus constitue un événement qui n'est pas relayé par la presse et la littérature militaire. De plus la courte altercation militaire hispano-américaine de 1898 constitue la première véritable défaite d'un peuple « européen » par une nation appartenant à un autre continent. Dans *Decisive Battles, Their influence upon history and civilisation*, le Britannique écrit : "Therefore the fall of Port Arthur in 1905, like that of Constantinople in 1453, rightly may be numbered among those few great happenings in history from which green to the eye sprouts a new period out of an old. What Jena failed to win, Port Arthur offered as a sacrifice before the tomb of the Great Emperor." J.F.C. Fuller, *Decisive Battles, Their influence upon history and civilization*, New York, Charles Scribner's Sons, 1940, p. 787.

9. Le taux de perte avoisine 15 % pour les deux camps sur l'ensemble de la guerre.

limite à 5 km de front sur une profondeur de 8 km, à Moukden ces proportions sont de 80 km et 120 km. La durée de cette bataille est de 21 jours[10]. C'est toujours la puissance, la portée, la précision et la durée du feu des fantassins et des artilleurs qui se voit multipliées par cinq. En 1907, alors qu'il est chargé au sein de la commission d'enquête d'histoire militaire de produire un rapport ayant pour titre *Les enseignements du conflit russo-japonais*, le jeune capitaine russe Alexsander Svechine puise dans l'étude de la bataille de Moudken les éléments qui lui permettront à partir de 1920 de définir le niveau opératif[11]. Grâce à la traduction faite par le chef d'escadron Broussaud le lectorat français découvre « *les questions touchant à la conduite générale de la guerre, aux avantages de la défensive et de l'offensive, aux dimensions du déploiement de grosses opérations*[12] ».

Le courant évolutionniste : Les généraux de Négrier et Kessler

Si l'enseignement majeur du capitaine Svechin est de montrer « *quel difficile problème, et pour la volonté, et pour le raisonnement, constitue le commandement dans un combat moderne de vastes dimensions*[13] », les guerres du Transvaal et de Mandchourie perturbent les penseurs militaires et l'enseignement de la guerre. Deux tendances opposées vont alors cristalliser deux courants d'idées. Le premier est porté par les généraux de Négrier et Kessler. Il est appelé courant évolutionniste et il s'oppose à l'enseignement donné à l'École supérieure de guerre. Dès l'année 1901 le général de Négrier se fait le héraut de cette École en publiant une série de six articles anonymes dans la *Revue des Deux*

10. 27 février au 18 mars 1905.

11. Olivier Entraygues, *Formes de guerre, stratégie et déclin de l'Occident*, Paris, Economica, 2014, pp. 57-58.

12. Alexandar A. Svechin, *La guerre russo-japonaise*, traduction du chef d'escadron d'artillerie A. Broussaud, Paris, Imprimerie nouvelle, 1913, p. 451.

13. *Ibid.*, p. 458.

de mondes[14]. Dans son premier article, *Les tendances nouvelles de l'armée allemande*, l'originalité de l'auteur est d'utiliser les dernières manœuvres pour tirer des enseignements sur la conduite de la guerre[15]. À partir des manœuvres impériales de 1898, 1899 et 1900 Négrier affirme que la doctrine stratégique de l'armée allemande cherche à déborder une aile de l'adversaire ou à envelopper un de ses flancs. Désormais en Allemagne « *la conception de la rupture de l'ennemi à coup d'hommes était abandonnée*[16]. » Selon cette doctrine le risque de voir le centre du dispositif percé reste très faible. C'est pourquoi l'ensemble des chefs de l'armée allemande est animé « *d'un esprit d'offensive à outrance*[17] ». *Quelques enseignements de la guerre sud-africaine* montre qu'avec l'emploi de la poudre sans fumée et des armes à tirs rapides, les Britanniques ont modifié leur tactique. En effet la guerre de masse avec attaque décisive est alors « *remplacée par la guerre de rideaux et les opérations combinées de nombreuses colonnes mixtes*[18]. » Puisque le front est devenu inviolable il faut avoir recours « *aux actions de flancs plus sûres et d'un effet plus prompt.* » Avec Cavaliers et Dragons l'auteur a la prescience d'affirmer que l'action de la cavalerie est périmée. L'utilisation de grandes unités permanentes est passée depuis l'heure de Sedan. Il propose d'utiliser la mobilité de la cavalerie afin d'utiliser les cavaliers comme éléments de feu combattant ensuite à pied. Un tel mode d'action pourrait ainsi per-

14. Ces articles sont dans l'ordre chronologique : « Les tendances nouvelles de l'armée allemande », le 1er septembre 1901 ; « Quelques enseignements de la guerre sud-africaine », le 15 juin 1902 ; « Cavaliers et Dragons » les 15 décembre 1902 et le 1er janvier 1903 et « L'Évolution actuelle de la tactique » les 15 février 1904 et le 1er mars 1904.

15. En 1986, le commandant Picard dans son ouvrage *La nouvelle tactique allemande* a déjà commenté les manœuvres impériales pour en tirer des enseignements.

16. « Les tendances de l'armée allemande », in *Revue des deux mondes*, 1er septembre 1901, p. 23.

17. *Ibid.*, p. 23.

18. Quelques enseignements de la guerre sud-africaine, in *Revue des deux mondes*, 15 juin 1902, p. 767.

mettre d'utiliser des groupements temporaires constitués de cinq à six milles chevaux pour intervenir sur les arrières du dispositif de l'adversaire. Ce genre d'utilisation provoquerait la panique. Le général de Négrier affirme encore que le règlement de service en campagne de 1875 est particulièrement pertinent dans la mesure où « *l'importance prépondérante du feu* » y est centrale. Néanmoins, dans cette série d'articles, l'auteur pêche par suffisance et par manque d'humilité car il affirme la supériorité intellectuelle des français sur leurs camarades allemands.

Dans cette démarche évolutionniste les écrits du général Kessler viennent étayer la pensée de Négrier. Avec *La tactique des trois armes* il se prononce pour la faiblesse des actions de choc dédiées à l'infanterie car elles ne tiennent pas suffisamment compte des du feu. Kessler s'oppose ici directement aux doctrinaires qui préconisent les formations denses, non seulement pour les marches et les manœuvres, mais aussi pour le combat. Il écrit alors : « *des esprits pourtant distingués mais obnubilés par ces mots d'attaques décisives et de troupes de choc en arrivent à reconstituer la colonne Macdonald à Wagram et l'on assiste dans un camp heureusement et non au combat à l'attaque décisive d'une division entière, ses quatre régiments en carré, drapeaux déployés, musiques massées au centre jouant la charge et la marseillaise. C'est la condamnation par excès de ce désir de retour à l'attaque en masse et en ordre serré dont nous n'arrivons pas à nous défaire depuis Waterloo*[19] *!* » Le courant évolutionniste est donc pénétré de l'augmentation de la puissance de feu de l'artillerie et de la difficulté de voir l'infanterie se déplacer sous le feu. La solution est donc celle employée par Lord Roberts au Transvaal et écrite dans la doctrine allemande : l'enveloppement par les ailes. Les généraux de Négrier et Kessler, tous les deux membres du Conseil supérieur de la guerre mais minoritaires quant à la défense de leurs idées, essayent à travers leurs critiques constructives de proposer une alternative à la pen-

19. Général Kessler, *La tactique des trois armes*, Paris, Chapelot, 1902, p. 45.

sée dominante. Ils refusent de voir accorder à l'École supérieure de guerre et à ces professeurs le monopole de l'intellectualité militaire française. Ils pressentent que la bataille par l'offensive est dépassée. Leur concept d'emploi des forces prône la défensive frontale de grande envergure doublée de manœuvres sur les flancs et les arrières de l'ennemi.

Les doctrinaires : Les généraux Langlois et Bonnal

En fin de compte derrière cette querelle se trouve une question essentielle : quel doit être le mode d'attaque pour l'infanterie ? Ainsi, face à ce premier courant d'idée, les doctrinaires emploient toute leur autorité et leurs talents d'écrivains militaires pour réfuter les argumentations évolutionnistes. Puisque l'École supérieure de guerre a pour mission d'enseigner la doctrine à ses officiers stagiaires, il n'est pas surprenant de constater que l'opposition est portée par deux anciens professeurs et directeurs de l'École, Langlois (1898-1900) et son successeur Bonnal (1901-1902). Langlois est le premier à s'opposer au principal enseignement tiré de la guerre du Transvaal, c'est-à-dire à un schéma unique qui repose sur l'inviolabilité des fronts et l'enveloppement. Selon lui la formule « *offensive stratégique-défensive tactique* » est un non-sens. Dans *Les Conséquences tactiques des Progrès de l'armement*[20] il rappelle d'une part, que le perfectionnement des armes ne change rien à la conduite de la guerre et, d'autre part, que l'avantage est obtenu grâce à l'initiative et à l'offensive tactique. Néanmoins le général Langlois constate que « *peu à peu, par le contact journalier avec la troupe et les états-majors, les fausses doctrines émises à la suite de la guerre anglo-boer ont profondément troublé les officiers, les ont désorientés, ont ébranlé en eux la confiance dans leurs chefs dont les opinions deviennent chancelantes, commencent à leur enlever leur esprit offensif, c'est-à-dire la confiance*

20. Général H. Langlois, *Les conséquences tactiques des progrès d'armement*, Paris, Berger-Levrault, 1903, 89 p.

en eux-mêmes et en leurs troupes[21]. » Pour lui, seul le décret du 28 mai 1895 sur le service des armées en campagne donne la physionomie de la bataille, car il résulte de l'expérience puisée non seulement dans les campagnes napoléoniennes, mais aussi dans les guerres les plus récentes, 1866, 1870-1871, 1877-1878[22]. Les échecs des Anglais dans la guerre anglo-boer proviennent de leurs inobservations des principes détaillés dans le décret. Il propose donc de se concentrer sur un tel document et de ces lois car il « *donne plus de chance de ne pas s'égarer sous l'influence d'événement dus à des connaissances et toutes particulières*[23]. » En ce sens la doctrine de l'École supérieure de guerre ne peut pas être moins ambiguë. Il écrit alors dans sa conclusion : « *Le décret sur le service des armées en campagne a pour base l'expérience même de la guerre ; les principes en sont stables ; nous n'avons qu'à bien le comprendre et à l'appliquer avec intelligence*[24]. »

Henri Bonnal campe l'écrivain militaire qui réfute point par point, article après article les idées avancées par le général de Négrier. Dès 1902, dans sa préface du livre du capitaine Georges Gilbert, *La guerre sud-africaine*, le directeur de l'École supérieure de guerre appuie l'argumentaire déjà souligné par Langlois. Cette guerre coloniale est trop particulière pour que l'on puisse en tirer des leçons afin de penser une guerre européenne. Mais c'est principalement à partir de 1902 qu'Henri Bonnal, jeune officier général dégagé de ses obligations, met sa plume au service de la défense de la doctrine. *La récente guerre sud-africaine et ses enseignements*[25] est la première de ses nouvelles publications qui a pour objet de contrecarrer les propos de Négrier. Dans cette brochure Bonnal cherche à répondre à une seule

---

21. Général H. Langlois, *Enseignements de deux guerres récentes*, Paris, Berger-Levrault, 1900, p. 10.

22. *Ibid.*, p. 237.

23. *Ibid.*, p. 238.

24. *Ibid.*, p. 239.

25. Général H. Bonnal, *La récente guerre sud-africaine et ses enseignements*, Paris, Chapelot, 1903, 49 p.

question : La guerre sud-africaine comporte-t-elle des enseignements dont les armées continentales peuvent tirer profit ? Puis il explique que si les généraux français de 1870 ont été formés en Algérie, leur infériorité professionnelle est devenue une réalité lorsqu'ils se sont comparés à des adversaires qui avaient soigneusement cultivé les savoir-faire de la grande guerre. Selon lui en accordant du crédit aux actions des officiers anglais au Transvaal ont commis une faute analogue à celle de 1870[26]. Pour ce « Maître » la guerre future se caractérisera par de très grandes charges de cavalerie. Avec *Les pseudo-tendances nouvelles de l'armée allemande*[27] Bonnal affirme que les idées tendancieuses développées dans les tendances nouvelles de l'armée allemande, comme dans quelques enseignements de la guerre sud-africaine s'emploient uniquement à détruire la mise en vigueur du décret de 1895. C'est cependant dans *L'art nouveau en tactique, étude critique*[28], qu'il cherche à montrer que la guerre actuelle, c'est-à-dire celle portée par les batailles qui se déroulent en Mandchourie –Turentchen, Kin-Tcheaou et Vafangou – jette « *le désarroi dans le camp des évolutionnistes*[29]. » Pour Bonnal les biais de l'auteur anonyme proviennent d'une « *anglomanie* » débordante. Le Maître rejette la pertinence des enseignements tirés des derniers conflits dans la mesure où ils viennent perturber une vingtaine d'années d'enseignement de la tactique à partir de l'histoire[30]. Pour définir le caractère de la future bataille, Bonnal se range à l'avis de von der Goltz qui propose « *d'exécuter sur la carte et sur le terrain de nombreux cas concrets embrassant les opérations des armées de deux grandes puissances voisines*[31]. »

26. *Ibid.*, p. 11.

27. Général H. Bonnal, *Les pseudo-tendances nouvelles de l'armée allemande*, Paris, Chapelot, 1904, 64 p.

28. Général H. Bonnal, *L'art nouveau en tactique, étude critique*, Paris, Chapelot, 1904, 199 p.

29. *Ibid.*, p. 1.

30. *Ibid.*, p. 4.

31. *Ibid.*, p. 198.

L'évolution des idées : Gustave Lebon

Cette crise qui repose sur une polémique entre les doctrinaires défenseurs du décret de 1895, base de l'enseignement de l'École supérieure de guerre, et les évolutionnistes, apporte de la confusion dans les esprits. Si en 1902 le règlement provisoire donne raison aux conservateurs partisans du choc, celui de 1904 reconnaît les dangers d'exposer aux vues de l'ennemi des unités, même de faible effectif. Dans ce tumulte d'idées les officiers continuent à subir les errements mis en place par André. L'opinion publique oscille entre antimilitarisme[32], pacifisme et bellicisme. Mais au-dessus de ces autres courants d'idées qui animent la société française un homme a une influence déterminante sur l'élite militaire. Il s'agit du docteur Gustave Lebon. Dès la fin de la décennie 1890 les publications de ce médecin montrent que cette époque « *forcément un peu chaotique* » et incertaine est aussi une période de transition. Elle se caractérise par l'effondrement des piliers religieux et moraux sur lesquels reposait la structure politique et sociale du Second Empire. Avec la Troisième République, dès 1880, de nouvelles conditions de vie et de pensées rétrocèdent « *aux foules hétérogènes ou homogènes* » c'est-à-dire à la classe politique, aux syndicats et aux associations professionnelles, un pouvoir quasi absolu qui semblait jadis réservé à l'Empereur, au roi et aux religieux. Cette rupture, Lebon la qualifie dans l'introduction de son *best-seller*[33], *La psychologie des foules*, comme « *L'Ère des foules* ». Il écrit alors : « *Deux facteurs fondamentaux sont à la base de cette transformation. Le premier est la destruction des croyances religieuses, politiques et sociales d'où dérivent tous les éléments de notre civilisation. Le second est la création de conditions d'existence et de pensée entièrement nouvelles, par suite des découvertes modernes des sciences et de l'industrie*[34]. » La question que se pose Lebon est

32. J.-J. Becker, *Les Carnets B, les pouvoirs publics*, Paris, Klincksieck, 1973, 389 p.

33. L'ouvrage a été traduit en 14 langues.

34. Gustave Lebon, *La psychologie des foules*, Paris, Félix Alcan, 1895, p.

« *Quelles seront les idées fondamentales sur lesquelles s'édifieront les sociétés qui succéderont à la nôtre ?* » Bien qu'il s'avoue incapable d'y répondre il pense néanmoins dégager une tendance : la puissance de la foule. Lebon propose donc de comprendre le pouvoir grandissant de la foule afin de ne pas la subir. Il s'agit pour lui d'un défi civilisationnel car « *L'histoire nous dit qu'au moment où les forces morales sur lesquelles reposait une civilisation ont perdu leur empire, la dissolution finale est effectuée par ces foules inconscientes et brutales*[35]. »

D'emblée le fondateur de la psychologie sociale séduit les officiers. D'abord parce que Napoléon est mis à l'honneur tout au long du livre. N'est-il pas l'incarnation exemplaire du chef qui sait agir sur les foules ? Ensuite l'influence que Lebon exerce sur les penseurs militaires français est liée à la notion d'initiative et à la dimension psychologique de la troupe commandée. En effet la guerre anglo-boer vient de mettre en lumière une notion qui devient centrale à toute la réflexion des officiers, en Angleterre, en Allemagne comme en France entre 1902 et 1914. Fuller écrit en ce sens que ce conflit n'est pas seulement une épreuve entre la balle et la baïonnette, mais aussi « *une épreuve entre le soldat dressé à manœuvrer et l'homme armé d'un fusil agissant de sa propre initiative*[36]. » Si en 1905 *La psychologie des foules* est déjà à sa neuvième édition c'est le Commandant Loizeau de Grandmaison et son livre *Dressage de l'infanterie en vue du combat offensif* qui montre toute l'influence des idées de Lebon sur la génération d'officiers qui quitte l'École supérieure de guerre à partir de 1902. Néanmoins les aspects psychologiques du commandement et l'exercice de l'initiative sont alors des idées nouvelles. Elles ont du mal à pénétrer en profondeur le système d'enseignement militaire. La percolation d'une idée est l'affaire de plusieurs années, voire de décennies. Cela demande de créer des habitudes de penser et

35. *Ibid.*, p. 3.

36. J.F.C. Fuller, *La conduite de la guerre de 1789 à nos jours*, Paris, Payot, 1963, p. 128.

d'agir en rapport avec ces nouvelles notions. C'est pourquoi certains officiers sont amenés à se plaindre de l'initiative que le commandement leur octroie. Le général Langlois souligne « *Habitué pendant toute leur vie militaire à marcher dans un sentier limité entre deux murailles par le règlement, les officiers avaient peur de la liberté ; ils ne concevaient pas la nécessité de réfléchir, de prendre des décisions, d'accepter une responsabilité*[37]. » La notion d'initiative est donc portée dans les règlements français à partir de 1902. Elle devient un nouvel « article de foi » qui ne correspond pas à grand-chose car l'officier doit maintenant inscrire son action entre deux principes fondamentaux et antagonistes, l'obéissance aux ordres et l'application de l'initiative. L'enseignement de Foch permet de dépasser cette contradiction. En effet, il définit la notion de discipline intellectuelle comme la liberté d'action pour obéir. Malheureusement, la majorité des officiers français est imperméable à cette forme d'intellectualisme. Cette situation montre l'écart qui existe alors entre la mise en pratique d'une notion, l'initiative, fruit des enseignements tirés de la guerre anglo-boer, et la réalité. Les habitudes de l'instruction, doublée de la mentalité des officiers, sont alors par conformisme un frein à la compréhension et à l'application des règlements d'infanterie de 1902 et 1904.

L'évolution de l'enseignement entre 1906 et 1913

Dans cette période « *d'anarchie actuelle des esprits*[38] » où le combisme n'est pas mort, l'enseignement dispensé au sein de l'École supérieure de guerre souffre d'un contexte qui n'est pas propice à fixer les idées avec sérénité. Entre le départ de Bonnal et la nomination de Foch, les directeurs de l'École – Brun, Valabrègue et Manunoury – sont sélectionnés à ce poste pour leur républicanisme avéré. L'institution est commandée par des

37. Langlois, *op. cit.*, p. 240.

38. Lebon, *op. cit.*, p. 4.

généraux qui sont plus militants que militaires. De plus après l'apparition d'une première vague d'impopularité des officiers née du procès de Rennes, une deuxième vague se dessine. À la tête de leurs régiments réquisitionnés, les officiers « brevetés » font désormais face aux nombreuses grèves et revendications sociales. L'accomplissement des missions de maintien de l'ordre est contradictoire avec l'enseignement théorique de la guerre. Le pessimisme touche cette « caste militaire ». Dans *Vers un nouveau Sedan* l'auteur décrit le ressentit des officiers. « *Le découragement est complet, dans cette armée, qui sent ligués contre elle les Pouvoirs publics, les socialistes, l'Université et les primaires des Écoles. Beaucoup d'officiers sont partis, la camaraderie se meurt dans les Régiments et la confiance, cette force vitale par excellence, n'existe plus*[39] ». Alors à partir du moment où Clemenceau, premier ministre, nomme de manière inattendue, un lieutenant-colonel à la retraite nouvellement promu général de division, Picquart, ministre de la Guerre, comment évolue l'enseignement de l'École jusqu'à 1913 ?

Le cours infanterie : Pétain, Maud'huy et Debeney

La période qui embrasse ses recherches montre que les officiers d'infanterie sont les officiers les plus représentés dans le petit monde hermétique des penseurs militaires. S'ils dominent le cours d'histoire militaire, de tactique générale et de stratégie durant les 39 premières années d'existence de l'École supérieure de guerre, c'est parce que l'infanterie est toujours considérée comme l'arme dominante du champ de bataille. Dans l'enseignement cette idée apparaît avec l'avènement du cours de Maillard en 1884. Le cours d'infanterie doit dominer les autres cours parce que l'infanterie joue le rôle principal dans la tactique générale. L'infanterie porte l'idée de manœuvre du chef et autour d'elle les autres armes coopèrent à sa réalisation. Dans le sillage des guerres

39. Danrit, *Vers un nouveau Sedan*, Paris, Flammarion, 1906, p. 12.

anglo-boer et russo-japonais, c'est sous le prisme de la domination intellectuelle des officiers d'infanterie que la réflexion militaire essaye de répondre à la question déjà évoquée : quel est le mode d'attaque de l'infanterie ? La complexité de la réponse repose sur un équilibre constant entre deux impératifs. Le premier est celui de la dispersion qui permet d'éviter les pertes occasionnées par le feu adverse. Le second devient la cohésion qui assure la direction du mouvement et le commandement. En outre, l'expérience des deux guerres récentes a placé l'initiative au cœur de l'antagonisme dispersion-cohésion. L'enseignement du cours infanterie doit aussi faire appréhender un ensemble de problématiques que soulèvent les transformations de la guerre. Avec le changement d'échelle les marches et les combats de nuit deviennent plus fréquents. Le harnachement du fantassin s'allège. Dans la durée, l'homme au combat devient plus apte à la manœuvre et plus résistant. En effet, avec l'apparition des cuisines roulantes qui assurent un soutien alimentaire permanent, le fantassin augmente ses forces morales et physiques. Le nombre de voitures et de camions employés à l'échelon régimentaire renforce la capacité de durée de l'infanterie. L'emploi des mitrailles est questionné. La signalisation et la téléphonie facilitent les liaisons et l'organisation du commandement. Depuis 1901, le cours infanterie est principalement assuré par les lieutenants-colonels Pétain[40] et de Maud'huy. À partir de 1909, le lieutenant-colonel Debeney en assure la direction. Si au cours de la période 1901-1911 Pétain est affecté à trois reprises à l'École supérieure de guerre[41], il enseigne au sein du cours sans discontinuité durant une décennie. Le général Jean Delmas souligne que son cours daté de 1911 est l'aboutissement de ces années d'enseignement[42].

40. Pétain est promu colonel en 1911 sur proposition de son chef le général Foch.

41. 1901-1903, 1904-1907 et 1909-1911.

42. *Colonel Pétain, Cours d'infanterie, enseigné à l'École supérieure de guerre, 1911, Présentation du général Jean Delmas*, Paris, Éditions Cosmogone, 2010, 246 p.

Les conférences du colonel Pétain se concentrent sur l'étude des règlements de l'infanterie française dans leur dynamique historique en liaison avec l'augmentation de la puissance et de la portée des armes sur le champ de bataille. La première partie de son cours étudie la période de l'Empire et la bataille d'Auerstedt[43]. La deuxième décrit l'infanterie française en 1871. Enfin la troisième analyse porte sur l'évolution des règlements d'infanterie entre 1875 et 1904. Face à la puissance meurtrière croissante des fusils, des mitrailleuses et de l'artillerie de campagnes, les trois principales conclusions du cours sont l'obligation de plus en plus grande d'utiliser le terrain, fournir à l'infanterie au contact la supériorité des feux et proscrire les masses de choc lors de l'attaque décisive. Cependant la pertinence du cours de Pétain est de développer un cours original. Ce dernier ne sait pas illustrer par des publications en prenant parti pour un des deux courants. Pétain en fait la synthèse car il a compris que la quintessence de la manœuvre est illustrée en 1806 par Davout à la bataille d'Auerstedt lorsque le feu et le choc s'équilibrent. Le lieutenant-colonel Pétain montre ici toute son indépendance d'esprit vis-à-vis de la pensée dominante en critiquant ouvertement, devant les officiers stagiaires le règlement d'infanterie en vigueur dans l'armée française. Alors que l'École doit enseigner « les bibles d'armes » ce professeur iconoclaste développe un esprit critique permanent. Parce qu'il ne veut pas que la guerre soit menée « *à coup d'hommes* » et que l'infanterie demeure de « *la chair à canons* » il prône la défensive. En conclusion de son cours il écrit : « *Les procédés en usage sous le 1er Empire ne sont plus applicables de nos jours. Les guerres du Transvaal et de la Mandchourie se sont chargées de mettre les choses au point et de réduire à néant ses théories sur l'emploi des masses. Avec l'armement actuel, fusil et canon à tir rapide, mitrailleurs, poudre sans fumée, la base de toute tactique doit*

43. En étudiant exclusivement cette bataille singulière que Davout a livrée seul en étant constitué en un corps autonome Pétain montre toute sa liberté intellectuelle car il s'éloigne du courant dominant porté par les apôtres de Napoléon.

être d'obtenir le mouvement par le feu[44]. » Mais la sagesse des idées de ce professeur qui se prépare à être mis à la retraite ne sont-elles pas irrecevables pour les « Jeunes Turcs » ? Néanmoins, la nouveauté apportée par Pétain devient le point commun de trois principaux professeurs de ce cours, c'est-à-dire utiliser les idées dominantes pour enseigner la tactique de l'infanterie. Le cours présenté par Maud'huy est complémentaire à celui de Pétain. Dans le sillage de la réception des idées de Lebon, Maud'huy étudie le fantassin dans ses dimensions psychologique et physiologique. Quant à Debeney, il analyse les enseignements tirés de la guerre russo-japonaise pour mettre en conformité les modes d'action de l'infanterie avec le caractère de la guerre moderne.

Les cours cavalerie et artillerie

À côté du cours infanterie, les officiers qui enseignent la tactique de cavalerie et d'artillerie sont confrontés à la mise en cohérence de la manœuvre. Dans l'esprit de l'unicité de la tactique générale, les deux problèmes à résoudre sont la liaison avec les armes et la réunion des forces. Au sein du cours de cavalerie un officier marque de son empreinte l'enseignement. Affecté à l'École en 1898, le lieutenant-colonel Bourdériat dirige la chaire entre 1901 et 1906. Son enseignement abandonne le concept d'emploi prôné par ses prédécesseurs où la cavalerie est limitée à un domaine exclusif d'arme. Bourdériat place au premier plan de son enseignement le principe de liaison avec les autres armes. En introduction de son cours il affirme : « *La combinaison des armes est la condition première de l'emploi de la cavalerie dans le combat et dans la bataille*[45]. » Ce dernier utilise la méthode des cas concrets qui étudie des faits de guerre, les analyse et les compare. L'esprit méthodologique de Bourdériat apparaît dans la formule : « *Connaître la théorie n'est rien, l'appliquer est tout* ». Il

44. Colonel Pétain, Cours d'infanterie, 1911, p. 246.

45. Lieutenant-colonel Bourdériat, Cours cavalerie, 1904, p. 13.

puise dans l'histoire des guerres du Premier Empire les exemples où il peut illustrer « *la tradition de la liaison des armes* ». L'emploi de la cavalerie se décline alors à l'aune des cas concrets historiques étudiés. La liaison au cours de combat se dessine avec la bataille de Marengo, 1800. L'exploration combinée de la cavalerie et des avant-gardes apparaît dans la campagne de 1806. Le rôle de la cavalerie en mission de couverture est illustré par la campagne de 1809. Quant à son rôle dans l'avant-garde stratégique il se dévoile dans la campagne de 1815. A l'instar de la troisième partie du cours du lieutenant-colonel Pétain, Bourdériat étudie aussi l'évolution des règlements de cavalerie de 1882, 1888 et 1904. Il montre qu'en abandonnant ces anciennes évolutions, c'est-à-dire des dispositifs de combat très schématiques, les formations tactiques de la cavalerie s'adaptent avec plus de simplicité au but de la manœuvre. Les colonels Champeaux[46] et des Vallières[47] lui succèdent. Leur enseignement s'inscrit en totale continuité avec les bases pédagogiques établies par Bourdériat. Le Premier Empire est toujours étudié. L'étude des ordres de l'Empereur à sa cavalerie est ajoutée[48]. De plus l'horizon historique englobe désormais la guerre de 1870, la guerre du Transvaal et celle de Mandchourie. Ces conflits récents montrent des enseignements négatifs pour l'emploi tactique de la cavalerie dans la mesure où ils montrent toutes les limites de cette arme dans une guerre moderne. Bien que les professeurs admettent que le temps des grandes charges de cavalerie est passé, son utilisation tactique est toujours pertinente[49].

---

46. Le colonel Champeaux dirige le cours de 1907 à 1911.

47. Le colonel des Vallières est affecté à l'École en 1910, il dirige le cours de 1911 à 1914.

48. Colonel Champeaux, Cours 1909, p. 12.

49. L'action tactique de la cavalerie est alors conçue comme une action puissante sur des troupes fatiguée, démoralisée et battant en retraite. L'effet de surprise produit par la cavalerie est toujours possible. De plus l'utilisation de la cavalerie dans un combat à pied où le cheval permet de déplacer rapidement et sur une grande distance des feux à l'endroit où on ne les attend pas est désormais envisagée.

Cependant, au moment où le canon de 75 mm entre en service dans l'armée française, le problème de liaison entre les armes devient des plus préoccupants en ce qui concerne la coopération entre l'infanterie et l'artillerie. Or le cours artillerie est d'abord l'héritage des dix années d'enseignements du colonel Langlois. Ce dernier milite déjà pour l'adoption du canon à tir rapide, de la liaison entre les armes et de l'endivisionnement de l'artillerie dès le temps de paix. Entre 1892 et 1900, ces successeurs immédiats, Brun[50] et Ruffey[51], ont cantonné le cours dans sa dimension technique[52]. En revanche avec l'arrivée du colonel Fayolle, l'enseignement cesse d'être technique pour se concentrer sur la dimension tactique de l'emploi de l'arme. Cette période, 1906-1910, correspond aussi à la controverse sur l'emploi de l'artillerie. En 1906 le commandant Loyseau de Grandmaison affirme qu'au sujet de la liaison infanterie-artillerie « *nos idées sur le combat étaient vagues et de parti pris très optimiste*[53]. » Il milite pour l'acquisition de la supériorité des feux d'artillerie, seule condition préalable à un assaut d'infanterie. Selon lui la mission de l'artillerie est d'aider par ses feux la progression de l'infanterie. Le colonel Fayolle abandonne l'idée d'emploi de l'artillerie dans la lutte générale pour la concentrer sur des luttes partielles et locales. L'artillerie combat alors masquée et en masse. Le canon à tir rapide permet pour la première fois de faire la distinction entre la concentration des feux et la concentration des moyens. En proportionnant l'utilisation des moyens de l'artillerie au but, le colonel Fayolle applique le principe d'économie des forces. Son adjoint puis successeur, le lieutenant-colonel Paloque retrace

50. Le lieutenant-colonel Brun dirige le cours artillerie entre 1892 et 1897 après avoir déjà été adjoint du cours entre 1884 et 1887.

51. Le lieutenant-colonel Ruffey est affecté à l'École entre 1888 et 1900, il dirige le cours entre 1898 et 1900.

52. Le cours du colonel Brun est essentiellement tourné vers le calcul des probabilités.

53. Grandmaison, *op. cit.*, p. 59.

l'évolution de l'artillerie tout au long du XIXe siècle et pose un problème nouveau pour la conduite de la guerre, celui de l'emploi de l'artillerie lourde[54]. De plus il établit un parallèle entre son utilisation en Allemagne, où sa proportion est très supérieure à celle de toutes les autres armées européennes, et en France. Il souligne ici que l'artillerie allemande est utilisée de façon très décentralisée jusqu'au niveau de la division tandis que son homologue française voit son emploi centralisé à l'échelon du corps. Néanmoins lorsque le colonel Besse prend la direction du cours la discorde entre artilleurs et fantassins[55] liée à la liaison des deux armes continue à sévir. Derrière ce problème fondamental pour la conduite de la guerre moderne une seule question se dessine : qui de l'artilleur ou du fantassin doit décider des objectifs à traiter [56] ?

Le cours fortification

Au cœur de l'enseignement des tactiques d'armes le cours fortification trouve une place particulièrement originale. Deux professeurs, le commandant Pierron de Mondésir[57] et son successeur le commandant Biais[58], arrivent à faire comprendre les transformations apportées par le conflit russo-japonais tout en restant dans le cadre étroit de la doctrine officielle. Dans le premier ouvrage tiré de ses cours il écrit dès 1904[59] « *nous sommes,*

54. Les cours du lieutenant-colonel Paloque sont publiés dès 1909 sous le titre *Artillerie de campagne*.

55. Dans son cours le colonel Fayolle déclare à ses officiers stagiaires que « les artilleurs ne sont pas plus bêtes que les fantassins ».

56. Cette querelle est levée d'un point de vue théorique par le général Percin dans son ouvrage *La liaison des armes*. Général Percin, *La liaison des armes*, Paris, Berger-Levrault, 1909, 350 p.

57. Le commandant Pierron de Mondésir séjourne à l'École de 1900 à 1908 et il dirige le cours de fortification à partir de 1901.

58. Le commandant Biais séjourne à l'École de 1907 à 1913 et il remplace Mondésir à son départ en 1908.

59. Pierron de Mondésir, *Essai sur l'emploi tactique de la fortification de campagne*, Berger-Levrault, Paris, 1904, page 8.

comme tous nos camarades de l'armée française, imbus de l'esprit offensif et nous considérons l'attitude défensive dans la guerre de campagne comme quelque chose de provisoire. Il ne faut consentir à la prendre qu'à la condition de préparer moins la parade que la riposte. » C'est parce que selon lui, comme durant les trois mois du siège de Plevna durant la guerre russo-turque de 1876-1877, mais encore au cours de la première phase de la guerre du Transvaal, la fortification de campagne marque le caractère de la guerre moderne. Lorsque qu'il publie la deuxième version de cet ouvrage, revue et augmentée, l'enseignement principal tiré des combats de Mandchourie, représente de nouveaux exemples pour l'importance du rôle de la fortification, passagère ou fixe, dans la conduite de la guerre. L'analyse du cours dispensé par Mondésir est d'une rigueur méthodologique exemplaire. En effet lorsque l'historien étudie le *Cahier de demande d'ouvrage de la bibliothèque de l'École supérieure de guerre*[60] on constate que la curiosité de ce professeur le conduit à faire régulièrement des demandes d'achat[61]. Mais c'est surtout son travail historiographique sur la thématique de la fortification qui lui permet de bâtir une série de conférences avec une extrême rigueur scientifique. Son cours se divise en deux parties qui mettent en perspective opérationnelle le « Passé » avec le « Présent ». La première partie aborde l'évolution de la fortification tout au long du XIXe siècle en analysant les pratiques des ingénieurs allemands, anglais, russes, belges. Dans la seconde partie il développe les tendances induites par les deux derniers conflits. C'est de manière très policée qu'il affirme devant ses stagiaires que les idées nouvelles liées à la fortifica-

60. Ce cahier daté de 1898 à 1914, conservé à la bibliothèque patrimoniale de l'École militaire est destiné à l'inscription par les professeurs de l'École des demandes d'achat à la bibliothèque.

61. Voir Tome 2, annexe 16, analyse du cahier de demande d'ouvrages pour la bibliothèque.

tion en France ont du mal à être écoutées et suivies de fait[62]. Mondésir conclut son cours en posant une question centrale à la conduite de la guerre à l'aune de la rupture stratégique : « *que nous réserve donc le siège d'une place cuirassée moderne*[63] *?* » Et il ajoute : « *Adhuc sub judice lis est*[64] *!* »

Lorsque Biais prend la direction du cours de fortification il hérite de Mondésir d'une historiographie et d'une bibliographie les plus abouties d'un cours de tactique d'armes depuis la création de l'École. Cette démarche rigoureuse a pour but d'une part, de permettre à ses successeurs « *d'être utile dans l'enseignement à l'École supérieure de guerre en leur évitant des recherches pénibles*[65] » et d'autre part, de rassembler de manière exhaustive les références des textes originaux. Cette bibliographie s'appuie sur 43 auteurs provenant de sept pays différents et totalisant près de 200 ouvrages écrits entre 1848 et 1904[66]. D'un point de vue méthodologique Bias, comme Mondésir, utilise comme l'ensemble des professeurs de l'École supérieure de guerre le recours systématique à l'histoire pour fixer les idées des officiers stagiaires. Le coup d'œil historique permet d'affirmer : « *Dans l'évolution des procédés tactiques depuis un demi-siècle l'un des phénomènes les plus frappants est certainement l'importance croissante de la fortification de campagne*[67]. » Il qualifie cette tendance de « *phénomène historique très net*[68] ». Il cite d'emblée les Mémoires de Sainte-Hélène pour montrer que Napoléon constate la valeur des fortifications

62. Commandant Pierron de Mondésir, Cours de fortification, 1906-1907, pp. 327-328.

63. *Ibid.*, p. 329.

64. Le procès est encore devant le juge.

65. *Ibid.*, Annexe 2, p. 25.

66. Tome 2, annexe 17, Bibliographie proposée par le commandant Pierron de Mondésir.

67. Lieutenant-colonel Biais, Cours La fortification de campagne, 1912, p. 1.

68. *Ibid.*, p. 4.

passagères[69] et qu'il inscrit son enseignement dans les traces de l'Empereur. Mais immédiatement après Biais élimine de son analyse le champ historique lié à la guerre de 1870 et à l'Europe. Il élargit l'horizon de la connaissance aux conflits qui donnent lieu à questionner la fortification de campagne dans le cadre général de la conduite de la guerre. Ces quatre cas d'études sont respectivement la guerre de Sécession[70], la guerre russo-turque[71], la guerre des boers et la guerre russo-japonaise. La nouveauté de cet enseignement s'appuie encore sur l'utilisation des leçons de la guerre russo-japonaise qui devient de « l'histoire immédiate ». Il décompose son analyse entre les faits d'observations et les conclusions qu'il souhaite présenter. Sa philosophie est de dire que la fortification de campagne n'est pas un acte défensif mais un acte offensif qui englobe la notion de protection. Dans cet état d'esprit cet enseignement fondamental n'est pas l'apanage des sapeurs car « *les troupes de toutes armes doivent avoir des outils*[72] » pour aménager le champ de bataille. La pertinence des conférences du lieutenant-colonel Biais est finalement de faire comprendre avec modestie aux officiers stagiaires que l'histoire immédiate et les données positives, les améliorations techniques de l'artillerie et des fortifications, bouleverse la conduite de la guerre et rendent caduques les règlements en vigueur. Dans cette perspective il conclut son cours en écrivant : « *Et l'on sera récompensé du travail et des fatigues qu'on se sera imposés, si on a pu apporter la moindre aide aux opérations actives*[73]. »

---

69. « *Les fortifications de campagne sont toujours utiles, jamais nuisibles lorsqu'elles sont bien entretenues. Cette partie de l'art de la guerre est susceptible de faire des grands progrès* ». *Ibid.*, p. 1.

70. Lors des batailles de Rederickberg, 1862, et de Richmond, 1862, les Confédérés, en infériorité numérique tiennent en échec les troupes nordistes grâce à leurs fortifications de campagne.

71. Lors du siège de Plevna au cours de l'été 1877, les Russes sont obligés de changer leur plan d'attaque à cause du dispositif défensif turc.

72. *Ibid.*, p. 20.

73. *Ibid.*, p. 188.

Les autres dimensions de l'enseignement

Bien que les enseignements des conflits se focalisent principalement sur les dimensions tactique et technique, d'autres aspects apparaissent dans les transformations de la conduite de la guerre moderne. Dans son ouvrage *Les conférences de La Haye* le général Pédoya pose le problème « *du rôle capital que joue la presse de nos jours et les services qu'elle peut rendre à l'armée*[74] » Ce point souligne la nécessité de soumettre l'organisation de la presse en campagne à une réglementation militaire. Un tel constat ouvre un nouveau champ de l'enseignement théorique de la guerre. Il s'agit du droit de la guerre. Depuis la création de l'École supérieure de guerre cet aspect juridique est abordé par le médecin-chef, responsable du cours d'hygiène. Cependant la participation de la France aux Conférence de La Haye du mois de mai 1899 et du mois de juillet 1907 doit rappeler aux officiers stagiaires l'importance du « *règlement codifiant les lois et les coutumes de la guerre sur terre* ». Il y à cette époque une certaine logique de voir cette dimension de la guerre enseignée par la chefferie santé. Dans l'avant-propos de ces conférences le médecin principal Boisson écrit « *Pendant et après la bataille l'action du service de santé et surtout humanitaire*[75]. » C'est donc dans cet esprit que sont abordées La Convention Genève et les sociétés d'assistance aux malades et blessés des armées. Le premier point développe le rôle et l'action de la Croix-Rouge. Dans son cadre d'emploi le contrat international stipule la neutralité des blessés, des ambulances, des hôpitaux de campagne et le personnel de santé attaché aux armées[76]. Le texte de la Convention signée le 6 juillet 1906 permet ainsi de prendre en compte l'ensemble des observations faites pendant la guerre de 1870-1871. De plus cet enseignement développe les conséquences de la Convention de

74. Général Pédoya, *Les conférences de La Haye*, Paris, Rueff Éditeur, 1907, p. 205.
75. Médecin principal de 1re classe Boisson, Conférence hygiène, 1909, p. 1.
76. *Ibid.*, pp. 318-319.

Genève. Il s'agit de l'apparition des auxiliaires du service de santé. En portant secours aux blessés des armées sur terre et en mer, ces sociétés[77] ont « *un bienfait non moins réel, et d'une portée non considérable que le Convention même*[78] ». Cependant parce que le droit de la guerre est dispensé par le médecin-chef de l'École supérieure de guerre, la dimension juridique du droit de la guerre est alors strictement limitée au traitement des blessés du champ de bataille. L'environnement humain de la bataille – population civile, la presse, les prisonniers – est complètement occulté.

Si au cours de la période traitée le droit de la guerre occupe une place marginale dans le curriculum de l'école, le cours de géographie, héritier de deux décennies du professorat de Niox recommence à rayonner. L'ensemble des conférences de géographie apporte aux stagiaires deux approches distinctes de la discipline. La première a été remarquablement soulignée par le professeur Philippe Boulanger[79]. C'est toujours une géographie tactico-centrée et déterministe. En effet, la géographie physique reste un déterminant pour l'étude de la guerre et la planification des différents plans. Elle s'élève aussi dans les aspects stratégiques de la conduite de la guerre. À partir de 1904, le colonel Malleterre[80] oriente le cours de géographie vers l'étude de la frontière Est et Nord-Est dans un cadre essentiellement offensif[81], qui a le sens contraire de l'analyse du terrain faite par le colonel Niox entre 1878 et 1884. Le professeur Boulanger qualifie ici la géographie comme « *une école de pensée réservée au milieu militaire*[82]. » En continuité avec cet aspect, la géographie enseignée à l'École

77. En Allemagne il s'agit principalement de l'Union des Dames Allemandes et en France de La Société Française de secours aux blessés.

78. *Ibid.*, p. 320.

79. Philippe Boulanger, *La géographie militaire (1871-1939)*, Paris, Economica, 619 p.

80. Le colonel Maleterre dirige le cours de géographie entre 1903 et 1907.

81. Colonel Malleterre, Cours de géographie, année 1905.

82. *Ibid.*, p. 116-119.

supérieure de guerre aborde également les dimensions politiques, sociales, économiques et culturelles des principales puissances alliées et étrangères. Il s'agit de la seconde approche. Elle présente une réelle ouverture vers la géographie universitaire. Dans ce cadre le déterminisme s'efface et la dimension « possibiliste » de Vidal de la Blache cherche à montrer comment l'homme s'adapte à son milieu[83]. Dans cet esprit de géographie universelle portée par Elysée Reclus, les professeurs de géographie de l'École de guerre présentent des analyses de différents pays ou continents très novatrices. En ce sens, le cours Asie du colonel Malleterre serait aujourd'hui qualifié de cours de géopolitique dans la mesure où il développe l'ensemble des aspects nécessaires à la connaissance d'un pays en y incluant l'économie[84].

L'orientation sur les questions économiques du cours de géographie déjà abordées par le colonel Niox[85] puis par son successeur le colonel Leblond[86], est concrétisée en 1910 par la création d'un cycle de conférences annuelles ayant pour titre l'économie politique. Un professeur civil d'une très grande renommée, Charles Gide[87], est chargé de cette nouvelle chaire. En 1910 et 1911 l'ensemble de ces conférences ont pour thème les principes d'économie politique[88]. En 1912 il aborde les causes de la guerre

83. *Ibid.*, p. 110.

84. Après avoir présenté la géographie physique et humaine – races, population et religions – du continent Asie le commandant Mallaterre détaille la pénétration européenne en Asie. Les parties de l'Asie russe et anglaise sont soumises à des analyses politiques et économiques. Tour à tour la population, les voies de communication, l'agriculture, l'industrie, les forces militaires et navales sont questionnées. Des données statistiques viennent appuyer le cours. Cours du commandant Mallaterre, Asie, 1905.

85. Le colonel Niox dirige le cours de géographie de 1876 à 1895.

86. Affecté à l'École en 1891, le colonel Leblond dirige le cours de géographie de 1896 à 1903.

87. Charles Gide est le théoricien français de l'économie sociale et le dirigeant du mouvement du christianisme social.

88. Ces conférences sont tirées de son ouvrage de référence, *Principes d'économie politique*.

en s'appuyant sur une série de cinq conférences. La première aborde les causes et les effets économiques de la guerre. Dans les deuxième, troisième et quatrième conférences il examine respectivement trois faits économiques dans leurs rapports avec la guerre : l'accroissement de la population, le développement des entreprises capitalistes et la colonisation ; et le développement du commerce international. Lors de la dernière conférence il se demande si « *la guerre peut être une entreprise lucrative au point de vue économique, question controversée aujourd'hui*[89]. » Il utilise alors la thèse du livre *La grande illusion* de Norman Angell pour chercher des éléments de réponses à la question. Pour l'auteur, correspondant à Paris du *Daily Mail* « *La grande illusion des peuples est de croire que le fer et le feu, seuls les sauvegardent alors que la force du crédit universel muselle seule les canons*[90]. » Enfin en 1913 et 1914 dans un nouveau cycle de conférences il développe longuement la colonisation de la France sous la Troisième République.

Les états-majors et la direction de la guerre

En parallèle des dimensions théoriques et disciplinaires nécessaires à l'enseignement de la guerre, un des facteurs de la rupture polémologique abordée dans ce chapitre est la mise en œuvre de la conscription universelle comme moteur de la guerre. Avec elle le conflit franco-allemand qui se dessine progressivement à partir de l'année d'Agadir, 1911, se prépare à mettre en présence plus d'un million et demi d'hommes. Dans *La Grande guerre moderne, étude sur les opérations et les batailles de masse au XXe siècle*, le général baron von Falkenhausen estime les forces allemandes destinées à rechercher la première bataille à 1.250.000 hommes[91]. Confrontés à cette nouvelle arithmétique de la guerre

89. Charles Gide, Cours d'économie politique de 1912, 5e conférence, p. 1.

90. *Ibid.*, p. 2.

91. Général Falkenhausen, *Les Grande guerre moderne, études sur les opérations et les batailles de masse au XXe siècle,* 1909, p. 2, lithographie de l'École supérieure de guerre.

où des masses d'hommes et de chevaux doivent être habillées et nourries puis se déplacer, par voie ferrée et à pied, sur des espaces considérables, la dimension organisation de l'armée française et son corollaire, le service d'état-major, deviennent un des piliers de la conduite de la guerre.

L'organisation du haut-commandement

Cet aspect impose à l'historien de commencer par une incursion dans l'organisation parisienne, qui dès le temps de paix, a pour mission, de préparer les forces armées à une éventualité. Ce niveau, appelé haut-commandement, est la cible de l'enseignement de l'École supérieure de guerre, qui a reçu la mission de participer à sa formation. De la nomination du général de Cissé au poste de ministre de la Guerre jusqu'au début de l'année 1890, le haut-commandement s'organise autour du Conseil supérieur de la guerre, de l'État-major général du ministre[92], de la direction générale du personnel et du matériel, des directions d'armes[93], des généraux commandants les dix-neuf corps d'armées et des gouverneurs militaires de Paris et de Lyon. Il faut ainsi attendre le décret du 6 mai 1890 pour voir apparaître le poste d'officier général chargé de seconder le général en chef lorsqu'il sera désigné[94]. L'action réorganisatrice de Charles de Freycinet permet ainsi de transformer l'état-major général du ministre en état-major de l'armée[95]. Néanmoins il n'existe toujours pas au sein

92. Il compte six bureaux : 1er bureau, organisation, mobilisation, emplacement, effectifs ; 2e bureau, statistiques militaires et des armées étrangères ; 3e bureau, opérations et instruction ; 4e bureau, étapes et chemins de fer, transports, mouvements ; 5e bureau : dépôt de la guerre.

93. En 1912 on trouve 12 directions : contrôle, contentieux et justice militaire, infanterie, cavalerie, artillerie, génie, intendance, poudres et salpêtres, service de santé, troupes coloniales et aéronautique militaire.

94. Claude Carré, *Histoire du ministère de la défense*, Paris, Lavauzelle, 2001, p. 211.

95. En 1895, les directions d'armes, la direction des services administratifs, intendance et service de santé sont placé sous l'action du chef d'état-major général pour

de l'armée française un commandant en chef, désigné dès le temps de paix. Cette faille dans l'organisation est longuement soulignée en 1891 dans un livre anonyme, *L'Armée sans chef*[96]. L'auteur pose ainsi la question qui doit commander l'armée ? L'absence d'un grand commandement de l'armée en vue de la guerre est aussi aggravée par la dimension interministérielle de la direction de la guerre. En effet, à travers l'enseignement dispensé au sein de l'École supérieure de guerre, l'officier stagiaire comprend qu'elle dépend à la fois du ministère de la guerre, pour sa dimension terrestre, du ministère de la marine, pour sa dimension navale et du ministère des colonies[97] pour sa dimension coloniale. C'est Adolphe Messimy, stagiaire de la 20e promotion, démissionnaire au mois d'août 1899, qui dès 1911 règle ce vice de l'organisation du haut-commandement[98] français. Dans le contexte de « *l'alerte d'Agadir* » trois décrets sont signés le 28 juillet 1911. Le premier nomme Joffre chef d'état-major général, le deuxième réorganise le haut-commandement en le plaçant sous sa direction, le troisième refonde le Conseil supérieur de la Défense nationale[99].

Il faut donc attendre l'année 1891 pour voir la première véritable « Grande manœuvre » mettre le système d'état-major français à l'épreuve. Sous les ordres du général de Miribel, les officiers du 3e bureau forment l'embryon d'un grand-quartier général. Néanmoins au cours de cette période 1890-1905, on peut considérer que du point de vue des techniques d'état-major, l'Armée de terre française est encore novice dans ce domaine. Cet aspect est particulièrement bien décrit dans le livre *L'armée n'est*

tout ce qui concerne la préparation de la guerre.

96. Anonyme, *L'Armée sans chef*, Paris, Librairie Champion, 1891, 283 p.

97. La loi du 7 juillet 1900 crée le statut des troupes coloniales.

98. Pour Messimy le haut-commandement comprend le général en chef ou généralissime, l'état-major de l'armée, les généraux commandant les unités supérieures au corps d'armée et leur état-major, le Conseil supérieur de la guerre, le Centre des hautes études militaires, l'École supérieure de guerre et le comité d'état-major.

99. Général Messimy, *Mes Souvenirs*, Paris, Plon, 1937, p. 82. Carré, *op. cit.*, p. 231.

pas commandée. Le général Pédoya, général de division reconverti dans la politique et élu député, écrit : « *Nous n'hésitons pas à le dire et les grandes manœuvres le prouvent chaque année, nos généraux ne savent pas manœuvrer*[100]. » Mais avant de commencer à mouvoir tactiquement des masses d'hommes considérables, il faut comprendre l'organisation du fractionnement de l'armée. Durant les deux premières décennies d'existence de l'École supérieure de guerre le cours d'état-major est resté particulièrement théorique. Les stagiaires comprennent le fractionnement de l'Armée de terre à travers deux niveaux. Il s'agit d'abord de la division, objet d'étude de la 1re année d'enseignement à l'école. Puis en 2e année, du corps d'armée qui correspond déjà à un effectif de 30 à 40 000 hommes. Un tel niveau de commandement pose déjà les limites des capacités humaines d'un chef qui doit à la fois centraliser le commandement des unités qui lui sont subordonnées et la direction des services qui lui sont rattachés. Le corps d'armée est alors une unité à peu près uniforme, disposant de troupes et de services, interchangeables qui sont l'unité de manœuvre de référence. Or, au-dessus de ces deux échelons tactiques, cœur de l'enseignement de l'École supérieure de guerre, la conscription universelle conduit à la mise sur pied, lors de la phase de mobilisation, d'une trentaine de corps d'armées. Le principe de fractionnement conduit alors à la création d'un autre échelon intermédiaire de commandement de l'Armée. Falkenhausen propose que ce groupement occasionnel soit constitué « *de 3 à 6 corps d'armées et d'une à 3 divisions de cavalerie*[101] ». Si ce dernier pense que pour moins de 3 corps d'armées, la réunion en Armées ne procure aucun avantage, il montre que la guerre de Mandchourie rend difficile l'exercice du commandement de plus de 6 corps d'armées. Il devient alors intéressant, sur un même théâtre

100. Général Pédoya, *L'armée n'est pas commandée*, Paris, Lavauzelle, 1905, p. 40.
101. Falkenhausen, *op. cit.*, p. 12.

d'opérations, de créer des groupes d'Armées afin de continuer le fractionnement d'une masse de soldats exponentielle.

Les officiers de complément

La nécessité d'un fractionnement tactique et organique qui est encore mal perçue par le haut-commandement français, marque néanmoins l'importance grandissante des aides-au-commandement. Ces derniers ont d'ailleurs la responsabilité d'armer et d'assurer le bon fonctionnement du service d'état-major. À partir du tournant du siècle, face aux volumes de soldats mobilisables et à la constitution d'un nombre important d'état-major, les flux d'officiers « brevetés » ne suffisent désormais plus pour structurer l'ensemble des états-majors mis sur pied en temps de guerre. Si cette dimension service militaire et réserves a été amorcée par Freycinet et Miribel, il faut attendre l'année 1899 pour voir créer *La réunion et l'École d'instruction des officiers de complément du service d'état-major*. L'instruction ministérielle du 2 décembre 1911 rattache la Réunion à l'École supérieure de guerre. Ainsi tous les aides-au-commandement, officiers d'active ou de complément sont formés sous l'égide de l'École supérieure de guerre. L'École d'instruction d'état-major a pour but d'une part « *de donner aux officiers de complément de ce service les moyens de tenir leurs connaissances professionnelles à hauteur de la mission qu'ils peuvent être appelés à remplir, par l'institution d'une École spéciale d'instruction* » et d'autre part, « *de resserrer les liens de bonne camaraderie qui doivent les unir*[102]. » À l'origine il s'agit d'un noyau d'officiers qui à commencer à se réunir à Paris au Cercle national des Armées de terre et de mer. Ils fondent en 1899 cette association qui en moins de quinze années a réussi à

102. Bulletins de la réunion et l'École d'instruction des officiers de réserve et de l'Armée territoriale du Service d'État-major, Tome 1, page III. L'ensemble des bulletins publiés entre 1900 et 1914 est relié en 11 tomes qui sont archivés à la bibliothèque patrimoniale de l'École militaire. Ils englobent les numéros 1 au numéro 173. Côte de la Bib. Pat. : AXVII / 1 à AXVII / 11.

former 645 officiers de compléments inscrits sur les registres de la Réunion des officiers de réserve et de l'armée territoriale du Service d'État-major. Le général commandant l'École supérieure de guerre et aussi directeur de l'École d'instruction des officiers de complément du Service d'état-major. Si lors de la première année de fonctionnement de la Réunion, c'est-à-dire du 21 mars 1899 au 30 juin 1900, le programme de formation s'est limité à huit conférences, l'évolution de son enseignement converge dès l'année 1905 vers les pratiques en cours au sein de l'École de guerre.

Pour l'année 1911-1912 le programme s'appuie sur dix-huit conférences, quatre exercices de rédaction d'ordres sur la carte, quatre exercices d'application du Service d'état-major à cheval. Le syllabus des conférences traite d'abord le Service d'état-major. Huit conférences permettent ainsi de comprendre l'organisation et le fonctionnement de l'état-major au travers de la composition des différents niveaux, des services qui structurent le corps d'armée, et des ordres et instructions. La tactique d'armes, infanterie-cavalerie-artillerie, est abordée à partir de trois conférences pour chaque élément. Deux conférences d'histoire militaire abordent la campagne de 1814. En marge des exercices pratiques du service d'état-major les officiers effectuent plusieurs visites : une place forte, une école à feu d'artillerie, un centre d'aviation, un établissement métallurgique du Creusot et un exercice sur le service des mitrailleuses d'infanterie. Cependant l'esprit et l'animateur de cette formation particulière reposent tout au long de la période sur l'action du lieutenant-colonel, « breveté » et de réserve, Frocard. Dans sa conférence L'officier de réserve, sa formation, le directeur-adjoint de l'École d'instruction du Service d'État-major pose les conditions dans lesquelles l'officier de complément inscrit son activité au sein d'un état-major[103]. Selon lui, la loi de deux ans ouvre une ère nouvelle dans la mesure où elle permet de former des officiers de réserve issus d'un milieu social cultivé.

103. Conférence faite le 8 novembre 1911 par le lieutenant-colonel Frocard.

Frocard affirme que pour les officiers généraux qui sont à la tête des états-majors, les officiers de complément sont absolument nécessaires à leur fonctionnement. De plus, bien que les fonctions importantes au sein du service d'état-major soient réservées aux officiers « brevetés » il montre que leurs tâches ne se limitent pas à « *des besognes secondaires* ». Néanmoins si l'on peut reprocher à cette formation un recrutement hétérogène et l'absence d'épreuves venant sanctionner cette formation, la réunion peut s'enorgueillir de présenter une situation d'effectifs de 413 officiers de complément en mesure d'être mobilisés au mois d'octobre 1913[104].

Enseigner le service d'état-major

Si la prise de conscience de la nécessité d'une formation d'état-major date de 1799, l'historien constate qu'entre 1876 et 1896, l'enseignement dispensé par l'École supérieure de guerre ne prend pas la mesure dévolue au service d'état-major. Avec le lieutenant-colonel de Maud'huy[105] puis son successeur le lieutenant-colonel Jardin[106] l'étude du fonctionnement d'un corps d'armée devient moins théorique. Mais c'est surtout l'œuvre du lieutenant – colonel Toulorge qui voit cet aspect de l'enseignement de la guerre acquérir ses véritables fondements. Ce dernier place les problèmes liés au service d'état-major au même niveau que ceux de la tactique générale. Selon lui, pour ces deux aspects il n'existe pas de solution unique pour atteindre un résultat recherché. Pour le lieutenant-colonel Toulorge la caractéristique principale des problématiques liées au service d'état-major « *réside dans ce fait que très rarement une question peut être traitée sans que plusieurs services soient mis en causes, ou sans que plusieurs conditions, contradictoires ou non, s'imposent*[107]. » La seconde caractéristique

104. Bulletin du 15 octobre 1913.

105. Maud'huy dispense le cours d'état-major de 1896 à 1898

106. Jardin est 1898 à 1906.

107. Lieutenant – Colonel Toulorge, cours Le service d'état-major en campagne, année 1909, p. 7.

résulte d'un nombre important d'acteurs, armes et services, qui trouvent leur place dans le fonctionnement de l'état-major. Pour définir l'état-major Toulorge utilise les écrits de l'adjudant-général Thiébault pour asseoir la nécessité de la séparation du commandement de la conduite de l'armée. Ce dernier écrit : « *Cette vérité, que l'accroissement successif rendit toujours plus frappante, fit songer aux moyens de diminuer les trop nombreuses attributions des chefs des armées*[108]. » En 1909, c'est donc l'application des principes de la nation armée, la complexité des organismes résultants des progrès de l'industrie, la rapidité des opérations d'entrée en campagnes comme le perfectionnement des armements qui renforcent la « vérité » établie par Thiébault. Il y a donc une connexité historique entre « commandement » et « état-major ». Ce constat définit le rôle de l'état-major qui est, « *premièrement, de préparer les décisions du chef en lui fournissant les moyens de décider en toute circonstance et, deuxièmement, d'assurer l'exécution des décisions prises en les traduisant dans un langage particulier (ordres, instructions…) et en veillant à ce que les opérations qu'elles entraînent se développent dans les conditions voulues par le chef*[109]. »

En fin de compte, le rôle de l'état-major, puis son fractionnement et l'empilement des différents niveaux de commandement voit l'émergence d'un nouveau métier, celui lié à l'officier « breveté » en service d'état-major. Cette nouveauté draine un nouveau langage militaire et une somme de connaissances inexplorées pour les officiers stagiaires lorsqu'il entre à l'École supérieure de guerre. L'aide-au-commandement inscrit alors son métier dans la formation des armées. Cela signifie qu'il doit se familiariser avec le plan de guerre, le projet d'opération et les ordres de bataille. Lors de cette phase il doit aussi connaître les marches et les transports de concentration. Les bases de ravitaillement, les lignes de communication, les zones territoriales, des armées et d'étapes n'ont

108. *Ibid.*, p. 11.
109. *Ibid.*, p. 12.

pas de secret pour lui. De même, le Grand Quartier Général, le quartier général d'armée, le quartier général de corps d'armée comme ceux de division d'infanterie ou de cavalerie sont analysés dans les moindres détails : définition, direction, administration, organisation…C'est encore l'organisation d'une armée, de ses services de ravitaillement et de ses services de chemins de fer. La connaissance des lignes de communication et du service des étapes, sur route comme sur le rail, trouvent aussi une place centrale. Il faut encore étudier l'organisation d'un corps d'armée[110]. Cela signifie se familiariser avec ses troupes et ses services. Fort de millefeuilles de connaissance il peut enfin s'initier à la partie réelle du métier, celle qui consiste à rédiger des ordres et à transmettre des instructions, essence même de la relation entre l'état-major avec les troupes et les services. L'officier d'état-major apprend à rédiger une pléthore d'instructions générales[111]. Elles concernent la collecte de renseignements, les campements, les services d'entretien, le service de santé, la marche des trains, les parcs, le ravitaillement en munitions et en matériel, le service des postes… Si de telles instructions sont spécifiques au niveau du corps d'armée, il doit en appréhender des différentes au niveau de l'armée puis du groupe d'armée. La dimension technique et administrative du fonctionnement de l'état-major éloigne brutalement l'officier de l'aspect principal de l'étude de la guerre.

Le cours du lieutenant-colonel Toulorge

Un tel enseignement qui se concentre essentiellement sur des instructions générales, sur le fonctionnement des quartiers généraux et des états-majors et sur les différents services – com-

110. Le lieutentant-colonel Renault qui succède au lieutenant-colonel Jardin continue à centrer le cours du service d'état-major en campagne sur le niveau du corps d'armées. Lieutenant-colonel Renault, cours 1905-1906, L'état-major et les services dans le corps d'armée.

111. *Ibid.*, annexe 1, instructions générales pour le corps d'armée, l'armée et le groupe d'armée.

munications, artillerie, génie, intendance, santé, trésorerie, poste, force publique, vétérinaire, étapes, chemins de fer et voies navigables – est très abscons. Le lieutenant-colonel Toulorge s'est employé à lui donner une teneur et une saveur plus attrayante. Alors qu'il est le troisième adjoint de la chaire d'histoire militaire, de stratégie et de tactique général, il dispense un cycle de conférence qui a pour tire : *Étude sur les services de l'arrière dans la stratégie*[112]. L'originalité de ce cours repose d'abord sur deux points principaux. Premièrement il s'agit de la recherche des notions fondamentales et des principes directeurs, qui en raison de leurs caractères d'universalité et de généralité constituent une doctrine des services de l'arrière. Deuxièmement c'est comprendre les conséquences qu'apporte l'emploi intensif des voies ferrées et de l'organisation des forces en groupes. Ensuite, l'originalité vient du choix de la méthode employée pour traiter le sujet. Toulorge pose la question dans son introduction, de la méthode à employer[113]. Après avoir développé les aspects de la méthode historique appliquée à l'emploi du chemin de fer à partir de 1846, l'auteur montre la pertinence de la méthode rationnelle. Ainsi dans la première partie de l'étude, Toulorge recherche « *rationnellement les conditions essentielles des services de l'arrière, c'est-à-dire qui dérivent des besoins de l'homme et du combattant, indépendamment des époques et des régions où elles se sont manifestées*[114]. » La deuxième partie passe dans le domaine des faits en utilisant la méthode historique. Elle présente la réalisation matérielle du service des arrières, c'est-à-dire sa physionomie. Ses éléments constitutifs : bases d'opérations, des lignes de communications, zones territoriales… La troisième partie définit « *l'action que le commandement doit exercer sur ces éléments constitutifs des services*

112. Lieutenant-colonel Toulorge, cours 1905 révisé en 1907, *Etude sur les services de l'arrière dans la stratégie.*

113. *Ibid.*, p. 8.

114. *Ibid.*, p. 20.

de l'arrière pour les faire servir le but final[115]. » L'idée centrale du lieutenant-colonel Toulorge est de montrer que si « *les armées modernes sont des machines lourdes*[116] » leur mise en œuvre relève de principes simples La pertinence de ces principes est de pouvoir être appliqués à la fois à l'avant et à l'arrière. Il conclut son cycle de conférences en écrivant : « *oublier ces principes serait compliquer et alourdir volontairement la tâche du commandement. Pour réussir il faut faire simple, toute la difficulté est là : elle se résout par la réflexion et l'étude, qui d'ailleurs n'excluent pas la décision mais la préparent*[117]. »

Une telle philosophie d'enseignement qui aborde la connaissance de l'état-major par le prisme de la conduite de la guerre, en rattachant l'objet enseigné aux principes de la guerre matière, est fondamentale. En effet, elle montre aux officiers stagiaires que la raison d'être de l'École supérieure de guerre s'inscrit dans cette dualité de mission, qui est de former des officiers d'état-major, auxiliaires du commandement, dont la tâche est indispensable aux différents échelons de commandement. Fort de la pertinence d'un tel cours, et après quatre années passées au cours d'histoire militaire, de stratégie et de tactique générale le lieutenant-colonel Toulorge prend la direction du cours service d'état-major[118]. Dès 1909 il met en place un nouveau cours qui a pour titre le Service d'état-major en campagne[119]. Face au volume de connaissances liées à la matière enseignée, et à la quantité de notions nécessaires pour résoudre des questions d'état-major, le professeur propose comme finalité de l'enseignement l'aptitude à la réflexion. Dans son introduction il écrit : « *Tout se tient, et c'est sur un ensemble*

115. *Ibid.*, p. 21.

116. *Ibid.*, p. 243.

117. *Ibid.*, p. 243.

118. Affecté à l'École en 1903, le lieutenant-colonel Toulorge dirige le cours du service d'état-major entre 1907 et 1911.

119. Lieutenant-colonel Toulorge, Cours de 1909, *Le Service d'état-major en campagne*.

d'idées que doit se faire la réflexion qui mènera à une solution appropriée au but poursuivi et aux moyens que l'on possède[120]. » Le cours comporte trois parties qui suivent chronologiquement le déroulement d'une bataille. La première partie, *Avant la bataille*, présente l'ensemble des généralités et des questions théoriques nécessaires à la compréhension des états-majors. La deuxième partie, *La bataille*, présente le rôle de l'état-major et des services dans la bataille et l'exploitation de la victoire. La troisième partie, Après la bataille, aborde la reprise des opérations, la reconstitution des armées et le rôle spécifique de l'état-major dans la guerre de place, la guerre de montagne, la guerre coloniale et dans les opérations combinées de flotte et d'armée. Tout au long de la lecture de cet enseignement fleuve[121], le procédé pédagogique utilise de nombreux exemples historiques pour illustrer les différentes parties[122].

Enseigner la stratégie

Ainsi le cours d'état-major dispensé par le lieutenant-colonel Toulorge, comme ceux de Renault ou encore de Nudant[123] montrent aux officiers stagiaires que la conduite de la guerre a réellement changé. D'abord parce que « *l'accroissement considérable des armées modernes, l'étendue de leur zone d'action, et, le développement donné à l'organisation des forces ont augmenté considérablement le champ d'action du commandement*[124]. » Ensuite parce que le changement d'échelle de la guerre place l'enseignement de

---

120. *Ibid.*, p. 6.

121. La première partie du cours de l'année 1909, la plus volumineuse, compte 861 pages, sans les annexes.

122. Dans le titre II de la 1re partie, Organisation et entrée en action des états-majors et ses services, la partie historique occupe une place très importante. Il présente alors le GQG allemand en 1870, son fonctionnement durant la période du 17 au 23 juillet 1870, le GQG de Napoléon en 1805 et le GQG dans la guerre russo-japonaise. *Ibid.*, pp. 70-94.

123. Lieutenant-colonel Nudant, Cours de 1911, *Service d'état-major en campagne*.

124. Toulorge, *op. cit.*, p. 17.

l'École supérieure de guerre face à une question fondamentale. Lorsque le cours du Service d'état-major élève la réflexion des professeurs comme des officiers stagiaires au niveau du fonctionnement des états-majors d'armée et de groupe d'armée, la notion de tactique générale est-elle alors pertinente pour aborder la conduite de la guerre de ses nouvelles grandes formations ?

Foch directeur de l'École supérieure de guerre

Lorsqu'en 1908 Clemenceau, contre l'avis de son chef de cabinet[125], nomme le général Foch directeur de l'École supérieure, les enseignements de la guerre russo-japonaise sont au cœur des réflexions militaires des principales puissances européennes. Mais au-delà de la querelle entre « doctrinaires » et « évolutionnistes », si les différents professeurs de tactiques d'armes analysent avec pertinence ce conflit, Foch comprend dès son installation en face de la tour Eiffel que l'enseignement de l'École supérieure de guerre souffre d'un vice. La stratégie y-t-elle vraiment enseignée ? Dans ce domaine le commandant Mordacq souligne que certains écrivains militaires étrangers sont allés jusqu'à prétendre que l'armée française est à cet instant dans la même situation qu'en 1870, et que cette dure leçon ne lui a servi que pour la tactique[126]. Et le futur professeur de stratégie de l'École de guerre ajoute : « *Il n'en est pas moins vrai que nous n'avons certainement pas donné à la stratégie tout la part qu'elle mérite*[127]. » Mordacq utilise alors la guerre russo-japonaise pour orienter les enseignements tirés vers

125. Le général Toutée, adjoint du directeur de l'École entre 1903 et 1907, qui brigue aussi le poste, a constitué un dossier de pièce à charge pour dissuader Clemenceau de nommer Foch. C'est dans ces pièces archivées dans le dossier personnel de Foch que l'on apprend toute la responsabilité de Bonnal dans lors de son éviction à l'automne 1901. Référence : SHD, dossier personnel du maréchal Foch, 9YD 528.

126. Commandant Mordacq, *Études stratégiques*, Paris, Fournier, 1910, p. 8. Ce livre a été écrit avant l'été 1909, c'est-à-dire avant l'affectation de Mordacq à l'École supérieure de guerre.

127. *Ibid.*, p. 8.

le domaine de la stratégie. Ce dernier questionne alors le rôle des places fortes dans la guerre du XXe siècle qu'il qualifie de « *guerre de mouvement par excellence*[128] ». Ce point est capital dans la mesure où les puissances militaires font appel à la fortification pour augmenter la valeur défensive de leurs frontières. Dans ce domaine la réflexion stratégique invite à étudier deux tendances. La première, comme en France, « après avoir organisé une véritable muraille de Chine » est de conserver qu'un nombre limité de places assez limitées. La seconde, comme en Allemagne, est de dépenser des sommes considérables pour construire de nouveaux forts voire des régions fortifiées[129]. C'est pourquoi le rôle de Port-Arthur dans la guerre devient un élément nouveau pour penser la stratégie.

Confronté à l'analyse stratégique du côté japonais et du côté russe, le nouveau problème que pose la guerre moderne devient « *après un premier choc qui a été suivi de succès, le généralissime devra-t-il faire assiéger les places fortes qui seront relativement voisines de sa base d'opérations, ou bien les faire observer*[130] *?* » Ainsi, fort de la nécessité de développer une pensée stratégique, Foch, devenue directeur de l'École supérieure, abandonne l'idée d'enseigner ses cours déjà publiés pour proposer un enseignement nouveau. En effet, la seule conférence que le Béarnais dispense aux officiers stagiaires a pour titre *L'emploi du terrain et de la fortification dans la stratégie*[131]. Cet enseignement s'articule autour de trois notions : le terrain, les places fortes et la frontière du Nord-Est. L'étude du terrain est selon lui la première étape de la réflexion stratégique. En utilisant l'exemple de la guerre de 1870 il souligne que les revers français sont principalement dus au « *culte de la position*

128. *Ibid.*, p. 231.

129. *Ibid.*, p. 232.

130. *Ibid.*, p. 233.

131. Général Foch, Cours de 1909, *Emploi du terrain et de la fortification dans la stratégie.*

qui a paralysé la tactique et aveuglé la stratégie[132]. » La question à laquelle il cherche à répondre est « *quel compte du terrain notre stratégie tient-elle aujourd'hui, en particulier dans ses conceptions du temps de paix* ? » Pour Foch au même titre que la tactique, la stratégie use du terrain aussi bien pendant toute la guerre que dès le temps de paix. À partir de l'étude fouillée du terrain et de l'emploi à en faire en vue de la première bataille, il étudie ensuite le rôle assigné aux places fortes dans la guerre moderne. Foch souligne l'impuissance des places fortes en tant que résultat et fin de la guerre, voire comme « *gardiennes du territoire* ». Dans la continuité de sa série de *conférences La manœuvre pour la bataille*, il écrit « *Alors apparaît la juste mise au point de cette grandeur qui s'appelle la fortification, elle est l'aide, rien que l'aide, mais une aide puissante de cette stratégie qui cherche la bataille à la demande des conditions topographiques de la région*[133]. » À partir des deux éléments de cette double équation, terrain et fortification, Foch en fait l'application pratique à la frontière du Nord-Est de la France. Il analyse alors les différents aspects de la stratégie : concentration, offensif et défensif. Dans cette la guerre, l'ennemi reste l'armée allemande. En marge de cet enseignement l'historien doit aussi souligner la seule publication du directeur de l'École de guerre. En 1901, il publie la troisième édition des *Principes de la guerre*, dans laquelle une nouvelle préface questionne les enseignements de la guerre russo-japonaise.

L'essai d'une 3e année

Foch a donc d'emblée compris que l'enseignement de la guerre est désormais confronté à une préoccupation épineuse qui se décline en deux questions : comment former un stratège ? Et où le former ? Puisque l'École supérieure de guerre est chargée de préparer le haut-commandement de l'avenir il n'est donc pas

---

132. *Ibid.*, p. 3.
133. *Ibid.*, p. 12.

saugrenu de l'imaginer dans le cadre d'une institution auréolée de trois décennies d'existence. Cette préoccupation est d'autant plus pertinente que la plupart des académies militaires européennes disposent d'un curriculum qui s'étale sur trois années d'enseignement[134]. S'agit-il pour autant de copier une nouvelle fois la *Kriegsakademie* de Berlin, dont les conférences et les écrits de stratégie sont abondamment traduits par le cours de langue allemande de l'École ? Il n'est pas imprudent de répondre par la négative à cette question. En effet, le curriculum de l'école, reposant sur deux années d'études pour assimiler le niveau de la division puis celui du corps d'armée, il devient logique d'admettre que la complexité soulevée par le cours du Service d'état-major de l'étude de l'Armée et du groupe d'armée nécessite soudain l'ajout d'une troisième année. Foch est alors placé face à deux nouveaux problèmes. Le premier est structurel. Les ressources matérielles, humaines et d'infrastructures de l'École supérieure de guerre ne peuvent faire fonctionner que deux promotions de stagiaires. Le second est organique. Ce petit groupe d'officiers rompus à la stratégie et aux manœuvres d'armées et de groupe d'armées trouve une place confinée dans le sommet de la hiérarchie de l'état-major des armées. Il y a donc ici une collusion directe entre l'enseignement militaire supérieure et le haut-commandement de l'armée française. Foch demande ainsi au ministre de la Guerre d'organiser, à titre d'essai, à partir du mois de novembre 1909, un enseignement complémentaire de Hautes études militaires. Dans sa proposition au général Brun il écrit : « *Quinze officiers environ, les mieux notés parmi ceux qui sortiront de l'École supérieure de guerre avec la mention Très bien, seront affectés à un état-major, mais pendant leur première année de stage, ces officiers seront détachés à l'École supérieure de guerre. Ils seront employés à des études et à des travaux d'application visant les matières qui ne peuvent trouver leur*

134. En 1909, les durées de scolarité des académies militaires sont de quatre années en Espagne, de tois années en Allemagnes, Belgique, Roumanie, Italie et Turquie, de deux ans et ½ en Russie et de deux ans en Angleterre, en Autriche et en France.

place dans les deux années du cours normal, en particulier celles qui se rapportent à la stratégie[135]. »

L'enseignement défini par Foch est approuvé le 27 septembre 1909 par le ministre de la Guerre. Il comporte cinq axes. Le premier a pour but de définir les bases de la conduite de la guerre. Cet aspect de la stratégie cherche à se rendre compte des forces matérielles disponibles et des intérêts qu'elle représente. Elle se double de la connaissance de l'état militaire, gouvernemental et financier, du théâtre d'opérations et de la politique étrangère des principales puissances européennes. Ce premier axe[136] comprend la guerre comme le prolongement de la politique extérieure. Le deuxième axe aborde la théorie de la stratégie moderne[137]. Le niveau de la stratégie est celui lié à la guerre d'armées. L'étude de l'histoire permet d'aborder différentes situations stratégiques : les campagnes de 1813 et de 1814 ; la guerre civile américaine, la guerre de 1866, la guerre de 1870-1871 et la guerre russo-japonaise. L'analyse théorique s'appuie aussi sur l'étude de Napoléon, Moltke, von der Goltz, von Schlichting et Oyama. De plus les mémoires de Moltke ont pour finalité de comprendre la nature du plan de guerre. Le troisième axe développe la technique de la guerre à l'échelon de l'armée[138]. Il s'agit en fin de compte de l'apprentissage du Service d'état-major à un tel niveau. Cet aspect englobe les marches, l'alimentation, les ravitaillements, le service de santé, les moyens de communication modernes, et les chemins de fer. Si ces trois premiers axes sont particulièrement théoriques, le quatrième axe de l'enseignement est leur mise en pratique[139]. L'ensemble des applications de la stratégie s'appuie d'abord sur un voyage d'état-major, des *Kriegsspiel* qui étudient des situations stratégiques, des opérations combinées de groupes

135. Desfontaines, *op. cit.*, p. 147.

136. Desfontaines, *op. cit.*, p. 148.

137. Desfontaines, *op. cit.*, p. 149.

138. Desfontaines, *op. cit.*, p. 150.

139. Desfontaines, *op. cit.*, p. 150.

de forces. Ensuite l'étude d'une place forte, des travaux avec les 3e et 4e bureaux de l'état-major ainsi que des exercices liés à l'emploi des chemins de fers. Le cinquième et dernier axe de l'enseignement est celui de l'étude des langues vivantes[140] qui est néanmoins facultatif. Parmi les professeurs de l'École détachés spécialement à cet enseignement, on trouve le commandant Colin et son adjoint le commandant Corn pour les études historiques, les commandants Mordacq, Lebouc et Raguenau pour les études stratégiques, et le colonel Krien pour les études « pays ». Quant au colonel Pétain et au lieutenant-colonel Hallouin, ils dirigent les *Kriegsspiel* et les travaux d'études.

Mordacq, le Magister equitum *de Foch*

Face au défi de créer *ex nihilo*, en moins de trois mois, une troisième année d'enseignement centrée sur la stratégie, situation peu ou prou identique du premier semestre 1876 lors de la mise sur pied des Cours militaires spéciaux, comment Foch réussit-il à trouver son *magister equitum* ? Le 7 septembre, alors qu'il est en permission dans sa maison de Bretagne, il apprend du ministre la nomination d'Henri Mordacq comme professeur à l'École supérieur de guerre. Il lui écrit immédiatement[141]. Dans cette missive Foch donne ces directives à Henri Mordacq : « *Ce que je vous demande de préparer pour le 19 novembre* [Il s'agit de la date de rentrée pour l'École] *c'est l'étude de la campagne de Mandchourie ; tout au moins à commencer d'étudier dans ce sens. En travaillant la*

140. Elles se limitent à l'allemand et au russe, seules langues enseignées à l'École de guerre.

141. En travaillant sur Mordacq, l'auteur de ses recherches a découvert un passionné d'histoire, originaire de la ville natale de Mordacq, Clermont-Ferrand, où aucune plaque de rue ne lui est attribuée. Depuis 1994, Jean-Paul Fontanon s'est mis à collecter tout ce qui se rapporte à Mordacq, se constituant ainsi un fond privé d'une remarquable valeur historique. En prenant le temps de nous déplacer à Thiers chez Jean-Paul Fontanon pour étudier ce fond particulier et ses documents nous avons eu le privilège d'exhumer cette lettre datée du 7 septembre 1909. Elle est scannée dans l'annexe 14 du tome 2.

guerre de 1870 au point de vue de la tactique ; en envisageant des situations tactiques ; les facteurs qui entrent en compte ; bois village, rivières, hauteurs, glacis etc... Nous en avons conclu la conduite des troupes à y pratiquer, c.à.d. la tactique. Il nous faut entreprendre le même travail pour la stratégie ; voir les situations qui se présente à un Oyama ; de quoi elles sont faites, comment il les traite, comment nous les traiteront etc... » Ces lignes, criantes de lucidité sont aussi le constat d'échec d'une institution qui depuis 34 promotions centre son curriculum sur le niveau de la tactique tout en saupoudrant des notions abstraites et galvaudées du terme stratégie. Foch conclut sa lettre en développant son idée maîtresse de l'enseignement de la future 3e année : « *Il nous faut voir une campagne moderne dans son ensemble, les actes principaux, le fil conducteur qui les réunit ; comment chacun d'entre eux est abordé etc., etc.* » Alors pourquoi avoir jeté son dévolu sur ce « *Cher Mordacq* » élève de Foch entre le mois de novembre 1898 et novembre 1900 ? Est-ce parce que ce jeune commandant, chef d'état-major du général commandant la 10e division, Marie-Georges Picquart, demande à son chef de plaider la cause du Béarnais auprès de Clemenceau pour être nommé directeur de l'École de guerre ? Ou n'est-ce pas plutôt parce qu'après avoir dispensé ces cours et encadré 6 promotions de l'École de guerre, soit 360 officiers élèves, Foch voit Mordacq comme le plus brillant penseur militaire de sa génération ? Parmi cette cohorte de « brevetés » Henri Mordacq est un officier atypique. D'abord parce qu'avant de réussir le concours d'entrée de l'École de guerre cet officier sert « aux colonies », principalement au Tonkin au sein d'un régiment étranger. Lyautey remarque déjà ses qualités en 1896[142]. Quant à Gallieni, il écrit : « *jeune lieutenant d'une intelligence peu commune* [143] ».

142. Dans ces *Lettres du Tonkin et de Madagascar, 1894-1898*, publiées en 1920 Lyautey le qualifie de « *petit officier renseignement de choix* ».

143. Gallieni, *Gallieni au Tonkin (1892-1896) par lui-même*, Paris, Berger-Levrault, 1941, p. 27.

Ensuite, parce que la pertinence et la régularité des publications qu'il propose dès sa sortie de l'École de guerre sont une référence. *L'Armée nouvelle, ce qu'elle pense, ce qu'elle veut*[144] peut ici être considérée comme la vision d'un officier ayant pleinement compris que la France et le monde se trouvent dans une période de rupture. Les dispositions intellectuelles de Mordacq concourent à « *étudier pratiquement les questions nouvelles, les innovations de toutes sortes que le progrès de la science et de et l'expérience des guerres récentes font constamment surgir*[145]. » C'est avec un tel état d'esprit qu'il faut aborder le cours dispensé aux quinze lieutenants et capitaines aptes à suivre cette 3e année : Étude stratégique de la guerre russo-japonaise[146]. Ce premier véritable cours de stratégie représente une référence, théorique et pédagogique dans l'histoire de l'enseignement de la stratégie en France. En s'appuyant sur quinze conférences, Mordacq aborde respectivement tous les domaines nécessaires à la compréhension de ce conflit, en restant au niveau de l'articulation politico-militaire et en évitant la tentation de descendre aux petits échelons de la conduite de la guerre. Ces quinze points sont chronologiquement : les considérations générales sur la guerre, la préparation de la guerre, la manœuvre stratégique, la bataille, la retraite et la poursuite d'un groupe, Port-Arthur et le rôle stratégique des places fortes, le mélange des unités, les services de l'arrière, le haut-commandement, la stratégie terrestre, la stratégie navale, la question financière et des conclusions. Il est alors intéressant que Mordacq soit le premier, voire le seul, à noter l'importance des événements intérieurs dans à la défaite de la Russie. Il écrit : « *Il faut s'attendre dans la guerre future, à voir l'opinion publique essayer d'agir constamment sur le gouvernement pour peser sur les décisions*

144. Comandant Mordacq, *L'Armée nouvelle, ce qu'elle pense, ce qu'elle veut*, Paris, Plon, 1905, 349 p.

145. *Ibid.*, p. 344.

146. Commandant Mordacq, *Étude stratégique de la guerre russo-japonaise (1904-1905)*, cours de 3e année, 1910.

concernant sinon les opérations proprement dites, tout au moins la cessation ou la continuation de la lutte[147]. » Quant à l'exhaustivité des éléments bibliographiques qu'il présente à la fin de son cours et qu'il cite tout au long de ces conférences, elle souligne la rigueur méthodologique et historiographie de ce professeur de stratégie. En marge de ces conférences[148] Mordacq demande à ses stagiaires de rédiger une note de recherche stratégique de 4 à 5 pages ayant pour titre : La question de Port-Arthur[149].

De la prussomanie et la prussophobie

Dans le cadre de l'enseignement de la 3e année, les études historiques viennent en complément des cours du commandant Mordacq. Elles sont placées sous la direction du commandant Colin. A l'instar de l'engouement porté à l'armée allemande lors de la mise sur pied de l'École supérieure de guerre, ces études sont empreintes d'une véritable prussomanie, dans la mesure où l'armée allemande apparaît comme étant « un admirable modèle stratégique ». Colin organise son cours autour de huit conférences auxquelles il faut ajouter deux autres faites par le commandant des Vallières. Cet enseignement historique suit une approche à la fois chronologique et thématique. La première conférence explique La force d'expansion de la Prusse et l'esprit offensif de son armée[150]. Cette force est incarnée à partir de l'année 1857 par Moltke qui « *avait la plus haute idée de la discipline, de l'instruction, de la science militaire prussienne*[151]. » Il est alors compréhensible que la deuxième conférence ait pour objet *Les début de Moltke*[152].

147. *Ibid.*, p. 345.

148. Elles sont publiées sous une forme plus complète et centrée sur la stratégie dans ses dimensions théoriques et pratiques dès la fin du premier semestre 1910. Commandant Mordacq, *Études stratégiques*, Paris, Fournier, 1910, 268 p.

149. Tome 2, annexe 18.

150. Commandant Colin, Cours de 3e année, 1909-1910, 1re conférence, pp. 1-29

151. *Ibid.*, p. 30.

152. Commandant Colin, Cours de 3e année, 1909-1910, 2e conférence, pp. 31-55.

La troisième conférence a pour thème l'étude stratégique de l'année 1858, c'est-à-dire l'année avec la guerre d'Italie[153]. Les renseignements politiques et militaires de l'année 1859, année d'entraînement à la mobilisation pour la Prusse, permet à ces armées de passer sur le pied de guerre tout en observant la guerre entre la France et l'Autriche. C'est le cœur de la 4e conférence[154]. Le commandant Colin analyse ensuite l'organisation des études militaires en Prusse[155]. Les notions de « *plan de guerre à établir en vue d'une guerre contre la France* » et de plan de campagne sont longuement développées, respectivement dans les 6e et 7e conférences[156]. Enfin, la dernière conférence est consacrée aux différents voyages d'état-major dirigés par Moltke et à leurs enseignements[157]. Tout au long de ses cours Colin met l'accent sur l'importance et le goût des travaux personnels à un tel niveau. Cette idée maîtresse se distingue nettement dans la conclusion de la 5e conférence lorsqu'il écrit : « *Voilà pour vous, mais il faut par la plume, par la parole, par l'exemple, encourager autour de vous le travail intellectuel militaire en liaison avec les exercices actifs, l'imposer à vos subordonnées. C'est un véritable apostolat que je vous demande*[158]. »

Mais paradoxalement, en 1910, l'analyse stratégique impose aussi de raisonner l'ennemi. Dans ce cadre l'armée allemande devient un sujet d'étude où la prussophobie est de mise. L'étude de la guerre de 1870 sert de support pour étudier l'adversaire. Le voyage historique a pour objet d'étudier l'ordre de bataille allemand du 26 août au 1er septembre 1870. De même les travaux d'études numéro 1 à 4 s'appuient sur le même thème stratégique.

153. Commandant Colin, Cours de 3e année, 1909-1910, 3e conférence, pp. 56-83.

154. Commandant Colin, Cours de 3e année, 1909-1910, 4e conférence, pp. 84-109.

155. Commandant Colin, Cours de 3e année, 1909-1910, 5e conférence, pp. 110-135.

156. Commandant Colin, Cours de 3e année, 1909-1910, 6e conférence, pp. 136-159 et Commandant Colin, cours de 3e année, 1909-1910, 7e conférence, pp. 160-192.

157. Commandant Colin, Cours de 3e année, 1909-1910, 8e conférence, pp. 193-229.

158. *Ibid.*, p. 135.

« *L'hypothèse générale adoptée met en présence un parti français et un parti allemand dans des conditions qui représentent certaines analogies avec la situation historique d'octobre 1870*[159] ». Cependant une série de deux conférences classées « Confidentiel » ont pour but de présenter l'armée allemande telle qu'elle se présente en 1910. C'est le capitaine Boizard[160] de l'état-major de l'armée qui en a la responsabilité. La première séance d'étude expose sommairement l'organisation sociale et politique de l'Allemagne, afin d'établir ensuite la relation entre l'organisation politique et militaire. L'évolution des effectifs est présentée sous l'angle des différentes lois militaires votées entre 1871 et 1909. Le mode de recrutement des troupes d'active et de la réserve, comme le budget de la guerre, sont aussi détaillés. Avec l'organisation militaire territoriale et les derniers perfectionnements techniques allemands les officiers stagiaires perçoivent alors la proximité de la guerre qui vient. La seconde partie de l'étude est centrée sur le potentiel humain de l'adversaire. Boizard cherche à approfondir la connaissance des cadres car il estime que l'armée allemande tire son caractère propre de son corps de sous-officiers et d'officiers. Le haut-commandement, ses aides et le fonctionnement du grand état-major aident à mieux appréhender le fonctionnement général d'une armée présentée comme « *la rivale éventuelle de l'armée française.* » Enfin les points saillants de la doctrine de guerre, c'est-à-dire la stratégie et la tactique allemande complètent les présentations. Si dans sa conclusion Boizard affirme que « *l'armée allemande apparaît comme un instrument de guerre redoutable*[161] » il tempère ses propos en ajoutant aussi « *mais elle n'est pas exempte de défauts ni de faiblesses.* » Pour le conférencier, la force numérique, l'accroissement permanent des effectifs et sa puissance matérielle sont contrebalancés par des officiers subalternes trop jeunes et

159. Travaux d'étude de la 3e année de l'École supérieure de guerre.

160. Capitaine Boizard, *L'armée allemande*, deux conférences faites le 9 et le 10 avril 1910. Conférences déclassifiées le 9 février 2009.

161. *Ibid.*, p. 108.

l'abaissement intellectuel et moral du niveau des sous-officiers[162]. Alors qu'il est demandé aux stagiaires de croire aux merveilleuses qualités de la « Race française » et à la supériorité de son corps des officiers, Boizard ajoute que ces motifs d'espérance « *ne doivent pas toutefois nous* [les officiers français] *faire perdre de vue la force réelle et imposante de notre ennemi et ses efforts méthodiques et constants pour l'accroître*[163] ».

Conclusion

La période qui couvre ce chapitre est finalement capitale pour comprendre la position de l'École supérieure de guerre au moment où la France mobilise ses troupes à l'été 1914. En effet, la séquence 1906-1914, s'ouvre par une rupture polémologique d'envergure. L'immense Russie est vaincue par le petit empire japonais. C'est alors une triple défaite pour le Tsar Nicolas II, héraut d'un pacifisme international depuis la première conférence de La Haye en 1899. Défaite dans des combats terrestres comme à la bataille de Moukden. Défaite navale à la bataille de Tsushima. Mais aussi et surtout, une défaite sur le front intérieur du pays, dans ses villes industrielles et dans ses campagnes. À l'apogée de la guerre russo-japonaise, le 22 janvier 1905, c'est le dimanche rouge à Saint-Pétersbourg. La première crise révolutionnaire éclate. Elle ne prend véritablement fin que le 2 janvier 1906 lorsqu'après dix jours de durs combats l'armée russe reprend au « Soviet » la possession de Saint-Pétersbourg en proie à la grève générale. Cette période de rupture s'accompagne de la dissémination d'idées nouvelles, celles portées par les socialistes révolutionnaires et inoculées par l'épisode sanglant de la Commune, celles de Darwin et son processus de sélection naturelle, comme celles de Gustave Lebon et sa psychologie des foules. L'évanescence de ces trois familles

162. *Ibid.*, p. 109.
163. *Ibid.*, p. 111.

d'idées, respectivement dans le domaine politique, philosophique et sociologique s'apprêtent à transformer la guerre, sa préparation et sa conduite. Une telle rupture globale induit *de facto* une crise de la pensée militaire en France. Cette situation rend malaisé l'enseignement à l'École supérieure de guerre déjà perturbé par les conséquences de l'Affaire Dreyfus et l'après Combisme. Ainsi à partir de 1906, les professeurs se trouvent confrontés à des données nouvelles mais nécessaires pour asseoir leur enseignement. Car, d'une part, la France s'insère dans la Triple Entente. Cette alliance change la donne stratégique d'une guerre contre l'Allemagne dans la mesure où l'Angleterre y apporte la dimension maritime et la Russie celui de l'immensité continentale, qui oblige le *Generalstab* à planifier une guerre sur deux fronts. D'autre part, dans le domaine de la conduite de la guerre, les progrès techniques doublés de l'avènement de l'ère des masses transforment brutalement le caractère du conflit qui s'annonce. Ferdinand Foch aussi a compris que la guerre change d'échelle. Il écrit dans la préface de la troisième édition des *Principes* : « *La rencontre générale des armées opposées s'est étendue d'une façon notable dans le temps et dans l'espace, rompant les unités classiques de lieu et de temps*[164]. » Telle est la raison fondamentale pour laquelle il demande à son ministre de faire évoluer l'École supérieure de guerre en expérimentant la troisième année d'enseignement. Malheureusement dès le premier semestre de l'année 1910, bien que cet essai novateur et pertinent soit un progrès et une réussite complète pour l'enseignement militaire français, l'opposition rencontrée dans la presse et au parlement contraint à l'abandon d'un projet réaliste.

Lorsque le décret du 21 octobre 1910 crée le Centre des hautes études militaires, une fracture se forme. Elle naît d'un conflit originel entre trois institutions – l'état-major général, le Conseil supérieur de la guerre et l'École supérieure de guerre – qui doivent travailler de conserve pour diriger le nouveau cours.

164. Foch, *op. cit.*, p. XIV.

Chacun des trois partis souhaite alors faire prévaloir sa primauté pour définir « La » doctrine stratégique de l'armée française. La seconde crise marocaine qui voit le Panther entrer dans la rade d'Agadir le 1er juillet 1911 coupe cours à ces divergences. Grâce au décret du 28 juillet 1911 Messimy met en place une direction unique où le chef d'état-major général impose ses vues à la fois au Conseil supérieur de la guerre, à l'état-major de l'armée, au Centre des hautes études militaires et à l'École supérieure de guerre. Dans cette phase de rupture, Foch a donc vu juste. Sa détermination renouvelle pour la première fois depuis 1876 l'idée d'une École de guerre. Peu à peu elle influence puis inhibe le haut-commandement. Malgré les obstacles matériels et humains, l'idée évolue puis triomphe. Désormais l'enseignement militaire français dispose d'une nouvelle enceinte pour étudier et préparer la guerre des masses définie par le général Baron von Falkenhausen dans son ouvrage *La grande guerre au temps présent*. En redéfinissant les attributions du futur généralissime, l'impulsion donnée par un officier « breveté » devenu ministre de la Guerre, provoque aussi une inflexion de la pensée militaire.

Retour à l'offensive. Un groupe d'officiers que l'on appelle les « Jeunes turcs » devient d'un seul coup myope à la lueur éblouissante des feux du champ de bataille, celui du 15 juin 1818 à Waterloo, du 3 juillet 1862 à Gettysburg, du 15 août 1870 à Saint-Privat, du 19 juillet 1877 à Plevna, du 15 décembre 1899 à Colenso, comme du 24 août 1904 à la Liao-Tang. Négligeant le feu et l'appui d'une artillerie hautement perfectionnée, une École composée de dogmatiques jeunes brevetés se forme autour du lieutenant-colonel Loiseau de Grandmaison. Son catéchisme est défini par deux conférences données au CHEM en 1911. Elles ont pour titre : *La sûreté* et *L'engagement des grandes unités*[165]. La prudente stratégie de « défensive-offensive » est alors portée aux gémonies. L'esprit de la nouvelle philosophie de guerre est incarné

165. Colonel de Grandmaison, *Deux Conférences*, Paris, Berger-Levrault, 1911, 60 p.

par la conclusion de sa première conférence lorsque Grandmaison écrit : « *Il faut cultiver avec passion, avec exagération et jusque dans les détails infimes de l'instruction tout ce qui peut avoir la marque de l'esprit offensif. Allons jusqu'à l'excès et ce ne sera peut-être pas assez*[166] ». Immédiatement le décret du 28 octobre 1913 portant règlement sur la conduite des grandes unités prescrit au CHEM et à l'École supérieure de guerre le la doctrinal. Un dogme est scellé.

À la guerre « *à outrance* » prônée par Gambetta et Freycinet au mois d'octobre 1870, succède quatre décennies plus tard l'offensive « *à outrance* ». Ne jamais en parler, toujours y penser. Une autre idée vient de faire son chemin le « *à outrance* ». L'heure de la Revanche a enfin sonné pour cette jeune génération de « brevetés ». Mais leur excès d'offensive n'exprime-t-il pas une autre revanche, la revanche intellectuelle des élèves de l'École supérieure de guerre assommés par les certitudes d'un corps professoral qui se borne à enseigner des « vérités hiérarchiques » ? Voilà un autre exemple de la querelle entre Les modernes et les anciens. L'enseignement des Foch, Pétain, Lanrezac, Fayolle devient à leurs yeux désuet. Mais si Gamelin, élève de Foch au sein de la 25ᵉ promotion a écrit « *Quand j'y étais élève, ou plutôt « disciple » comme nous disions*[167] » l'École supérieure de guerre n'est-elle pas l'incarnation d'une « camarilla intellectuelle » ? À partir de 1910, en voulant se libérer du cadre didactique, les jeunes « brevetés », néophytes de leur réflexion militaire peu aboutie, n'imposent-ils pas à la République une vision erronée de la conduite de la guerre ?

166. *Ibid.*, p. 25.

167. Général Weygand, *Manœuvre et victoire de la Marne*, Paris, Grasset, 1954, p. 98.

ESSAI DE SYNTHÈSE : DE LA PENSÉE À L'ACTION

« Soyez juges. Soyez apôtres. Soyez prêtres.
Dites le vrai. Surtout n'expliquez pas les traîtres !
[...]
Historien, soyez implacable aux félons. »

Victor Hugo, *Aux Historiens, Toute la Lyre,* 15 janvier 1875

De l'École à la guerre

« Messieurs, au fronton du monument qui nous abrite, on lit cette inscription :

École de guerre.

Ces deux mots peuvent-ils être associés : École et guerre ? »

Lieutenant-colonel Ferdinand Foch, *1re conférence – 1897*

Lorsque l'École supérieure de guerre ferme ses portes au mois de juillet 1914, 39 promotions viennent de se succéder. 2880 officiers « brevetés » y ont été formés. Ce décompte ne doit pas faire oublier les officiers de complément du service d'état-major qui permettent au moment de la mobilisation de faire passer les états-majors français du pied de paix au pied de guerre. Est-ce pour autant déjà l'heure d'évoquer le bilan de l'École de guerre ? Ne faut-il pas attendre l'épreuve du feu ? Le 3 août 1914, les Revanchards, s'ils en existent encore, attendent ce moment depuis 43 ans ! Le premier choc a lieu le 22 août. C'est Charleroi. 27 000 morts français[1]. La bataille des frontières (7-23 août 1914) se solde finalement par 206 000 pertes françaises. C'est l'hécatombe. Mais à l'hécatombe des poilus, le généralissime français choisit d'infliger une autre hécatombe, l'hécatombe des généraux. Entre le 2 août et le 6 septembre, Messimy permet à Joffre de relever de

1. Jean-Michel Steiger, *Le jour le plus meurtrier de l'armée française*, Paris, 2013, 256 p.

leur commandement deux commandants d'armée, dix commandants de corps d'armée et trente-huit commandants de division[2]. A la fin de l'année 1914 un total de 162 officiers généraux aura été « limogé »[3]. La liste des épurés compte quatre anciens professeurs de l'École supérieure de guerre dont Lanrezac et Ruffey. Mais ces 162 généraux qui incarnent le haut commandement ne sont-ils pas pour près de la moitié[4] « brevetés » de l'École supérieure de guerre ? Doit-on alors condamner individuellement les inaptitudes des officiers, issus des premières promotions, qui ont craqué physiquement et moralement ou bien faire « le procès » de l'enseignement de l'École supérieure de guerre ? En 1876, l'École n'a-t-elle pas reçu la double et difficile mission de former les officiers aptes au service d'état-major et de devenir la pépinière du haut-commandement ?

Répondre à cette épineuse question c'est être capable de commencer par établir une synthèse de cette investigation historique. Il s'agit pour l'historien de qualifier cet autre entre-deux-guerres à travers l'évolution d'une institution singulière. Comment entre 1876 et 1913 l'École supérieure de guerre a pris en compte les objectifs initiaux que le ministre de la Guerre, le général de Cissey, lui a assignés ? Deux facteurs principaux se dégagent. Ils s'inscrivent dans une dynamique d'évolution, une variable temps qui exprime une conjoncture ou qui historicise des événements. Le premier repose sur des hommes qui ont épousé la carrière des armes. Ces officiers ont été sélectionnés par deux concours, celui de l'École spéciale militaire de Saint-Cyr ou de l'École polytechnique, puis celui de l'École supérieure de guerre. Au sein de groupes, ils constituent plusieurs générations militaires. Le second facteur correspond à la nature de l'enseignement de la guerre dispensé au sein de l'École. Ces deux éléments permettent ensuite de souligner l'utilisation de

2. Messimy, *op. cit.*, p. 349.

3. Pierre Recolle, *L'hécatombe des généraux,* Paris, Lavauzelle, 1980, 373 p.

4. 44 %.

l'histoire par les professeurs. Fort de cette synthèse, il est ensuite opportun d'établir une analyse rétrospective de l'enseignement de la guerre en France au cours de la période étudiée. L'École supérieure de guerre symbolise alors la synergie entre la pensée et l'action. Sous cet angle, trois lignes de forces peuvent être soulignées. Premièrement, l'enseignement du lieutenant-colonel Foch peut être questionné différemment. Il dégage une philosophie de l'enseignement militaire caractéristique de l'institution. Deuxièmement, au sein de l'École supérieure de guerre, la préparation intellectuelle de la guerre se traduit par un cycle spécifique, celui du mariage de la pensée et de l'action. Troisièmement, c'est encore le lien entre la pensée et l'action qui doit permettre de dresser un bilan de l'École supérieure de guerre.

En fin de compte, ces deux étapes, synthèse des recherches et analyse rétrospective, constituent les deux piliers d'une recherche fondamentale novatrice. Malheureusement elles ne sont pas « opératoires ». Le « *So what !* » anglo-saxon semble cruellement leur faire défaut. Afin de passer de la recherche fondamentale à celle de la recherche appliquée, l'officier « breveté » propose aussi de regarder vers l'avenir de l'enseignement de la guerre. Cette analyse prospective a pour finalité de se réapproprier les questionnements initiaux, « comment enseigner la guerre ? » et « qu'enseigner de la guerre ? » afin de réinventer l'idée d'une École de guerre.

L'autre entre-deux-guerres, 1871-1913

La période qui s'inscrit entre le Traité de Francfort et la bataille des frontières d'août 1914 constitue une phase constructive pour les officiers français. L'aiguillon de la défaite provoque la deuxième refondation complète de l'Armée de Terre. Ce redressement militaire se double d'un réveil intellectuel jamais reproduit à ce jour. A l'aune de ces recherches, l'École supérieure de guerre doit être scrutée par le prisme des officiers qui y passent, des professeurs et des stagiaires, et par celui de l'enseignement qu'elle dispense, où l'histoire trouve une place singulière.

Les officiers « brevetés » : Trois générations militaires distinctes

Trois générations d'officiers, particulièrement différenciées par leur formation antérieure, leurs origines d'écoles, et leurs idées politiques, se succèdent au cours de l'autre entre-deux-guerres.

La première génération : 1872-1888

Lors de la guerre franco-prussienne, le haut-commandement français est constitué par des colonels et des officiers généraux qui ont plus de quarante ans. La plupart d'entre eux sont issus de l'École d'application d'état-major. Ces officiers sont des hommes d'expérience. Ils ont fait campagne au Mexique, en Algérie, en Italie et en Crimée. Leur principale référence en histoire militaire se limite aux écrits de Thiers. Cette première génération qui a subi passivement la foudre de Sadowa, porte les réformes concomitantes à la restructuration de l'Armée de terre : mise en place du service militaire obligatoire, organisation en corps d'armée et adoption d'un enseignement militaire supérieur. La majorité de ces officiers n'est pas en mesure de comprendre l'évolution de la guerre concomitante du début de l'industrialisation de la société. Il s'opère néanmoins un brouillement intellectuel chez les jeunes officiers. Grâce à la détermination de Cissey et de Castelnau, l'École supérieure de guerre sort de terre. Cette phase voit les efforts didactiques d'un nombre limité d'officiers. Ils établissent les fonds baptismaux de l'enseignement militaire français. Parmi ce noyau de professeurs et d'écrivassiers militaires qui marque la naissance et les débuts de l'École, citons Lewal, Pierron, Derrécagaix, Canonge, Vaucheret, ou encore Niox. Ces officiers sont alors dans la dernière partie de leur carrière. Ils n'ont pas la plasticité intellectuelle pour changer de mentalités. Le positivisme et la naissance de la discipline histoire en France marque intellectuellement cette période. Hormis Lewal et Vaucheret, peu d'entre eux sont acquis à la cause de la jeune Troisième République.

La deuxième génération : 1889-1905

A cette première génération succède un groupe totalement différent de leurs aînés. En 1870, cette deuxième génération a entre vingt et trente ans, c'est-à-dire la tranche d'âge qui est marquée par l'*Année terrible* et qui accepte la défaite comme l'élément régénérateur de la France. Ces officiers sont intellectuellement prêts à emmagasiner des idées nouvelles. Les plus brillants d'entre eux sont déjà « brevetés » de la nouvellement créée École supérieure de guerre. C'est la génération des Maillard, Bonnal, Gilbert, Foch, Lanrezac, Pétain, de Maud'huy, Franchet d'Esperey, et autres Langlois, Fayolle, Taverna, Verraux. Polytechniciens ou saint-cyriens, si l'on doit les considérer comme des réformateurs, ils évoluent au sein d'une armée française qui ne possède pas de commandement unique. Cette deuxième génération est le témoin des évolutions techniques fulgurantes qui s'apprêtent à profondément modifier la conduite de la guerre. Elle est par ailleurs victime de la période de troubles intérieurs du pays, caractérisée par les rebondissements de l'affaire Dreyfus et les cinq années du Ministère André. Un tel contexte réveille le cléricalisme chez beaucoup d'officiers que la République s'est mise en tête de démocratiser. De plus, certains de ces plus jeunes officiers qui alimentent les premières promotions de l'École supérieure de guerre[5] sont devenues officiers généraux. Toujours en service à l'été 1914, septuagénaires voire octogénaires, ils sont ces 71 « brevetés » limogés par le Généralissime[6]. Ce chiffre de 71 correspond peu ou prou au volume d'une promotion d'officiers stagiaires. Dans le domaine des idées si le comtisme perd ses adeptes, les écrits de

5. De la 1re à la 5e.

6. Adolphe Messimy souligne dans ces mémoires qu'il demande dès 1912 à Joffre de relever des officiers généraux qu'il juge inapte à leurs fonctions.

Gustave Le Bon liés à la psychologie des foules, placent la notion d'initiative au cœur de la réflexion militaire. En effet l'exercice de l'initiative a pour conséquence de faire évoluer les mentalités des officiers. Le règlement d'infanterie de 1904 a alors la clairvoyance de souligner l'intelligence des combattants.

La troisième génération : 1906-1914

La troisième génération née durant la décennie 1860 entre dans l'adolescence au moment de la guerre de 1870. Elle atteint sa maturité intellectuelle à partir de la seconde guerre anglo-boer puis du conflit russo-japonais, c'est-à-dire lorsqu'un véritable malaise s'installe chez les officiers qui sortent de l'École supérieure de guerre, ainsi que chez leurs camarades non « brevetés ». Il y a subitement un fossé entre la représentation de la guerre enseignée et les deux récentes guerres, dont on tire des enseignements souvent divergents en restant principalement à l'échelon tactique. La discorde règne dans les esprits des officiers « brevetés » qui subissent désormais la concurrence de leurs pairs ayant choisi l'aventure coloniale. Cette génération est stagiaire à l'École lors de la décennie 1890. Elle a eu Bonnal, Lanrezac et Foch comme professeurs de tactique générale et de stratégie. Colin, Debeney, Cordonnier, Messimy, Mordacq, Gamelin et Loizeau de Grandmaison en sont les hérauts. Après avoir été confrontée à une crise doctrinale, elle incarne un redressement tardif de la pensée militaire où l'étude de la stratégie prend une place prépondérante. L'action énergique de Messimy, « dreyfusard-républicain » et démissionnaire en 1899, permet de confier à un seul officier général les fonctions de chef d'état-major de l'armée et de généralissime. Puis, en trois années, sous l'impulsion des conférences faites par le chef du 3e bureau, le colonel de Loizeau de Grandmaison, et les « Jeunes Turcs » de Joffre, engagent la doctrine de l'Armée de terre française, dans une voie dogmatique et extrême. Quant aux premiers écrits de Mordacq, *L'Armée Nouvelle, ce qu'elle pense, ce qu'elle veut*, comme ceux de Gaston Moch, ils influencent grandement la pensée de Jean Jaurès.

L'enseignement de la guerre

Ces trois générations d'officiers incarnent aussi l'enseignement de la guerre qui est trop souvent réduit à la doctrine d'emploi de l'Armée de terre française. La naissance de l'École supérieure de guerre correspond à une rupture comprise par Napoléon III et Niel mais voulue et portée par les Cissey, Lebrun, Barail, Castelnau, dès leur séjour en captivité outre-Vosges. Lewal porte la responsabilité d'avoir fixé les principes généraux de l'enseignement en orientant l'étude sur la voie exclusive de l'emploi tactique des trois armes sur le champ de bataille. En copiant la *Kriegsakademie* et ses réformes entreprises en 1869, il fait de la tactique générale le cœur de l'enseignement de l'École supérieure de guerre. Sa détermination cherche aussi à faire table rase des pratiques de l'École d'application d'état-major. Il essaye donc de développer un enseignement pratique et essentiellement militaire de la guerre. Jusqu'à sa suppression en 1877, le programme d'enseignement de l'École d'état-major, réparti sur deux années, comprend l'art militaire, l'artillerie, la fortification, les sciences appliquées, la cosmographie, la topographie, la géodésie, la géographie, l'administration et la législation militaire. Une étape de transition s'opère alors entre 1876 et 1877. L'enseignement des Cours militaires spéciaux s'appuie sur, d'une part, des cours obligatoires – Histoire de la guerre et stratégie, tactique, fortification, artillerie, législation et économie politique, organisation et administration militaire, géographie militaire, étude du terrain, service d'état-major, allemand – et d'autres part des cours facultatifs–géographie générale, histoire et littérature, géodésie. Néanmoins, dès le second semestre 1877, la démarche constructive imposée par le général Lewal conduit à éliminer l'ensemble des cours à connotation civile. Le droit et l'économie disparaissent du curriculum de l'École dès 1877. La décision prise par le premier directeur de l'École supérieure de guerre de supprimer les cours techniques doit être questionnée. Alors que les différentes expositions universelles n'ont de cesse de montrer les développements exponentiels de la science et de la technique, est-il alors pertinent de faire disparaître le cours de sciences appliquées, c'est-à-dire les 49 leçons et les travaux liés à la connaissance des techniques et de l'industrie ? Ce cours n'est-il pas le meilleur levier pour développer dans la durée chez les officiers stagiaires la compréhension de l'influence de la technique sur la conduite de la guerre ?

Au cours de la période de genèse de l'École supérieure de guerre, 1876-1888, on peut constater qu'aucune discipline ne prend réellement l'ascendant pour fédérer l'enseignement de la guerre. La qualité et les convictions des professeurs sont les éléments essentiels pour faire apprécier un élément d'enseignement particulier aux officiers stagiaires. Ainsi chaque chargé de cours – infanterie, cavalerie, artillerie, fortification, état-major, administration, géographie, allemand – apporte des éléments de compréhension de sa partie spécifique de l'enseignement de la guerre. Néanmoins cette dimension plurielle disparaît progressivement au profit du cours d'histoire militaire de tactique générale et de stratégie. Elle devient effective en 1892 lorsque Bonnal devient titulaire de la chaire c'est-à-dire lorsqu'un troisième adjoint vient renforcer l'équipe. En 1903, la chaire atteint l'effectif de quatre officiers lorsqu'un quatrième adjoint y est assigné. D'un point de vue méthodologique l'enseignement de la guerre repose sur la méthode des cas concret. C'est la méthode Maillard qui est utilisée par l'ensemble des professeurs de tactique d'arme (infanterie, cavalerie, artillerie, fortification), du cours d'état-major et du cours d'histoire militaire de tactique générale et de stratégie. La méthode consiste d'abord à exposer des faits de guerre liés au sujet que le professeur souhaite aborder, puis il s'agit d'exposer les principes et les enseignements que l'on doit en tirer, enfin ces principes sont appliqués à des cas concrets. De plus il doit être souligné qu'entre 1876 et 1913 le volume de l'enseignement théorique a régulièrement diminué au profit des exercices d'application sur la carte et sur le terrain. En 1913 les stagiaires ont au maximum 5 conférences par semaine en première année. En deuxième année il n'y a quasiment plus de conférences, ce qui leur permet de lire et d'étudier les cours autographiés. L'enseignement se concentre ainsi sur les exercices d'application. Tout au long de cette période l'enseignement pratique de tels exercices a pour finalités la rédaction et l'exécution des ordres à l'échelon de la division et du corps d'armées. Ils se déroulent dans les salles de cours de l'École militaire ou encore lors des voyages d'été. Les voyages se doublent d'études de reconnaissance de la frontière est de la France mais aussi de visites de champ de bataille.

L'Histoire à l'École supérieure de guerre

Au cœur de l'évolution de l'enseignement de la guerre, une discipline pourrait toutefois servir de fil rouge aux officiers stagiaires. Il s'agit de l'« histoire ». Lors des débuts de l'École militaire supérieure Camille Rousset de l'Académie française a la direction du cours d'histoire et de littérature et le lieutenant-colonel Pierron enseigne l'histoire militaire[7]. Dès 1880 on peut considérer qu'avec d'une part, la suppression du cours facultatif de Rousset, et d'autre part, l'imbrication de l'enseignement de l'histoire militaire avec la tactique et la stratégie, l'histoire générale disparaît définitivement du curriculum de l'École supérieure de guerre. Cette orientation est définitive avec l'enseignement de Derrécagaix, Bonneau et Thiroux. À partir de 1885 la longévité de professeurs[8], leur personnalité et les conceptions de Maillard, aggravent cette situation. Avec ce dernier, le cours d'infanterie devient l'élément unique de compréhension de la guerre grâce à l'étude de la Bataille de Saint-Privat. Maillard enferme l'utilisation

7. La directive d'enseignement stipule que « l'étude de l'histoire apprendrait les causes de la force et de la faiblesse des nations, les moyens de réveiller, soutenir, exciter le patriotisme, la modération dans la victoire, la fermeté inébranlable dans les revers, la foi dans l'avenir, la manière de conduire les hommes. » Desfontaines, *op. cit.*, p. 36.

8. Une moyenne de neuf années passées à l'École.

de l'histoire dite militaire dans l'étude exclusive d'un petit champ de bataille, quelques km^2, et d'un fait de guerre qui ne dépasse pas la durée de la journée. Puis Bonnal est affecté à l'École où il passe également neuf années. En consacrant quatre années à se former aux côtés du « *Savant de cabinet* » tout en bénéficiant des études historiques du capitaine Bonneau[9], Bonnal élève et unifie la compréhension de l'étude de la guerre sous la chaire omnipotente d'histoire militaire, de tactique générale, et de stratégie. Dès lors il y a fusion et confusion totale entre une certaine connaissance de l'histoire militaire et la tactique générale et la stratégie. Le summum de l'enseignement de la guerre se limite alors à des monographies de batailles dans lesquelles les professeurs faussent complètement la vérité historique en essayant d'y introduire de la logique ou en simplifiant les faits de guerre. Bonnal et ses acolytes peuvent-ils alors être qualifiés d'historiens ? Entre 1892 et 1895, le responsable de la chaire publie pas moins de six monographies : *L'Esprit de la guerre. De Rossbach à Ulm* ; *La manœuvre d'Iéna* ; *La manœuvre de Vilna* ; *La Manœuvre de Sadowa* ; *La manœuvre de Saint-Privat* ; *La manœuvre de Frœschwiller*. L'œuvre de Bonnal représente ici une somme de 2500 pages écrites en moins de cinq années, sans sortir de la bibliothèque de l'École militaire et en évitant les dépôts d'archives. Éloignée du souci d'utiliser la méthode historique, très souvent mono source, l'ensemble de ces publications a-t-il une quelconque valeur historique ?

De plus la voie choisie par Bonnal se limite à n'étudier que les grands capitaines[10]. Grâce à l'étude d'une « histoire » biaisée par la recherche des principes de la guerre qu'ils veulent justifier, les professeurs de cette génération s'enferment dans l'étude du passé. Ils le font d'ailleurs avec foi et une conviction très nationale car c'est Napoléon qui leur recommande de méditer les enseignements de l'histoire. Ainsi le dogme de l'École supérieure de guerre

9. L'auteur de ses recherches pense que le capitaine Bonneau peut être considéré comme le seul véritable historien que l'École ait compté entre 1876 et 1913.

10. Principalement Frédéric II, Napoléon et Moltke.

s'appuie sur l'exigence de la connaissance exclusive de l' « histoire » qui prépare au généralat. Dans cette voie c'est la totalité de la deuxième génération qui inhibe intellectuellement la troisième en proposant l'étude permanente du passé comme élément fondamental à la réflexion militaire. L'« histoire » devient travestie puis instrumentalisée afin de justifier des théories et les règlements d'emploi. Les finalités de cette « histoire » sont essentiellement rétrospectives et non prospectives. L'examen du présent, c'est-à-dire l'ensemble des facteurs conjoncturels et techniques est oublié, voire nié. Cette méthode d'enseignement de la guerre à partir d'une « histoire » biaisée est réalisée par des officiers, coupés de l'université. Ils n'ont pas saisi que depuis 1876, avec les Gabriel Monod, Charles Seignobos et autre Charles-Victor Langlois, la discipline « histoire » subit des transformations radicales qui la voient progressivement se constituer à l'état de science. Alors que depuis Jules Ferry et sous l'impulsion des gouvernements successifs, l'histoire enseignée à l'université et dans les écoles de France se professionnalise, sa sœur cadette tâchée pour comprendre la guerre n'arrive pas à dépasser le niveau d'amateurisme[11]. En fin de compte l'erreur commise par l'École supérieure de guerre est de vouloir enseigner trois choses à la fois : l'histoire militaire, la tactique et la stratégie. Si nous avons souligné ici les piètres qualités d'historien de Bonnal, aucun historien ne peut cependant à ce jour lui enlever la pertinence de sa pensée doctrinale dans le contexte des années 1890. Mais en aucun cas l'indépendance et la valeur des idées militaires du « Maître » ne doivent être corrélées à une quelconque dimension historique. Néanmoins, en rouvrant un manuel scolaire comme le *Petit Lavisse* et en constatant le rôle déterminant que les historiens jouent dans le développement de

11. Raoul Girardet affirme que l'histoire militaire enseignée par Henri Bonnal correspond à une tripe démarche réductrice : réductrice dans ses finalités, réductrice dans ses champs d'observation, réductrice enfin dans ses méthodes. *Actes du colloque du centenaire de l'École supérieure de guer*re, Raoul Girardet, L'enseignement de l'histoire à l'École supérieure de guerre (1876-1939), pp. 99-103.

la conscience nationale, on comprend que Bonnal, à sa manière, instrumentalise l'histoire pour enseigner doctement la guerre, celle qui doit rendre à la France les provinces perdues.

Regard rétrospectif sur l'École supérieure de guerre

La synthèse de cette recherche autorise maintenant l'historien à porter un regard rétrospectif sur l'École supérieure de guerre et son enseignement. Entre 1876 et 1913, le point commun que l'on retrouve dans toutes les introductions des cours des officiers ayant dirigé la chaire d'histoire militaire, de stratégie et de tactique est de vouloir rompre avec l'axiome qui affirme que la guerre ne s'apprend que de la guerre. *De facto* la création de l'École doit développer « *une culture intellectuelle* » qui fait défaut aux officiers français. La finalité suprême de l'enseignement devient la préparation intellectuelle de la guerre, c'est-à-dire l'action. Le récit historique de l'évolution de l'École supérieure de guerre entre 1876 et 1914 doit rétrospectivement être compris comme le trait d'union ou le passage de la pensée à l'action. Ce changement d'état peut s'analyser à partir de trois critères principaux. Le premier, philosophique, permet d'approfondir la réception de la pensée du lieutenant-colonel Ferdinand Foch. Le deuxième, conceptuel, propose de définir un cycle théorique de la pensée à l'action. Enfin, le troisième, utilise la variable temps, pour tenter de dresser un bilan de l'enseignement de l'École supérieure de guerre.

Une philosophie de l'enseignement

Puisque le cœur de ces recherches constitue une investigation de l'enseignement de la guerre, il est congru de souligner la trace que le cours d'histoire militaire, de stratégie et de tactique générale a laissé dans l'histoire par le biais de l'influence sur les idées militaires. Selon nous, *Les principes de la guerre* caractérisent l'essence de la philosophie de l'enseignement, legs de l'École supérieure de guerre à la pensée militaire contemporaine. Lorsque, entre 1910 et 1913, le lieutenant-colonel Desfontaines[12] réalise l'historique de l'École, deux pages seulement sont consacrées à Foch[13]. Il souligne en une phrase que le Béarnais reconnaît que les grands principes de la guerre napoléonienne restent toujours vrais. Et il ajoute que ses trois points de doctrine sont respectivement le principe de l'économie des forces, la liberté d'action, et le principe de sûreté. Néanmoins pour Desfontaines, entre 1876 et 1913, trois « Maîtres » seulement ont façonné l'École supérieure de guerre et son enseignement. Il s'agit de Lewal, de Maillard et de Bonnal. De plus dans la littérature militaire publiée entre 1906 et 1913, Foch est peu cité par ses pairs ou par ses anciens élèves. Cependant, immédiatement après la victoire, le chef des armées alliées voit *Des Principes de la guerre* traduit en anglais[14]. Le colonel Fuller définit alors un ensemble de principes pour la *British Army* en 1920, principes qui sont immédiatement repris dès 1921 par le *Field-Manual* de l'*US Army*[15]. Mais sans cette traduction capitale, due à la position d'un Foch victorieux, l'adoption du raisonnement par principe dans la pensée militaire « occidentale » à partir de 1919, aurait-elle pu voir le jour ? Pour les nations victorieuses on se souvient soudain que Foch l'homme d'action serait aussi un théoricien. Aurait-il consciemment pensé ce qu'il allait mettre en œuvre vingt ans plus tard ? Malheureusement il n'y a ici aucun déterminisme historique dans le passage de la théorisation de la pensée à l'action de guerre. En effet, lorsque Ferdinand Foch enseigne à l'École supérieure de guerre à partir de 1896, il stagne comme beaucoup de ses camarades dans le grade

---

12. Desfontaines est sous-directeur adjoint de l'École entre 1908 et 1913.

13. Desfontaines, *op. cit.*, pp. 120-121.

14. Général Ferdinand Foch, commander of the Allied Armies, *The Principles of war*, translated by J. de Morini, London, HK Fly Company, 1918.

15. Thèse de doctorat d'Olivier Entraygues, Chapitre « Les principes, toujours les principes, encore les principes de la guerre ».

de lieutenant-colonel en pensant ne jamais être promu colonel[16]. Néanmoins l'élément primordial repose ici sur la compréhension d'une pensée fondatrice pour l'enseignement de la guerre en France. Foch, comme tout officier pense en praticien. Lorsqu'il arrive à l'École supérieure de guerre, il constate qu'il y a « *un vice secret dans l'enseignement*[17] ». Pour lui, cet enseignement est trop théorique et il refuse la dimension positiviste[18]. Foch reprend à son compte l'aphorisme de Jomini – « *La guerre est un drame effrayant et passionné* » – pour recentrer l'enseignement de la guerre autour de l'homme avec ses facultés intellectuelles, morales et physiques.

De plus ce professeur s'inscrit ici fondamentalement en rupture avec ses prédécesseurs car il n'a pas l'intention d'enseigner « *une histoire à la manière d'Alexandre Dumas* » ou « *ses études historiques traitées à grands coups de brosse* ». Le lieutenant-colonel Ferdinand Foch affirme que *L'enseignement de l'École* – titre de sa première conférence – c'est la guerre ! *A contrario* d'un Bonnal qui prétend enseigner l'histoire militaire, son successeur enseigne donc la guerre dans ses aspects tactique et stratégique, en utilisant comme base historique les publications allemandes de la guerre de 1870. Le professeur créé ainsi un enseignement qui collabore avec l'histoire mais où l'« agir » est l'objectif ultime. Sa doctrine, c'est-à-dire ses quelques principes deviennent des principes pour régir l'action. Ils assurent aux officiers stagiaires « *une même manière de voir, de penser et d'agir.* » La pensée de Foch est dominée par la compréhension de la guerre où « *le fait a le pas sur l'idée, l'action sur la parole, l'exécution sur la théorie* ».

Aussi *Les principes* représentent la dimension épistémologique de son enseignement dans la mesure où ils constituent la vérité

16. Le Goffic, *op. cit.*, p. 89.

17. Le Goffic, *op. cit.*, p. 75.

18. Dans l'introduction de son cours il écrit : « *C'est ainsi que ses théories que l'on avait cru faire rationnelles en les basant uniquement sur des données certaines et mathématiques, avaient le malheur d'être radicalement fausses…* » Foch, *op. cit.*, p. 3.

première nécessaire à la conduite de la guerre. Mais le professeur ne se limite pas à leur connaissance. En effet, il définit le but de l'enseignement de l'École comme « *des principes fixes à appliquer d'une façon variable en suivant les circonstances, à chaque cas qui est toujours particulier et demande à être considéré en lui-même*[19] ». Voilà ce que Foch appelle « *Ma philosophie de l'action*[20] ». Dans cette période où l'évolution des idées voit un rejet du positivisme, il est intéressant d'établir un parallèle entre l'enseignement de Foch et celui du philosophe Maurice Blondel, qui en 1893 présente dans son ouvrage *L'Action*[21] un essai d'une critique de la vie et d'une science de la pratique. Foch et Blondel mettent en lumière l'incohérence des sciences positives et ils proposent une méditation de l'action. Si on reproche à Foch la dimension métaphysique de son enseignement, pour Blondel l'originalité de la métaphysique est « *de préparer l'action à puiser son véritable motif en dehors de tout ce qui est déjà réalisé dans la nature*[22] ». Ainsi à l'instar du philosophe qui étudie la vie, Foch étudie la guerre où il trouve les « lois » qui la gouvernent. Le professeur établit « *une science de la pratique* » où les principes de la guerre deviennent l'équation de l'action. Finalement la philosophie de l'enseignement fochien doit être comprise comme « *Des principes et la manière de les appliquer* » en vue de l'action. Une telle culture intellectuelle est essentiellement philosophique car le professeur demande à ce que tout officier soit capable « *de se faire, sa foi, ses convictions, son savoir, ses muscles*[23]. » C'est pourquoi l'enseignement de Ferdinand Foch, philosophie de l'action, représente le mariage entre la pensée et l'action. De la sorte, le « *Apprenez à penser* » qui apparaît dans le dernier paragraphe de sa conférence

19. Foch, *op. cit.*, p. 14.
20. Le Goffic, *op. cit.*, p. 82.
21. Maurice Blondel, *L'Action*, Paris, Félix Alcan, 1893, 492 p.
22. *Ibid.*, p. 296.
23. Foch, *op. cit.*, p. 23.

introductive est l'injonction qui relie « *L'action de l'homme de guerre* » aux idées qui régissent la réflexion sur les principes.

Conceptualisation d'un cycle : le mariage de la pensée à l'action

Imprégné de cette philosophie de l'enseignement, la période étudiée devient rétrospectivement un laboratoire temporel. L'histoire doit ici être considérée comme une expérience *in vivo* pour les officiers français. Ce récit historique centré sur la genèse et la vie de l'École supérieure de guerre donne lieu à un essai de conceptualisation de la relation entre la pensée et l'action. Pour l'historien des idées, l'intervalle de temps borné par les années 1866-1914 caractérise un cycle spécifique. Ce « temps cyclique » correspond au cheminement intellectuel, qui depuis l'élaboration d'une pensée militaire, conduit les officiers brevetés à leur engagement opérationnel, c'est-à-dire à la guerre. Ce cycle, porté par l'École, sera appelé le mariage de la pensée et de l'action. La pertinence de ces recherches est donc de penser qu'un tel phénomène constitue la matrice intellectuelle de l'étude et de l'enseignement de la guerre. Comment se présente-t-il ? L'observation du cycle « de la pensée à l'action » repose sur cinq étapes principales :

- 1866-1870, *Rupture polémologique* : la guerre de l'unification de l'Allemagne provoque la défaite de la France qui n'a pas intégré les facteurs militaires nouveaux de transformation de la guerre (chemin de fer, état-major, corps d'armée, conscription…). Il s'agit d'une période d'incubation de la guerre, trop courte pour que les armées françaises puissent s'adapter. Puis c'est l'achèvement de trois guerres, celle conduite par le Second Empire jusqu'à la chute de Sedan, celle du Gouvernement de la Défense nationale jusqu'à la fin du siège de Paris et enfin l'épisode de guerre civile lié à la répression de la Commune. Cet épisode solde la défaite des armées françaises.

- 1871-1880, *Régénérescence* : L'Armée de terre française se restructure organiquement, techniquement et intellectuellement. Le bouillonnement intellectuel des officiers alimente le débat et provoque des querelles. C'est une phase de recherche fondamentale qui caractérise une pensée militaire dynamique et ouverte. À l'École d'application d'état-major dissoute succède l'École supérieure de guerre. La régénérescence est ici propice à l'anticipation.
- 1881-1899, *Cohérence* : Création progressive d'une doctrine d'emploi des forces qui se traduit en règlements (service en campagne et armes). La phase de recherche se termine alors. Une période didactique commence. Elle s'appuie sur l'enseignement militaire supérieur, l'instruction technique des unités et l'entraînement des grandes formations. L'École supérieure de guerre détient le monopole de la réflexion militaire en France.
- 1902-1905, *Rupture polémologique* : les guerres anglo-boer et russo-japonaise constituent l'instant de mise à l'épreuve, par procuration, de la doctrine et des équipements. Négativement, c'est aussi l'instant de la rupture de l'équilibre instable formé par l'interaction entre les éléments constitutifs de l'Armée de terre : les alliances, la doctrine, les règlements d'emploi, les moyens, les organisations, les recrutements et les mentalités.
- 1906-1913, *Dégénérescence* : Cette rupture déclenche une nouvelle pensée militaire qui s'exprime par des enseignements contradictoires de ces deux conflits. Cette querelle donne naissance à une période d'anarchie doctrinale en France. Face à la montée de la menace allemande, la nomination du général Joffre en 1911 comme généralissime permet de rétablir un « semblant » d'équilibre. Cette étape constitue une phase au cours de laquelle l'enseignement militaire supérieur s'adapte en créant une 3e année à l'École supérieure de guerre en 1910, puis le CHEM dès l'année suivante. Une nouvelle

période d'incubation de la guerre débute au cours de laquelle une réelle volonté d'adaptation est réalisée. Puis la guerre survient et la première phase du conflit franco-allemand et anglo-allemand se solde par la défaite dans la bataille des frontières.

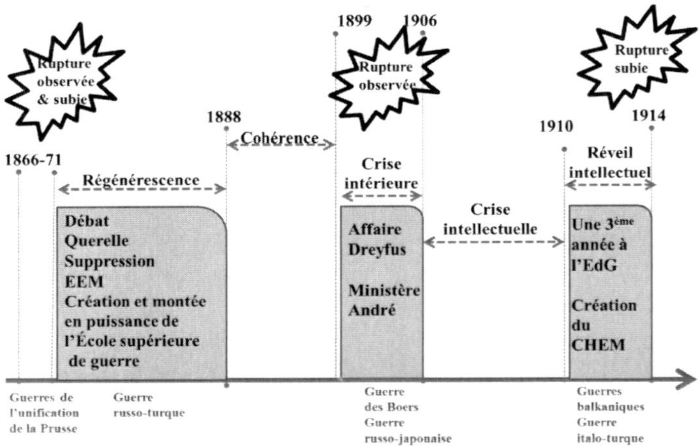

Schéma analytique du cycle de la pensée à l'action : 1866 à 1914

Le mariage de la pensée à l'action montre encore que l'exigence opérationnelle de la vie de l'officier s'inscrit en permanence dans une zone grise. En effet l'étude et l'enseignement de la guerre s'appuient en permanence sur trois temporalités différentes qui forment la dynamique interne de cette transmutation initiée grâce à l'École supérieure de guerre. La première se conjugue au passé. C'est la nécessité de l'étude des conflits qui viennent de se terminer voire qui sont toujours en cours. La deuxième s'exprime au temps présent. Elle exige de l'officier la connaissance parfaite des règlements, des équipements, et des hommes qui se mettent en cohérence par-delà l'instruction et l'entraînement. Enfin, l'action au futur, finalité de la pensée militaire, fruit de l'étude et de l'enseignement de la guerre, devient la dernière étape de cette association. Cette temporalité hybride induit un déséquilibre intellectuel permanent pour l'officier qui doit étudier la guerre dans quatre champs distincts : les principes de la guerre ; les enseignements tirés des derniers conflits ; les principes politiques[24] et l'analyse conjoncturelle[25]. Cette zone grise définit, pour « *un temps-moment* » une doctrine d'emploi des forces, stade ultime avant l'action. Néanmoins, l'aboutissement doctrinal de ce processus itératif est altéré puis dégradé par « *le temps-durée* » qui vient modifier les paramètres liés à la connaissance de guerre. L'investigation historique montre alors qu'au cours de la période étudiée, l'École de guerre a créé chez les officiers une possible réticence mentale face aux changements qui interviennent à partir de 1899. En effet, au cours des son existence, l'institution a contribué à développer un biais dans la carrière l'officier qui limite l'étude et l'enseignement de la guerre à une période donnée. Le passage à l'École supérieure de guerre cristallise alors l'unique « *temps-moment* » que l'on devrait dédier à l'étude approfondie de la guerre. Mais les évolutions et les involutions de la guerre imposent à l'officier de penser le « *temps-durée* ». C'est pourquoi l'enseignement dispensé au sein de de l'École supérieure de guerre doit être considéré comme le point de départ permettant aux officiers « brevetés » de développer une plasticité intellectuelle et une appétence continue et critique des études sur la guerre tout au long de leur parcours professionnel[26].

---

24. Valeurs et intérêts de la France ; notion de guerre juste ; articulation entre le gouvernement et le commandement…

25. État politique et social du monde ; désignation de l'ennemi et des alliances ; capacités et vulnérabilité.

26. Cette conviction et idée-force de l'auteur se trouvent dans les écrits de Iung dès 1880, de Mordacq dès sa sortie de l'École de guerre et de Meyer à partir de 1921.

Quel bilan ?

Dans sa temporalité, le mariage de la pensée et de l'action permet de proposer un bilan de l'École supérieure de guerre. Alors que l'École d'application d'état-major et les officiers du corps ont pu concentrer une part de responsabilité dans la défaite de 1870, sa filleule doit à son tour être observée à l'aune de la Revanche. En 1913, trente-neuf promotions d'officiers « brevetés » se sont succédé dans l'enceinte de l'École militaire. Cependant à quel moment doit sonner l'heure du bilan de l'École supérieure de guerre et de son enseignement ? En insérant cette question dans la « zone grise » du cycle de la pensée à l'action, trois moments distincts peuvent caractériser cette appréciation. Lors de la fin de la phase de préparation intellectuelle de l'action ? Lors de son exécution, c'est-à-dire au déclenchement de la guerre ? Ou ne faudrait-il pas attendre, les enseignements tirés de l'action ?

L'heure de la préparation à l'action

Au cours de ses trente premières années d'existence, la formation de l'École supérieure de guerre s'est concentrée sur le niveau tactique. À partir de 1906, une carence apparaît dans l'enseignement militaire supérieur français du fait de l'absence d'initiation aux questions stratégiques. Puisque l'élite des *Generalstäbler* est préparée à penser l'engagement des armées et des groupes d'armées grâce à un curriculum qui s'étale sur trois années, Foch, dès 1909, obtient du ministre de la Guerre l'ouverture d'une troisième année. Il s'agit d'instaurer un enseignement de la stratégie aux quinze meilleurs stagiaires de la 33e promotion. Face aux nombreuses critiques, « *la classe des élèves-maréchaux* » est remplacée par la création d'un centre d'études stratégiques ouvert à une sélection d'officiers, brevetés ou non, âgés de quarante à cinquante ans. Le Centre des hautes études militaires est un stage de six mois dirigés par le chef d'État-major de l'armée. Son enseignement a pour finalité de conduire des travaux d'études et des exercices qui portent sur la mise en œuvre de l'armée et des groupes d'armées. En 1911, la fragilité de la position du général Michel[27] et l'incident du Panther devant Agadir poussent le gouvernement Caillaux et son ministre de la Guerre, Messimy, à faire voter le décret du 28 juillet qui permet à Joffre de devenir chef d'État-major général. Dans ses mémoires le Généralissime écrit « *qu'il* [Messimy] *a permis le travail intense d'organisation et de transformation qui caractérise les années 1912, 1913 et 1914*[28] ». Lorsque Joffre prend ses fonctions il règne une confusion intellectuelle et un malaise moral chez les officiers. Sa tâche est donc d'établir un corps de doctrine. Selon lui « *la masse de l'armée, longtemps maintenue dans un moule défensif, n'avait ni doctrine ni instruction. Incertaine de la voie à suivre…Le haut commandement, vieilli dans des idées périmées, rendu méfiant par une période de politique agitée, se montré sceptique et impuissant*[29]. » En définitive, c'est au cours des quatre années précédant le conflit, et en dehors de l'École supérieure de guerre, qui a la prétention de préparer le choc franco-allemand depuis un tiers de siècle, que la préparation intellectuelle de l'action est conduite.

L'heure de l'action

Les « Jeunes turcs » imposent alors « *une jeune opinion ardente* » basée sur la mystique des forces morales dont le dogme affirme qu'aucune force matérielle ne peut prévaloir contre l'abnégation de la troupe. Le règlement sur la conduite des grandes unités du 28 octobre 1913 engendre la philosophie des opérations basée sur « *une impulsion vigoureusement offensive* ». Quant au Plan XVII, il applique une idée préconçue qui s'appuie

27. Le général Michel, chef d'état-major général a vu son autorité diminuée lorsqu'il a exposé ses analyses stratégiques à l'occasion des deux conférences faites le colonel de Grandmaison, chef du 3e bureau, devant les officiers du CHEM. Les positions de Michel sont rejetées par le Conseil supérieur de la guerre.

28. Joffre, *Mémoires*, Tome 1, Paris, Plon, 1932, p. 64.

29. Joffre, *op. cit.*, p. 6.

sur un dispositif totalement linéaire ne laissant aucune réserve au généralissime. Au-delà des fautes tactiques sanctionnées par la bataille des frontières, le courant intellectuel de l'offensive « à outrance » ne trouve-t-il pas ses racines trente ans plus tôt ? La nouvelle doctrine n'est-elle pas l'émanation d'une idée centrale dans l'enseignement des Derrécagaix, Maillard et Cardot, qui aurait mis un temps long pour incuber et sédimenter dans les têtes des officiers « brevetés » ? Néanmoins, si on souligne que le colonel Pétain, professeur à l'École supérieure de guerre, est un officier qui s'oppose au courant dominant, il faut toutefois trois années pour que la tactique générale de l'armée française soit au point, soit en 1917 avec le général Pétain. Bien que le vainqueur de Verdun n'ait pas publié ces cours, il est intéressant de souligner qu'il est le seul professeur de l'École supérieure de guerre à pouvoir mettre en application son enseignement. En trois années, la guerre le voit passer de la fonction de colonel commandant un régiment d'infanterie à celle de général commandant en chef les armées françaises du Nord et du Nord-Est. Dans la posture défensive de l'année 1917 son commandement répond à la question cardinale que l'on trouve dans son cours de 1911 : comment éviter de transformer l'infanterie en chair à canon ? *A contrario*, à partir de la conférence de Doullens, Foch a la souplesse d'esprit de s'adapter à une conduite de la guerre, dans ses dimensions tactique et stratégique, en rupture avec celle qu'il a enseigné vingt ans auparavant. Au cours de cette longue période sans « École supérieure de guerre », l'enseignement des officiers français est à nouveau confronté au système *ant*e, celui du Second Empire comme de l'épopée napoléonienne, où la guerre redevient l'école de la guerre.

L'heure des enseignements de l'action

Fort de cette victoire, où la France aidée par ses alliés met quatre années pour reprendre le terrain perdu lors des quatre premières semaines de la guerre, l'intellectualisme militaire du moment n'est pas propice au développement de la critique. Le pays est humainement épuisé. Dès la réouverture de l'école en 1919, le modèle dominant d'enseignement de la guerre est celui des batailles de 1917 et 1918, celles d'offensives conduites méthodiquement et aux buts limités pour user l'ennemi. Puis, alors que Foch le manœuvrier s'y est opposé, un nouveau dogme apparaît. Puisque la perte des régions industrielles du Nord et de l'Est a considérablement handicapé l'économie de guerre dès la fin de l'année 1914, il faut établir un nouveau système fortifié pour mettre à l'abri les richesses du pays en cas de nouvelle guerre contre l'Allemagne. L'inviolabilité du territoire par la fortification est à nouveau décrétée. Après la supériorité écrasante de l'offensive « à outrance », le levier de la pensée militaire revient sur sa position défensive, celle fixée en 1874 par la ligne Séré de Rivières. Au cours de cette période très brève, pour tirer les enseignements de l'action l'École supérieure de guerre enferme une nouvelle fois son enseignement dans le système exclusif de la doctrine qu'elle se doit de diffuser. Elle est alors l'instigatrice d'une pensée militaire rigide, sans originalité, qui n'admet aucun schisme et encore moins les hérésies. Dans cette institution qui n'a pas évolué depuis 1913, on enseigne à partir de 1930, que le massif forestier des Ardennes est impénétrable aux chars et que la rivière Meuse est infranchissable[30]. Le verdict tombe le 15 mai 1940. À Gaulier, petite commune limitrophe de Sedan, le général Heinz Guderian commandant le XIXe corps blindé réussit à faire franchir deux de ses trois *Panzerdivisionen* sur un seul pont flottant que l'aviation franco-britannique n'arrive pas à détruire. Sedan, cimetière du Second Empire et de l'École impériale d'application d'état-major, ne solde-t-il pas aussi la mort « clinique et historique » de l'École supérieure de guerre, enfant et institution d'une Troisième République, née et décédé à la suite d'une défaillance intellectuelle et militaire ?

30. Déclaration du maréchal Pétain, ministre de la Guerre le 7 mars 1934 devant le Sénat.

Finalement, le bilan de la pensée à l'action conduit l'historien à poser une autre question. Si le début de ses recherches a souligné qu'un vent de prussomanie a poussé les Pères fondateurs de l'École supérieure de guerre à prendre comme modèle la *Kriegsakademie* de Berlin, à l'aune des deux conflagrations franco-allemandes des mois d'août 1914 et de mai 1940, l'enseignement de l'École a-t-il pu égaler sa rivale d'outre-Rhin ?

L'idée d'une nouvelle École de guerre

Si l'étude de l'Histoire revêt un intérêt propre à la recherche fondamentale, elle permet également d'éclairer le présent et l'avenir. Une telle interaction s'inscrit dans la « zone grise » conceptualisée dans notre essai d'ego-histoire[31]. Cette temporalité hybride met en synergie trois temps caractérisée par trois actions singulières : Passé-pensée, Présent-didactique, Futur-action. C'est pourquoi l'étude de l'École supérieure de guerre au cours de la période 1876-1914 devient un véritable atout dans la construction d'une pensée contemporaine de la guerre. C'est la mise en perspective de l'analyse critique qui peut lui donner une valeur d'enseignement. L'étude de l'ensemble de la période, caractérisée par des cycles d'immobilismes, suivis d'évolutions majeures, nous permet de porter un regard critique sur l'enseignement contemporain de l'École de guerre. En ce sens, l'histoire de l'École devient révolutionnaire. Ce mot, révolutionnaire, doit être compris dans l'acceptation astronomique du terme. Il s'agit de revenir au point de départ de l'investigation historique, et de faire comprendre que ces enseignements ont des implications actuelles sur le fonctionnement de cette institution toujours opérante. Elle constitue l'« armature philosophique » qui sous-tend l'idée placée au cœur de ces recherches.

31. Olivier Entraygues, *Étudier la guerre, l'officier et l'université*, pp. 76-77.

L'utilisation de l'histoire

Pour réinventer *l'idée d'une École de guerre*, il est nécessaire d'éviter deux écueils. Le premier serait d'oublier le cheminement parcouru par l'École supérieure de guerre depuis sa période de gestation. Le second viserait à nier les enseignements que l'on peut recueillir de ces travaux. De plus il est prudent de souligner que la singularité de cette investigation historique ne doit pas faire perdre de vue les limites de la relation qu'un officier ou le haut-commandement peuvent établir entre ces recherches et le contexte actuel. Dans cet esprit, la recherche appliquée doit s'appuyer sur la matrice intellectuelle qui caractérise l'École supérieure de guerre et son enseignement entre 1870 et 1914. L'objet d'étude peut finalement se caractériser *in abstracto* par six idées maîtresses. De tels enseignements constituent probablement l'essentiel de la valeur scientifique de ces recherches. L'auteur considère qu'elles représentent les principales tendances qu'il est souhaitable de questionner.

La rupture polémologique

Bien que l'auteur ait précédemment défini la notion de *rupture stratégique*[32], il préfère désormais utiliser le terme de *rupture polémologique* pour définir le « *temps-durée* » au cours duquel un ou plusieurs facteurs enchevêtrés (techniques, sociaux, économiques, politiques, organisationnels...) modifient la conduite de la guerre. Deux *ruptures polémologiques* rythment la période étudiée : celle liée aux guerres d'unification de la Prusse et celle concomitante aux guerres anglo-boer et russo-japonaise. Dans chacun de ces deux cas la rupture est d'abord observée puis subie parce que l'effort d'adaptation de l'armée française ne peut jamais pallier la carence d'anticipation. Toute période de rupture polé-

32. Sous la direction du lieutenant-colonel Olivier Entraygues, *Étude de l'IRSEM n° 48, Acte du colloque et laboratoire de recherche « La rupture stratégique »*, 2017, 231 p.

mologique doit ainsi être comprise comme un « *temps-durée* » où l'« élite militaire » prend difficilement conscience que ses certitudes ont vécu.

La refondation de l'Armée de terre

La période qui suit immédiatement la rupture polémologique post-Sedan se traduit par une période de restructuration de l'Armée de Terre française. Comme après le redressement post-Waterloo, ces deux relèvements militaires voient l'armée se restructurer complètement en changeant de mode de recrutement, d'organisation et de « doctrine d'emploi des forces[33] ». Ces deux cas d'étude montrent que la refondation de l'Armée de terre est terminée seulement lorsqu'un nouveau système de formation des « élites » apparaît. Seul un enseignement nouveau, peut, épistémologiquement et méthodologiquement, faire évoluer les mentalités des officiers. En 1818, c'est un Corps fermé avec l'École d'application d'état-major. En 1880, c'est un Corps ouvert avec la création des Cours militaires spéciaux qui se transforment en l'École supérieure de guerre. En 1947, alors qu'une armée nouvelle est née de la Seconde guerre mondiale, c'est toujours la même université militaire française qui rouvre ses portes.

Les vertus de l'échec

La période étudiée débute par une rupture polémologique qui se solde par une défaite militaire. Les officiers sont alors en position d'échec « réel ». Les penseurs militaires de la première heure comme Jules Lewal acceptent mentalement l'échec. Le réveil intellectuel des officiers français devient le fruit d'un échec traversé, surmonté et sublimé. L'échec est vertueux dans la mesure où il permet d'être créatif. C'est par exemple la naissance de l'École supérieure de guerre. Cependant à partir de 1906, les officiers sont en position d'échec « virtuel ». Entre 1906 et 1910, ils

33. L'utilisation de ce terme est ici anachronique.

refusent collectivement d'admettre qu'une certaine philosophie de la guerre est devenue inopérante. Dans ce cas, ce n'est pas l'échec qui compte mais la représentation que « l'élite militaire » s'en fait. Ainsi l'idée d'échec doit être le moteur de l'enseignement de la guerre, elle doit bâtir une culture commune des officiers. L'échec individuel ou collectif ne doit pas être compris comme une sanction. Il incarne le « *temps-moment* », une incitation à affirmer notre résilience et réaffirmer notre puissance pour se surpasser intellectuellement. L'échec est donc un champ d'expérimentation dont la vertu pédagogique permet de gagner en connaissances sur la réalité de la guerre.

Le biais des deux Écoles de l'enseignement la guerre

Pour Cissey, Berthaut et Lewal, la création de l'École supérieure de guerre cherche initialement à montrer la nécessité de développer l'instruction chez les officiers. Il s'agit de développer un « intellectualisme militaire » qui doit éradiquer l'idée soustendue dans les campagnes du Second Empire : seule la guerre enseigne la guerre. Cependant, si l'institution porte cette idée, en parallèle, la dynamique de l'aventure coloniale française conserve et continue à développer le modèle cher aux Africains. Deux modèles opposés et complémentaires se juxtaposent durant toute la période. Le premier, métropolitain et théorique, porté par l'École de guerre, représente une orthodoxie. Le second, colonial et pratique, se nourrit exclusivement du champ de l'expérience, c'est l'orthopraxie. Bien que ce soit le second qui contribue le plus à la victoire de 1918, il est fondamental de dire que ces deux Écoles développent deux biais dans la méthode de commandement. Une méthode est celle de Joffre entouré de sa cohorte de « brevetés ». Les aides-au-commandement, quintessence de l'École supérieure de guerre, exercent l'autorité de manière rigide et centralisée. Celle de Gallieni fonde l'exercice du commandement sur la confiance réciproque. La marque du chef ne peut pas être une autorité factice dans la mesure où il laisse à l'échelon subordonné les détails de l'action à accomplir, car lui ne peut pas être en mesure d'apprécier les données locales.

La guerre passée et l'histoire militaire faussent le jugement des officiers

Maillard et Bonnal incarnent les Maîtres de l'enseignement théorique de la guerre de 1884 à 1906[34]. Ces deux officiers, jeunes lieutenants sur les champs de bataille du mois d'août 1870, se sont intellectuellement construits à partir de leur vécu et de l'utilisation d'une histoire instrumentalisée et biaisée. Les professeurs de l'École de guerre sont intellectuellement prisonniers de la Bataille de Saint-Privat. L'étude exclusive de la guerre de 1870 devient le marquant des idées des officiers « brevetés ». C'est encore le contenu de la littérature militaire, qui, jusqu'en 1913 fait référence au duel franco-prussien. Cette guerre passée étudiée par le biais d'une « histoire » devient un fardeau dans la mesure où elle fausse complètement le jugement des officiers. En effet, elle réduit d'abord sa finalité à la justification d'une doctrine d'emploi des forces. Elle réduit ensuite le champ d'enseignement de la guerre à une seule bataille, voire à une seule campagne. Elle réduit encore méthodologiquement l'étude aux cas concrets.

La doctrine et la langue de « l'Autre »

Le corollaire de l'étude de la guerre passée par le biais d'une histoire « ghetto » s'inscrit essentiellement dans le champ doctrinal. En effet le vent de prussomanie qui se renforce avec la création de l'École de guerre est beaucoup plus insidieux que l'on pourrait le penser. D'abord, parce que l'histoire militaire réduit ici son champ historiographique à celui du vainqueur, devenu le professeur d'histoire de la guerre. Or, il est intéressant de noter qu'à partir de 1890, les penseurs militaires allemands prônent

34. À la mort de Maillard en 1901, l'amphithéâtre principal de l'École supérieure de guerre est baptisé général Maillard.

l'inutilité des opérations de débarquement. Ainsi l'enseignement de l'École supérieure de guerre fait le choix d'adopter l'enseignement d'une conduite de la guerre continentale et terro-terrestre qui rejette toute la capacité maritime militaire française[35]. *Is fecit cui protest.* A qui profite le crime ? Les Allemands qui continuent de redouter l'éventualité, faite au mois de mai 1870, d'un débarquement sur leurs côtes ou sur un pays voisin, développent une littérature militaire tendancieuse focalisée sur l'Armée de Terre. L'enseignement de la guerre marginalise alors les aspects maritimes et coloniaux de la guerre afin de se focaliser sur le choc terrestre franco-prussien, héritage de Sedan[36]. La stratégie est alors réduite à une dimension exclusivement terrestre, c'est pourquoi aucun plan français entre 1875 et 1914 ne se réapproprie l'idée d'une offensive par un enveloppement maritime et terrestre étudié avant l'*Année terrible.* Ce choix schématique et dogmatique est aggravé par l'importance du cours de langue allemande et les traductions faites au sein de l'École supérieure de guerre. Durant la période 1876-1913, en lorgnant sur la doctrine de « l'Autre » et en adoptant sa langue, l'enseignement de la guerre a biaisé et inhibé les structures mentales des officiers « brevetés ».

La guerre peut-elle encore être enseignée ?

Cette série de six enseignements majeurs est-elle pour autant un avertissement de l'histoire ? Somme toute, elle doit aider à instaurer un débat voire une querelle autour de l'idée d'une nouvelle École de guerre. Toutefois au-dessus de ce bouillonnement intellectuel apparaît une question fondamentale. *La guerre peut-elle encore être enseignée ?* D'un point de vue militaire il faut garder à l'esprit la double mission originelle qui a été assignée à l'École supérieure de guerre en 1876 : former aux fonctions d'État-major

35. Ce point est souligné par le capitaine de frégate Degouy entre 1893 et 1897.

36. L'auteur souhaite légèrement nuancer ce point dans la mesure où à partir de 1906 le général Baron von Falkenhausen chercher à inclure la dimension navale dans La guerre moderne. Cependant si l'aspect est présent il est toujours marginal.

et préparer à l'exercice du commandement des officiers choisis. Néanmoins cette dualité s'avère difficile et délicate. En effet les qualités intrinsèques demandées à un chef interarmes ne sont pas forcément les mêmes que celles d'un officier d'État-major. C'est d'ailleurs ce que souligne Charles De Gaulle lorsqu'il écrit : « *Si les aptitudes requises pour le service d'état-major et celles qu'exigent le commandement ne sont nullement contradictoires, elles ne sauraient être confondues*[37] ». De plus aujourd'hui le ratio entre ces deux types d'officiers – officier exerçant un commandement *versus* officier en état-major – tend à varier de 1 à 10. Une telle disproportion doublée de la dualité des missions de l'École pose ici la question du moment et du mode de sélection que l'on souhaite mettre en place pour constituer la future pépinière du commandement. Fort de cette exigence l'enseignement de la guerre vient à son tour s'insérer dans un double questionnement, difficile à séparer : *comment enseigner la guerre ?* et *qu'enseigner de la guerre ?* La première question est devenue une démarche académique et scientifique dont l'École supérieure de guerre et ses officiers sont loin d'avoir l'exclusivité. Avec le retour de la guerre au cœur des préoccupations sociétales, son enseignement constitue une idée enfin attrayante pour l'université française alors que, pendant de nombreuses années, tout ce qui était lié à la chose militaire y été complètement marginalisé. Cependant la culture universitaire française s'est façonnée sans avoir ni le besoin ni la mission de participer à l'enseignement militaire supérieur. Ces deux mondes si différents ne semblent donc pas aujourd'hui être sur la voie de la convergence.

Et pourtant, ils ont paradoxalement besoin l'un de l'autre pour évoluer. D'un côté, les universitaires ne peuvent pas se passer de l'expérience des acteurs de la guerre. De l'autre, les militaires doivent asseoir leur réflexion dans des champs disciplinaires. Malencontreusement, pour étudier la guerre en vue de l'enseigner

37. Charles De Gaulle, *Mémoires*, tome 1, *L'Appel*, Paris, Plon, p. 40.

ou de la penser, l'université et les centres de recherches produisent de l'analyse externe à partir de sources ouvertes. Le Ministère de la Défense produit de l'analyse interne à partir d'information classifiées. En France, le code du patrimoine impose un délai de cinquante ans pour déclassifier un document[38]. Si l'historien semble ici insidieusement privé de l'essentiel des sources « institutionnelles » l'action de guerre contribue à aggraver cette situation. En effet le fracas des combats n'aide pas les acteurs du « drame social » à prendre le temps d'enregistrer des sources avec application. La guerre étudiée est donc inexorablement vouée à pâtir d'un corpus de sources toujours imparfait. Mais cette dimension structurelle du questionnement n'est qu'un premier élément. D'un point de vue épistémologique et méthodologique, l'université s'appuie sur des disciplines : histoire, philosophie, sociologie, gestion, psychologie… Quant aux chefs militaires leur « disciplinarité » se décline à partir des notions de tactique, de stratégie, de système d'armes, de parcours professionnel, de condition du personnel, de filière du renseignement, de prospective, d'état-major… Cette situation créée de la confusion et des divergences entre deux modalités de l'enseignement de la guerre. Cette distorsion entre civil et militaire se double d'un manque de cohérence, voire d'une anarchie, dans les études et l'enseignement de la guerre. En effet, *a contrario* des *War Studies* britanniques, aucune voie spécifique ne se dégage actuellement au sein de l'université française. La criminologie comme le *Big data* et le *Web* s'invitent dans ce concert dissonant. C'est encore l'apparition d'un diplôme « antiterrorisme » face aux nouvelles menaces qui cherche une place dans l'*Alma mater.* De plus cette confusion est encore aggravée par le divorce de la pensée et de l'action. La contraction du temps et de l'espace comme le rythme des enchaînements des opérations de guerre, dans lesquelles les

38. Lorsqu'un chercheur obtient une dérogation il faut alors un délai de trois mois à un an pour obtenir un document classifié. C'est l'IG 300 qui définit les règles de classification des documents.

officiers français sont régulièrement engagés depuis une décennie, ne laissent que très peu de place à l'élaboration d'une pensée militaire construite dans le « *temps-durée* ». Combien d'officiers français sont aujourd'hui capable de prendre le temps de publier des études pertinentes liées à la guerre, en langue anglaise, au sein de l'OTAN ou des universités et autres *think tanks* anglo-saxon ? Combien encore ont la possibilité d'enseigner à l'École supérieure de guerre ou encore à l'université ?

La guerre, quelle guerre ?

Un tel constat ne milite pas en faveur de l'enseignement de la guerre. Néanmoins il faut mettre fin à cette césure intellectuelle et professionnelle entre les différents aspects de la guerre. La guerre et ses représentations sont devenues polysémiques, il est donc urgent de sortir de cette ambiguïté. En effet si Albert Camus affirme que mal nommer les choses c'est ajouter aux malheurs du monde, ne pas oser les nommer c'est fuir la responsabilité qui incombe au chercheur. Alors qu'est-ce que la guerre ? Répondre à cette question impose d'historiciser le caractère et la nature de la guerre dans sa dynamique d'évolution. La guerre, que l'on enseigne aujourd'hui dans les académies militaires, doit être comprise comme l'aboutissement d'un lent processus d'évolution. Son point de départ est la défaite des armées françaises à Sedan. Cette guerre historique repose sur le triptyque suivant : « l'État-major » garant de l'unité de penser, les académies militaires fournissant les futurs praticiens et l'enseignement d'un évangile militaire, *Vom Kriege*. Cette matrice a été pertinente parce qu'elle assurait une triple homologie. Premièrement, une homologie militaire parce que « l'État-major central » était le miroir des États-majors opérationnels. Deuxièmement une homologie sociale parce que la société civile et la société militaire étaient organisées de la même manière. Troisièmement une homologie par rapport à l'adversaire, parce que jusqu'à la disparition du Pacte de Varsovie, les deux adversaires du moment été militairement et techniquement organisés de la même façon. Ainsi pendant 150 ans, à un type de guerre caractérisé par la bataille décisive occidentale, fruit de l'attrition des petits niveaux tactiques, correspondait symétriquement un art de l'organisation, la fonction État-major c'est-à-dire un ensemble de systèmes de commandement centralisés, hiérarchiques et gérontocratiques.

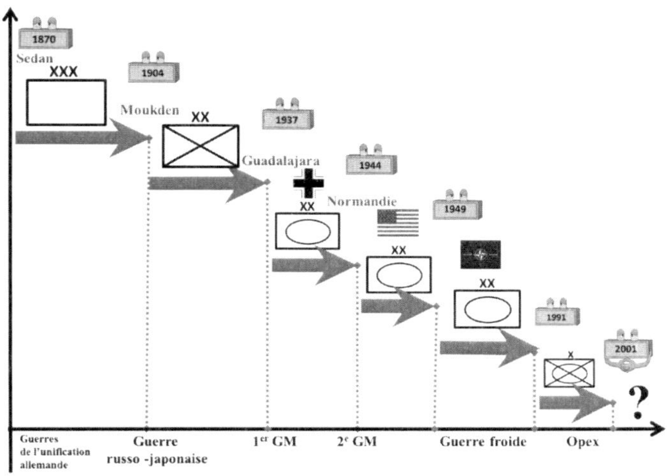

Diagramme : processus d'évolution tactique depuis la bataille de Sedan

Ce type de guerre qui engerbe une autre homologie, guerre et organisation, vient d'atteindre le stade critique de sa transformation. En effet, dans le domaine de l'organisation militaire, l'évolution continue de la grande unité toute arme voit le petit pion tactique devenir de plus en plus petit. Il semble aujourd'hui que l'unité militaire nécessaire, en urgence, pour gérer une situation, oscille entre le niveau de la brigade interarmes et celui de la compagnie. C'est la loi des petits nombres qui tend à s'imposer comme le modèle d'organisation dominant. Son slogan pourrait être : *small number, micro-trends, big impact !* Désormais, l'instantanéité de la guerre est la représentation d'un tout petit élément capable d'engendrer la mort dans des proportions hyperboliques. La guerre subit aussi une involution. En effet les armées occidentales imposent toujours plus de verticalité dans leurs structures alors que les réseaux permettent à l'homme en société d'asseoir une horizontalité organisationnelle et décisionnelle comme nouveau mode de travail et de pensée. La guerre s'est adaptée aux bouleversements liés à la dématérialisation de la société. L'ère d'un Sedan « ubérisé » a déjà commencé, parce que l'ennemi qui frappe les capitales occidentales depuis le 11-Septembre est un objet politique, stratégique, juridique et culturel insolite. Sa *Djihad Academy* vient de faire voler en éclat une représentation de la guerre passéiste. Cette nouvelle conflictualité incarne le divorce du politique de la force, voire de la disjonction entre la puissance et la force. L'ennemi désigné impose de se battre à front inversé. La morphologie du champ de bataille change de nature, et laisse désormais la place à une métro-guerre creuset d'un terrorisme militarisé qui agit sur notre propre sol. La typologie de la bataille change aussi. Les situations de guerre vécues sur le territoire national sèment la confusion dans les esprits des citoyens puisqu'elles contribuent, sur le territoire national, à brouiller la distinction entre l'armée et la police. Il y a désormais un hiatus dans la force publique puisque l'armée se voit confier des missions de police, et de manière concomitante, les policiers se voient doter d'équipements militaires.

Ainsi en partant de Sedan pour arriver à « l'action de guerre » du Bataclan, la vision de la guerre s'est progressivement dépouillée de sa dimension politique et militaire pour revêtir une connotation sociale et civile. En fin de compte si le point commun du « phénomène guerre » reste son caractère immuable, l'usage de la violence et le déchaînement de la mort comme mode de règlement d'un antagonisme entre deux entités humaines, la guerre a aussi une identité. La guerre est « genrée » dans la mesure où son approche, sa vision, sa finalité correspondent à un sens : politique, économique, social, idéologique… Et alors ?

En guise de conclusion

« Or, fait curieux, qui paraîtra même peut-être paradoxal au premier abord, mais qui n'en est pas moins des plus exacts, presque tous les officiers, ou du moins ceux qui nous citons ci-dessus, sont sensiblement unanimes sur la solution de ces questions : cependant les années passent et l'on voit rien venir. »

Commandant Henri Mordacq, *Études de stratégie-1910*

« Ce n'est pas que les idées manquent en France mais elles ont de la peine à franchir le seuil des bibliothèques pour faire leur chemin dans le monde. »

Lieutenant-colonel Pierron de Mondésir,
Cours de fortification-1906

Mossoul & Le Bataclan

Etudier la paix et la valoriser, pour ne pas craindre la guerre. Si, comme l'affirme Jean-Jacques Rousseau, « *La guerre naît de l'état social* », c'est l'étude de l'état social du pays qui permet de comprendre les causes premières de la guerre. Une nouvelle école de guerre doit en ce sens analyser la guerre comme une affection du corps social. Sinon, l'analyse des situations de guerre vécues sur le territoire national depuis deux ans restera conduite par les références aux guerres du passé, qui étaient des guerres de masse définies par les conditions historiques qui les ont fait naître et se développer. Or, la guerre à laquelle est actuellement confrontée la France se caractérise par les conditions de la réalité contemporaine qui lui imposent un caractère polymorphe : avons-nous aujourd'hui un concept de la guerre qui nous permette à la fois d'analyser la bataille de Mossoul[39] et de comprendre une action comme celle des attentats qui ont frappé notre territoire ?

Une nouvelle école de guerre doit être en mesure de construire un tel outil de compréhension et de le diffuser au sein de la société toute entière, ce qui nécessite la compréhension des forces qui mènent la France et qui s'expriment parfois par des phénomènes de guerre civile. Comprendre la guerre, c'est aussi comprendre la Terreur, la guerre de Vendée, les épisodes sanglants de 1830, 1848 et 1871 et comprendre l'état actuel de la société et des risques de conflits qu'elle contient. La phrase du héros de Fachoda résonne comme un avertissement : « *Parmi les peuples de la terre, un seul est capable de battre et de détruire la France, c'est le peuple français désuni.* »

On y ajoutera deux autres caractéristiques.

En premier lieu le concept de guerre aujourd'hui implique un renversement de perspective : la paix n'est plus l'intervalle entre deux guerres comme jadis, c'est désormais l'action de guerre qui est bornée par deux périodes de paix. La paix qui s'inscrit dans la durée et la guerre dans l'instant et non l'inverse.

En outre, il y a maintenant impossibilité à différencier l'ami de l'ennemi. En effet c'est le corps social tout entier qui porte en son sein les ressorts des actions de guerre. La guerre devient une pathologie sociale. Il ne faut donc pas comme l'auraient fait Carl

39. La typologie d'une bataille classique conduit le militaire à utiliser des termes liés à l'objectif, la mission, la durée, le moment, l'étendue, le terrain, le climat, les forces, le chef, les effectifs, l'organisation, l'armement, la doctrine, la décision, le choc, le feu, la manœuvre, l'exploitation…

von Clausewitz et Carl Schmitt réfléchir sur la façon de détruire les éléments belligènes de la société. Il faut au contraire les traiter comme des éléments malades à l'intérieur du corps social et renforcer la santé de la société toute entière pour faire disparaître en son sein les manifestations d'une violence non souhaitée. Il faut en ce sens être à l'écoute de la douleur née des blessures physiques et psychiques dues aux attentats et s'appuyer sur la force collective des victimes pour reconstruire un esprit de défense comparable à celui que la conscription universelle a développé entre 1905 et 1996. L'esprit de défense doit être une dynamique qui permette aux citoyens de défendre collectivement à la fois leur passé, le présent et l'avenir. En renouant avec la mémoire de leur histoire, les français pourront s'appuyer sur l'invisible armée de morts qui par leurs sacrifices ont sauvé la France malgré les défaites sur les champs de bataille, et pourront y joindre les victimes du terrorisme islamiste, celles du Bataclan et de Nice pour y forger un nouvel esprit de défense. C'est à partir de cette force que les experts construiront notre sécurité. Il ne s'agit pas de chercher à militariser les esprits, mais de mettre le citoyen au centre de la défense, dans l'esprit de Jaurès qui déclarait : « *Il n'y a de défense nationale possible que si la nation y participe dans son esprit comme dans son cœur* ».

La difficulté de mettre sur pied une nouvelle école de guerre tient dans l'articulation entre l'enracinement nécessaire dans l'actualité immédiate et la prise en compte des temps longs, voire la détermination d'une discipline scientifique aux lois générales valables « *sub specie aeternitatis* ». Les officiers « brevetés » ont eu le mérite de faire progresser le débat stratégique. Mais ils ne peuvent en conserver le monopole aujourd'hui ni se réfugier dans la nostalgie d'une École supérieure de guerre qui fut l'outil de la Revanche, ou dans une théorisation de la guerre indépendante de la conduite des opérations, d'autant que ce sera à eux de commander les forces opérationnelles.

Penser la guerre aujourd'hui c'est aussi penser l'esprit de défense, et surtout c'est penser la paix comme « au-dessus » de la guerre dans une société en évolution constante et rapide. Insérés dans la réalité sociale, au travers des universités, les officiers auront à accepter de faire porter leur effort dans la compréhension de l'état social, pour être des acteurs publics incontournables lorsque les équilibres de la cité sont menacés. Ceci est d'autant plus nécessaire que l'intensité et le rythme de la vie opérationnelle des officiers de l'Armée de terre ne facilitent pas un tel changement de mentalités. Il faut valoriser davantage qu'elle ne l'est aujourd'hui cette dimension de l'officier qu'est l'« intellectualité militaire ». Sans cela l'Armée de terre ne sera qu'une grande administration qui n'aura plus sa part dans la réflexion et l'action liées au continuum défense et sécurité.

On demande beaucoup aux officiers « brevetés ». Peut-on à la fois comme l'écrit le jeune capitaine Mordacq, obliger « *nos officiers à consacrer tout leur temps, toutes leurs pensées à la préparation de leurs véritables fonctions celle du temps de guerre*[40] » et leur demander d'être aussi des experts en sciences sociales ? C'est tout notre espoir. Notre projet d'enseignement militaire n'a d'autre but que de rendre nos officiers soldats et philosophes. La sentinelle la plus efficace est celle qui partage les signaux faibles de la ville assiégée et qui est prête à se sacrifier et à défendre ce que l'on considère comme le bien le plus précieux, la paix et la liberté.

À partir de là, et en guise de conclusion, je voudrais formuler les trois postulats qui suivent.

1er postulat : Enseigner la guerre « telle quelle est et non telle qu'on voudrait qu'elle soit »

L'École de guerre d'aujourd'hui doit être apte et concentrée sur son rôle de permettre aux militaires de préparer la défense de

40. Mordacq, *op. cit.*, p. 342.

notre pays face à la guerre telle qu'elle se caractérise maintenant et demain.

Le caractère imprévisible des formes que prennent les guerres au cours de l'histoire nécessite la mise en œuvre par chaque officier d'une réflexion personnelle et croisée pour penser la guerre de son temps au-delà de l'enseignement dispensé par l'institution militaire. L'étude de la période qui s'étend de 1871 à 1914 montre en effet à quel point l'enseignement diffusé à l'École de guerre alors n'était pas en phase avec l'évolution des conditions de la guerre elle-même. Si la création d'une école de guerre a été le résultat d'une prise de conscience de la nécessité de réfléchir sur la guerre, l'enseignement qu'elle a inculqué pendant cette période n'a pas mis les officiers en état de penser la guerre moderne de leur époque et ses évolutions.

Peut-on faire le même constat aujourd'hui ? L'École de guerre dispense un enseignement cohérent, ce qui est nécessaire. Mais le conservatisme militaire, la fonctionnarisation des personnels de la défense et de la sécurité, la primauté d'une doctrine commune qui s'impose aux individus constituent des freins à l'émergence de toute forme de pensée individuelle originale enrichie par la confrontation des logiques. La formation transmise risque donc d'affaiblir les facultés critiques des élites militaires et, en dernier ressort, leur apport à la réflexion d'ensemble.

Ceci est d'autant plus grave que le temps présent est marqué par une nouvelle rupture stratégique qui se manifeste notamment par le retour de la barbarie dans l'espace public. De tels actes entraînent une sidération de la pensée et un traumatisme qui rendent l'institution militaire momentanément incapable de pouvoir réaliser et analyser ce qui se passe dans le cadre d'une réflexion collective. Cette incapacité peut se prolonger dans la durée, surtout si les événements qui en sont la cause se répètent au point de faire évoluer la rupture stratégique en une rupture polémologique.

La réponse à une telle situation ne peut être élaborée que par la réflexion personnelle et partagée d'officiers qui comprennent l'évolution accélérée de « l'action de guerre ». On peut en effet s'interroger sur la capacité des officiers réagissant en groupe d'adopter une attitude critique pouvant aboutir à une remise en question. Confrontée à la mutation que nous connaissons, l'institution est-elle capable d'organiser une remise en question pourtant nécessaire ? Les événements tragiques qui ont touché la France au cours de l'année 2015 et de l'année 2016 conduisent à penser que la France est en situation d'échec face à des événements qui ressortent de la guerre. Nous pouvons être conduits à la défaite, au moins à une défaite intellectuelle. L'École de guerre, actuellement n'est pas en mesure d'y porter remède dans sa logique structurelle ou dans les réponses classiques qu'elle peut engendrer. Elle est donc en panne vis-à-vis d'une différence marquée dans la nature du choc entre les idées, les modes d'action et la conviction des combattants.

Cette situation de blocage, au-delà de la neutralisation à distance, doit amener les officiers à faire preuve d'humilité ici et là-bas. Ils devraient se souvenir qu'une défaite a des côtés positifs, car elle dévoile les fautes commises que les victoires masquent souvent. Ils doivent en tout cas éviter la position d'orgueil, voire de vanité qui consiste à n'attribuer les causes de sa propre défaite qu'à la supériorité de son adversaire, sans analyser ses propres défaillances. Cette attitude peut conduire à ce que l'on pourrait nommer « le syndrome de Sedan », situation dans laquelle l'officier vaincu tombe subitement en admiration devant le système militaire du vainqueur.

2e postulat : La « résistance » à notre mode de pensée antérieur

Pour penser une nouvelle forme de la guerre, il nous faut donc résister à la tentation de copier « l'autre » ou « les autres ». Cela signifie conserver son indépendance intellectuelle pour élaborer une pensée critique sur « la guerre réelle » et mettre en œuvre une réflexion dans le domaine de la pensée stratégique. Dans « *la déposition d'un vaincu* » Marc Bloch, affirme que la défaite est causée par ce que : « *nous n'avons pas su penser cette guerre.* » Il nous invite donc à partir d'une posture intellectuelle de résistance et ne pas sombrer dans la dimension du « malheur au vaincu ». Dans la situation actuelle, les actions de guerre commises en France par les terroristes islamistes doivent nous conduire à repenser notre façon d'appréhender le réel et à intégrer dans notre champ de confrontation une palette d'actions et de préconisations nouvelles, aussi asymétriques que celles utilisées par nos adversaires. L'action des terroristes constitue un phénomène de violence qui n'entre pas dans ce que l'on range jusqu'à présent sous la dénomination de guerre. Il faut donc repenser celle-ci en associant les militaires qui réfléchissent actuellement de leur côté et les universitaires qui sont eux-mêmes coupés des réalités de la guerre. A cela s'ajoute une interrogation : comment concilier la réflexion sur la guerre de l'institution militaire contrainte par son organisation et soumise à l'obéissance hiérarchique avec l'esprit critique qui sous-tend toute recherche scientifique ?

Ces questions nous renvoient à la réflexion sur la forme de l'enseignement militaire et à la pertinence du cadre d'une école de guerre, pour associer le monde des Armées à celui de l'Université, tout en conservant le caractère démocratique de l'institution militaire. Une telle interrogation nous conduit à revenir aux idées développées par Jean Jaurès[41]. Selon lui « *la science militaire est une partie essentielle du système du savoir humain. Sa place est marquée dès maintenant dans les grandes universités qui combinent l'esprit d'analyse et l'esprit de synthèse, les cultures spéciales et la culture générale.* » Jaurès nous exhorte à créer une brèche dans le mur d'enceinte de l'École militaire pour l'ouvrir à l'Université.

41. Dans le chapitre IX de *L'Armée nouvelle*, *Les officiers et l'université.*

En effet, dans le domaine de la guerre, la pensée sur la guerre et la doctrine doivent évoluer en symbiose avec la recherche intellectuelle.

Néanmoins, la mise en place d'une « *section militaire de l'université* » demandée par Jaurès, qui pourrait être la forme que prendrait une nouvelle École de guerre, passe par la compréhension des transformations du « phénomène guerre ». Il s'agit en effet de construire une pensée de la guerre à laquelle nous sommes confrontés aujourd'hui. Il ne s'agit pas d'enseigner la guerre contre l'État islamique tel que nous le connaissons aujourd'hui, mais dans la prise en compte des mutations qu'il connaît et qui préparent de nouvelles formes de violences inimaginables à ce jour. En outre si les militaires se trouvaient être les combattants et les victimes, aujourd'hui les civils se trouvent mêlés à cette réalité et la mue de la guerre les englobe. Il faut déjà penser la guerre à laquelle nous seront confrontés demain, ce qui ne peut se faire qu'en associant le militaire et l'universitaire pour élaborer une compréhension globale du phénomène. Cela nécessite un centre de recherche d'un nouveau type, car il n'existe pas en France une structure recouvrant ce champ.

On peut s'inspirer de l'exemple de la démarche qui a mené à la création en 1963 du Centre de Prospective et d'Évaluation qui a vu le jour « *dans le vide de la pensée militaire officielle*[42] ». L'équipe du lieutenant-colonel Lucien Poirier, qui était placée hors de la hiérarchie militaire, a prouvé l'efficacité d'une telle structure pour construire et formuler une stratégie militaire adaptée au monde bipolaire. Il est donc nécessaire et urgent, de créer un centre de recherche comparable, associant militaires, civils et universitaires, afin de penser la guerre. Ce centre devrait intégrer et associer l'ensemble des parties prenantes à la sécurité de la France, en premier lieu tous les militaires y compris les gendarmes, le service de santé des Armées et les aumôniers, mais

42. Lucien Poirier, *Des stratégies nucléaires*, Paris, Hachette, 1977, p. 316.

aussi les policiers, les pompiers, les personnels de l'administration pénitentiaire, du ministère des finances (douaniers et Tracfin) et les magistrats. Il devrait également mettre en œuvre une véritable pluridisciplinarité scientifique en associant philosophes, historiens, juristes, économistes, sociologues et spécialistes de sciences politiques. Cet institut devrait avoir une vision diachronique pour associer l'étude historique des formes de conflits à travers le temps, l'enseignement de la guerre d'aujourd'hui et une réflexion prospective sur les formes que pourront prendre les affrontements futurs. La nature des contributions et la variété des situations justifient une vision globale et partagée.

3e postulat : Une nouvelle grammaire de la guerre

Ce centre de recherche aura pour mission essentielle de fournir l'outil de pensée nécessaire pour éviter une guerre civile en France et endiguer les phénomènes liés au terrorisme et à toutes formes d'homicide de groupe. Il devra aussi trouver le *modus operandi* pour prendre en compte des évolutions technologiques incessantes, et des sauts qualitatifs qu'elles permettent dans l'équipement des forces, y compris pour faire face aux conflits traditionnels.

La dimension interministérielle de ce centre doit permettre de constituer une pensée stratégique unique et globale. Jusqu'à une période récente, les responsables de la sécurité de la France au plus haut niveau n'ont jamais pu penser la stratégie dans sa dimension globale : la fonction défense depuis la Troisième République est restée de la responsabilité de plusieurs ministres – ministre de la Guerre, ministre de la Marine, ministre des Colonies et ministre de l'Air à partir de 1928 – qui s'opposent, se disputent des allocations budgétaires et se prévalent d'une pensée stratégique propre. Aujourd'hui l'intervention des personnels de différents ministères, Défense, Intérieur, Justice, Économie est nécessaire pour remplir les missions de défense & sécurité, ce qui milite pour que ce centre soit placé sous l'autorité du premier ministre, dans le cadre du SGDSN. Il pourrait ainsi harmoniser la réflexion d'ensemble nécessaire pour repenser l'environnement stratégique et créer le langage adapté à nommer les menaces et les formes de violence, afin d'aboutir à la conceptualisation d'une « grande stratégie » pour la France. L'élève de Lucien Poirier tient ici à souligner que la rupture stratégique induit la crise des fondements.

Ce centre doit enseigner l'histoire militaire en tant que discipline scientifique qui étudie guerres et batailles dans une époque caractérisée par des conditions économiques, technologiques stratégiques et autres, et non comme un ensemble d'événements dont on tire des lois générales ou même des règles pour les guerres de demain. Cette nouvelle grammaire de la guerre obligera le chercheur à penser au sein d'une nouvelle matrice intellectuelle. La réflexion stratégique française, dans ses dimensions politiques et militaires comme celle des autres membres de l'OTAN, est toujours emprunte de « prussomanie » issue de la pensée de Clausewitz et de Carl Schmitt. Le premier a élaboré les concepts de bataille décisive et de reddition inconditionnelle de l'ennemi. Le second a enfermé la pensée stratégique dans la discrimination « ami-ennemi » ou « même-autre ». La définition d'une nouvelle grammaire de la guerre doit donc inciter à renoncer à ces idées qui obligent à croire assigner comme but à la guerre la victoire sur un ennemi par le combat armé. Le général Fuller, a d'ailleurs développé depuis les années 1920 l'idée que « *l'objectif principal de la politique est avant tout de maintenir et d'améliorer la prospérité générale de la nation et ensuite d'assurer sa sécurité face aux interférences internes et externes*[43] ». Pour lui, la victoire n'est pas le succès militaire mais l'établissement d'une plus grande prospérité. Il s'oppose donc à Clausewitz qui ignore que l'effet final et social de tout conflit est la paix et rejoint Jaurès qui en introduction de *L'Armée nouvelle* pose la vraie question : « *Comment porter au plus haut, pour la France et pour le monde incertain dont elle est*

43. *Général J.F.C. Fuller, Les fondations de la science de la guerre*, traduit et présenté par Olivier Entraygues, Economica, Paris, 2015, p. 65.

enveloppée, les chances de paix ? » Il oblige ainsi à inverser la finalité de la réflexion stratégique et à écrire une nouvelle grammaire de la guerre qui n'a plus pour but de réaliser l'anéantissement d'un adversaire mais de comprendre les conditions pour réaliser la paix au profit de la société française. La devise de l'École supérieure de guerre, *si vis pacem para bellum*, pourrait ainsi se transformer en « *Pacem intelligere nec bellum timere* », comprendre la paix, pour ne pas craindre la guerre !

Index des noms

Table des matières

L'ÉCOLE, FOYER D'UN INTELLECTUALISME MILITAIRE, 1878-1895

UN CENTRE INTELLECTUEL À L'ÉPREUVE D'UNE RUPTURE, 1895-1914

ESSAI DE SYNTHÈSE : DE LA PENSÉE À L'ACTION

Achevé d'imprimer le 14 juillet 2018